U0919026

东盟的资源环境状况及合作潜力

STATUS OF RESOURCES AND ENVIRONMENT AND POTENTIAL OF COOPERATION IN ASEAN

彭 宾 刘小雪 杨镇钟 等 编著

SSAP 社会科学文献出版社
SOCIAL SCIENCES ACADEMIC PRESS (CHINA)

编　　者

中国－东盟环境保护合作中心：

彭　宾　杨镇钟　庞　骁　涂莹燕

王语懿　闫　枫　王耀博　刘超奇

中国社会科学院亚太与全球战略研究院：

刘小雪　金英姬　吴兆礼

前　言

自20世纪90年代中国与东盟建立对话伙伴关系以来，中国与东盟的关系得到全面和突破性发展。特别是在贸易和投资领域，双方陆续签署了《中国－东盟全面经济合作框架协议》《货物贸易协议》《服务贸易协议》《投资协议》等一系列重大协议。2010年1月，中国与东盟率先建成了自由贸易区。中国－东盟自由贸易区涵盖18.5亿人口和1400万平方公里，是中国迄今为止建成的最大的自由贸易区。除此之外，中国与东盟还在农业、信息产业、人力资源开发、投资、湄公河流域开发、交通、能源、文化、旅游、公共卫生和环境保护11个领域开展了广泛合作。在“睦邻、安邻、富邻”周边外交政策引领下，中国与东盟的合作迸发出巨大的活力，合作形势日新月异，合作成果令人瞩目，合作前景十分美好。双方的合作促进了自身发展，也为区域的繁荣与发展做出了巨大贡献。

利用全球经济一体化带来的发展机遇，中国与东盟各国的经济得到长足发展，为双方的经贸合作提供了广阔的空间。经过改革开放30多年持续稳定的发展，中国已跃升为全球第二大经济体和全球第一大货物贸易国。回顾过去的几年，中国和东盟各国经受住全球金融危机的考验，扭转了不利局面。2008年底，受全球金融危机、欧美市场萎缩、贸易保护主义抬头等影响，中国的进出口贸易曾一度出现下滑。但中国成功抵御了金融危机的冲击，从2009年底开始，对外贸易和投资恢复了增长态势。2010年，东南亚也出现强劲复苏，东盟整体取得了7.8%的增长率，其中，马来西亚、新加坡、泰国、印度尼西亚、菲律宾和越南等国的经济增长尤其突出。亚洲发展中国家最早走出全球经济衰退的阴影，其强劲需求在一定程度上缓解了全球经济危机的影响，成为全球经济的亮点。

中国与东盟互为重要的贸易和投资伙伴。目前，中国是东盟的第一大贸易伙伴（之后依次是欧盟、日本和美国），东盟是中国的第三大贸易伙伴（仅次于欧盟、美国）。据东盟方面统计，1998～2010年，中国与东盟的贸易总量增长了10倍以上。就东盟的区外贸易伙伴而言，中国是马来西亚、缅甸、越南最大的贸易伙伴，是马来西亚、新加坡、泰国最大的商品出口目的地，是柬埔寨、印度尼西亚、老挝、缅甸和越南最大的商品进口来源地。投资方面，中国是东盟第五大直接投资来源地，排在印度之前，欧盟、美国、日本、韩国之后。但中国对东盟的投资总量不大，只有欧盟对东盟直接投资的1/6。最近几年，中国企业加快了海外投资和合作步伐，在中国“走出去”战略的助推下，中国对东盟的投资必将迎来一个快速发展的时期。

可持续发展、绿色经济、低碳经济等新经济概念为全球和区域合作注入了新的活力，提供了新的发展机遇。一方面，亚洲发展中国家在解决传统环境问题的过程中，存在大量的贸易和投资合作机会；另一方面，在开发和运用新的节能环保、低碳和新能源技术的过程中，也会涌现出大量的贸易、投资机会。专家们认为，可持续发展作为一种新的发展模式，将改变人类的生存状况、生存环境和生存质量，也将带来巨大的发展机遇和市场机会。当前，环境产品和服务（EGS）是国际经济中的一个快速增长的领域。联合国环境规划署（UNEP）预测，2020年，全球的供水、水处理和卫生、节水市场可达到6580亿美元。亚洲开发银行预测，2050年，全球的低碳技术市场规模将达到30万亿美元，一些亚洲发展中国家将处于分享这个巨大市场的有利地位。当前，绿色发展合作已成为中国与东盟合作的一个重要内容，我们应该思考如何利用贸易和投资这两种有效途径，加强环境产品与服务、低碳技术等方面的贸易和投资合作，寻求贸易和新的投资增长点，改善经济发展质量，提升可持续发展水平，促进区域绿色发展。

2009年，中国和东盟通过了《中国－东盟环境保护合作战略2009～2015年》，将环境无害化技术、环境标志与清洁生产以及环境产品和服务合作列为双方合作的重点领域。2011年，双方又联合制定了《中国－东盟环境合作行动计划2011～2013年》，提出开展环保产业与技术交流，推动建立中国－东盟环保产业合作网络等合作设想。当前，随着国际、国内可持续发展的推进和环保需求的增加，全球产业链进一步整合和延伸，中国环保企业进入了一个快速发展的黄金时期，一些具备实力的环保企业也纷纷走向海外，寻求更大的发展。东盟是一个新兴国家比较集中的地区，与中国开展环保产业、环境产品和服务合作具有很大的潜力。本书旨在通过对东盟政治、社会、经济、资源、环境、贸易、投资、产业、金融等方面的介绍和分析，为那些有志于开拓东盟市场，特别是东盟环境产品与服务市场的中国企业和广大对中国－东盟合作感兴趣的读者提供参考。

本书共分七章。第一章重点介绍了东盟的政治社会概况，包括东盟的发展历程，东盟成员国经济、政治和社会概况，以及东盟开展区域和国际合作情况；第二章重点介绍了东盟的经济发展情况和区域经济一体化进程；第三章介绍了东盟的资源、环境和可持续发展情况；第四章比较详细地分析了东盟产业发展状况和金融环境；第五章重点介绍了东盟国家的贸易政策，分析了贸易发展现状和趋势；第六章介绍了东盟的投资政策，吸收外国直接投资的现状和发展趋势；第七章从中国－东盟的政治、经济关系入手，分析了与东盟开展贸易和投资的风险。由于时间仓促和篇幅所限，未对一些领域进行更深入的研究，不足之处敬请读者批评指正。

环境保护部国际司唐丁丁司长、宋小智副司长、孙雪峰处长、崔丹丹副处长、林帆远、李博，以及中国－东盟环境保护合作中心郭敬副主任、周国梅副主任、国冬梅处长、贾宁处长、李霞副处长等为本书的编写提供了许多宝贵的指导和建议；中国社会科学院亚太与全球战略研究院为编写本书提供了大力支持，该院刘小雪、金英姬、吴兆礼参与了本书的编写工作；中国社会科学院拉丁美洲研究所的柴瑜研究员也为本书的编写提供了支持和建议，在此，谨向他们表示衷心的感谢！

彭　宾

2012 年 11 月 1 日

目　录

CONTENTS

图表目录

图

表

第一章
东盟的发展历程和现状

第一节　东盟成立的背景

东南亚由中南半岛和马来群岛组成。2002 年 5 月 20 日东帝汶正式独立后，该地区共有 11 个国家，包括文莱、柬埔寨、印度尼西亚、老挝、缅甸、马来西亚、菲律宾、新加坡、泰国、越南和东帝汶。除了新生国家东帝汶目前仍然是东盟的候选国之外，其余各国都是东盟的成员国。

1. 西方殖民统治下的东南亚

东南亚的近代史是一部饱受殖民侵略的血泪史，由于法属印度支那和英属缅甸之间需要缓冲地带，因此两国之间的泰国不曾彻底沦落为殖民地，除此之外，其余各国都曾经沦为列强的属地（见表 1 – 1），成为西方的原料产地和倾销市场。

东南亚人民很早就萌生了民族主义思想。如被誉为菲律宾国父的革命家、诗人黎刹就梦想有朝一日马来人可以建立起自己的国家，他领导菲律宾人民反抗西班牙的殖民统治，最终英勇就义。但是东南亚人民的反抗斗争从来没有停止。

表 1－1 东南亚国家的原殖民宗主国

东南亚国家	原宗主国	东南亚国家	原宗主国
印度尼西亚	荷兰	老挝	法国
马来西亚	葡萄牙、荷兰、英国	柬埔寨	法国
菲律宾	西班牙、美国	缅甸	英国
东帝汶	葡萄牙	新加坡	英国
越南	法国	文莱	英国

第二次世界大战期间，日本占领了东南亚，取代了西方国家的殖民政府，一些东南亚民族解放人士，如昂山将军，都参与了日本在东南亚进行统治的傀儡政权。虽然日本战败后西方国家又恢复了对其殖民地的统治，但在此期间这些国家的民族解放力量大大增强了。很多国家在日本投降后都宣布独立，并与前来征讨的原宗主国军队进行了艰苦卓绝的斗争。在第二次世界大战后的民族解放浪潮下，西方列强不得不逐渐放弃了对东南亚国家的统治。

2. “冷战”时期东南亚国家的政局变化

西方资本主义国家对东南亚国家进行了长期的政治、经济和文化的渗透和控制，印度尼西亚、马来西亚和菲律宾等国的领导人亦受西方的文化影响较深，因此东南亚国家普遍对共产主义怀有恐惧心理。面对新民主主义革命和社会主义革命之后建立的新中国及反抗法国和美国入侵的越南，这些国家希望团结起来增强防御力量。

东南亚最早的联合行动是在殖民国家的统治下开始的，目的是镇压东南亚地区民族解放运动，干涉东南亚国家的内政。1954 年 9 月 8 日，美国、英国、法国、澳大利亚、新西兰、泰国、菲律宾和巴基斯坦，在马尼拉签订东南亚集体防御条约，成立东南亚条约组织。然而，东南亚条约组织是由发达国家主导的，而在这些国家内部又矛盾重重，美国利用该组织推行尼克松主义，指使一些成员国参加侵略越南南方、老挝和柬埔寨的战争。美国在越南南方和老挝排挤法国的势力，引起法国的不满。东南亚条约组织很快就名存实亡，从 1965 年起，法国一直拒绝派正式代表参加每年例行的部长级理事会会议。1975 年法国停止财政供应。1975 年 9 月东南亚条约组织通过决议宣布解散，1977 年 6 月起不复存在。

1966 年日本、韩国、马来西亚、菲律宾、澳大利亚、中国台湾地区、新西兰、南越和泰国等在关注东南亚安全的国家和地区成立了亚太理事会以对抗中国大陆和胡志明领导的北越。随着 1972 年中华人民共和国加入联合国，1975 年越南统一，亚太理事会失去了存在的意义，于 1975 年宣告终结。东南亚条约组织和亚太理事会的失败，说明距离较远的国家地区之间对抗性的东亚合作无法奏效。

1961 年 7 月 31 日，马来西亚、泰国和菲律宾在曼谷成立了东盟①的前身“东南亚联盟”。由于马来西亚联邦和印度尼西亚、菲律宾都有领土冲突，当时马来西亚联邦甚至请求英国派遣军队援助自己。由于民族问题②，马来西亚于 1965 年投票强制将新加坡开除出联邦，东南亚地区紧张的局势再度升级，至此，东南亚联盟陷于瘫痪。

为了实现国父黎刹的梦想，菲律宾总统马卡帕加尔致力于联合印度尼西亚和当时的马来西亚建立一个以马来人为主的统一的国家。1963 年，菲律宾、马来西亚和印度尼西亚在马尼拉宣布组建“马菲印多”③。然而印度尼西亚和马来西亚之间由于沙巴州产生了领土纠纷。“马菲印多”仅成立二十余天就名存实亡。菲律宾、马来西亚和印度尼西亚之间的矛盾反而因此加剧了。

尽管种种努力都以失败告终，但在当时“冷战”的背景下，促使东南亚国家（在当时主要是马来群岛的东南亚国家和泰国）联合到一起的驱动力却是无法阻挡的，这主要是由它们共同的安全需求所致。东盟一开始实际

① 全称为“东南亚国家联盟”（Association of South East Asian Nations，ASEAN）。“东南亚联盟”的全称为 Association for Southeast Asia，简称 ASA。

② 新加坡华人较多，当联邦中央政府出台政策提高新加坡工商业的税赋时，新加坡大为不满。为了维护马来人的统治，1965 年 8 月 9 日，联邦中央政府执政党通过紧急修宪，将新加坡逐出联邦。

③ 英文拼写为 The Maphilindo，是马、菲、印尼三国国名的浓缩，实际上也是一个区域合作组织。

上是“冷战”的产物。

1967 年 7 月，英国宣布从苏伊士以东地区撤军。美国也深陷越南战争的泥潭不能自拔，急于从印支事务中撤出。20 世纪 70 年代初，苏联则趁西方国家力量受到削弱的时候开始推行与美国争霸的战略，同时要遏制中国的发展，抛出了“亚洲安全体系”，宣称“亚洲不同社会制度的国家进行合作，相互承认，互不侵犯，各国应实行区域合作”，称“亚安体系是南亚和东南亚国家中立化的可靠保证”。东南亚国家十分清楚作为世界第二强国的苏联的真实目的，一致表示拒绝接受“亚洲安全体系”，不希望和苏联一起被绑在对抗美国和中国的战车上。

但苏联还是在东南亚找到了支点。当时的越南领导人“印支联邦”[①] 情结严重，一心想成为地区霸主，妄图控制老挝和柬埔寨。为了得到足够的军事支援进行扩张，越南接受了苏联的条件，开放金兰湾给苏联舰队，在《苏越友好条约》中双方约定，“缔约双方将就涉及两国利益的一切重要国际问题进行协商。一旦双方中之一方成为进攻或进攻威胁的目标，缔约双方将立即进行协商以消除这种威胁，并采取相应的有效措施保障两国的和平与安全”。苏联在这一地区的渗透让东南亚其他国家感受到了空前的威胁。

随着殖民地国家的不断独立，它们强烈要求改变不合理的国际经济旧秩序，建立新的国际经济秩序。在此情形下，一时间各种国际合作组织层出不穷。自 1960 年至东盟建立前夕的 1967 年 6 月，世界上先后出现了石油输出国组织、拉丁美洲国家石油互助协会、非洲国家咖啡组织、可可生产者联盟、非洲花生理事会和铜矿出口国政府联合委员会等一大批原料生产国和输出国组织。与此同时，77 国集团、中美洲共同市场、非洲 - 毛里求斯共同组织、东非共同体和非洲发展银行等一批经济集团和金融组织也先后出现。它们的目标是加强联合，协调立场，采取共同步骤，反对帝国主义和超级大国的控制、剥削和掠夺[②]。

---

① 法国在中南半岛殖民时期，将属于其殖民地的越南、老挝和柬埔寨组合成“印支联邦”进行统治。

② 《东盟成立的历史背景与发展的主要原因》，《东南亚》1989 年第 2 期。

3. 东盟成立前夕的政治背景

经过许多合作尝试，东南亚国家一致希望建立一个自己的组织。20 世纪 60 年代中期，东南亚国家内部发生了一系列政治变化，使得这一愿景成为可能。当时东南亚有两种声音，第一种声音是恢复“马菲印多”或者东南亚联盟，另一种观点是另起炉灶再建立一个新的组织。

在东南亚国家内部，马来西亚最早意识到了共同安全的必要性，马来西亚总理冬姑·阿卜杜尔·拉赫曼认为东南亚的战略和经济价值是以前该地区被剥削的原因，而在今后仍将因为这一点成为大国争夺的目标，如果想要维持这一地区的和平与稳定，就必须说服大国让东南亚成为一个联合的中立区。因此，东南亚国家很有必要共弃前嫌。由于“马菲印多”从一开始就是为了阻止成立马来西亚联邦而设置的，马来西亚对于恢复“马菲印多”之类的提议比较反感，希望建立一个新的组织。

1965 年 9 月 30 日，印度尼西亚发生“九三〇”事件，民族主义苏加诺政权被推翻，苏哈托上台，印尼开始由军人主政。苏哈托的观点是区域安全必须建立在国家安全的基础之上。印尼是世界上的中等强国，苏哈托希望印尼凭借自己的力量成为地区安全的维护者，马来西亚等国则希望将它拉回到建立安全合作体系的框架内。苏哈托开始谋求与马来西亚修好，在菲律宾的调停之下，印尼和马来西亚与 1966 年 8 月签署了两国关系正常化协议。印尼也主张建立一个新的区域合作组织，但以“马菲印多”的精神为指导。印尼不希望保留东南亚联盟，一方面印尼认为加入亲西方的东南亚联盟有损于它主张的不结盟原则，另一方面以非创始国身份加入使得印尼无法在其中占据主导地位。

新加坡、文莱等小国则惧怕地区内的大国马来西亚和印尼的力量，希望能与它们建立稳定的合作关系。新加坡在与马来西亚分治之后，对于东南亚地区的任何性质的合作组织都只能选择加入，以将新加坡华人国家的形象弱化到最小限度。新加坡主张未来的地区合作应当以促进本地区的经济繁荣为出发点，对于是沿用旧的组织还是建立全新的机制并不在意。

泰国作为东南亚地区历史上唯一没有成为过殖民地的国家，在区域安全方面采用的是实用主义政策，愿意参加任何有利于保障其生存的合作形式。泰国在东南亚地区采取同中国和印支三国保持友好关系的政策，同时向美国靠拢。泰国同样主张建立一个全新的组织，与东南亚联盟和“马菲印多”都没有关系，但吸收这两者中能够被各方接受的东西。泰国希望这样可以调和各方的立场，以便重启合作的进程。

1965 年，菲律宾举行了总统选举，马卡帕加尔下台，费迪南德·埃·马科斯当选为总统。马科斯上台开始调整菲律宾的对外政策，积极改善同马来西亚的关系，促进区域合作。1966 年 6 月，菲律宾正式承认马来西亚，并积极调停印尼和马来西亚的关系。菲律宾外长纳西索·拉莫斯和泰国外长他纳·科曼（Thanat khoman）一起奔走游说东南亚各国，呼吁各国建立合作组织。由于菲律宾长期和美国保持着密切的联系，在安全方面已经得到了美国的保障。但是菲律宾国内的经济十分萧条，因此菲律宾希望联合东南亚的其他国家并非出于安全的考虑，而是出于经济方面的考虑，希望成为东南亚大家庭的一分子。菲律宾外长拉莫斯在东盟的成立大会上说道，“东南亚的经济如碎片一般，每个国家都局限于自己的目标。在和兄弟国家的冲突之中浪费宝贵的资源，尝试压制彼此，这对它们的增长和永久存在都是不利的”①。

基于以上种种情况和现实考虑，东南亚各国亟须团结起来减少内讧，以集中精力建设国家、发展经济，对抗苏联势力的侵入。当时的泰国外长他纳·科曼预料“美国军队终将撤出东南亚”②，因此东南亚的国家需要联合起来保护自己。

要反对大国的干涉，维护本地区的和平与稳定，发展本国的经济，只能依靠本地区的联合力量，建立相互理解的合作组织。东盟的成立可谓大势所趋。

---

① 《东盟的成立》，见东盟官方网站 http：//www. asean. org/20024. htm。

② 参见他纳·科曼的回忆录《东盟的设想和进化》，东盟官方网站 http：//www. asean. org/thanat. htm。

第二节　东盟发展过程与阶段

根据东盟的政治联合和经济发展程度，其发展过程大致可以分为三个阶段，即成立和奠基阶段、第一次首脑会议到“冷战”结束前的发展阶段和20世纪90年代以来的腾飞阶段（见表1－2）。

表1－2　东盟的主要发展阶段

阶段名称	时间范围	主要任务与成就
成立和奠基阶段	1961～1976年	• 成立相关机构 • 领土纠纷使得合作非常有限
发展阶段	1976～1990年	• 重点在于政治合作，经济合作为政治合作服务 • 解决了成员国之间的领土纠纷
腾飞阶段	1990年至今	• 经济发展是重心，吸收了四个成员国 • 成立了东盟自贸区，并向区域一体化迈进

资料来源：根据相关资料整理。

1. 成立阶段

在东南亚联盟陷于瘫痪之后，泰国开始充当东南亚国家之间的协调人。泰国外长他纳·科曼在这之中起到了重要的作用，他奔走于马尼拉、雅加达和吉隆坡之间，调解这几国之间的紧张关系。“在一次宴会上，我向印尼外长亚当·马利克提出要建立另一个合作组织，他马上就同意了。我令泰国外事办公室起草了新组织的章程，几个月之内，一切就绪。我邀请了东南亚联盟的前成员——马来西亚、菲律宾和印度尼西亚来曼谷参加成立会议。本来只想由东南亚联盟前成员加上印尼来组成这个新的组织。新加坡外长拉贾那纳姆也要求参加会议，新加坡的要求被愉快地接受了。”①

① 《东盟的成立》，见东盟官方网站，http：//www. asean. org/20024. htm。

1967 年 8 月 8 日，上述五国外长在曼谷召开东盟第一届外长会议，发表了《东南亚国家联盟成立宣言》即《曼谷宣言》，表示东南亚地区人民的人权和国家的主权不可侵犯。东南亚国家联盟正式成立。

东盟在成立初期的合作侧重于军事安全与政治中立。实际上成员国之间矛盾重重，马来西亚和泰国、新加坡、菲律宾之间都存在着矛盾，因此东盟之间的经济合作未能展开，政治合作成果也很有限。

20 世纪 70 年代初，趁美国急于从越南脱身，苏联推出了“亚洲安全体系”，意欲插手东南亚事务。东盟各国为巩固自身的独立，摆脱大国控制，1971 年 11 月在吉隆坡举行东盟国家外长特别会议，通过《吉隆坡宣言》，宣布东南亚将建成“和平、自由、中立”的“无核地区”，不受外部干涉。1973 年 6 月，东盟第六次部长会议通过决议，坚决拒绝参加苏联倡议的“亚安体系”。

1970 年以来，苏联提出马六甲海峡应当“国际化”，应该“向其他国家的船舶开放，自由航行”。对此“马来西亚、新加坡和印度尼西亚在 1971 年 11 月 16 日曾发表联合声明，宣布三方共同管理马六甲海峡和新加坡海峡的事务，明确宣布上述两个海峡并不是国际性海峡，反对所谓国际管理马六甲海峡的阴谋，以维护海峡沿岸国家的权益”①。三国共同挫败了苏联的阴谋。

2. “冷战”结束前的发展阶段

1975 年 5 月，越南统一，美军则完全撤出越南。越南在战争期间接受了中国大量的军事援助，战后又向苏联靠拢，作为苏联在东南亚的支点而获得大力支持。由于武器装备充足和有苏联撑腰，越共扩张思想开始膨胀，地区霸权主义抬头。

面对新的形势，1976 年 2 月，东盟国家在印度尼西亚巴厘岛召开了第一次首脑会议，印尼总统苏哈托、菲律宾总统马科斯、马来西亚总理侯赛

① 详情参见 1972 年 3 月 12 日《人民日报》第 5 版。

因·奥恩、泰国总理克立和新加坡总理李光耀出席了会议。会议签署了《东南亚友好合作条约》和《东南亚国家联盟协调一致宣言》，后者又称为《巴厘第一协约宣言》。并发表了联合新闻公报。宣言和条约强调，各成员国应遵循互相尊重独立、主权、平等和不干涉内政等原则，并通过友好磋商的途径解决它们之间的争端，以加强政治、经济、社会、科技、文化及安全等方面的合作，同时主张成员国最大限度地利用东盟地区自然资源加强互补，共同探讨国际商品贸易和其他世界经济问题。为了协调成员国之间的关系，在第一次首脑会议期间，各成员国的外长签署了《关于成立联盟秘书处的一协议》，建立了东盟秘书处。在实践中，“平等一致”与“友好协商”的原则实际上已成了东盟团结友好合作的准则。这次会议极大地推动了东盟内部的合作进行，成为东盟历史上的重大转折点。

次年8月，东盟在马来西亚首都吉隆坡举行了第二次首脑会议。第二次首脑会议，本着第一次首脑会议提出的团结、友好、合作和协商对话的原则精神，解决了菲律宾与马来西亚之间历时多年的沙巴地区主权之争，菲律宾放弃对沙巴的领土要求。随后，其他成员国也逐渐通过调解解决了一些纠纷。

与此同时，东盟成员国中比较关心经济发展的新加坡、菲律宾两国开始呼吁东盟加快经济合作，它们主张东盟建立自由贸易区。但此举遭到了印度尼西亚的强烈反对，印尼政府认为本国企业在对外竞争中仍然处于劣势地位，需要保护。最后，在1977年的外长会议上，各方达成了折中方案，签订了《东盟特惠贸易协定》，建立起特惠贸易制度，调低部分商品的关税税率。

为了加强彼此的经济合作，东盟的第二次经济部长会议还决定进行5项工程合作，即新加坡柴油机厂、泰国纯碱厂、菲律宾磷酸盐厂，以及印尼和马来西亚各建立一座尿素厂。这5个工业合作项目的资金由东道国提供60%，其余四国各自投资10%。

1979年，越南大举入侵柬埔寨。在反对越南侵略的斗争中，东盟履行“联大”决议，坚持正义立场，强烈要求越南从柬埔寨撤军，以恢复柬埔寨的独立、主权和领土完整，对维护东南亚地区的和平起了重大作用。

1984 年，刚刚摆脱英国统治的文莱立刻宣布加入东盟。东盟开始吸收新的成员国。

在政治合作取得关键性进展的同时，东盟的经济也开始高速增长。东盟还十分重视发挥自身的资源、劳动力优势，利用世界的市场、资金与技术，大力发展出口。东盟先后同澳大利亚、新西兰、日本、美国、欧洲共同体和加拿大建立了经济联系。进入 20 世纪 80 年代，东盟又分别同美国和欧洲共同体组成“经济协调委员会”和“联合合作委员会”。1987 年的东盟第三届首脑会议上，东盟成员国领导人签署了《促进和保护投资协定》，为本区域内商品资本的流通提供了更加便利的条件。

在“冷战”结束之前东盟虽然有很多经济合作方面的计划和协定，但成员国仍然为各自的利益争执不清，使得经济合作困难重重。例如上文提到了 5 个经济合作项目，最终只有两个建成投产。1977 年签署的《特惠贸易协定》中所列的项目仅有 71 项。总体而言，“冷战”结束前的东盟始终以政治安全合作为主，经济合作只是为政治合作提供补充，没有被提到重要的地位，成果亦是乏善可陈。

“二战”之后，日本采取“贸易立国”的战略，经济高速增长。20 世纪 60 年代中期后，由于日本工资水平上升，直接影响到其国际市场竞争力。为获取竞争优势，日本一方面不断进行产业结构调整，促使产业升级；另一方面将国内已不具备竞争优势的产业和技术逐步向东亚新兴工业化经济体、东盟等东亚欠发达国家转移，以便充分利用这些国家廉价的资源和劳动力，继续保持其产品的国际市场竞争力，促进出口。这样，以产业关系为纽带，形成了日本领头、东亚新兴工业化经济体居中、东盟国家等欠发达国家为尾的一种产业梯次转移与发展阵势——“雁阵模式”。这种“雁阵模式”可以使东亚新兴工业化经济体和东盟欠发达国家相继利用日本的资本和技术，学习和模仿日本经济发展的成功经验，发展本国经济，同时也必须依赖日本为其提供产业和技术升级的空间。在这一阶段，东盟始终是“雁阵模式”中的被动追随者，经济发展和产业分工受制于日本。

3. 20 世纪 90 年代以来的腾飞阶段

随着“冷战”结束，和平与发展成为世界的主题，东亚地区的经济合作日益升温。“雁阵模式”形成了东亚地区以日本为中心的产业分工网络，促进了东南亚和东亚地区的经济发展，带动了东南亚国家的工业化。这种模式得以存在和发展的基础是作为“领头雁”的日本必须保持经济的持续快速发展和产业结构的不断升级以及技术的不断创新，以便为东亚新兴工业化经济体和东盟国家提供产业转移和产业升级的空间。1985 年“广场协议”①签订后，日元大幅升值。由于失去了出口竞争力，日本经济持续低迷，增长乏力，进入了“失落的十年”。日本 GDP 总量在东亚地区所占的份额也在不断下降。日本的经济影响力大大削弱，不能继续作为东亚经济的领跑者。但是，日本仍然是世界第二大经济体，是东亚地区主要的资本与技术输出者。与此同时，中国的经济却保持高速增长。在改革开放不断深化的背景下，中国已经成为东亚地区举足轻重的一支力量。

1992 年 10 月，东盟经济部长会议通过了《有效普惠关税协定》，并决定从翌年开始实施。协定的核心内容是各成员国逐步削减关税，到 2008 年将关税降至 5% 以下，并完全取消成员国间的非关税壁垒。为此，东盟还专门成立了自由贸易区理事会，负责监督、协调协定的实施。1994 年 9 月，东盟经济部长会议决定将落实自由贸易区的 15 年期限提前 5 年，即从 2008 年提前至 2003 年。

1997 ~ 1998 年的金融危机中，东盟国家损失惨重。这使得东盟国家更加意识到团结一致共同抗击风险的重要性，加强经济合作的心情更为迫切。1998 年 12 月，东盟首脑会议决定将此期限再提前一年。东盟在东亚的经济合作中率先迈出了一步。

---

① 1985 年 9 月 22 日，美国、日本、联邦德国、法国以及英国的财政部长和中央银行行长（简称 G5）在纽约广场饭店举行会议，达成五国政府联合干预外汇市场，诱导美元对主要货币的汇率有秩序地贬值，以解决美国巨额贸易赤字问题的协议。因协议在广场饭店签署，故该协议又被称为“广场协议”。

东盟自由贸易区的建成，极大地促进了东盟的经济发展，成员国内部贸易量始终占据各国对外贸易量的首位。

从20世纪90年代初到21世纪初，东亚地区经济发展的基本格局便是：中国居首，为拉动该地区前进的“火车头”，以其经济增长的高速度带动东亚经济腾飞；日本居尾，为推动该地区发展的“火车头”，以其庞大的资本和技术实力推动东亚经济发展；东盟国家和亚洲“四小龙”为车身。形成“新双头列车”模式。东盟和韩国一起成为东亚经济一体化中的中坚力量，东盟在东亚经济合作格局中的地位有了很大提高，由原先的被动追随者变为东亚区域经济合作的积极参与者、倡导者和重要推动者。

20世纪90年代对于东盟的发展是极为重要的十年。除了经济大发展之外，东盟还吸收了新的成员国。1986年越南实行革新开放，实行经济改革，调整对外关系。这个曾经被东盟视为威胁的国家由于共同的利益和东盟走到了一起。1995年，越南加入东盟。随后，1997年，缅甸和老挝加入。1999年，柬埔寨加入。至此形成了目前东盟10国的局面。

经历了金融风暴的洗礼之后，东盟重新迈上了经济发展的快车道。同时，东盟自由贸易区的启动和东盟经济一体化的推进，使东盟成为区域外国家和经济集团关注的焦点。各国竞相同东盟展开合作，东盟成为东亚经济合作的中心。在“10+1”和“10+3”机制中，东盟都处于主导地位。东盟通过自己主导的机制，制衡和稀释大国的力量，吸引了众多国家加入经济合作的队伍（见图1-1）。中国政府明确表态支持东盟在东亚合作中发挥核心作用，承认并支持东盟的中心主导地位，并率先和东盟签订了自由贸易区建设的框架协议。

同时，东盟内部也在一体化的进程上不断迈进。2003年10月，第九届东盟首脑会议正式提出建立东盟共同体，将东盟由一个松散的合作组织转化为关系更为密切的一体化组织。2007年，第13届东盟首脑会议通过了《东盟宪章》和《东盟经济共同体蓝图》，东盟一体化进程开始启动。

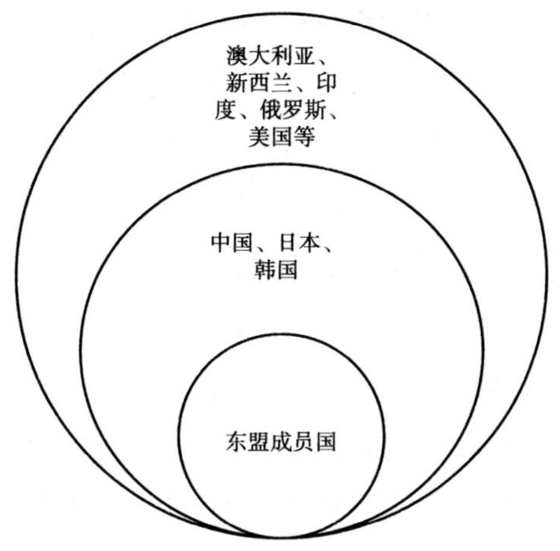

图 1－1　东盟的外交层次

资料来源：根据相关资料整理。

第三节　东盟的组织机构与运作

1. 东盟的组织机构

东盟成立 40 多年来，经历了主要职能的变迁和成员的扩张，组织结构和运作方式发生了许多变化。

从 1967 年成立到 1976 年第一届东盟首脑峰会期间，东盟以外长会议为最高决策机构；设置常务委员会在外长会议闭幕期间处理日常事务；在每个成员国成立负责协调东盟事务的秘书处。1976 年的第一届首脑峰会上对东盟的组织机构进行了重大改革，最主要的是设立了常设的东盟秘书处，形成了完整的部长会议体系。1992 年的第四届东盟首脑峰会再次调整了东盟的组织机构，一方面，本次会议决定将首脑峰会常态化、正规化，定期召开；另一方面，东盟秘书处的职权得以提高；还设置了专门的经济高官会议负责《共同有效关税协定》的执行情况，用以推动东盟内部自由贸易区的建设。

2007年11月20日在新加坡举行的第13届首脑会议上，东盟成员国领导人签署了《东盟宪章》，这是一部对成员国具有普遍意义的法律文件，对东盟发展的目标、原则地位及框架作出了规定。形成了目前比较稳定的组织结构。即东盟以东盟峰会的决策为最高纲领，相关的文件、事务则由东盟秘书处负责起草并监督实行。东盟内部各个方面的合作都需要磋商，因此东盟成员国建立起了部长会议机制，以方便在同一领域内进行合作交流。自2003年东盟决定要将自身建设成为一个共同体组织之后，又设置了共同体理事会，协调推动东南亚区域一体化进程。出于对人权和民间交流的重视，东盟将人权机构和东盟基金会也写入了《东盟宪章》。根据《东盟宪章》，东盟还涵盖了一系列可以促进内部融合的实体。

总体而言，东盟包括三类机构。一类是决策机构，主要是东盟峰会和东盟部长会议；第二类是行政机构，东盟秘书处是东盟的行政总部；第三类是协调机构，包括协调理事会及三个共同体理事会（见图1－2）。下面具体介绍东盟几个比较重要的机构。

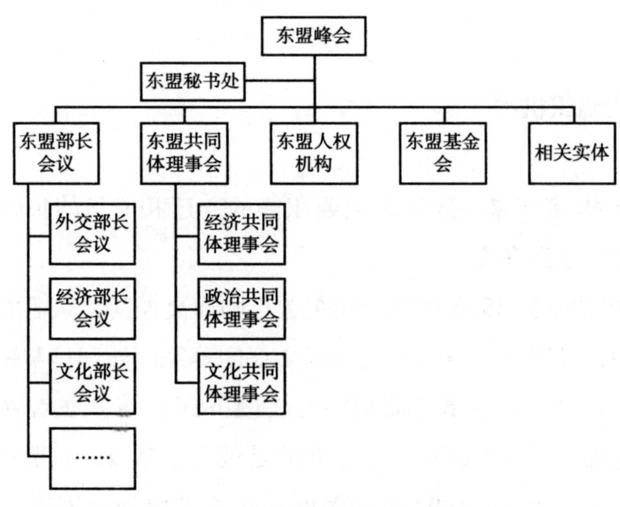

图1－2 东盟的组织结构

资料来源：根据相关资料绘制。

(1) 东盟峰会

根据《东盟宪章》第四章第七条的规定，东盟峰会是东盟的最高决策机构。截至 2012 年 5 月，东盟国家已经举行了 20 届峰会，包括 16 次正式首脑会议和 4 次非正式首脑会议。

在 1976 年第一次东盟峰会在举行以前，东盟一直以外长会议作为最高决策机构，这样即使通过了决议，也需要向各国政府报批。这大大降低了东盟运作的效率。而且外长会议一般只将重点集中在政治和安全领域，对其他合作领域缺乏关注度和专业性，因此东盟首脑会议也就是东盟峰会应运而生。

《东盟宪章》已经将东盟峰会机制化，规定东盟峰会由主席国召集，每年举行两次，由东盟成员国的国家元首和政府首脑参加，地点由成员国协商确定。正式的东盟峰会每三年举行一次，而其余的年份则举行非正式会谈。东盟的主席国由东盟成员国按照字母顺序轮流担任[①]。东盟成员国的主要领导人都会参加，共商区域发展大计。

东盟的重大决定，大多是在经过一段时间的酝酿之后，经由东盟的外交和经济部长会议作出决定，在东盟峰会上由各国领导人表决通过。如第一届峰会通过《东南亚友好合作条约》和《东南亚国家联盟协调一致宣言》，第十三届峰会通过《东盟宪章》和《东盟经济共同体蓝图宣言》。

东盟峰会上的每个成员国都有对决议的否决权，这显示了东盟互不干涉内政的平等制度。但是在峰会召开之前，东盟会特别注意开展双边和多边磋商，提前达成共识，使首脑峰会的决策过程更加顺利。

单纯从职能上来看，东盟峰会同欧盟的最高决策机构欧盟理事会还相差甚远。但作为一个发展中国家的区域合作组织的决策机构，东盟峰会已经取得了巨大的成就，并且在制度化和执行力上不断取得进步。

(2) 东盟秘书处

东盟秘书处的前身是东盟秘书长会议，成员为东盟成员国负责东盟事务

① 缅甸加入东盟以来，由于西方国家的压力始终未能担任过东盟的轮值主席国。2011 年 11 月的第 19 届东盟峰会上，东盟抵制住美国的压力，宣布缅甸为 2014 年轮值主席国。

的负责人。东盟秘书长会议采取的是轮换制，主席由成员国代表轮流担任，办公地点也不断变化。为了提高日常办公效率，1976 年的第一届首脑会议上，东盟签署《关于成立东南亚国家联盟秘书处的协议》，成立了常设秘书处。

东盟秘书处是东盟最重要的常设办公机构，位于印度尼西亚的雅加达。1992 年的《东盟秘书处修订协议》将东盟秘书处的职能范围进行了具体的界定。1997 年的《东盟秘书处修订议定书》则标志着东盟秘书处成为一个功能性的机构。

东盟秘书处的首脑为东盟秘书长，《东盟宪章》对“东盟秘书长”以法律形式确认下来。东盟秘书长按照东盟成员国的字母顺序，轮流从东盟各国选出，由东盟峰会委任，任期五年，不得连任。秘书长也是东盟的最高行政长官。同时设置四名副秘书长协助秘书长工作。四名副秘书长必须来自四个不同的东盟国家；副秘书长任期三年，其中两名可以再连任一届，根据才能委任，另外两名不得连任，综合考虑能力、资历和性别等因素选出。

每个东盟成员国都任命一名驻雅加达的大使级东盟代表，支持协调东盟秘书处的工作。同时在每个东盟成员国内都设立东盟国家秘书处，作为国内的联络点，推动东盟的协定在本国层面的实施，在国内提高对东盟的认知度。

东盟秘书处现有 200 多名工作人员，都来自东盟成员国，办公人员以印尼人为主。经过历次改革，东盟秘书处的规模不断扩大，职能不断得到加强。目前的情况是秘书处管理的事务很繁杂，能够制定政策的职权却很小。东盟几乎所有相关会议东盟秘书长都需要参加，这造成了东盟秘书处负担过重的局面。目前东盟正在加紧对秘书处的改革，一方面明确与加强东盟秘书处的职权，使之向东盟最高行政机构发展①；另一方面招聘专业人员，升级更新办公设备②。

---

① 2009 年 3 月，东盟宣布再次对东盟秘书处进行重组，使之成为更完整和高效的机构。

② 2007 年的第十三届东盟首脑会议上明确提出要更新东盟秘书处的基础设施。新加坡也曾捐赠 240500 美元用于秘书处档案系统的升级。

（3）东盟外长会议

东盟除了最高首脑会议之外，还召开部长级会议。这之中，由东盟各国外交部长组成的东盟外长会议最为重要。

东盟外长会议即外交部长会议，是制定东盟基本政策的机构之一，负责解释规则、方针，签署重要的宣言、条约，发布会议公报和声明等，外长会议在东盟早期的活动中处于核心地位。外长会议每年轮流在各个成员国举行，一般在东盟峰会召开以前都会先召开外长会议，为峰会提供议题和议案。

东盟同时在区域外很多国家[①]设立了由该地东盟成员国外交使团团长组成的委员会，以便开展共同外交关系。

同样由东盟外长组成的会议还有东盟协调理事会。东盟协调理事会每年至少召开两次，主要职责有筹备东盟峰会、协调东盟峰会所达成协议的实施、任命东盟秘书处副秘书长。

（4）其他部长会议

东盟经济部长会议是东盟经济合作的决策机构。从 20 世纪 70 年代中期开始，东盟的经济合作日益重要，第一次东盟首脑峰会将经济部长会议设置为常设会议。在东盟峰会成为最高决策机构之前，东盟实行的是外交部长会议和经济部长会议的二元决策机制。经济部长会议作出了很多重要的决策，如 1993 年第 25 届会议提出建立东盟自贸区，2002 年第 34 届会议讨论建立中国－东盟自贸区等。

东盟能源部长会议主要讨论东盟的能源开发、管理和保护事宜，如在 1990 年菲律宾马尼拉召开的能源部长会议上决定建立东盟联合电力网；2008 年的能源部长会议则决定成立东盟天然气中心，合作开发本地区天然气等。

东盟财政部长会议是在 1997 年东南亚金融危机爆发以后，东盟意识到

---

① 目前设立东盟使团委员会的区域外城市有北京、柏林、布鲁塞尔、堪培拉、日内瓦、伊斯兰堡、伦敦、莫斯科、新德里、纽约、渥太华、巴黎、利雅得、东京、首尔、华盛顿和惠灵顿。

本地区有必要建立起金融合作机制以共同抗击风险的形势下召开的。东盟财政部长会议不定期召开，致力于促进本地区的经济增长、改善投资、加强金融监管和维护市场秩序。

东盟还有包括农业和林业、贸易、环境、投资、信息、科技、劳工在内的多个部长会议，为本地区的合作与繁荣做出了很大贡献。

（5）其他机构

如今东盟已经发展成为一个庞杂的组织，除了上文提到的机制外，还有几个比较重要的机制。

东盟共同体理事会负责推动东盟的一体化进程。由政治安全共同体理事会、经济共同体理事会和文化共同体理事会组成，分别管理东盟各个相关领域的部长会议。每个成员国都必须派出人员参加。东盟共同体理事会每年至少组织两次会议。

东盟自成立之时就将人权作为自己工作的重点之一。早在东盟成立时的《曼谷宣言》中，就将保障人权作为一项重要目标。《东盟宪章》中亦重点突出了人权的作用。为了贯彻东盟保护人权和基本自由的宗旨和原则，东盟设立了人权机构，由东盟外长会议负责。

东盟基金会旨在为提高东盟认同感，促进民间交流及商界、社会、学术界等的协作相关活动提供支持。由东盟秘书长负责，向东盟峰会报告。

东盟的相关实体指可以支持东盟宪章施行的相关组织和机构，东盟和这些实体有相关合作。这些实体主要有：东盟议会大会，是东盟成员国议会之间协调的组织；商业组织，截至2011年5月登记在册的东盟相关商业组织有29个，包括东盟航空业大会、东盟卫生器械联合会、东盟银行业联合会、东盟商业论坛等；智库和学术机构，东盟拥有东盟综合科学情报服务网络，为东盟内部的学术研究交流提供协助；东盟承认的民间组织，截至2009年3月东盟登记在册的民间组织共有58个，其中和第二、第三条所描述的组织有部分重合，东盟相关的民间组织包括各个行业的联盟、交流协会等。

2. 东盟的运作特点

(1)“东盟方式”①

“东盟方式”是指东盟特有的决策方式，其核心是“非强制性”和“协商一致”。这使得东盟达成的决策实际上是非正式、非强制性的。在决策过程中，不同于传统的“少数服从多数”方式，东盟各国应当充分尊重他国的意见和想法，不得将自己的意志强加于别人之上，只有各方达成共识时，协议才得以执行。

这一概念是在东盟多个文件的不断强调之下产生的，1967 年的《曼谷宣言》、1974 年的《和平、自由、中立区宣言》和 1976 年的《东南亚友好合作条约》都不断重申每一国都有决定自己命运的权利，强调主权的绝对平等。

为了推动东盟内部的合作，1980 年，新加坡提出了“6 - x”原则。当无法达成全体一致时，只要不同意加入行动的国家不反对这一议案，就可以只在能够达成一致的成员国内执行该议案。后来“6 - x”原则相应变为“7 - x”“10 - x”原则，最后演变成为“y - x”原则，只要有两个以上的成员国同意，其他成员国不反对，决议即可通过。

(2) 互不干涉内政

互不干涉内政原则是对“东盟方式”的补充说明。东盟成员国饱受殖民统治和外国干涉，对民族、主权和独立问题十分敏感。再加上东盟国家国情又各不相同，根据一般的一体化理论，实现一体化的前提条件就是成员国的政治制度和经济发展水平相似。东盟内部的差异使得每个成员国的诉求有所不同，因此需要尊重彼此的独立性。

这一原则使得东盟在成立初期成员国关系进展迅速，但是随着东盟合作的深入，“互不干涉”已经阻碍了东盟的进展。最典型的事例是 1999 年东

---

① 即“The ASEAN Way”。

帝汶出现暴乱，东盟坚持不干涉的原则，使得局面一度失控，最后是在联合国的安排下，维和部队才得以进驻维持治安。

1997 年柬埔寨由于国内动乱推迟入盟，马来西亚副总理安瓦尔·衣卜拉西姆提出了“建设性干预”设想，虽然遭到了其他国家的反对，但新的形势要求东盟必须有所作为。2000 年东盟外长会议决定设立“三驾马车”机制，由东盟的现任、前任和下任主席国三位外长组成，目的是处理可能扰乱整个地区和平的状况，如毒品走私、贩卖人口和海盗等跨国犯罪。尽管“三驾马车”仍然强调尊重主权独立，但这实际上已经是对“不干涉原则”的部分突破。

第四节　东盟扩盟的过程与压力

1. 东盟扩大成员的出发点

《东盟宪章》第三章第六条中对东盟吸收成员的标准作出了规定，主要标准有四条。包括：

①地处受承认的东南亚地理区域；

②受所有东盟成员国承认；

③同意受约束于并遵守《东盟宪章》；

④有能力并愿意履行作为成员国的义务。

这四条标准说明了东盟存在的意义。首先，它是在地区主义指导下的区域合作组织，其根本立足点是东南亚地区，旨在将东南亚建成一个团结繁荣的地区。东盟始终有一种强烈的地理意识，正是这种强烈的地理意识使得东盟能够克服内部分歧和排除外部阻力吸收越南、缅甸、老挝和柬埔寨加入（下文还会有更详细的讨论）。斯里兰卡曾经申请加入东盟，就被东盟以“不是东南亚国家”的理由拒绝了。巴基斯坦和新西兰也曾表示有意加入东盟，也被礼貌地回绝。这是由于东盟考虑到地处东南亚的国家有着广泛的联合基础——同属于东方文化范畴，在近现代史上有着共同的遭遇，独立之后都面临着维护政治独立和发展民族经济的艰巨任务。

其次，加入东盟必须得到所有成员国的承认并有能力和意愿履行成员国的义务。这也就是说加入东盟必须符合所有成员国的利益，具体的比较即见于东盟吸收越南和巴布新几内亚入盟。越南在 1994 年提出申请，1995 年即正式成为东盟成员国。而巴布新几内亚早在 1991 年就成为东盟的观察员国，但至今仍未成为东盟的成员国。究其原因，就是吸收越南入盟符合东盟成员国的利益（下文将有详细叙述），而从吸收巴布新几内亚入盟中，东盟看不出明显的收益。而东盟具有强烈的整体意识，正是由于其具有这种意识，东盟才能够争取到单个成员所无法得到的利益，而且在面对西方大国的压力时，能够采取强硬立场，维护其成员或准成员的尊严。这点在东盟吸收缅甸加入时表现得淋漓尽致。

东盟之所以能够在 20 世纪 90 年代连续吸收中南半岛的四个国家入盟，是因为“大东盟”思想的提出。1994 年 5 月，在只有 6 个成员国的时候东盟提出了建立“东南亚十国共同体”的设想，当时还没有加入东盟的越南等四国也和东盟成员国一起签署了《关于建立东南亚十国共同体的设想与声明》。与“冷战”时期不同，此时的东盟已经超越社会制度和意识形态的限制，成为东南亚地区国家间相互合作磋商的联合性组织。

2. 东盟扩大成员的过程

（1）文莱

文莱在地理上是马来西亚－印度尼西亚核心区的一部分，属于马来族文化。当时的印度尼西亚和马来西亚都已感觉到，要维护地区的安全和稳定，就需要文莱加入东盟组织。以上原因使得文莱在 1984 年 1 月 1 日脱离英国独立，而 1 月 7 日就正式加入了东盟。而在此之前，文莱与东盟成员国之间的关系发展并非是一帆风顺的。

文莱拥有丰富的石油和天然气资源，人均收入始终位居东盟首位。在东盟成员国之中，文莱与泰国、新加坡和菲律宾的关系良好。文莱同新加坡关系密切，新加坡是文莱通往外界的窗口。新加坡不仅在文莱政府和警察部队中起顾问作用，是训练文莱文官和军人的重要基地，还是文莱的贸易中转站。文莱的多余资金也在新加坡投资或通过新加坡向外投资。两国货币等价交换通行。文莱的粮食主要由泰国进口。菲律宾则对文莱事务坚持不干涉政策。

由于共同的民族和文化联系，当时的马来亚曾经在 1961 年提出建立一个包括马来亚、新加坡、沙捞越、沙巴和文莱的马来西亚联邦的主张，并与这些国家和地区进行了谈判。但文莱的富裕使得其并不愿意与马来西亚组成联邦，这使得文莱和马来西亚的关系十分紧张。

在独立前的相当一段时间里，文莱是英国半殖民地性质的属地，文莱政府并不愿意与英国撇清关系，因为英国对文莱苏丹政府有军事保护义务，文莱苏丹担心英军撤离会使得自己的国家被周边大国吞并。

由于马来西亚担心文莱的这种情况会使得联邦内的其他成员也去谋求类似文莱的地位，同时希望东南亚地区能够彻底去殖民化，马来西亚双管齐下，一方面在国内支持文莱的反苏丹武装人民党，另一方面在联合国痛斥英国对文莱的干涉。这使得文莱和马来西亚处于对立状态。而印度尼西亚则由于本国被牵扯到东帝汶事务中，对相似情况下的文莱也十分关注。在处理马来群岛的小国问题上，两个大国——印度尼西亚和马来西亚存在相似的利益。

1976 年，马来西亚总理拿督侯赛因 · 奥恩上台，对文莱采取务实而审慎的政策，不再卷入有损于两国关系的事件。他一方面指示马来西亚在联合国的代表不要再急于要求联合国支持文莱独立，另一方面不再支持反政府的人民党。这两项举动使得文莱和马来西亚在几个月内就迅速从对手成为重要伙伴。文莱独立后，苏丹第一个出访的国家就是马来西亚。

1978 年，文莱苏丹赴伦敦就主权独立问题同英国政府谈判，并缔结了友好合作条约。根据条约，英国于 1984 年 1 月 1 日放弃了其掌握的文莱外交和国防权力，文莱宣布完全独立。

新加坡和马来西亚都致力于引导文莱参加东盟和世界事务，1981 年新加坡参加联合国的代表团中就有一名文莱人，而马来西亚参加英联邦政府首脑会议的代表团中也有一名文莱人。印度尼西亚一直希望维持东南亚的和平稳定，对文莱加入东盟也持支持态度。印度尼西亚驻文莱大使是派往东盟国家中唯一的非军人大使，印度尼西亚对文莱的和平姿态可见一斑。

文莱加入东盟对东盟有重要意义，它巩固了东盟马来西亚－印度尼西亚文化核心，也改变了新加坡在东盟中的“小国”地位。对文莱自身来讲，加入东盟使得它从地区斗争中脱身，得以集中精力谋求发展。

（2）越南

1995 年 7 月，在文莱举行的第 28 届东盟外长会议上越南被正式吸收加入东盟。这是自 1984 年文莱加入东盟之后，东盟组织又一次吸收新成员。

越南在 20 世纪 70 年代统一之后，东盟曾经邀请越南加入，但是越南认为东盟是投靠帝国主义的集团，因而拒绝了东盟的邀请。由于越南在战争期间受到大量军援，地区霸权主义思想抬头，这一政策受到了苏联的大力支持。越南因此大举扩张军力。

1978 年 12 月，越南入侵柬埔寨。这一行为受到了全世界舆论的谴责。东盟国家作为这一问题的前沿国家，对此问题立场明确：所有外国军队撤出柬埔寨，由柬埔寨人民来决定自己的前途。

东盟之所以坚决一致地谴责越南的侵略行为，是由于东盟成员国已经意识到越南已经对东南亚的和平与稳定构成威胁，它们不能袖手旁观。作为柬埔寨的邻国，泰国明显感受到了来自越南的威胁。新加坡总理李光耀曾有一句名言，“东南亚地区是个足球场的话，泰国就是这个球场的后门”，暗指泰国对东南亚安全至关重要。东盟成员国空前团结，在多种场合不断呼吁解决柬埔寨问题。从自身利益出发，中国、美国及大部分国际社会都选择了支持东盟的呼吁，使得越南和苏联在国际上十分孤立。东盟在这一事件中的积极表现也为自己赢得了盛誉。

到了 20 世纪 80 年代后期，越南领导人越来越认识到目前的政策已经让自己的国家陷入难以自拔的困境。由于苏联的援助主要是军事方面的，而越南与中国已经交恶，在美国战败之后的十年，越南的经济毫无起色，“1976～1980 年，国民收入值增长了 0.8%，人口却增加了 9.2%，接下来的 1981～1985 年第三个五年计划也并未实现，尤其是通货膨胀率居高不下，1986 年达到了创纪录的774.7%”①。同处一个地区的泰国、马来西亚和印尼等国正在快速发展，同为社会主义国家的中国也在改革开放的道路上大步迈进，越南共产党无法解释为什么本国经济发展得如此缓慢。

1986年12月，越共第六次全国代表大会比较全面、深刻地检讨了前十年经济工作的失误，决定在全国范围内实施大规模的经济改革开放政策，也就是越南的“革新开放”。

20世纪80年代末90年代初，苏联解体，东欧剧变，越南已经处于孤立的境地。1989年7月底在法国巴黎召开了关于柬埔寨问题的第二次国际会议，越南撤兵，柬埔寨问题终于得到彻底解决。同时，越南开始采取积极的外交政策，努力修复和改善同东盟成员国的关系。

1991年底，越南总理武文杰先后出访东盟6国，随后印尼、泰国和马来西亚领导人也相继访问越南。越南同东盟的关系开始缓和。1992年7月，越南在菲律宾首都马尼拉举行的第25届东盟外长会议上获得了东盟观察员资格，同时签署了《东南亚友好合作条约》。1993年10月，越共中央总书记杜梅访问新加坡和泰国时，再次表明了越南加入东盟的愿望。新、泰两国也表示支持越南加入东盟的努力。

吸收越南入盟可以理解为这是泰国和印尼为争夺东盟的领导权的产物。“冷战”结束后，越南与东盟的关系缓和，泰国在东盟关注的重点也从马来半岛转向中南半岛国家，希望通过对中南半岛国家的影响从而确立其在东盟中的领导地位，因此泰国积极支持越南加入东盟。而印尼等为制衡泰国也支持越南的加入，目的是利用越南来制衡泰国在印支半岛的影响，因此，从这个角度理解，越南是影响东盟国家间，特别是领导国家间关系的重要因素。

从东盟整体角度来讲，东盟希望扩大特别是通过囊括所有东南亚国家来提高东盟的国际影响力和国际形象，从而增强东盟在地区事务上的发言权。将“冷战”时期的“对手”越南吸纳到东盟中，可以为地区和平与稳定创造有利的条件。

---

① 《越共八大政治报告》，《越南共产党第八次个国代表大会文件》，河内：国家政治出版社，1996，第11页。

从越南的角度来讲，东盟为越南改善同西方国家的关系提供了一个平台，极大地提高了越南的国际地位，为其走向国际社会提供了便利。由于多边机制的存在，越南在处理双边问题时不再处于完全弱势的地位，话语权大大增强。东盟本身就是调节东南亚国家间冲突的一个机制，加入东盟，越南就获得了更为和平稳定的发展环境，可以集中精力发展经济。东盟身份给予了越南极大的政治利益，这之后越南陆续与美国建立外交关系，与欧盟签订了合作协定并加入了世界贸易组织。

围绕入盟的条件问题，越南和东盟之间进行了多次磋商，最终达成共识。1994 年 10 月 17 日，越南正式提出加入东盟的申请。12 月 1 日，东盟秘书处宣布，东盟各国已决定接纳越南为成员国。

（3）缅甸、老挝、柬埔寨

1997 年东盟成立 30 周年时，缅甸、老挝、柬埔寨同时宣布加入东盟。后柬埔寨因国内政局发生突变，推迟了入盟时间，1999 年 4 月 30 日，柬埔寨正式加入东盟，成为其第 10 个成员国。至此，东盟已经完成了其扩张目标，进入了相对稳定的发展期。

缅甸加入东盟的过程可谓东盟扩大成员的过程中最艰难的一环。在批准缅甸加入方面，东盟受到了外界强大的阻力。西方国家一直以缅甸镇压民主、限制人权为理由拒不承认缅甸政府，并对缅甸实行经济制裁。当东盟尝试吸收缅甸时，遭到了来自美国的游说和压力。

缅甸政府为了打开外交局面，采取了很多办法。1992 年，丹瑞大将担任恢复法制全国委员会主席，开始采取灵活务实的外交方针，就在这一年，缅甸第一次提出了加入东盟的申请，而东盟则给予了积极的回应。从 1994 年开始，东盟与缅甸的接触开始频繁起来，双方领导人不断互访。

东盟接纳缅甸加入主要是出于安全上的考虑，缅甸的军事力量和战略位置使得东盟无法不重视，缅甸丰富的资源和劳动力也是正处在经济转型期的马来西亚、新加坡等国产业转移的良好目的地。而从缅甸方面来讲，加入东盟意味着巨大的援助和经济发展机遇，同时，随着与东盟成员国关系的改善，反政府人士就无法再在东盟成员国内落脚，藏匿在缅、泰边境的克伦反政府武装也不能再安稳度日。

面对美国的压力，东盟国家态度一致，空前团结，不理会美国抗议。东盟认为，缅甸的问题由缅甸自己解决，互不干涉内政是东盟最核心的原则之一。

柬埔寨和老挝一直被世界银行列在“最不发达”国家的行列，经济发展极其落后。柬埔寨自20世纪70年代末就一直被越南侵占，国内秩序遭到极大破坏。而老挝的经济则基本处于“刀耕火种”的农业自然经济状态。

越南在与东盟改善关系之后，开始频频为同为印支三国的柬埔寨和老挝“说好话”，呼吁吸收它们进入东盟。1995年7月的东盟外长会议上，柬埔寨被批准为东盟观察员，缅甸也向会议提交了签署《东南亚友好合作条约》的意向书，老挝也在1997年东盟庆祝成立30周年时申请加入东盟。这届会议明确提出要在2000年前将东盟扩大为10国。最终东盟如期达成了目标。

柬埔寨和老挝同缅甸一样，属于资源丰富但欠缺开发的国家，两国加入东盟使得其得以利用来自东盟的资金和技术发展经济。而东盟亦多了投资贸易的新选择。

3. 东盟未来发展的几个主要障碍

（1）政治斗争和领土纠纷

东盟新成员的加入，势必导致东盟内部权力的重新分配，尤其是越南加入之后，作为东南亚大国的越南对印尼在东盟的领导权、对泰国在中南半岛的领导权都构成了挑战。成员数量的增多往往使得决策时成员国间互相扯皮，难以形成共识。这就在东盟内部产生了“离心力”。

东盟成员国由于历史殖民因素，领土划分不清，一些成员国之间便产生了领土纠纷，如越南和菲律宾在南中国海上存在领海纠纷，泰国和柬埔寨也由于法国殖民时期的遗留问题存在领土纠纷。新成员国和老成员国的领土纠纷使得新成员国在加入东盟时容易和存在纠纷的老成员国争论不已。

印尼与马来西亚之间的矛盾由来已久，历史上各种冲突不断，对东南亚国际关系现状的形成有着深远的影响。21世纪初，两国就曾因为领土争端而诉诸国际法庭。2002年，海牙国际法庭宣布马来西亚获得了西巴丹岛和利吉丹岛[①]的主权，导致了印尼大规模的抗议示威活动。2005 年，马来西亚国家石油公司宣布，将西里伯斯海附近两座油田的开采权售予第三方，引起了印尼政府抗议。之后，两国甚至派出了军舰和战斗机进入这一海域巡逻以宣示主权。一时间，两国民间对立情绪高涨，军事冲突一触即发。所幸，双方高层领导人较为冷静，双方通过沟通，同意通过外交途径解决事件，避免了局势的升级。

目前来看，东盟国家之间容易产生冲突的边境争端多为海洋争端（见表 1－3）。虽然其中一些争议已经通过国际法庭仲裁解决，但由于亚洲的社会文化与处理争端的理念和西方不同，把领土争端闹上国际法庭的例子相对较少。

表 1－3　东盟各国海疆界争端概况

介入冲突的国家	冲突的内容	位　　置	冲突的现状
马来西亚/越南/菲律宾	岛屿主权	南沙群岛	搁置、试图将矛盾转移向中国
柬埔寨/泰国	海疆和专属经济区	泰国湾	谈判
柬埔寨/越南	海上疆界/历史水域	泰国湾	谈判/区域
印尼/马来西亚	岛屿主权	西巴丹岛和利吉丹岛	国际法庭判决归属马来西亚
印尼/越南	海疆和专属经济区	纳土纳群岛	谈判
马来西亚/印尼	海疆和专属经济区	塞拉布斯海	搁置
马来西亚/菲律宾	海疆和专属经济区/岛屿主权	塞拉布斯海/沙巴州	搁置
马来西亚/新加坡	岛屿主权	白礁岛	国际法庭判决归属新加坡
马来西亚/泰国	海上疆界划界问题	泰国湾	共同开发
马来西亚/越南	海疆和专属经济区	泰国湾	共同开发
泰国/缅甸	岛屿主权	兰姆岛/金嘎岛、可努岛和可汗岛	谈判
泰国/越南	海疆和专属经济区	泰国湾	搁置

注：本表格内容根据以下文献资料更新、整理：①D. Y. Coulter, “South China Sea Fisheries: Countdown to Calamity. Contemporary”, *Southeast Asian*, 1996, 14（4）: 371－388；②曹云华、唐翀等：《东南亚国家联盟：结构、运作与对外关系》，中国经济出版社，2010。

（2）经济竞争和不平衡

与东盟成员国之间的经济互补性相比，其经济竞争性更强一些。东盟成

① 西里伯斯海（又称苏拉威西海）西侧的两个小岛。

员国的经济大多以加工、制造、出口为主，对发达国家依赖严重，而外资来源也主要是欧美、日本、中国香港等地。这就导致东盟成员国在发展经济中出现了市场、资本方面的竞争，进而加剧彼此的矛盾，影响经济联合进程。

从国民生产总值和人均国民收入来看，东南亚各国发展极不平衡，按照世界银行对国家财富的定义，东盟中既有文莱和新加坡这样的高收入国家，也有马来西亚和泰国这样的中等收入国家，还有柬埔寨和老挝这样的最不发达国家。巨大的贫富差距使得成员之间难以融合，阻碍了经济一体化。

东盟南部六国（新加坡、马来西亚、印尼、泰国、菲律宾和文莱）的市场经济体制已经比较成熟，而北部四国（越南、缅甸、柬埔寨和老挝）则仍处在向市场经济过渡的转型时期。南部六国把东盟经济的整合寄托在北部四国的赶超上。而这在短时期是不可能实现的，因此经济体制的不同也是东盟吸收新成员的障碍之一。

（3）外国势力的干涉

东南亚地区历来就是强国斗争的热点，从殖民时期的英国、法国、荷兰到“冷战”时期的美国和苏联，每个国家都希望能够对这一地区施加影响，使之更符合自己的利益。

越南统一之后的扩张行为苏联难辞其咎。而美国在“冷战”时期之所以支持东盟，也是将其当成了亚洲的“反共堡垒”。

在“冷战”之后，东南亚地区仍然是大国利益交错的地区之一。美国、中国、日本、欧盟，都在东南亚有着错综复杂的利益关系，都尽最大努力使东南亚向着有利于自己的方向转变。美国一方面希望东南亚国家能够联合起来制衡中国，另一方面又担心过于强大的东盟会影响到自己的亚太战略。东盟在吸收缅甸加入时就受到了美国软硬兼施的阻拦。日本则希望能够在东南亚地区引领经济合作，但又不希望东盟国家之间的深入合作损害自己的利益。

第五节　东盟的共同体建设

历史上的东南亚从来都不是一个相互联系的整体，而如今东盟作为区域集团已经在世界形成一股力量，这也完全是东盟 10 国团结自强的结果。与欧盟的前身欧共体区别开来的东盟共同体，以其自身鲜明的特点正在加速推进建设。东盟共同体在民族主义和地区主义间寻求某种平衡的同时，致力于建立一个能够共同应对地区问题的区域合作机制，以期构建起以人为本、拥有共同命运的共同体。2011 年，东盟领导人在第 19 届东盟峰会上共同签署的《在全球国家共同体中的东盟共同体巴厘宣言》成为构建东盟共同体的新动力。

1. 经济、社会文化、政治安全三大共同体

随着国际与区域环境热点问题的不断深化和国际环境合作的不断深入，在 2009 年第十四届东盟峰会上，东盟领导人签署了《东盟共同体 2009 ~ 2015 年路线图华欣宣言》。东盟共同体由经济共同体、社会文化共同体和政治安全共同体组成，这表明共同体建设是在三大领域同时推进的。在东盟看来，单一领域的共同体建设无法为东盟一体化提供强大的驱动力，而政治安全、经济、社会文化三大领域协同合作、相互促进的统一推进理念使得东盟在共同体的建设中广泛涉及这三大领域的内容。

东盟在建设共同体的过程中表现出明显的合作行动导向，《东盟宪章》中指出“最基本的决策原则是协商一致；若协商一致不成，则提交东盟峰会做决定”，因此东盟共同体蓝图强调的是促进成员国间的合作，以及解决现实问题的能力，而非约束性的一体化机制建设（见图 1 – 3）。如在“切实贯彻《南海各方行为宣言》以保证南中国海的和平与稳定”上，突出强调“从事与《南海各方行为宣言》一致的合作活动，以及在相互尊重主权、领土完整的前提下，在东盟成员国间更紧密协商的基础上，探讨其他的合作措施”等，但对于违反《南海各方行为宣言》的行为则未有任何约束措施或机制①。

① 韦红：《解析东盟共同体建设新思路》，《东南亚研究》2009 年第 5 期。

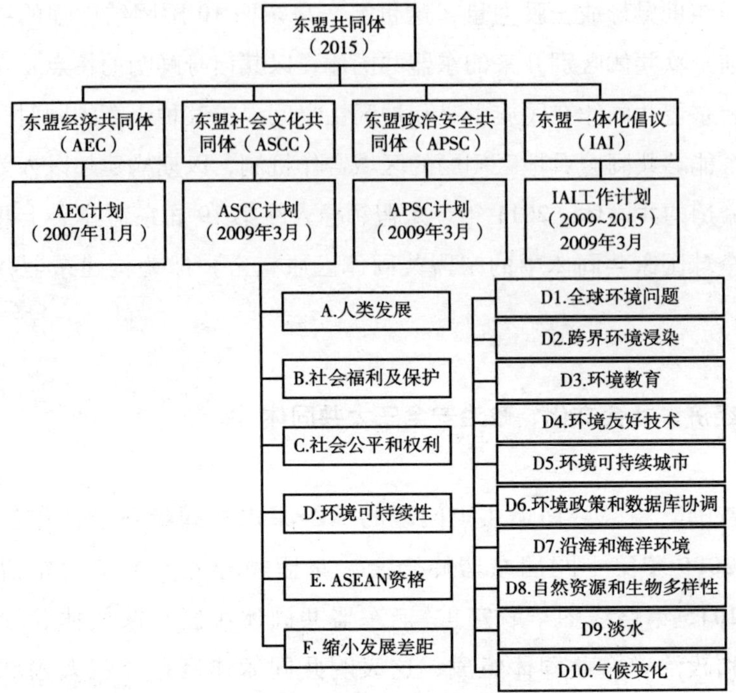

图 1－3　东盟共同体蓝图

（1）进程回顾①

与东盟各国散落在西南太平洋中的座座岛屿不同，当我们回顾东盟从最初发展至今令世界瞩目的区域集团一体化进程时，可以清晰地看到东盟由弱变强的脉络，及其重要里程碑。

第一里程碑：成立东盟组织。

1967 年东盟组织的成立，标志着东南亚国家开始真正建立联系，形成整体。在东盟成立之后的一个阶段里，它的重点工作是建立完善机制，处理内部矛盾和纠纷，维护本地区的安全稳定，建立与大国的对话关系。

1976 年，东南亚各国在巴厘岛签署了《东南亚友好合作条约》和《东南亚国家联盟协调一致宣言》，又称《巴厘第一协约宣言》。条约规定了东

① 王士录：《东盟共同体”建设面临的挑战与前景》，《亚太经济》2008 年第 2 期；张锡镇：《东盟共同体发展趋势及其主要推动者》，《世界经济与政治论坛》2007 年第 1 期。

盟成员国在处理相互间关系时应遵循的基本原则，特别是和平解决分歧或争端以及反对诉诸武力或以武力相威胁。迄今相继有包括非东盟国家在内的29个国家加入《东南亚友好合作条约》。

20世纪80年代末至90年代初，为适应世界政治格局多极化以及经济一体化和集团化的发展趋势，东盟将扩大组织、实现区域一体化提上了议事日程。

东南亚国家的联合促进了东南亚地区主义的发展，这一阶段东南亚地区主义的兴起和发展，既受到世界潮流的影响和美苏在东南亚地区“冷战”的影响，同时也体现了东南亚国家为适应地区发展形势以及维护地区和平与发展的内在合作愿望。随着东盟的成立，东南亚的国际格局发生了巨大变化，东南亚国家以地区国际组织的名义开始在国际事务中发挥影响力，它协调东盟各国利益，培育东盟意识，并开始强化东盟对其他东南亚国家的吸引力，使得地区主义得到进一步发展。

第二里程碑：建立东盟自由贸易区。

1992年1月在新加坡举行的第四届东盟首脑会议上决定在15年内即2008年前建成东盟自由贸易区，后来又把期限缩短为10年，即2003年。对后加入东盟的新成员，适当放宽年限。东盟自由贸易区的建成有力促进了成员国经济的相互联系，为共同市场的建立铺平了道路。

先是1992年东盟推出了贸易区自由化计划，决定建立东盟自由贸易区。此后，又在1994年5月举行了东南亚十国非正式会议，来自东盟六国以及印支三国和缅甸的19位高级官员和专家在马尼拉举行会议，讨论了推进东南亚一体化的问题。会议最后发表了《东南亚十国关于建立东南亚共同体设想的声明》，决定建立一个包括东南亚所有十个国家的“东南亚共同体”。该声明是一个重要的纲领性文件，它阐明了建立东南亚共同体的目的和意义，规定了东南亚共同体的性质，并就如何建立这样一个共同体提出了初步的对策措施。

建立东南亚共同体的计划投入实施以后，东南亚一体化的进程显著加快，在以下三个方面取得了进展。

首先，在区域一体化方面，包括东南亚所有十个国家在内的大东盟于

1999年形成，东南亚地区所有国家在组织上形成了一个统一的整体。大东盟战略出台后不久，越南率先提出加入东盟的申请，并于1995年7月28日在文莱首都斯里巴加湾召开的第28届东盟外长会议上被正式批准加入东盟。与此同时，老挝、缅甸和柬埔寨加入东盟的步伐也在加快。1997年7月的第三十届东盟外长会议决定同时接纳缅甸、老挝为东盟新成员，而柬埔寨则由于发生“7月事件”，政局动乱而被推迟至1999年4月。柬埔寨的加入，标志着东南亚在组织上的一体化最终形成。

其次，在经济一体化方面，东盟自由贸易区的进程不断加快，按照计划，2015年东盟内部将实现贸易的自由化。1992年11月，在新加坡举行的第四届东盟首脑会议上，正式作出了从1993年1月1日起，在15年内建成东盟自由贸易区的决定。会上，由东盟经济部长们批准了作为建立东盟自由贸易区主要机制的《共同有效优惠关税协定》。在对该协定进行了几次修订之后，东盟最终决定在2010年之前率先在6个老成员国之间、2015年之前在包括4个新成员在内的所有成员国之间实现贸易的自由化。东盟自由贸易区计划自1993年1月1日起实施以来，虽然遇到了一些挫折和困难，但总体来讲进展较为顺利。

再次，东盟地区论坛的建立，标志着东盟在安全一体化方面已迈出了新的一步。在防务一体化方面，东南亚所有十个国家都将签署《东南亚友好合作条约》，并为建立东南亚和平、自由、中立和无核区而努力。与此同时，东盟还创立了东盟地区论坛，作为区域安全合作的机制，一方面加强东南亚地区各国之间的双边和多边的安全和军事合作，另一方面也加强东盟组织与区域外大国之间的安全合作，把安全问题提到整个东盟、整个东南亚的层面上来，以整体的形象推行大国平衡外交，以确保东南亚地区的安全与稳定。

第三里程碑：宣布建立东盟共同体行动计划。

2003年10月的第九次东盟首脑会议通过了《巴厘第二协约宣言》，决定2020年建成东盟共同体。在2007年初举行的第十二届东盟首脑会议上，与会东盟国家领导人决定加快东盟建设进程，规划了提前5年即于2015年建成东盟共同体的目标。到2008年12月《东盟宪章》的正式生效，东盟共同体目标正式确立：使东盟以一个目标、一个身份和一个声音，共同应对未来挑战。

2003 年，巴厘岛见证了《巴厘第二协约宣言》的问世。东盟正式提出建设以政治安全、经济和社会文化三大支柱构成的东盟共同体。伴随着历届东盟峰会，东盟离实现“一个目标、一个身份、一个声音”的目标越来越近。当前欧债危机、世界经济复苏乏力等虽然给东盟发展带来冲击，但也为东盟各成员国团结一致应对挑战提供了动力。东盟在前进的道路上虽然还存在诸多困难，但东盟内联外合，加强与地区外大国和世界的融合已是必然。随着东盟组织不断壮大、影响力进一步提升，东盟必将成为“全球国家共同体”中一个更大的合作平台，而巴厘岛将成为东盟下一个十年发展的新起点。

自 2003 年东盟在《巴厘第二协约宣言》中正式提出要在 2020 年建成共同体以来，相关工作便紧锣密鼓地展开。2004 年在东盟首脑会议上通过了《万象行动计划》，将东盟建设东盟共同体的目标细化，分别阐述了东盟安全共同体、东盟经济共同体以及东盟社会文化共同体的建设目标、具体内容以及由此而采取的措施等。

2007 年底第 13 届东盟峰会签署《东盟宪章》，对东盟战略目标、原则、地位以及组织结构作了明确的规定。2008 年 12 月，《东盟宪章》正式生效，为东盟共同体建设提供了法律保障。宪章明确提出，建成后的东盟共同体将使东盟具有一个目标、一个身份和一个声音，共同应对未来的挑战。

2009 年初召开的第 14 届东盟峰会预示着东盟正式进入“宪章时代”。此次峰会东盟各国领导人签署了《2009～2015 年关于东盟共同体路线图》（又称“华欣宣言”）《东盟经济共同体蓝图》《东盟政治与安全共同体蓝图》《东盟社会与文化共同体蓝图》《东盟一体化工作计划第二份倡议》等一系列文件。这一系列文件为东盟共同体的建设提供了具体的行动方向，这标志着东盟一体化开始逐渐细化，东盟的发展将更加务实。

尽管东盟标榜其要建成一个类似于欧盟的一体化组织，但从东盟共同体的蓝图中，我们发现东盟所走的一体化道路，既不同于欧洲的经验，也无法用现有的某种理论来解释，它是一条极具特色的新型的地区主义道路。

第四里程碑：签署巴厘宣言。

2011 年底，东盟领导人共同发布宣言，着重传达出东盟希望加强与外部世界互联互通并在国际社会发挥更重要作用的愿望，再次重申东盟共同体建设在世界新形势下的重要性。作为第 19 届东盟峰会的重要成果，东盟领导人签署了《在全球国家共同体中的东盟共同体巴厘宣言》，又称《巴厘第三协约宣言》。宣言指出，加强东盟与全球国家共同体的融合，深化东盟共同体在国际事务中的角色对东盟的发展具有战略意义。东盟领导人在宣言中承诺，到 2022 年把东盟打造成讨论全球性事务的共同平台。宣言提到，东盟各国意识到当前在国家、地区和全球层面所面临的问题、机遇与挑战，其复杂性、多面性和多边性要求东盟作出更加协同一致的反应和努力。东盟将在共同关心和具有共同利益的国际问题上采取协同一致的立场，强化东盟在涉及自身利益的国际事务中所起的作用①。

东盟未来的发展趋势，我们可从东盟轮值主席国印尼总统苏西洛在第 19 届东盟峰会上的发言窥见一斑。苏西洛表示，宣言为东盟共同体如何与全球国家共同体实现互动指明了方向，这与东盟一贯对外开放的原则相符合。宣言的主旨是使东盟更加积极地参与建设一个和平、公正、民主和繁荣的世界，东盟应采取切实措施加速这一进程，保证东盟共同体三大支柱平衡发展，相关行动计划全部按时在 2015 年实现。东盟经过多年发展，已逐步发展成为一个更加成熟的地区性组织，未来东盟将继续致力于以政治安全共同体、经济共同体和社会文化共同体为支柱的一体化建设，加快地区经济前进步伐，维护地区和平、稳定与安全，并加强东盟在国际上的话语权②。

（2）东盟共同体建设定位：强化合作解决地区问题的能力

在东盟三大共同体的建设中，只有经济共同体明确提出了一体化目标，其他两大共同体均未提出明确目标。《东盟宪章》指出：“东盟共同体是一个具有政治凝聚力、经济一体化、负起共同责任的整体，它也是一个能够有

① 《东盟共同体建设巴厘再出发》，http：//world. people. com. cn/GB/14549/16302580. html。
② 《东盟共同体建设巴厘再出发》，http：//world. people. com. cn/GB/14549/16302580. html。

效应对当前及未来挑战和机遇的共同体。”①

《东盟宪章》对东盟共同体的总体目标作了如下描述：

①维护和促进区域和平、安全和稳定，进一步巩固和平的价值导向；

②大力加强政治、安全、经济和社会文化合作，提供区域防御力；

③保持东南亚成为一个无核武器和其他大规模杀伤性武器的区域；

④保障东盟人民和成员国在尽可能公正、民主、和谐的环境与世界和平共处；

⑤创造一个以稳定、繁荣和高度竞争为基础，可高效、便利进行贸易和投资的一体化市场和生产基地，实现商品、服务和投资自由流动，促进人才市场和资本市场的流动；

⑥通过协助和合作减少区域贫困，缩小区域发展差距；

⑦将巩固民主、法制和优良的管理模式，提升保护人权和基础性自由视为东盟成员国的权利和义务；

⑧根据全面的安全原则，对各种形式的威胁、跨国犯罪和跨国挑衅作出及时回应；

⑨加强可持续发展，保障区域环境和自然资源的可持续性，保护文化遗产，以保障人民能够拥有高品质生活；

⑩通过紧密合作发展教育，加强个人终身学习和提高科学技术，巩固东盟共同体，开发东盟人才资源；

⑪为东盟公民提供公平的发展计划、社会福利和正义，提高社会福利和个人谋生能力；

⑫加强区域合作，建立一个安全、可靠、无毒的环境；

⑬促进东盟所有社会成员独立参与并获利，加快东盟一体化进程和东盟共同体的建立；

⑭通过开发多样化的文化意识和地区性文化遗产，促进东盟的和谐统一；

---

① *The ASEAN Charter*, http://www.asean.org/publications/ASEAN-Charter.pdf.

⑮维护东盟积极和团结的形象，体现东盟在对外关系和合作上的操作实力，在地区构架中展现东盟的公开、透明和包容性。

虽然东盟地区的政治、社会、文化背景多元复杂，但从以上目标可以看出东盟并不要求以相似的文化背景为前提，而是在尊重多元文化的基础上培育一种包容的和平文化，同时再与区域经济一体化、共同应对社会问题相协同形成共同命运感，同样可以促进东盟地区认同的形成。因此我们也可以认为，正因为东盟地区多元化的背景，决定了东盟共同体建设必然会选择走多元一体化道路，即力求多样性与同一性相协调。

由于东南亚地区独特的政治经济状况，东盟在打造共同体的行动计划时，非常重视民族主义与地区主义的妥协与和谐。这主要表现为既坚持尊重主权、不干涉内政，又强调地区合作、培育地区共同行为规范和价值。对主权的强调并不意味着成员国的利益要高于地区利益，东盟所要达到的目的是个体国家利益与地区共同利益的协调，因此，东盟希望“通过共同体的建设，促进东盟成员国间更紧密的相互交往和合作，培育共同规范，建立共同机制，以达到东盟在政治安全领域的目标”。

总之，东盟共同体的目标是让成员国人民享受地区和平、繁荣、以人为本的共同体，东盟共同体更加重视其地区治理功能，而非类似于欧盟的超国家权威的地区组织。

按照《东盟宪章》，东盟共同体包括三个部分：

①政治安全建设：加强政治凝聚力，培养共同价值观

东盟政治和安全共同体的建设目标是，把东盟建成一个具有共同价值观念并基于规则行事的联盟，一个团结一致、和平稳定、对地区成员国具有共同责任的联盟，一个充满活力和外向型的联盟。东盟政治安全共同体的建设着重强调解决地区各种安全问题的政治合作，而不是以“防务条约、军事联盟和联合的对外政策”为目的。

《东盟宪章》指出，东盟安全共同体将使东盟的政治与安全合作提高到一个新的高度，以确保该地区国家间的和平共处，确保与世界上其他国家生活在公正、民主与和谐的环境。东盟把以和平方式解决地区间分歧作为唯一的选择，从根本上把彼此的安全联系在一起。在《东盟政治安全共同体蓝

图》中，东盟进一步提出“鉴于政治、经济和社会文化之间的关联性，东盟安全共同体以综合安全为原则，承诺通过广泛的政治、经济、社会和文化领域来构建东盟安全共同体。东盟政治安全共同体承认政治和社会稳定、经济繁荣、缩小发展鸿沟、减少贫困和社会差异是建立持久的东盟安全共同体的坚实基础”，从中我们不难发现，东盟安全共同体的建设主题是通过更为广泛的政治与安全合作来推进本地区的和平、稳定、民主，东盟从政治发展、形成和分享、预防地区冲突、解决冲突和冲突后的和平构建五个方面进行推进。

《东盟宪章》中明确规定：“尊重所有东盟成员国的独立、主权、平等、领土完整和国家认同；不干涉成员国内部事务；尊重每个成员国领导其国家免遭外来干预、颠覆和胁迫的权利。”在政治安全共同体建设中，东盟强调“东盟安全共同体承认成员国在追求各自的对外政策、防务安排方面的国家主权”①。

冲突预防是东盟政治安全共同体建设的一个重要内容，但在如何进行冲突预防上，东盟强调：坚持主权、领土完整及成员国的团结。

A. 在不干涉邻国事务问题上加强合作，包括避免使用军事、政治、经济或其他强制形式来针对邻国的政治独立和领土完整；

B. 东盟成员国间加强合作，以防止组织、煽动、资助和参与在其他邻国的恐怖活动；

C. 防止利用东盟成员国的领土作为基地来开展针对邻国安全和稳定的任何活动；

D. 加强合作以对付针对邻国的颠覆和叛乱活动②。

“东盟共同体是一个在日益与世界一体和相互依存中有活力的、外向的地区”“为了保持和促进地区的和平与稳定，东盟政治安全共同体寻求加强东盟与其对话伙伴和朋友间的互利关系。在此过程中，东盟在坚持积极参与、向前看、非歧视的同时，还将在一个开放、透明和包容的地区框架中坚

---

① “Central Bank of Myanmar”, www. mofr. gov. mm/dept_ cb. html.

② Aung Kyaw, “Financing Small and Medium Enterprises in Myanmar”, IDE Discussion Paper No. 148, Institute of Developing Economies, 2008.

持东盟的中心地位和主动性”①。由此看出，东盟在建设政治安全共同体时遵循着主体性与对外开放性相结合的原则。

印尼前总统梅加瓦蒂在纪念东盟成立36周年大会上发表讲话时表示：“东盟需要发展成一个成熟的安全共同体，但这并不意味着成员国间的防务和军事联盟，而是为了对付地区安全威胁、建立真正的地区秩序而共同分担责任的全面政治合作。”②

②经济共同体建设：一体化目标构建共同经济利益

在东盟三大共同体中，只有经济共同体提出了明确的一体化目标，当然一体化也只是其中目标之一。东盟共同体的建设是开放的，其经济共同体并非一个排他性的地区经济集团，《东盟宪章》中对其作了明确定位：把东盟变成一个统一的市场和生产基地、一个竞争力强的经济区、一个经济平衡发展的经济区、一个与全球经济接轨的经济区③。与东盟同时推进三大领域相一致，东盟经济共同体建设还兼有其他目标，包括解决地区内经济发展不平衡问题、加强国际竞争力等。

“为了发展东盟的商业与国际竞争力，使东盟成为全球供应链中更加有活力、更加强壮的一个部分，保证东盟内部市场对外资的吸引力，东盟超越经济共同体边界的外向眼光是至关重要的”。为了促进共同体对全球供应网络的参与，东盟将采取以下行动：“在可能的情况下，继续采取生产和分配的最好的国际标准；对不发达的东盟成员国提供技术支持，以提升其工业能力和生产力，促进其参与地区和全球的一体化。”在注重经济共同体外向性的同时，东盟特别强调主体性，“东盟将在其对外经济关系中坚持东盟的中心性，包括但不限于与外签订自由贸易区协定和综合经济伙伴关系协定。”④

---

① UNDP, “Myanmar Agricultural Sector Review and Investment Strategy”, Volume 2, New York, 2004.

② Central Statistical Organization, “Consolidated Balance Sheet of Damestic Private Banks（1996 - 2002）”, http://www.csostat.gov.mm.

③ “ASEAN Economic Community Blueprint”, http://www.asean.org/5187 - 10.pdf.

④ Sein Htay, “Economic Report on Burma 2004/05”, Economics and Research Department, Federation of Trade Unions-Burma（FTUB）.

伴随着经济全球化趋势的不断加强，地区发展的势头高涨，地区合作优势作用开始显现出来。从世界范围看，欧盟单一市场、北美自由贸易区逐步形成，以及中国的和平崛起与印度的发展，使得东盟明显感受到不同方面的压力，这就促使东盟内部成员国忽略其具体经济利益的不同，而采取合作行动，以期扩大其世界市场的份额，彰显东盟各国的存在愿望，并最终促进东盟进行必要的整合，在经济领域中构建共有的利益，增强其整体竞争力。

《东盟经济共同体蓝图》总体规划了东盟今后 7 年应采取的措施，包括电子、卫生、汽车等作为一体化的 12 个优先行业，加强政府与企业界等的伙伴互动关系，加快与对话伙伴国自由贸易区谈判等。蓝图指出，自由、开放的投资制度对提高东盟竞争力，吸引外国直接投资将起到关键性作用。

③社会文化共同体建设：责任共担，形成共同地区意识

社会文化共同体的目标是把东盟建成一个发展水平、社会福利与保障、社会公正与权利等方面尽量趋同的联盟，一个致力于环境可持续发展的联盟，一个成员国公民具有统一身份的联盟（即东盟人）。在社会文化共同体建设中，东盟强调其基本目标是“通过培育共同认同和建立关爱、共享社会，在东盟成员和人民之间建立休戚相关与团结一致的共识，来实现一个以人为中心的、具有社会责任的共同体。在这个社会中，人民福利和生活水平得到提高，是一个包容的、和谐的社会”①。

东盟社会文化共同体不强求共同的社会文化政策，而强调以解决下列问题为特征。

A. 人的发展。蓝图提出通过扩大教育、持续性学习、人力资源培训、鼓励创新等领域的投资给东盟各国人民提供平等的个人发展计划。为了实现这一目标，东盟从 7 个方面来推进实现这一目标，包括促进和优先发展教育，增加对人力资源发展的投资，培养良好的东盟工作文化以创造体面的工作，推动信息与通信技术的发展，降低科学技术应用和研发的准入门槛，帮

---

① Masahiro Hori and Yu Ching Wong, “Efficiency Costs of Myanmar's Multiple Exchange Rate Regine”, MF Working Paper No. WP/08/199, International Monetary Fund, 2008.

助妇女、儿童、老年人和残疾人等弱势群体能够在国家发展和地区经济一体化中真正受益，加强公共服务体系建设等。

B. 社会福利和保障。蓝图中指出东盟已承诺要通过减少贫困来提升东盟人民的生活质量，确保社会福利得到维护，建立一个安全和没有毒品的地区，提高对重大灾害的抵御能力并强调对健康发展的关切。蓝图还提出要减轻地区一体化和全球化可能产生的负面影响，提升东盟在社会保护和应对社会危机方面的管理能力等内容。

C. 社会正义和权利。东盟承诺在其政策和生活各方面提升社会公正和主流人群的权利，首先要提升和保护诸如妇女、儿童、老人和残疾人等弱势群体的权利和福利，给他们提供平等的机会；其次要提升和保护外来务工人员和海外劳工的基本权利；再次要提高各成员国共同的社会责任，共同责任感的树立将大大提高地区认同感的实现速度。

D. 确保环境的可持续性。东盟通过保护经济和社会发展所依靠的自然资源来获得持续的发展，并创造干净、绿色的环境，主要包括对土壤、水资源、矿产、能源、生物多样性、森林、沿海和海洋资源，以及其他能够提升东盟地区的水和空气质量的诸多资源的可持续管理和保护。东盟将积极参加应对全球环境挑战的努力，其中包括呼吁关注全球环境问题、关注气候变化和保护臭氧层、治理和预防跨界环境污染，以及发展和改进那些有助于环境发展和可持续的技术等。2006 年东盟启动了环境年活动；2006 年 10 月举行东盟跨境烟雾污染次区域部长会议，成立了东盟跨境烟雾污染次区域部长会议执行委员会，以便监督处理跨境烟雾污染问题；在 2007 年第 13 届峰会上与宪章一起签署了《环境可持续性宣言》和《关于气候变化的新加坡宣言》；在 2009 年 10 月第 15 届峰会上各国领导人重申了东盟在气候变化问题上的共同立场，即《联合国气候变化框架公约》缔约方应在平等基础上，遵循共同而有区别的责任的原则，从各国不同国情与能力出发保护地球气候系统。

E. 建立东盟的身份认同，培养东盟人民的东盟意识和共同体感。“东盟身份认同”是实现东南亚地区利益的基础，是整个东南亚地区和人民共同的人格、规范、价值和信仰以及作为一个东盟共同体的愿望。东盟将在社会发展不均衡和差异性较大的情况下加强对东盟团结一致和一体化精神的培养，正式提升和树立更高层次的东盟意识和共同价值观。东盟提出首先要不断提升东盟意识和共同体感，塑造东盟的身份认同，履行对共同体的承诺。东盟力图通过加强人民在社会各领域的广泛参与建立一个以人为本的共同体，在东盟国家中创造一种归属感，在多样性的历史文化、宗教文明中寻求统一，推进更深层次的相互理解和认同。

F. 通过加强合作缩小发展差距①。一方面加强东南亚地区的次区域合作，实现资源和经济发展上的优势互补；另一方面继续落实《东盟一体化行动计划》第二阶段的工作计划，通过相互的协作来加快地区一体化的进程。

从上面可以看出，东盟社会文化共同体的建设强调了三方面的核心目标，即一个关注人的发展与安全的社会共同体，一个注重文化交流、保护多元文化遗产、推动共同的地区认同的文化共同体，一个注重环境与生态保护、坚持资源的可持续利用的发展共同体。

2. 东盟的经济一体化进程

通过成员国的共同努力来加速地区的经济增长是东盟重要的宗旨之一，从东盟的成立目的来看，致力于经济一体化建设，构建稳定、繁荣和统一的东盟市场和生产基地，实现商品、服务和投资的自由流动，促进商界人士、技术人才和劳动力的自由往来，增强合作互助，在本地区消除贫困，缩小贫富差距是其重要的经济目标。从东盟的组织机构来看，经济部长会议是东盟经济合作的决策机构，在区域经济合作方面发挥主导作用，每年不定期地召开一两次会议。还有财政、农林、劳工、能源、旅游等其他部长会议，不定期地在东盟各国轮流举行，讨论相关领域的问题。此外东盟组织机构还包括9个由高级官员组成的专门委员会，其中涉及经济的有工业、矿业和能源委

① Toshihiro KUDO and Fumiharu MIENO, "Trade Foreign Investment and Myanmar's Economic Development during the Transition to an Open Economy", IDE Discussion Paper No. 116, Institute of Developing Economies, 2007.

员会，贸易和旅游委员会，粮食、农业和林业委员会，内政和银行委员会，交通运输委员会，预算委员会等。

经济合作虽然是东盟成立之初就确立的首要目标，但在20世纪90年代之前，因大多数成员国经济发展水平不高、产业结构相似，难以开展有效的合作。20世纪60年代末70年代初，东盟国家之间的贸易占其外贸总额的比重仅为12%~15%。1989年，东盟的内部贸易占其外贸总额的比重从表面来看高达17.4%，但扣除转口贸易后实际只有4.2%，远远落后于东盟对欧、美、日甚至东亚新兴工业化国家和地区的贸易额。东盟内部的实质性经济合作始于1992年，之后不断加速。1992年1月在新加坡召开的东盟第四次首脑会议签署了《关于推进东盟经济合作的框架协定》，东盟正式向外宣布在15年内即2008年之前建立“东盟自由贸易区（AFTA）”，并将同时签署的《共同有效特惠关税方案（CEPT）》作为主要手段，力争通过推进贸易自由化提高区域合作水平和推动经济一体化建设，增强东盟的整体实力。1992年10月，东盟经济部长会议通过了《有效普惠关税协定》，决定从翌年开始实施。协定的核心内容是各成员国逐步削减关税，到2008年将关税降至5%以下，并完全取消成员国间的非关税壁垒。为此，东盟还专门成立了自由贸易区理事会，负责监督、协调协定的实施。1994年9月，东盟经济部长会议决定把AFTA的过渡期限缩短为10年，即提前于2003年建成。1995年12月，东盟第五次首脑会议批准了《扩大经济一体化的日程安排》，正式决定把区内贸易自由化的时间从15年缩短为10年。这次会议还决定，东盟经济应与湄公河流域经济结合起来，湄公河流域经济合作成为AFTA的重心。1996年6月，“东盟-湄公河流域开发合作”第一次部长级会议召开，通过了《东盟-湄公河流域开发合作框架文件》，确立了东盟10国和中国在这一合作中的主导地位，同时欢迎日本、韩国等国家和亚洲开发银行、世界银行等国际机构参与合作。

1996年4月，东盟经济部长非正式会议又决定将投资问题纳入AFTA的合作范围，以《东盟工业合作计划协定》取代原来的《东盟产品互补计划》和《东盟工业联营方案》，规定参与合作的公司在东盟内部的跨国贸易可立刻享受5%以下的优惠关税（即提前享受东盟自由贸易区的优惠待遇）。

1997 年出台的《东盟展望 2020》要求以“快速发展的东盟伙伴关系”打造“更加紧密的区内经济一体化”，建立一个“稳定、繁荣、富有竞争力”的“东盟经济区”，促进货物、服务、投资和资金在这一区域内的自由流动。为促进区内投资，1999 年首次发布了《东盟投资报告》和《投资东盟：外国投资者指南》。

1997～1998 年的金融危机不仅没有延缓东盟的经济合作进程，反而起到刺激作用，东盟各国领导人决定再次加快 AFTA 进程。1998 年 12 月，东盟首脑会议决定将期限再次提前，于 2002 年把关税降至 5% 以下，但因情况有别，越南、老挝、缅甸和柬埔寨这 4 个新成员国可在 2006 年实现这一目标。1999 年 9 月，在第 13 次东盟自由贸易区理事会上，各成员国确定东盟自由贸易区的最终目标为零关税，东盟 6 个老成员国实现零关税的最后期限为 2015 年，新成员国的最后期限为 2018 年。作为过渡措施，各成员国要在 2003 年之前把 60% 的产品关税降为零。同年 11 月举行的第三次东盟非正式首脑会议再次提前最后期限，即 6 个老成员国在 2010 年实现零关税，而新成员国则于 2015 年实现这一目标。2002 年初，东盟 6 个老成员国率先启动东盟自由贸易区①。当年，东盟成员国之间的降税目标已在 6 个老成员国之间实现，比原计划提前 6 年完成。2002 年 1 月 1 日，东盟正式启动东盟自由贸易区。之后，东盟分别与中国、日本、韩国、澳大利亚－新西兰、印度等国签署了自贸协定（见表 1－4）。

为了缩短东盟成员国之间以及东盟与其他经济体之间的差距，2000 年 11 月东盟提出“东盟一体化行动计划（IAI）”，为东盟各成员国指明了合作方向，明确了合作重点。2001 年 11 月 5～6 日，在文莱首都斯里巴加湾市召开的第七次东盟首脑会议上东盟 10 国领导人审议通过了《河内行动计划》的中期报告，并确定了优先合作项目。目前，东盟的优先发展领域包括基础设施、人力资源开发、信息和通信技术、区域经济一体化能力建设、能源、改善投资环境、旅游、减少贫困以及提高生活质量。

---

① 资料来源：《东盟自由贸易区》，新华网，http：//news. xinhuanet. com/ziliao/2008－10/22/content_ 10232393. htm。

表 1－4 东盟签署的自由贸易协定

签约主体	签约对象	协议覆盖范围	签订日期	执行日期
东 盟	东盟成员国	货物贸易	1992. 01. 28	1993. 01. 01
东 盟	中 国	货物贸易	2004. 11. 29	2005. 07. 01
	中 国	服务贸易	2007. 01. 14	2007. 07. 01
	中 国	投 资	2009. 08. 15	2010. 02. 15
东 盟	韩 国	货物贸易	2006. 08. 24	2007. 06. 01
	韩 国	服务贸易	2007. 11. 21	2009. 05. 01
	韩 国	投 资	2009. 06. 02	2009. 09. 01
东 盟	日 本	货物与服务贸易、投资	2008. 04. 14	2008. 12. 01
东 盟	澳大利亚－新西兰	货物与服务贸易、投资	2009. 02. 27	2010. 01. 01
东 盟	印 度	货物贸易	2009. 08. 13	2010. 01. 01

资料来源：亚洲开发银行亚洲区域一体化中心（http：//aric. adb. org）资料、《博鳌亚洲论坛亚洲经济一体化进程 2009 年度报告》（对外经济贸易大学出版社，2010）。

随着经济合作的不断深化，特别是经历了 1997～1998 年的亚洲金融危机，东盟国家普遍认识到，只有在政治、经济、安全、社会与文化等领域加强合作，建立应对外部冲击的多种机制，才能保证本区域的安全、稳定与发展，建立一个类似于欧盟的“东盟共同体”的设想便应运而生。2003 年 10 月，第 9 届东盟首脑会议发表了《巴厘第二协约宣言》，正式宣布将于 2020 年建成东盟共同体，其三大支柱分别是“安全共同体”“经济共同体”和“社会文化共同体”。这表明东盟将由以进行经济合作为主的地区联盟转变为联系更紧密的区域性组织。为进一步推进东盟一体化建设，2004 年 11 月，第十届东盟首脑会议通过了为期 6 年的《万象行动纲领》，以及《东盟安全共同体行动纲领》和《东盟社会文化共同体行动纲领》，并正式将制定《东盟宪章》列为东盟的一个目标。

2007 年 11 月 20 日，在新加坡举行的第 13 届东盟首脑会议通过了《东盟宪章》，明确将建立东盟共同体的战略目标写入宪章。会议还通过了关于东盟经济一体化建设总体规划的指导性文件——《东盟经济共同体蓝图》（以下简称《蓝图》），重申在 2015 年之前建成东盟经济共同体。《蓝图》指出，东盟经济共同体的目标是到 2015 年在东盟地区内形成统一市场和生产基地，在其框架下实现货物、服务、投资和技术工人的自由流动，以及更自由的资本往来。同时，确保经济平衡发展，消除贫困和社会经济差距；东盟经济共同体由4大支柱构成，即一个统一的市场和生产基地、一个极具竞争力的经济区、一个经济平衡发展的经济区，以及一个与全球经济接轨的区域。建立统一市场和生产基地是东盟当前重点。《蓝图》规定的措施主要针对加强物流、消除非关税壁垒以及改善海关体系等方面。在服务贸易领域，在2015年前消除东盟地区内对服务贸易的所有限制，包括取消市场准入限制、平等对待当地及外来投资者和服务提供商、促进外来企业平等参与服务行业。上述措施旨在为东盟企业进入东盟其他国家市场提供更多便利或机会。在投资领域，完善东盟关于投资的现有协议，争取就此达成一项涵盖所有方面的全面协议，其中包括开放、保护和促进投资等领域。完善后的协议有望覆盖以东盟为基地的所有投资者，而不只适用于东盟本地企业。《蓝图》设定的时间表是在2009～2015年期间，东盟不同经济领域将先后实现一体化①。目前，东盟共同体中只有经济共同体明确提出一体化目标。因此可以说，在三个共同体中经济共同体最具有实质性意义。

2008年12月，《东盟宪章》正式生效。2009年2月，东盟国家领导人在第14届首脑会议上签署了《东盟共同体2009～2015年路线图宣言》及相关文件，就建成东盟共同体提出了战略构想、具体目标和行动计划。

东盟走向经济一体化已经具备了一定的基础。截至2010年底，文莱、印尼、马来西亚、菲律宾、新加坡和泰国6国之间99.11%的商品关税已取消，柬埔寨、老挝、缅甸和越南4国之间98.86%的商品关税已经降至5%以下。与此同时，东盟成员国之间的直接投资快速增长，其中仅2010年增幅就高达132%。特别值得指出的是，为了更有成效推动经济一体化步伐，东盟各国共同制定了《东盟互联互通总体规划》，该规划涵盖700多项工程和计划，投资规模约达3800万美元。2012年5月22～25日，在印尼万隆的第33届东盟国家高级交通官员会议上讨论并确定了东盟互联互通计划，以促进东盟区域内海、陆、空交通网络建设，推动东盟成为一个整体区域，并

---

① 资料来源：《东盟经济共同体蓝图》，新华网国际频道，http：//news.xinhuanet.com/newscenter/2007－11/20/content_7116260.htm。

发挥其区域经济效应。该计划是东盟最重要的项目之一，东盟国家在海、陆、空三个层次进行更加紧密的合作，将有助于降低东盟内部货物运输成本，增强相关产品竞争力，推动东盟区域经济的发展。如果该计划得以顺利实施，东盟将不仅成为物理空间上和经济上的统一整体，而且是经济增长最活跃的区域之一。这也有助于带动整个亚洲经济，并促进亚洲的经济合作。至 2011 年 7 月底，东盟各国已完成《东盟经济共同体蓝图》中 73.4% 的内容①。

但共同体建设的进展不会一帆风顺。首先，东盟成员国之间的巨大经济差距是最大障碍，这为推进东盟一体化进程增加了不小的难度。其次，创造单一市场和生产基地以及基础设施的改造与更新需要大量资金，资金不足会成为重要制约因素。再次，东盟地区的一些大国在该地区进行利益角逐，从政治、经济、安全等多方面争夺地区事务主导权，可能会加剧东盟的内部分化。

另外，东盟成员国中发展中国家居多，基础设施大都比较落后。2011 年 9 月，东盟成员国财长出席世界银行和国际货币基金组织年会时签署文件设立了东盟基础设施基金（AIF），以消除贫困、增加贸易、推动投资和促进就业。2012 年 5 月 3 日，亚洲开发银行（ADB）总经理纳格（Rajat Nag）宣布东盟基础设施基金即将正式启动。该基金每年为东盟成员国提供 6 个左右单个项目上限为 7500 万美元的基础设施贷款，确保东盟成员国经济持续、快速发展。东盟基础设施基金由各成员国筹集资金，亚洲开发银行将配套相应资金并负责基金管理，目前，东盟成员国已经筹集 4.85 亿美元资金。预计到 2020 年，整个金融项目将向成员国提供高达 40 亿美元的贷款，并带动 130 亿美元的基础设施投资。此外，为充分利用东盟各国目前将近 7000 亿美元的外汇储备，东盟基础设施基金还计划发行债券，以推动东盟成员国基础设施的发展。

---

① 如无特别说明，本章关于东盟整体的资料主要来源于中国驻印度尼西亚大使馆经济商务参赞处网站，http://id.mofcom.gov.cn/。

3. 东盟共同体与世界重要地区组织之比较[①]

（1）东盟与欧盟之比较

说起共同体，很容易让人联想到世界上最大的区域经济体——欧盟及其前身欧共体。虽然东盟领导人也明确提出未来的东盟共同体就是类似于欧盟的区域组织，但肯定不是对欧盟的简单克隆和复制。无论是理论意义层面还是在实践操作层面，东盟共同体都将创造出自己的特色。

“西欧之所以是目前世界上区域主义实践最为成功的典范，确实得益于西欧各国差不多的文化背景，而且共同体的概念也是西欧区域化或一体化进程的一个突破点。可见，相似的文化背景是共同体建设的重要依据。”[②] 然而，东盟却突破了以相似文化背景作为共同体建设基础的逻辑起点，强调在“尊重差异，尊重多元文化”的基础上来培育一种共同行为规范和价值，通过提高地区人民福利、解决地区各国共同面临的各种安全问题，来培养共同身份和“我们的感觉”，也就是说尊重差异性是东盟共同体建设的逻辑起点，在尊重差异性的基础上追求同一性。

首先不同的是东盟国家不可能跳出主权观念的束缚，走向超国家的发展道路，东盟成员国基本上都是从前殖民地独立后形成的新国家，虽然在法律上形成了主权国家，但作为民族国家的历史极短，国家认同感还不巩固，有的还面临国家分裂的危险，因此它们的国家主权观念和民族主义相当强烈。远不能同民族国家历史悠久、主权观念淡化的西欧国家相比。

其次，与欧盟缺乏财政统一权，以致成员国违反财政纪律，酿造主权债务危机不同，东盟将加强自己的中央组织。东盟中央协调机制的强弱决定了其结构的紧密程度。从目前来看，东盟秘书处作为东盟唯一的中央常设机

---

① 张锐：《东盟共同体：智慧的创造与超越》，《金融管理与研究》2011 年第 12 期。

② Amitav Acharya, *The Quest for Identity: International Relations of Southeast Asia*, London: Oxford University Press, 2000.

构，其地位太低，功能太弱，将来的东盟共同体有可能突出和强调约束性，增加具有约束力的规章制度，同时建立监督机制。

再次，与欧盟的成功建立得益于成员国十分近似的文化背景不同，东盟地区复杂多元的政治社会文化背景，决定着东盟共同体建设必然要走多元一体化道路，即力求多样性与同一性的统一与和谐。在东盟看来，地区共同体的建设并非一定要以相似的文化背景为前提，在尊重多元文化的基础上培育出一种包容的和平文化，加上区域经济生活的一体化，以及共同应对社会问题所形成的命运共同体，可以促进东盟地区认同的形成。在东盟政治安全共同体的蓝图中，东盟一方面指出这是一个“共享价值和规范的、以规则为基础的共同体”，而另一方面则认为要形成同一规范的共同体，主要通过以下途径：支持在东盟的学术研究机构的课程中设立和平文化内容，特别是尊重多元性，促进信仰、宗教和文化之间的容忍和理解；开展一些旨在促进和平文化、促进地区内信仰之间对话的项目和活动；促进各种宗教和民族之间的对话和更深的交往；等等。

最后，在共同体建设路径上，现有的地区主义理论大多强调经济一体化先行的重要性，把区域内经济一体化视为共同体建设的第一步。但是，东盟共同体的建设路径显然已经超越了相关理论和经验。尽管东盟共同体建设也有新功能主义的逻辑，即认为东盟地区经济一体化有利于各成员国共同发展，从而有利于培育区域内部的集体认同和区域内聚力，推动地区和平与安全问题的合作管理。

（2）东盟经济共同体与欧共体之比较①

由于东盟各国多为出口导向型经济，高度依赖外部需求和资金，而2011年以来包括欧盟、美国、中国和日本在内的东盟主要贸易伙伴的经济增速均因欧美债务危机而不同程度地放缓，东盟经济增速只能达到4.8%左右，2012年继续放慢。不仅如此，出口增长乏力使东盟各国国内债务不断攀升，一些原本财政盈余的国家政府收入减少，甚至出现赤字。在这种情况

① 张锐：《东盟经济共同体：超越与期待》，上海证券网－上海证券报网站，http://finance.sina.com.cn/stock/t/20111123/015610863942.shtml。

下，东盟国家强烈感受到了加速落实区域经济一体化的迫切性。资料显示，目前东盟 10 国之间的贸易占到总贸易量的 24% ~25%，维持在 5000 亿美元，而欧盟 27 个成员国内部贸易总额达到 68%，北美地区内部贸易量也达到了 48%。因此，如果按照 2015 年实现经济一体化的目标要求，除了每年增加 2 万亿美元的贸易总额外，东盟还要将内部贸易量每年提高 30% ~35%，同时，在打通本地市场、方便域内资本、劳动力等资源的自由流动方面，东盟还大有潜力可挖。

作为一种区域经济一体化组织，无论在理论意义层面还是在实践操作层面上，东盟经济共同体都有别于欧盟。一方面，与欧盟成员国已让渡了一部分主权给欧盟理事会、欧盟委员会、欧洲议会和欧洲法院，以及欧盟事实上扮演着“超国家的国际组织”角色不同，在东盟几乎所有的纲领性文件中都反复强调“不干涉内部事务原则”“尊重独立、主权、平等、领土完整和各国国家认同性”，这表明东盟各国十分珍视和维护主权，须臾不愿放弃和出让任何主权。因此，东盟的中央机构就不可能是个超越成员国的权力机构，自然也就不是超国家的组织。不过，为防止缺乏约束力而使东盟在面临区域性金融危机时束手无策，将来的东盟经济共同体有可能突出和强调约束性，增加具有约束力的规章制度，同时建立监督机制。另一方面，东盟共同体建设并没有拘泥于经济、政治这一先后顺序，而是同步推进政治安全、经济、社会文化三大共同体的建设，使其互为前提和支柱。在东盟看来，经济一体化虽然有积极效应，但是它也会带来负面影响，如紧密的经济相互依存关系既可以使不安全因素更容易形成区域性扩散，又可以因经济竞争的加剧而更有利于经济强国，造成新的经济不平等，从而造成区域内部经济乃至政治的不稳定。值得注意的是，由于东盟各国存在共同的外在压力，因此在政治安全领域的合作可能会快于经济合作。

（3）东盟政治安全共同体与北约的区别

东盟政治安全共同体的发展模式不可能是军事同盟。安全和军事合作是东盟政治安全共同体蓝图的重要内容，但是东盟安全与军事合作不会是北约的模式。

一是东盟的政治影响力、经济实力和军事能力都不足以建立一个安全军事同盟。建立安全军事同盟必须具备强大的经济实力和军事能力。经济实力自成一极的欧盟尚且无法单独建立安全军事同盟，何况东盟是一个实力较弱的地区组织，更不像北约那样有强大的经济实力和军事能力。因此，东盟的安全军事保障在较长的时期内依然需要依靠区域外军事强国作支撑。东盟建立自身的安全军事同盟没有太大的实际意义。

二是在各国之间的理解与信任尚未充分建立之前，这种新形式的安全合作机制可能会在相当长一段时间内停留在对话、协商的水平上，而难有更多的实质性的进展。

三是东盟确立的多边安全合作理念和一系列文件、宣言决定了其非军事同盟的属性。正如《巴厘第二协约宣言》所指出的，“东盟政治安全共同体”不是一个军事同盟或防御协定，东盟国家之间只能通过和平手段解决地区分歧，不使用武力或以武力相威胁。

四是东盟政治安全共同体在行为规范和行动上与强调集体自卫和制度化的欧洲多边安全合作不同，更强调以合作安全以及高度协商与共识为特征的决策程序，即所谓的“东盟方式”。这也决定了在相当长的一段时期内，东盟政治安全共同体不具备军事同盟的基本条件，包括高度的集体认同、统一的“超国家”指挥协调机构、强制性的制度安排和决策机制等。

4. 东盟共同体发展的挑战与未来

按照东盟共同体建设的行动计划，东盟共同体将于 2015 年横空出世，可以说，一旦东盟共同体建成，东盟在国际社会上的影响力将会迅速上升，成为亚太多极中的重要一极。但是影响建设东盟共同体的因素是多方面的，需要东盟组织以及成员国从多个方面去努力。

为了提高整体的竞争力，应对来自区外大国的竞争、压力和挑战，东盟必须更加团结一致，加快内部一体化进程。东盟的几个纲领性文件都特别强调这一点。为此，东盟将在几个方面努力：一是尽力尽快缩小富国和穷国的差距；二是实现单一的大市场和产品基地；三是培育东盟共同的价值观，增强东盟共同体的认同感。为了落实这些计划，东盟可能会采取更加具体有力的措施，从制度和机制上加以保证，比如建立社会发展协调机构和东盟高等教育机构。

（1）东盟共同体从多元化走向地区认同

东南亚被称为世界的“民族博物馆”，该区域共有400多个民族和部族，各民族在历史文化、宗教、传统习俗等方面存在很大差异，而且各民族在社会、经济、政治、文化等方面又存在发展不平衡的情况，东南亚各国诸多方面的多样性与不平衡，构成了东南亚地区跨国合作、多国合作乃至区域一体化的多重障碍。

一是东南亚地理和资源方面的多样性和差异性。由于地理区位、地形地貌、地质结构以及气候特征不同，各国的矿藏、能源、动植物及农业资源的禀赋情况不同，从而给各国带来的发展机遇也不同，由此产生的各国利益目标也会不同。

二是东南亚各国民族、宗教和文化形态的复杂多元性。在东南亚这些多民族国家里，各民族的社会、经济和文化发展是很不平衡的。除较为发达的新加坡和人均国民收入较高的文莱以外，其他东南亚国家都有许多生活在偏僻地带的少数民族。

三是东南亚各国社会制度不同，政治体制各异，各国内部的政治变化及发展仍有许多不确定的因素。随着越南、老挝、缅甸加入东盟，东盟改变了原来由相同社会制度国家组成的格局。要把如此众多的异质国家糅合到一起，实现东南亚高度的一体化，必将遇到许多困难。而且，各国政治发展尤其是民主化进程不同步，一些国家目前正处于由集权型的权力结构向民主分散型的权力结构的过渡期，内部的矛盾和冲突错综复杂，属于政局稳定的高危阶段，随时都可能给东盟一体化的进程带来负面影响。

四是由于历史等方面的原因，东南亚各国之间还存在着一些可能引起政治冲突的隐患。如印度尼西亚与马来西亚之间、新加坡与印度尼西亚之间、马来西亚与泰国之间、菲律宾与印度尼西亚之间、菲律宾与马来西亚之间、文莱与马来西亚之间、泰国与老挝和柬埔寨之间、越南与柬埔寨之间、泰国与缅甸之间都还存在程度不同的边界、领土或者领海争议。这些争议虽然大多都已作了“冷处理”，但并未最终解决，在新的形势下有可能重新发作。

一旦这种情况发生，必将对东盟共同体的建设带来负面影响。

总体上看，由于政治经济制度和意识形态不同，发展悬殊，所要追求的国家利益各异，各成员国对现行东盟组织框架内的合作机制与原则仍然存在着不同看法甚至较大的争议。

（2）东盟经济共同体建设面临地区经济发展不平衡的难题

东盟经济共同体建设是一体化发展的关键，直接关系到东盟在全球和地区经济发展中能否保持持久的竞争力和发展动力，进而影响东盟继续主导东亚合作的能力与信誉。

然而，东盟10国经济发展水平不一，综合国力悬殊。从国内生产总值（GDP）方面观察，东南亚各国发展极不平衡。从人均GDP来讲，东盟6个老成员国的人口是4个新成员国的2.5倍，而人均GDP则是4个新成员国的5倍。2005年新加坡人均GDP为该地区最贫穷国家缅甸人均GDP的152倍①。

在对外贸易方面，东盟作为一个组织，已经高度地融入世界经济，但新老成员国之间对外贸易的发展很不平衡。6个老成员国的出口平均占了它们GDP的85%，而4个新成员国的出口仅占其GDP的31%。这说明东盟的经济一体化水平还非常低。事实上东盟国家特别是新、老成员国之间存在着一种“零和”的竞争关系，而非“双赢”的合作关系。如果这种竞争关系任其发展，有可能动摇其建立东盟经济共同体的信心，延缓东盟一体化的进程。

就经济结构来看，目前东盟6个老成员国的制造业已经成为其经济增长的一个重要驱动力，服务业对其GDP的贡献率也达到了40%。另外，4个新成员国制造业的份额仅占26%～27%，农业仍占了其GDP的40%以上。4个新成员国在很大程度上仍然是以农业为基础的经济，而6个新成员国的经济则主要以制造业和服务业为基础。

新老成员国之间居民的贫富差距也很大。按国际贫困线（即每天1美元以下）来衡量，老挝和柬埔寨的贫困人口比例是最高的。新加坡则是最

① 庞中英：《中国与亚洲——观察·研究·评论》，世界知识出版社，2005。

低的，只有0.2%，马来西亚次之[①]。在自然资源储量和其他可持续发展的硬条件方面、教育和科技等软条件方面，以及在国防力量方面，东盟各国之间差距也是巨大的。

处于第一层次的新加坡实际已进入发达国家的行列，处于第二层次的马来西亚和泰国已成为“新兴工业化国家”，处于第三层次的印度尼西亚和菲律宾正在向“新兴工业化国家”迈进，而处于第四层次的越南刚刚摆脱贫困，老挝、柬埔寨和缅甸则仍处于世界最不发达国家的行列。

总之，在经济发展水平不一、经济潜力各异的国家之间组成经济集团，无论差异多么小，总会存在离心力，这种力量是区域经济一体化的最大阻力。东盟成员国经济水平差异大，经济结构、产业结构趋同，这些因素都极大地制约了东盟一体化的发展。

（3）东盟共同体领导力从何而来

在传统的东盟，其决策机构为一年一度的外长和首脑会议，但它并不是一个常设机构。因此，不可能集体执行和监督所达成的协议。东盟每年合计各种会议约700场，耗费大量资源和精力。东盟需要一个常设的决策机构以减少会议，强化中央决策和执行能力。从目前来看，东盟秘书处作为东盟唯一的中央常设机构，其地位太低，功能太弱，不仅使东盟在面临区域性金融危机时束手无策，也使它在处理跨国犯罪和区域性问题时力不从心。将来的东盟共同体有可能突出和强调约束性，增加具有约束力的规章制度，同时建立监督机制。尤其在安全方面，有可能逐步建立健全预防和解决冲突的机制，例如类似于联合国的维和部队。

总体来看，东盟作为一个由诸如小国联合起来的地区组织，实力有限，在解决诸如全球性金融危机以及地区经济发展投资等方面的问题上，难有较大作为，几十年来东盟在经济合作中的诸多项目的无果而终，即是最好的证明。在社会层面，一些大规模的突发事件和社会问题对东盟的应对能力提出了严峻挑战，在制度层面，虽然通过了制度化色彩相对较为浓厚的《东盟

---

① 韦红：《地区主义视野下的中国－东盟合作研究》，世界知识出版社，2006。

宪章》，但是宪章对非制度化的“东盟方式”的保留与强调制度化的共同体建设还是存在一些矛盾。

（4）当前国际形势对东盟共同体建设的挑战

①来自区域外大国的压力

东盟一直以来奉行大国平衡战略，以确保利用大国之间的相互制衡维持地区均势，维护自身利益和安全，近年来发展起来的“10 + X”机制已逐渐成为东盟开展大国平衡外交的重要筹码。随着合作机制日渐稳定，各大国出于自身利益的考虑，提出了不同意见。2007 年美国缺席东盟地区论坛外长会议，造成当年的东盟 - 美国峰会取消，而 2009 年美国与东盟关系的升温，也是出于自身利益的考虑，而非对东盟的认可；俄罗斯也对东盟将其排除在东亚合作之外而颇有微词。

②地区合作主导权受到挑战

一直以来，东盟力推由其主导的东亚多边合作，并且得到了中国等有关国家的支持。但是日本、美国等国家不甘心在这一地区合作中主导权旁落的局面，纷纷提出以自己为中心的合作计划。这就对东盟所构想的以东盟为核心，以东盟共同体建设为先导进而推动东亚乃至亚太合作的计划形成威胁，出现了区域外部分国家在地区合作中与东盟争夺主导权的局面。

③欧债危机对东盟共同体的挑战

国际经济形势特别是欧债危机的日益深化，令东盟各国备感压力，东盟倒逼自己提速共同体的建设步伐。由于东盟各国多为出口导向型经济，对外部需求和资金高度依赖，而 2012 年以来包括欧盟、美国、中国和日本在内的东盟主要贸易伙伴的经济增速，均因欧债危机而不同程度地放缓。

与此同时，国际评级机构穆迪投资者服务公司发布的一份报告称，外部经济环境恶化将拉低东盟经济增速，该地区 2012 年全年经济增速预计在 4.8% 左右，2013 年可能会继续放慢。不仅如此，在欧债危机不断发酵的背景下，东盟国家债务状况呈现倒退之势，但是，正如东盟秘书长素林博士所言，2015 年建成东盟共同体只是一个目标，而不是最终时限。显然，东盟共同体的过程并没有原先设想的那么顺利。

首先，支撑共同体建设的基础性工作进展不尽如人意。据新加坡国立大学最近的研究显示，在落实一体化目标的过程中，原定2009年完成的监管和立法准备工作到2010年底仍有20%未到位，而这主要是因为个别国家对监管和立法准备工作有所抗拒。其次，创造单一市场和生产基地以及基础设施的改造与更新需要大量资金，而资金不足会成为加速一体化进程的制约因素。最后，在东盟战略地位得到提升以及不断发挥作用的同时，各大国在东南亚地区的投入增加和利益角逐也随之展开，大国从政治、经济、安全等多方面介入东南亚地区，争夺地区事务主导权，对东盟的大国平衡战略形成挤压，将加剧东盟的内部分化，从而使得东盟一体化之路充满不小的变数。

第六节　东盟的区域和国际合作

1. 东盟与区域内外主要国家和组织的关系

东南亚国家一直积极主张其在区域合作中的领导地位，并且在国际上积极争取更多的话语权。东盟成立至今的多数活动，都在致力于打造一种自主、灵活和免受外部干涉的地区秩序。东盟在国际上也一直坚持一致对外，形成合力，从而提高东盟地位，获取更大利益。这种努力在东盟很多杰出政治家的总体布局以及外交斡旋下，正在不断取得成果。东盟作为一个整体，在有关商贸谈判中取得优势的例子不胜枚举。如20世纪70年代初，东盟就橡胶问题与日本进行谈判，迫使日本在生产和出口合成橡胶方面作出让步。80年代初，东盟与欧共体谈判，签订了一个内容广泛的合作协定，为东盟争取到了贸易最惠国待遇，促进了欧共体对东盟的投资和技术转让。东盟在与美国长期对话后，也于1980年与美国达成几项协议，其中规定了美国进出口银行将在5年内向东盟拨款20亿美元用于促进美国私人企业对东盟的贸易和投资。另外，东盟在多边贸易谈判中也保持着一贯的统一立场，在类似关贸总协定下的东京谈判和乌拉圭回合谈判等场合东盟国家都非常团结。

目前，对东盟有着较紧密联系并有能力在区域内施加一定影响的国家，不外乎中国、美国、日本等世界级经济体。近年来，随着东南亚地区经济实力的增长，澳大利亚、印度也均对东盟表示了进一步发展关系、深化合作的意愿，成为东盟国家在国际合作中的重要伙伴国。由于很多东南亚国家还处于经济较为落后的发展阶段，经济援助成为很多发达国家发展与东盟关系、提高对东盟国家影响的切入点，而东盟国家也在积极利用这一点，在发展中获得了许多实惠。

有学者认为，东盟在与一些主要经济体的交往中，使用了“对冲外交[①]”的政策，即对各国家或组织都实施一些优惠政策，以免过于重视一方而引起其他方的不满，使自身利益受到损失。也有观点认为，这种多头并进的外交政策是对20世纪60年代东盟对西方国家“一边倒”政策的矫正。总之，在这种“对冲”思想的指导下，东盟国家十分重视开放市场、吸引多元化投资，引入各方的资金与技术以促进自身的经济成长；同时，东盟也致力于平衡各国在东盟内部的关系，防止东盟对单一国家的依赖。但是，现在的东盟今非昔比。虽然在政治上，东盟的力量依然不算强大，但其经济上的发展潜力已经令世界关注。随着美国高调宣布其重返亚太的战略，东盟已经由暗转明，成为多方势力争取的对象。为此，东盟国家是否有能力驾驭这种变化，找到新的有利于自己的平衡点还是一个未知数。因此，分析东盟及区域内外各主要国家与组织的关系，讨论它们的现状与未来发展方向也就显得尤为重要。

(1) 东盟与美国的关系

东盟与美国的关系十分复杂，几乎每个东盟成员国都对美国有着不同的外交方针与政策。美国与东盟国家的总贸易额一直处于较高水平，这也

---

① 对冲外交的概念来自金融学的专有名词“对冲（hedge）”，指特意降低另一项投资的风险的投资。

决定了它对东盟一些国家的影响力居高不下。虽然近些年来美国与东盟的贸易额逐渐被中国、欧盟等国家与组织超越，但美国仍是东盟第四大贸易伙伴，2010 年美国对东盟贸易额高达约 1867 亿美元（见表 1－5）。2006 年，美国与东盟签署了贸易投资框架协定（TIFA），进一步推动了双方的贸易往来。根据美国贸易代表办公室[①]数据，2009 年美国对东盟的直接投资额（FDI）为 1229 亿美元，其主要投资范围为非银行类企业、制造业与金融业。

表 1－5 1998～2010 年美国与东盟贸易总额

单位：百万美元

年份	1998	2000	2003	2008	2009	2010
美国－东盟贸易总额	115562	122218	117886	186243	149582	186685

资料来源：东盟贸易统计数据库。

值得一提的是，菲律宾作为美国在亚太地区的重要盟友，是东盟成员国中与美国关系最为紧密的国家之一。有观察家认为，菲律宾在一些国际问题上唯美国马首是瞻，甚至不惜与一些东盟国家发生冲突。这虽然与菲律宾曾经是美国殖民地的历史不无关系，但美国与菲律宾的大量经贸往来也对菲的外交政策有着一定的影响。美国是菲律宾产品的传统市场，因此菲律宾对美国的资本有着天然的依赖。此外，菲律宾还与美国签署了安全联盟条约，并强烈主张由美国来维护东南亚地区的安全、和平与稳定。

美越关系也是值得关注的双边关系之一。美越关系在“冷战”后逐渐改善。随着“冷战”的结束和柬埔寨问题的解决，双方也恢复了高层交往。1995 年 1 月，双方开始在对方首都设立联络处，同年 7 月 11 日，双方正式建立外交关系。就在 2012 的 6 月，美国国防部长帕内塔高调访问了越南金

① 美国贸易代表办公室（USTR）为美国总统内阁机构，负责制定和协调美国国际贸易、商品和直接投资政策，并引导或指导与其他国家就此类事务的谈判。办公室的首脑为美国贸易代表，他是大使级内阁官员，直接对总统和国会负责。

兰湾前美军海军基地旧址。这次充满象征意义的访问备受关注，被认为是美越军事合作全面升温的前奏。

美国政府在2000年小布什就任总统以后一度忽视对东南亚的关系，导致美国在东南亚的战略地位下降。这使得当时很多美国分析人士担心中国会乘虚而入。早在2003年，美国著名智库机构兰德公司在一篇名为《中国外交变化》的分析文章中就透露了其对中国在东南亚地区外交实力的担忧。该文指出，中国在很多国际问题上表现得积极主动，体现出了惊人的成熟与自信。文章以2001年东盟自贸区的成立与南海各方行为宣言的签署为例，阐述了中国外交方式的日趋改变与外交手腕的日臻成熟。同时，文章还建议美国政府应清醒地认识到中国外交的影响力，并确保美国与不同地区的盟友间的关系不受到影响。

但奥巴马就任美国总统后，对前任政府的政策进行了一系列改革，美国对东盟的战略地位也越来越重视。美国著名智库机构——战略与国际问题研究中心（CSIS）在2010年发表的一篇文章指出，美国缺乏一支完整的亚洲战略，并可能因此失去在东南亚的优势，从而影响到国家利益。该文章指出，美国的亚洲战略缺少了东南亚这个重要的一环，文章中还提到美国在东盟国家的总投资额远远大于中国和印度，东盟无论在经济或地理位置上都有着不容忽视的战略重要性；如果没有一个清晰的东南亚战略，美国作为一支太平洋力量的影响力将受到挑战。

以上种种都表明，美国等西方国家对东盟的战略地位和发展潜力日趋重视。目前，与东南亚的关系已经成为美国外交关系中的核心内容。在2011年的东亚峰会上，美国总统奥巴马高调宣布了美国“重返亚太”的战略转移。2012年上半年，美国国务卿和国防部长对东盟国家进行了一系列访问，以图在现有关系的基础上，进一步提升与东盟国家的战略对话水平；美国高调介入中国南海的一系列争端之中，甚至发表了干涉三沙市成立的声明。美国在东盟地区罕见地发力，其遏制中国的目的昭然若揭。可以预见的是，随着自身地位的提升，东盟也会寻求与西方国家合作来平衡中国的影响力。美国与东盟很可能在未来进入“蜜月期”。

目前，美国参与东盟活动的主要对话机制有东盟区域论坛（ARF）、东盟防长扩大会议（ADMM Plus）、东盟外长扩大会议（PMC）、东盟经济部长－美国贸易代表协商对话（AEM-USTR）、东盟－美国杰出人士对话（EPG）以及于2011年正式加入的东亚峰会机制（EAS）等。此外，美国还与东盟签署了贸易投资框架协定（TIFA）、东盟事业倡议（EAI）等一系列经贸发展协议，大力发展双边关系。

（2）东盟与日本的关系

东南亚多数国家在第二次世界大战期间遭到过日本的侵略和占领，因此在战后很长一段时间，东南亚几乎所有国家都是日本的敌对国。但是，随着“冷战”的来临，美国为了加强对东亚的控制，开始全力扶持日本，帮助日本在亚洲争取地位。在强大的美国及一些在东南亚有着根深蒂固势力的老牌宗主国的影响下，日本最终在付出了少量战争赔款的代价下与大多数东南亚国家重新建立了外交关系。当前，由于日本一些杰出政治家的战略眼光以及日本雄厚的经济实力，日本以援助、投资等形式对东盟的官方援助已经全面铺开。日本不仅积极与各个东盟国家发展双边关系，并且还着重与东盟形成了多样化、有纵深的多边合作机制。

东盟与日本的贸易总额在2010年约达到了18.7万亿日元（合2340亿美元），占日本全年国际贸易总额的14.6%。虽然与日中贸易额相比，日本与东盟贸易额的上升速度较慢，但应该看到，日本与东盟之间整体贸易较为平衡，而且从一开始就保持着较高的贸易水平（见表1－6）。因此，日本与东盟的经贸合作可谓根底深厚，模式成熟，影响广泛。

日本对东盟提供的大量官方援助（ODA）也在东盟产生了很大影响。自20世纪90年代以来，日本对外总援助数量有所减少，但其对东盟官方援助的力度在不断加大。例如，1990年，日本向东盟国家提供了逾23亿美元的官方援助。在21世纪初，由于经济不景气，日本对东盟国家的官方援助有所减少，至2002年降至约17.5亿美元。2003年，日本领导人在日本－东盟领导人会议上宣布，在大湄公河开发及能力建设方面，向东盟提供约30亿美元的援助。表1－7统计了日本官方向东盟有关国家提供援助的金额。

表 1－6　1980～2010 年日本对东盟和其他国家贸易额的比较

单位：亿日元

年份 对象	1980	1990	1995	2000	2005	2009	2010
世　界	613778	753121	730796	925926	1226059	1056699	1281645
中　国	21186	26134	54428	92158	208123	216716	264985
东　盟	86508	90175	118544	138050	163536	147668	187261
文　莱	7580	1952	1395	1844	2640	3263	3729
柬埔寨	58	12	79	112	203	245	315
印　尼	37847	25447	22700	25839	33149	29073	38706
老　挝	42	35	54	36	30	96	88
马来西亚	12571	15726	25647	30594	30024	27585	35321
缅　甸	667	205	234	339	326	507	567
菲律宾	8277	6755	9937	18819	18496	13655	16636
新加坡	12299	20586	28020	29375	27736	25037	29243
泰　国	6915	19147	27999	26117	41952	35649	48337
越　南	252	312	2479	4975	8980	12568	14313

注：数据来自日本关税协会历年《外国贸易概况》，由日本－东盟中心整理。表中所示时间段内，日元兑美元汇率有所变化。

表 1－7　2006～2010 年日本向东盟国家提供官方援助统计

单位：百万美元

年份 对象	2006	2007	2008	2009	2010
柬埔寨	106.25	113.56	114.77	127.49	147.46
印　尼	－90⁺	－222	－285	－513	61
老　挝	64.05	81.46	66.29	92.36	121.45
马来西亚	201.70	222.97	113.83	91.78	－53.16
缅　甸	30.84	30.52	42.48	48.28	46.83
菲律宾	263.58	222.16	－280.72	－8.36	－87.73
泰　国	－453.51	－477.35	－748.48	－150.31	－143.54
越　南	562.73	640.04	619.04	1,191.36	807.81

注：数据整理自日本外务省网站官方援助数据库。若官方援助总额显示为负，则表明援助国向日本贷款额度超过了捐赠及技术援助额度。

应该说，日本与东盟国家，尤其是与最初的东盟五国之间的关系相当紧密。由于中国的快速发展，东盟国家也同样希望与日本这个亚洲首屈一指的经济体更加紧密地合作。这符合东盟区域制衡的总体外交策略，也符合其利益最大化的初衷。而东盟共同体的形成，也符合日本积极推广的“东亚共同体”精神。相信在不久的将来，日本与东盟国家之间的多元合作将上升到一个新的高度。

（3）东盟与欧盟的关系

欧洲联盟，即欧盟，是东南亚国家形成联盟体系的主要借鉴对象之一。由于东南亚国家很多是在从前欧洲国家殖民地独立的基础上建国的，所以一开始双方的关系有些尴尬。双方在20世纪70年代建立了正式联系，为了平衡20世纪美国和日本在东盟地区强大的影响力，东盟国家开始主动寻求与欧盟的联系。时至2010年，欧盟已经以约2086亿美元的贸易额超越日本，成为仅次于中国的东盟第二大贸易伙伴（见表1－8）。根据2010年统计数字，欧盟对东盟国家直接投资总额达到了170亿美元。在庞大的经济援助之外，欧盟还给予了东盟大量的技术援助。英国、法国、德国、丹麦、瑞典等欧洲传统资本主义国家的官方援助机构都在东盟有大量的合作项目，并积极提供带有官方色彩的公益援助。

表1－8　2002～2009年欧盟与东盟贸易额统计

单位：百万美元

项目＼年份	2002	2003	2004	2005	2006	2007	2008	2009	2010
欧盟对东盟贸易额	97056	101364	131543	140237	160332	186719	208291	171785	208584
欧盟对东盟投资额	3743	6679	11270	11289	13159	17765	9520	7297	17065

资料来源：东盟秘书处网站 http：//www. aseansec. org/18137. htm。

如此庞大的贸易金额背后显示了双方密切的经贸联系，也造就了双方积极的政治对话。目前，东盟与欧盟之间有着一系列的对话平台，如部长级别的东盟－欧盟部长会议及其后续会议、东盟区域论坛、高级官员级别的东盟－欧盟共同体合作委员会、高官会，以及东盟－欧盟商业会议等。此外，亚欧会议等领导人级别的会议也是双方对话的重要平台。

与此同时，东盟与欧盟之间的关系还存在着一些阴影。双方在一些重大问题上一直存在着根本的分歧。例如，欧盟一些国家还有着西方传统强国根深蒂固的优越感与傲慢，在双方的高层会议上，欧盟方面的高级官员经常缺席。对此东盟方面曾表示不满，认为这会严重减少会议的实质性成果。此外，欧盟方面经常将东盟国家的人权、政治制度、意识形态等作为进一步发展双边关系、深化合作的前提条件，这对双方的交往产生了一定的限制。实际上，欧盟对于东盟引以为豪的决策机制“东盟方式”（ASEAN Way）并不感兴趣，他们认为这种松散的结构纵容了一些违反人权、民主等价值观的政权，与欧盟的精神有所抵触。而东盟国家在人权等问题上立场坚定、一致对外，坚决反对国际势力以任何方式干预与介入，并且多次抵制相关宣言。

例如，在1991年卢森堡会议上，欧盟在与东盟的贸易谈判中提议，将人权问题写入双方的贸易文件之中。这一举动遭到了东盟国家的公开反对与坚决抵制，认为这违反了双方平等交往的精神——事实上，这样的例子不胜枚举。此外，欧盟的一些贸易保护政策，如普惠制①、反倾销政策等也限制了它与东盟之间的贸易往来。值得一提的是，欧盟在2007年才开始与东盟正式进行FTA谈判，目前相关谈判正在进行之中。在此之前，中国、日本均已在与东盟形成自贸区的谈判中取得了成果。

由于以上种种原因，欧盟的表现没有符合东盟在“大国平衡”战略中的所期望的定位。因此，欧盟在东盟的政治与外交影响力与其强大的经济影响力并没有完成统一。换句话说，欧盟在东盟大规模的贸易往来和数额庞大的投资，虽然提升了欧洲国家在东盟地区的隐性地位，但是没有带来双边关系的显著升温。即使如此，欧盟一些著名官方援助机构与非官方机构（NGO）的身影依然能够频繁地出现在东盟国家各项重要活动中。

（4）东盟与韩国、澳大利亚、印度的关系

除了一些传统大国之外，韩国、澳大利亚与印度等一些区域新兴力量也

---

① 普惠制，即普遍优惠制，是指工业发达国家对发展中国家或地区出口的制成品和半制成品给予普遍的、非歧视的、非互惠的关税制度。

在积极发展与东盟的双边关系。其中，韩国是东盟“10+3”合作机制的重要组成国之一，澳大利亚与印度也是东亚峰会的成员国。近些年来，这些国家与东盟国家的双边与多边关系发展十分迅速，成为东盟对外关系中的重要对象。

韩国与东盟在1989年形成了部门级对话关系，并在1991年升级为全面对话伙伴关系。双方在2004年举办的第8届韩国－东盟领导人会议上通过了韩国－东盟行动计划，使得双方的关系上升到了一个新的高度。2010年，双方又通过了《和平与繁荣战略伙伴关系联合宣言》，并通过了相应的行动计划。韩国与东盟签署了自贸协定，并于2007年启动了韩国－东盟自贸区。同时，韩国也是东盟主要贸易伙伴之一，在2010年，韩国与东盟的贸易额达到了980亿美元，仅排在中国、欧盟、日本和美国之后，是该年东盟的第五大贸易伙伴。韩国十分重视与东盟的合作，并在“10+3”的平台上积极打造与东盟国家的优势合作项目，拓展优先合作领域。

澳大利亚作为东亚峰会的成员国之一，在近年来积极推动与东盟国家之间的合作，并支持美国加入东亚峰会成为正式成员国。目前看来，澳大利亚目前对自己的定位是积极与美国保持同步，借美国重返亚太的契机扩大自身影响。有意思的是，澳大利亚的身份是英联邦国家，因此东盟一些有着前英国殖民地身份的国家与澳大利亚的关系较为紧密。东盟目前与澳大利亚、新西兰政府签署了自由贸易协定，并启动了东盟－澳大利亚新西兰自由贸易区。澳大利亚作为准东亚国家，在近年来的区域合作中愈发积极，与东盟国家之间的经贸往来也在不断加深。在2011年举办的东亚峰会上，澳大利亚积极推动了可持续发展议题，并牵头组织了一系列的多边研讨会，展现了积极发展合作的意图。

印度作为新兴的国际与区域力量，越来越为人们所重视，东盟国家对印度的认知也在逐渐改变。印度在经济上的崛起也加速了双方对话关系的升级，双方于2002年在金边举行了首次领导人峰会。东盟国家乐于见到印度的快速崛起，并将此看作对中国崛起的平衡，从而在地缘经济中获得更多的利益。而印度同样认识到了东盟对于自身发展的重要性。印度在全世界的影响力较小，其声音很少被人听到。对此，印度制定并提出了所谓的“东进战略”。印度认识到，需要将东盟国家作为其通向世界的跳板，只有获得东盟国家的支持，印度才能成为亚太区域的重要力量。在目前南海局势复杂多变的同时，印度正在逐渐发力，将其“东进战略”全面铺开。2012 年 7 月，印度新德里电视台报道，印度准备扩建坎贝尔军事基地，以加强对马六甲海峡的监视。这正预示着印度对马六甲海峡以东的南海有着战略上的重视。由此可见，印度与东盟的关系将在这种战略布局的推动下有进一步的全面发展。

2. 东盟的区域合作机制

在“冷战”后，全球化的趋势愈演愈烈，地区主义的发展也成为世界的主流。继欧盟以来，世界各国都不同程度地参与了各种区域合作机制或区域合作组织。可以说，地区主义作为国家主义向全球主义的过渡，是国家关系发展中一个不可逆的趋势。东盟对于区域发展有着明确的战略规划，并积极推动了一系列的区域合作机制，以提高东盟在区域乃至全球的地位。事实证明，这些合作机制的确在一定程度上推动了区域的融合以及区域多边关系的发展，对东盟的外交影响力有着很大的提升。

目前东盟主要的区域及全球多边合作机制包括东盟峰会（ASEAN Summit）系列会议、“东盟 +3”（ASEAN Plus Three，即“10 +3”）系列会议，以及东亚峰会（EAS）系列会议等。这些系列会议的级别从领导人会议、部长级会议到高官会，形成了高级别、多层次、有影响的会议体系，打造了一个十分重要的区域乃至国际交流平台，极大地提高了东盟国家的区域影响力与国际话语权。此外，东盟还在东盟峰会（ASEAN Summit）期间举办东盟区域论坛（ARF）等准区域对话机制，以及一系列与特定国家的单边峰会，即“10 +1”系列会议。

(1)“10 +1”对话伙伴关系

东盟成立以后，便积极进行外交空间的拓展，与许多大国及区域重要国家都建立了全面对话伙伴关系。“冷战”结束后，越来越多的国家与东盟建立了政治对话与经贸往来。东盟周边一些主要国家，如中国，都与东盟建立了自由贸易区（FTA）。单边的对话伙伴关系是东盟对外合作机制的基础，也是东盟接受外部援助投资的基本方式。东盟的对话伙伴国多数都加入了《东南亚友好合作条约》（见表 1－9）。该条约是东盟 5 个原成员国于 1976 年签署的，旨在促进地区和平、平等与主权独立。随后，东盟在 1987 年发布了该条约的修订条款，允许除东盟原成员国外的东南亚国家及其他符合相关条件的国家加入该条约。该条约强调了各国尊重彼此的独立、主权、平等、领土完整和民族特征，互不干涉内政，使用和平的方式解决分歧或争端。该条约的内容较为宽泛和抽象，很大程度上被看作一种象征性意义：加入该条约，就是对东南亚国家表示友好的一种表现。

表 1－9　东盟对话伙伴国家与组织情况

国家/组织	建立时间	建立自贸区(FTA)	东南亚友好合作条约(TAC)
中　国	1991	是	已加入
日　本	1977	是	已加入
韩　国	1989	是	已加入
澳大利亚	1974	是	已加入
新西兰	1975	是	已加入
印　度	1992	是	已加入
美　国	1977		已加入
俄罗斯	1996		已加入
欧　盟	1980		
加拿大	1977		
巴基斯坦	1997		已加入
联合国开发计划署	1977		

注：资料整理自东盟秘书处网站。除表中所列国家与组织外，蒙古、法国、孟加拉、斯里兰卡、朝鲜、土耳其与东帝汶等国也分别加入了东南亚友好合作条约；巴基斯坦与东盟为部门级对话合作伙伴，其他 10 国为东盟的 10 个全面对话伙伴；联合国开发计划署是唯一被东盟定位为对话伙伴的多边援助机构；日本与东盟的贸易关系全称为日本－东盟全面经济伙伴关系（AJCEP）。

（2）"10＋3" 合作机制

1997 年 12 月，东盟 10 国与中国、日本和韩国的领导人在马来西亚首都吉隆坡举行非正式会议，标志着"东盟＋3（10＋3）"合作机制的形成。

该会议的最初设想是马来西亚前总理马哈蒂尔首先提出的。马哈蒂尔在20世纪90年代意识到了发达国家开展贸易保护主义的趋势。他认为，如果将东亚作为一个整体推向国际舞台就能够获得更多的话语权以及更大的影响力。在金融危机的影响下，东亚国家终于形成一致意见，成立了“10+3”合作机制。“10+3”系列会议以经济合为重点，逐渐向政治、安全、文化等领域拓展，已经形成了多层次、宽领域、全方位的良好局面。“10+3”在18个领域建立了约50个不同层次的对话机制，其中包括外交、经济、财政、农林、劳动、旅游、环境、文化、打击跨国犯罪、卫生、能源、信息通信、社会福利与发展、创新政府管理14个部长会议机制。在“10+3”合作机制下，每年均召开首脑会议、部长会议、高官会议和工作层会议。其中，中国参与的“10+3”部长级别的会议包括外长会议、教育部长会议、经济部长会议、贸易部长会议、环境部长会议、旅游部长会议、卫生部长会议等，促进了一系列具有实际意义的具体合作项目的形成和实施。

应该说，“10+3”的长期目标是整合东亚，最终促进东亚共同体的形成，而“10+3”的成员国也明确了该会议机制是以东盟国家为主导。应该说，东盟的主导地位是其成功地制衡了各国力量而取得的成果。其中，日本由于积极推动美国介入东亚事务，在“10+3”会议中立场较为尴尬，再加上受世界金融不景气的影响，难以支撑其在东亚的领导地位。但是，将领导权交给中国又不符合日本的利益与心理预期。因此，在引入美国无望的情况下，日本主张将东盟作为“10+3”主导力量。而对中国而言，区域形势也相当复杂。中国对此有着清醒的认识：如果主动谋求领导权，那么就是给一些国家刻意散布的“中国威胁论”和“新朝贡体系论”提供素材，造成新一轮的炒作，这既有损于中国的对外形象，也不利于区域的稳定发展和进一步合作。因此，中国一直积极参与“10+3”机制下的各项合作，并且一贯坚持东盟对于该机制的主导权。而韩国受制于中、日两国的实力，也没有积极争取领导权。然而，这种微妙的平衡在中国的快速崛起下体现出失衡的趋势。毫无疑问，“10+3”将坚持以东盟为主导、以深化区域合作为方向，在已有的机制化道路上稳步前进。但是，“10+3”合作机制的实质内涵是否会随着各国之间关系的变化而变化，抑或被其他区域合作机制所冲淡，都将在不久的将来接受现实的考验。

（3）东亚峰会

除东盟成员国外，东亚峰会目前有中国、日本、韩国、澳大利亚、新西兰、印度、美国、俄罗斯8个伙伴国家参与（“10+8”），它是东盟成员国与上述8国之间开展的区域性政府间论坛。2001年，在“10+3”会议上，东亚展望小组[①]提交了一份题为《迈向东亚共同体：一个和平、繁荣与进步的地区》的报告。报告中提出了将建立东亚峰会机制作为“10+3”会议的长期发展目标，并最终建立东亚共同体（East Asian Community）。自此，东亚峰会的概念逐渐为各国政府所接受，中国也为东亚峰会这一畅想的实现进行了积极的倡议，推动了东亚峰会的召开。和“10+3”系列相比，东亚峰会的目标更加长期而且明确，其最终目的是建立东亚共同体。在东亚峰会召开之前，各国之间进行了一系列的外交斡旋与角力。首先，各方均同意东盟仍然是东亚峰会的核心与主导力量。在成员国的选择上，起初各方均同意以“10+3”成员国为主，也同意符合一定条件的[②]与东盟友好的国家在以后申请加入。但是，一些东南亚国家担心，中国的力量在“10+3”中已经十分突出，如果在东亚峰会中继续保持“10+3”的架构，可能会使中国的立场和主张隐约左右着东亚峰会，变成第二个“10+3”而失去其意义。最终在各方斡旋下，澳大利亚、新西兰和印度三国加入了东亚峰会的架构，成为这一新机制的正式成员国。2004年，在老挝首都万象举行的第8次“10+3”领导人会议最终决定，首届东亚峰会将于2005年12月14日在马来西亚吉隆坡举办，与会成员国为东盟10国与中、日、韩、澳、新、印6国。实际上，东盟推动东亚峰会的形成旨在加强其在亚太地区的影响与加快东亚一体化进程。而吸纳这三国的目的，也可以起到平衡中国影响力的作用。

近年来，由于中国实力的不断提升和影响力的不断扩大，日本、印度等

---

① 在韩国总统金大中的倡议下，经“10+3”领导人同意，在1998年12月和2000年11月分别成立了由知名学者所组成的东亚展望小组（EAVG）和由政府官员所组成的东亚研究小组（EASG）。

② 东亚峰会成员国条件：①东盟全面对话伙伴；②已加入东南亚友好合作条约；③与东盟有实质性的政治经济关系。

国开始积极运作，大力推动美国加入东亚峰会以平衡中国的力量。在这种情况下，美国、俄罗斯在2011年印尼巴厘岛举办的第6届东亚峰会上，正式以成员国身份加入了东亚峰会，使东亚峰会的成员国由“10+6”扩充为“10+8”。值得一提的是，在美国首次参加东亚峰会时，就高调在与中国息息相关的南海问题上进行表态，并宣布其重返亚太的战略转移。

东亚峰会召开以来，在经济、能源等领域取得了一定的成果。首次峰会上，与会的各国领导人提出了17项具体领域合作倡议，并签署了《吉隆坡宣言》。之后的历次峰会上，各国领导人又相继提出并签署了多项宣言、声明等成果文件（见表1-10）。

表1-10　东亚峰会历届会议情况

东亚峰会届次	时　　间	地　　点	成果文件
第1届	2005年12月	马来西亚吉隆坡	吉隆坡宣言
第2届	2007年1月	菲律宾宿务	东亚能源安全宿务宣言
第3届	2007年11月	新加坡	气候变化、能源和环境新加坡宣言
第4届	2009年10月	泰国华欣	东亚峰会关于全球经济和金融危机联合新闻声明
第5届	2010年10月	越南河内	河内宣言
第6届	2011年11月	印度尼西亚巴厘岛	东亚峰会互惠关系原则宣言、东亚峰会关于东盟互联互通的宣言

注：2009年4月，原定在泰国海滨旅游胜地帕塔亚召开的东盟与对话国系列峰会因安全问题取消。同年6月3日，泰国前总理阿披实经东亚峰会领导人授权，在曼谷发表《东亚峰会关于全球经济和金融危机联合新闻声明》。声明原拟作为第四届东亚峰会会议成果文件对外发表，因会议推迟未发。直至同年10月，该会议才在泰国华欣召开。

资料来源：根据东盟秘书处网站及新华社有关资料整理。

随着美国与俄罗斯的加入，东亚峰会的实质与内涵将发生一定的变化，并有可能从最初的东亚区域合作平台大幅升级，成为亚洲与太平洋地区举足轻重的合作平台。当然，这一切都取决于各国对东亚峰会合作机制的投入力度以及是否能进行相应的态度转变。目前，“10+8”机制下的很多合作领域还没有具体的合作项目，并且很多与会国更注重相对成熟的“10+3”框架下的合作内容，而对东亚峰会的具体后续合作持观望态度，但一些成员国已经开始表现出积极推动“10+8”合作的姿态。在2011年举办的东亚峰会上，澳大利亚表现得非常活跃，并积极推动了一系列可持续城市发展的研究和倡议。2012 年 7 月 5 日，东亚峰会首届教育部长会议于印尼雅加达召开。这些现象是否意味着东亚峰会将在更多领域为区域合作注入积极的动力？在世界形势复杂多变的今天，东亚峰会能否在美、俄加入后完成一次蜕变，使东盟对区域乃至世界格局形成更大的影响力，我们拭目以待。

（4）其他机制

除上述主要区域合作机制之外，东盟还积极推动或参与了一系列区域与国际对话，如东盟区域论坛、亚欧会议、亚太经济合作组织（APEC）等。其中，亚太经合组织并不以东盟国家为主，是亚太地区重要的经济合作论坛，也是亚太地区最高级别的政府间经济合作机制。APEC 于 1989 年建立，成员包括 21 个国家与地区。东盟秘书处作为观察员组织加入 APEC。东盟国家起初对加入 APEC 有所顾虑，担心冲淡东盟的内部凝聚力。但是，在东盟外长的集体外交斡旋下，东盟大多数国家都在确保东盟团结的前提下加入了该机制。由于亚太经合组织采取自主自愿、协商一致的合作原则，所作决定必须经各成员一致同意认可，并且其会议文件不具法律约束力，所以对东盟的冲击不大。即使如此，东盟也十分注重在 APEC 会议中强调一致对外。

东盟区域论坛（ARF）为东盟创办的区域外长级论坛，是目前亚太地区最主要的官方多边安全对话与合作渠道之一。“冷战”结束后，区域安全成为东盟国家的主要关注问题，经 1993 年东盟外长会议协商，首届东盟区域论坛于 1994 年 7 月 25 日在泰国曼谷召开，中国作为东盟磋商伙伴国参加。东盟区域论坛的发起目的在于建立一个区域安全的对话平台，推动建立区域国家之间的政治、军事互信。在近几年，反恐等非传统安全合作也成为论坛的主要议题。东盟地区论坛现有 27 个成员：东盟 10 国、澳大利亚、加拿大、中国、印度、日本、新西兰、韩国、俄罗斯、美国、欧盟、孟加拉国、朝鲜、蒙古国、巴基斯坦、巴布亚新几内亚、斯里兰卡和东帝汶。

可以说，东盟成功地将 ARF 打造成为一个以东盟为主导、以东盟方式（ASEAN Way）为原则，较为松散但又不失平衡的区域安全对话平台。通过多次妥协与争锋，论坛再次确立了东盟的主导地位与区域影响力。在 1999 年的东盟地区论坛高官会上，美国曾提出建立双主席制，设立一个非东盟成员的主席国。这一建议得到了日本的大力支持。但是，在东盟国家的一致反对下，这个建议最终没有被采纳。而历届论坛的成果文件——论坛主席声明也是由东盟国家起草的。可以说，对该论坛的主导是东盟一向坚持并且寸步不让的原则。近几年来，东盟区域论坛的作用被其他迅速发展的合作机制所稀释，实质成果较少，但仍是东盟重要的对外合作机制之一。

亚欧会议（ASEM）是亚洲与欧洲之间级别最高、规模最大的政府间论坛。1994 年 10 月，新加坡总理吴作栋访问法国时提出了召开亚欧会议的构想。这一构想得到了有关国家的积极响应。1996 年 3 月，首届亚欧会议在泰国首都曼谷举行。亚欧会议虽然不是以东盟为主导，但东盟是主要的发起人与重要的参与者。东盟通过该会议进一步奠定了其作为区域重要力量的地位。亚欧会议的成员在 2010 年增至 48 个，其中包括亚洲 16 国、欧洲 28 国、大洋洲 2 国，以及东盟秘书处和欧盟委员会。

亚欧会议的东盟元素为这个高级别的论坛带来了较为宽松自由的气氛。东盟将东盟方式（ASEAN Way）的精神带到了会议当中，做了很好的推广。较为松散的合作结构也使得与会的领导人在很多讨论上更加自由与灵活。可以说，东盟成功地将自己的影响力注入亚欧峰会，在国际舞台上赢得了更多的展示空间。同时，亚欧峰会也促成了更加有实质意义的东盟“10 + 3”会议的形成。

东盟通过在国际上与区域中的一系列运筹，成功地扩大了东盟的影响力，争取到了国际声望，并在各种场合维护了东盟的利益。这种对内互不干涉、对外协商一致的理念成为地区主义发展的范例。在东亚，东盟已经将自己成功地塑造为区域合作的平衡器与黏合剂。在各国的共同支持下，东盟模式已经深入人心，成为东亚各国在区域合作中秉承的原则，维护着国际合作中最基本的平等和相互尊重。这种理念也同样符合中国外交的和平共处五项原则。可以说，东盟模式是东盟对区域乃至世界外交所做出的独特贡献。

在今天，中国、美国与日本可能是对东南亚产生影响最大的三个国家。由于东南亚独特的经济与政治地位，该地区由曾经的美国主导逐渐转变为各方力量的平衡。近些年来，美国高调宣布了其重返亚太的发展战略，并一再介入东南亚事务。特别是在有关中国的问题上，美国更是积极发挥其影响力，采取了一系列的外交攻势，遏制中国的意图十分明显。这些举动都将导致各国力量在东南亚的重新分配、重新平衡。在这一过程中，如何确立好中国的定位是我们面临的重要课题，也同样是东盟国家的重要课题。在2012年初的黄岩岛危机中，菲律宾就曾经假美国之威试图鼓动东盟对抗中国，但此举在东盟国家内部产生了巨大的分歧，甚至造成了东盟内部的严重分化。其实，这也从侧面反映了东南亚在国际上的重要地位，因此才形成了各方拉拢的局面。相信在不久的将来，东盟会在朝着东南亚共同体前进的道路上克服目前遇到的种种困难，继续秉承互不干涉、协商一致的东盟精神，完成政治、经济、文化等方面的发展与融合，在东亚乃至世界舞台上发挥更大的作用。

3. 次区域经济合作

次区域经济合作是相对于区域经济合作的一个概念。根据亚洲开发银行①的定义，次区域经济合作是“包括三个或三个以上国家的、精心界定的、地理毗邻的跨国经济区，通过利用成员国之间生产要禀赋的不同来促进外向型的贸易和投资等经济活动”。次区域经济合作和区域经济合作在内容上大致相同，两者的差异主要在于次区域经济合作中的合作对象、合作地区常常是合作伙伴之间的相邻地区，即合作参与国往往不是以其整个领土参加次区域的合作，而是以其局部地区来参与合作。

（1）大湄公河次区域经济合作

①合作背景

澜沧江－湄公河（也称大湄公河）是世界第六大河流，发源于中国青海省唐古拉山脉东北坡杂多县，流经中国、缅甸、老挝、泰国、柬埔寨和越南6个国家，有“东方多瑙河之称”。澜沧江－湄公河全程干流长度达4880公里。澜沧江－湄公河在中国境内称澜沧江，流经西藏自治区和云南省，在

① 亚洲开发银行是旨在为亚太地区消除贫困，促进经济和社会发展的区域性金融组织，主要由发达国家（主要是美国和日本）出资，通过贷款和援助等形式协助贫穷国家发展经济。

西双版纳勐腊县244号界桩处出境，之后的河段称为湄公河，在越南西贡南部流入南中国海。亚洲开发银行定义的澜沧江－湄公河次区域是指中国云南省以及地处中南半岛的缅甸、老挝、泰国、柬埔寨和越南五国，其中，在中国境内长2130公里（云南境内长1237公里），老挝境内长777公里，柬埔寨境内长502公里，越南境内长230公里，中缅界河31公里，老缅界河234公里，老泰界河976公里。区域内有10多个重要城镇紧靠江边，有4条铁路和10多条公路横跨湄公河。流域总面积为81.1万平方公里，其中中国16.7万平方公里，缅甸2.1万平方公里，老挝21.5万平方公里，泰国18.2万平方公里，柬埔寨16.1万平方公里，越南6.5万平方公里。这一地区资源丰富，山川秀丽，文化底蕴深厚，孕育着巨大的发展潜力。

在这一区域最早的合作开发是1957年由联合国湄公河下游调查协调委员会组织的。在联合国的主持下，一些湄公河沿岸国家对湄公河进行了一定程度的开发。泰国与老挝在其境内修建了水库、水电站和输电网，利用河水进行灌溉。但是由于越南战争及“冷战”的其他影响，整体工作成效不大。

越战结束后，美国对中南半岛的直接参与减少。欧洲和一些发达国家开始对湄公河流域进行官方的援助开发、研究和投资，如澳大利亚、新西兰和瑞典等国都积极参与其中。日本始终是湄公河开发最为重要的援助国，日本在不断向东南亚投资的同时对这些地域进行了大量的调查研究。这一地区原先的宗主国英国和法国也对其原殖民地进行了一些投资。

目前，澜沧江－湄公河次区域有四个合作机制，其中以亚洲开发银行指导下的机制最为成功，进展最顺利，下文将作更多的介绍，其余三个机制如下。

东盟－湄公河流域开发合作组织（Asean-Mekong Basin Development Cooperation，AMBDC）。1996年6月，在马来西亚首都吉隆坡举行了首次东盟－湄公河流域开发合作部长级会议。根据会议通过的《东盟－湄公河流域开发合作基本框架》，部长级会议至少每年举行一次，两次部长级会议期间由成员国选派司局级官员举行指导委员会会议，为部长级会议做准备并提供政策建议。同时，确定了基础设施建设、投资与贸易、农业、矿产资源开发、工业及中小企业发展、旅游、人力资源开发和科技八大合作领域。这一合作机制的形成与运作，表明湄公河流域合作开发已成为东盟政治经济一体化的一个组成部分，其合作范围已超出了湄公河流域。在该合作框架下，首先推出了“泛亚铁路计划”。

湄公河委员会（Mekong River Commission，MRC）。现在的湄公河委员会是在上文中提到的联合国指导下的湄公河下游调查协调委员会的基础上产生的。1995 年 4 月，湄公河下游老挝、泰国、柬埔寨和越南四国在泰国清莱签署了《湄公河流域可持续发展合作协定》，承认“湄公河流域和相关的自然资源及环境，是沿岸所有国家争取经济和社会富足以及提高本国人民生活水平的具有巨大价值的自然资产”。四个国家决定在湄公河流域开发和管理的一切领域，包括河流资源、河上航运、洪水控制、渔业、农业、发电及环境保护等所有可能产生跨越国界影响的领域进行合作。新湄公河委员会的职责范围远超出了湄公河临时委员会，并不限于调查和协调湄公河下游水能资源的综合开发，而是根据可持续发展思想，强调对整个湄公河的水和相关资源以及全流域的综合开发制定计划并实施管理。

四国小区域经济合作。四国小区域指的是湄公河中国、缅甸、老挝和泰国相毗邻的地区，面积约 16 万平方公里，也被称为“黄金四角”地区。四国在这一地区进行小范围的合作，涉及航运资源开发、水电开发、旅游资源开发、交通道路建设、生态环境保护、贸易投资以及替代种植等多个方面，其宗旨是建设中国西南通向中南半岛的陆上通道经济走廊，实现中国与东盟两大市场的对接，并促进小区域的经济发展。这一合作模式最早由中国和泰国于 1993 年提出。在 1999 年 2 月 5 日中泰两国签署的《中华人民共和国和泰王国关于 21 世纪合作计划的联合声明》中双方已作了承诺，将对此“给予更大的重视和支持”。2000 年 6 月 6 日，在中缅两国签署的《中国和缅甸关于未来双边关系合作框架文件的联合声明》中双方也表示，对“四角经济合作”及“大湄公河次区域经济合作”，“将予以更大的支持”。

②合作进程

1992 年，亚洲开发银行发起建立了“大湄公河次区域合作计划”（Great Mekong Subregion Cooperation，GMS）机制，于该年 6 月，邀请中国、老挝、缅甸、泰国、柬埔寨和越南六国在马尼拉召开大湄公河次区域第一次经济合作部长级会议，会议通过了关于次区域经济合作的总体框架报告。

在确立湄公河次区域的开发项目时，亚洲开发银行主要考虑了 8 个方面的因素：(a) 六国共同拥有湄公河（澜沧江），且湄公河在它们的经济中占有重要地位；(b) 六国大部分处于经济转型时期；(c) 六国都在推进对外开放进程；(d) 这一地区资源丰富；(e) 相互间边贸日趋繁荣；(f) 区域整体基础设施极为落后；(g) 缺乏发展资金；(h) 地区文化背景相似。

1993 年 2 月，亚行发布题为《次区域经济合作——关于柬埔寨、老挝、泰国、越南和中国云南省进行合作的可行性》的研究报告。该报告提出开发大湄公河水能资源和建立中南半岛－云南水路交通网的初步设想，并表示亚行将为推动大湄公河次区域经济合作做出努力。亚洲开发银行不仅利用自身资本促进大湄公河次区域合作，还利用自身的信誉作担保，呼吁世界其他国家参与到这一区域的开发中来。

1993 年 8 月，大湄公河次区域经济合作部长级会议召开，会议强调大湄公河次区域经济合作的重要性，确定次区域经济合作的优先项目为发展交通运输业，并就次区域运输、能源开发、环境保护、人力资源开发、贸易与投资以及旅游合作等项目进行重点探讨。

1994 年 4 月，大湄公河次区域第三次经济合作部长级会议举行，会议审议并初步批准 26 项涉及交通和能源优先合作的项目，还将合作的领域扩展至旅游、贸易、劳务、科技等方面。

1995 年 10 月，大湄公河次区域第四次经济合作部长级会议召开，会议讨论了吸引私人企业投资，加大次区域开发力度，确定优先在水路交通、水力资源开发、旅游、通信和工业等领域进行合作。在此之后，大湄公河次区域经济合作部长级会议每年都要举行，为此还成立了相关的专题论坛和工作小组。

2002 年 11 月 3 日，在柬埔寨首都金边举行了首次大湄公河次区域经济合作领导人会议，这是湄公河开发合作史上最高级别的会议。与会六国领导人总结了过去 10 年取得的成就和成功经验，确认了未来 10 年的合作前景及承诺，进一步加强了六国伙伴关系。朱镕基总理出席会议并作了主旨发言，敦促湄公河沿岸各国加强合作，发挥各自优势，加快经济增长步伐。会议批准了《次区域发展未来十年战略框架》，确定了五个战略方向，使次区域合作进入了一个新阶段。会议还发表了联合宣言，并决定今后每三年在成员国轮流举行一次大湄公河次区域领导人会议。会后，有关国家签署了《大湄公河次区域便利运输协定》谅解备忘录、《大湄公河次区域便利运输协定》中方加入书和《大湄公河次区域政府间电力贸易协定》。

2005 年 7 月 4 ~ 5 日，大湄公河次区域经济合作第二次领导人会议在云南昆明举行，会议主题为“加强伙伴关系，实现共同繁荣”。温家宝总理在会议开幕式上发表了讲话。会议通过了《昆明宣言》。与会 6 国签署了便利客货运输、动物疫病防控、信息高速公路建设和电力贸易等多项合作文件，批准了 GMS 贸易投资便利化行动框架和生物多样性保护走廊建设等多项合作倡议。会议确立了以“相互尊重、平等协商、注重实效、循序渐进”为主要内容的合作指导原则，次区域合作由此迈上新台阶。

2008 年 3 月 30 ~ 31 日，大湄公河次区域经济合作第三次领导人会议在老挝万象举行，六国领导人围绕“加强联系性、提升竞争力”的主题，就加强基础设施互联互通、贸易运输便利化、促进经贸投资、开发人力资源以增强竞争力、可持续的环境管理、次区域合作与发展伙伴关系六大方面的合作构想交换意见。中国国务院总理温家宝在会上全面阐述了中国对大湄公河次区域经济合作及未来发展的主张，提出中方的倡议和举措。

2011 年 12 月，大湄公河次区域经济合作第四次领导人会议在缅甸首都内比都举行。戴秉国国务委员出席会议。2002 年签订的《大湄公河次区域经济合作十年战略框架》行将到期，与会各国共同宣布了《内比都宣言》，题为《超越 2012：面向新十年的战略发展伙伴关系》。会议取得如下成果：更新了次区域电力发展的总体规划，决心推广绿色能源；确定了东盟次区域合作的环保核心项目——生物多样性保护走廊倡议第二期框架，以 2012 年至 2016 年为时间范围；决定建立信息网络促进农产品贸易；对旅游业和打击犯罪等合作也达成了新的共识。

东盟也十分重视湄公河流域的开发，在 1996 年，当时还只有 7 个成员国的东盟就和中国、老挝、柬埔寨和缅甸签订了《东盟 - 湄公河流域开发合作基本框架》。后来随着柬埔寨、老挝和缅甸加入东盟，韩国和日本加入合作开发，湄公河流域的开发成为“10＋3”合作框架的一部分。

③合作成果

交通可以说是大湄公河次区域合作的核心部分，四通八达的交通网络是发展经济的前提。目前，中国和东盟正在积极地打通大西南通道，如建立泛亚铁路，连接新加坡、吉隆坡、曼谷、金边、胡志明市、河内、昆明和南宁。大西南通道的打通将促进资金流、信息流、物流等的流通和发展。

澜沧江－湄公河水利资源丰富，总落差达5060米，水电蕴藏量达9456.4万千瓦，可开发装机容量达6048.0万千瓦，相当于燃烧1.7万吨标准煤的发电量。在云南省境内的澜沧江干流规划建设5个电站，其中景洪电站由中国、泰国合资建设。同时中国还和泰国、老挝合作建设跨境输电线路，将澜沧江下流的电力通过老挝输送到泰国，实现“云电外送”。在湄公河方面，老挝的可利用水利资源最为丰富，共规划了4个电站，总装机容量为820万千瓦；老挝、泰国交界河段规划了3个电站，装机容量为745万千瓦；老挝、柬埔寨交界处规划1个电站，装机容量为100万千瓦。

在贸易方面，次区域内成员各有比较优势，中国制造业水平虽然不及美日欧发达国家，但价格低廉，非常适合缅甸、柬埔寨和老挝的需求，中国在这一区域的比较优势主要是日用品；中国云南省农田开发难度较大，而大米正是泰国的优势产品；越南、柬埔寨和老挝的农产品和资源丰富。

中南半岛是毒品种植的重灾区，中国一直在努力帮助缅甸和老挝在罂粟种植地区开展禁毒替代工作，无偿或低价提供各类粮食和经济作物种子。在缅甸、老挝开展替代种植的各类农经作物总面积达43.6万亩，其中缅甸38.3万亩，老挝5.3万多亩。既减少了毒品种植，又使当地民众脱离贫困，为世界和平禁毒事业做出了积极贡献。

湄公河流域旅游资源丰富，复杂多变的地质和气候使得这一地带景色丰富多彩，同时，悠久的历史造就了无数庙宇和宫殿。次区域内各国都在努力利用自己的旅游业资源创造外汇收入。具体的举措包括创造出入境便利、互免签证及加大宣传等。各方一直致力于开辟“金三角”四国（中、泰、老、缅）旅游线路。

同时，次区域还在亚洲开发银行的资助下，开展了一系列保护生物多样性和人员培训的项目，有力地促进了整个地区的发展。

④合作面临的困难

这一地区整体经济实力不强，柬埔寨、老挝、缅甸都还处在世界银行所定义的最不发达国家行列，人民贫困，工业化程度低，这就加大了合作开发的难度。经济的落后还表现在资金的短缺上，开发项目很大程度上需要依赖亚洲开发银行的贷款。同时，这一地区教育水平较低，劳动力素质难以保证。由于历史原因，柬埔寨、老挝和缅甸三国对其与中国接壤地带的控制力不强，导致这些地方治安状况不佳，例如 2011 年 10 月 5 日在湄公河金三角水域就发生了中国船只遇袭，船员遇难的事件。这一地区除泰国外都是转型国家，在投资、贸易等政策法规方面不完善的地方还有很多。

但是换个角度来看，较低的起点意味着更大的发展空间，大湄公河次区域未来合作的潜力无穷。

（2）“增长三角”合作

为了发展经济，除了大湄公河次区域合作外，东盟内部还根据彼此的比较优势建立了三个“增长三角”（Growth Triangle），进行次区域的经济合作。目前，东亚地区存在很多种次区域合作形式，形成了数个经济圈。

“增长三角”这一概念最早由时任新加坡副总理的吴作栋在 1989 年 12 月提出，用以形容当时正在计划之中的新加坡和印度尼西亚、马来西亚边境两个地区之间的三方合作，也就是后来的南部“增长三角”。后来受南部“增长三角”成功的激励，东盟的几个成员国又陆续建立了东部“增长三角”和北部“增长三角”。下文将对这三个增长区进行论述。

①南部“增长三角”

东盟的南部“增长三角”区由新加坡、马来西亚的柔佛州、印度尼西亚廖内群岛的巴坦岛和民丹岛组成，战略位置先要。柔佛州原先是马来西亚的农业中心，人口约 220 万，是马来西亚的第二大州；巴坦岛面积为 415 平方公里，相当于三分之二个新加坡。这一地区通常被称为柔佛－新加坡－廖内三角区（简称柔－新－廖增长区）。柔佛、新加坡和巴坦岛三地之间地理距离极近，从新加坡乘渡船到巴坦岛和民丹岛分别只需 40 分钟和 60 分钟；柔佛和新加坡之间则由一条 1.2 公里的堤坝相连。

1989年10月，印度尼西亚总统苏哈托和新加坡总理李光耀首次讨论到联合开发印度尼西亚巴坦岛的问题。1990年6月，苏哈托出访马来西亚时，同马来西亚总理马哈蒂尔就建立柔-新-廖增长区达成了共识。1998年8月，印尼和新加坡签署协定，决定共同开发印尼廖内群岛。1991年6月，两国又签署协定，新加坡将从廖内省得到淡水供给。而马来西亚的柔佛州则很早就和新加坡建立了密切的投资与贸易联系。

三方政府的支持为投资者提供了政治承诺，大大提高了私人投资者对这一地区的信心。从政治均衡角度来讲，新加坡是一个岛国，国土面积狭小，大部分生活用品依赖进口。20世纪60年代以来，马来西亚的柔佛州都要向新加坡供应大量淡水；柔佛州则严重依赖新加坡的投资，当地的娱乐设施和旅游资源依赖新加坡人的消费。巴坦岛的加入减弱了新加坡和柔佛之间这种紧密的依赖关系。

新加坡在1991年人均国民收入已经超过12000美元[①]，劳动力成本很高；高涨的地价让新加坡企业苦不堪言，只能向外拓展投资。相反，柔佛和廖内分别是马来西亚和印度尼西亚较为贫穷的地区，劳动力充足，地区资源丰富。将新加坡的劳动密集型产业转移到这两个地区，一方面解决了新加坡企业的发展问题，另一方面为柔佛和廖内提供了大量就业机会，同时带来了技术转移。这种垂直型的分工充分利用了各方的比较优势，将新加坡的资本、技术和知识优势与柔佛、廖内的劳动力和土地优势完美整合。另外，来自新加坡的企业管理人员同时带动了柔佛和廖内的服务业发展，这两地的娱乐、旅游等产业也蓬勃发展起来。

为了给外资进入柔佛和廖内提供便利，两地监管当局出台了一系列政策，其中柔佛州已经较为开放，廖内群岛则做出了大量努力。

首先在海关和入境手续方面，自1991年10月，在巴坦工作的新加坡职员开始使用“快卡”通过边境检查站，极大地缩短了入关时间。柔佛很快也开始采用这种方式。

印度尼西亚政府原本对来自外国的直接投资有着严格的限制，规定所有

① 世界银行数据。

投资中必须有本国人参股，但在巴坦和民丹的投资则允许外国公司100%持股。为了吸引投资，印尼当局批准私人公司开发当地的基础设施。印尼沙林集团和新加坡的四家公司联合开发巴坦工业园项目，在当地成立了两个机构，一是巴坦（印尼）投资公司，主营当地的运输、通信和其他服务业，起着园区开发者与管理者的作用；另一家是巴坦（印尼）工业管理局，它负责园区总的规划、设计和招租。工业园的目标是为投资者提供一个一次办完全部手续的营业中心。巴坦工业园占地50平方公里，园区内基础设施如住宅区、铁路网和商业中心一应俱全，大量厂房和土地用以出租。民丹工业园也按照巴坦工业园的模式进行开发，它的引资方向主要是轻工业和中间工业（如纺织与服装、木制品、鞋类、食品加工、包装、玩具制造和电子业等），旨在成为主要发展电子工业的巴坦工业园的补充。

印尼和新加坡还不遗余力地派出投资代表团到日本、韩国以及中国台湾和香港等地以增进外国投资者对民丹和巴坦的了解。最早入驻巴坦工业园的是日本的住友电气集团，日本企业看中了这一地区充足的生产要素和未来广阔的市场。很快，巴坦工业园的厂房租售一空。

随着三国小区域合作的成功，1996年和1997年，马来西亚南部的马六甲、森美兰、彭亨和印尼的西苏门答腊、南苏门答腊、占碑、明古鲁、西加里曼丹等省相继加入南部“增长三角”，新成立的次区域发展地带被称为“新马印尼增长三角”。21世纪以来，这一三角地带的合作重心已经转移到了旅游业、保护环境等方面。1995～2003年间，这一地区吸引的外资占到三国吸引外资总额的38.89%①，而其面积仅占三国的0.9%，人口只占2.29%。东盟南部“增长三角”作为东盟区域内进行经济合作的重要试验地，已成为东盟次区域经济合作最成功的典范。

②北部“增长三角”

北部“增长三角”指泰国、印度尼西亚和马来西亚三国在马六甲海峡的沿岸地带，其范围包括印度尼西亚的亚齐和北苏门答腊两个省，马来西亚吉打、玻璃市、槟榔屿和霹雳四个州市，泰国那拉惕瓦、北大年、沙敦、宋

---

① 《广西日报》2009年7月22日。

卡和也拉五个府，总面积20万平方公里，人口2100万。

受到南部“增长三角”进展的鼓舞，1992年在新加坡举行的东阿曼宁格首脑会议上，印尼、马来西亚和泰国提出了建立一个次区域经济合作圈的构想。1993年7月，三国召开经济部长会议，决定建立“印度尼西亚－马来西亚－泰国增长三角”（Indonesia-Malaysia-Thailand Growth Triangle，IMT-GT）。三国希望通过发挥次区域内的比较优势，加速经济增长，吸引外资，扩大出口，降低运输和交易成本，为本地创造就业机会，增进福利。

这一地区同南部“增长三角”一样，经济上具有极强的互补性。印尼北部的石油和天然气资源丰富，为次区域内的经济提供了能源保证，同时该地区土地资源也很充足；泰国第一产业发达，水果、蔬菜可以销售到印尼和马来西亚市场，富饶的森林也保证了发展工业所需的原材料；马来西亚的工业发达，已经出现了劳动力和资源短缺的问题，正好利用其他两地的比较优势。

建立北部“增长三角”的计划提出后，不仅三国政府大力推进，民间也积极参与配合。亚洲开发银行也在其中起到了重要的作用。在1993年7月的三国部长会议上，三国决定在马来西亚的北海和印尼的苏门答腊建设铁路，设置渡轮航线，改善槟城港的运输条件。1994年12月，500名工商界人士出席了在马来西亚槟城召开的第四次北部“增长三角”会议，达成了包括电力、通信、农业、渔业、贸易和投资在内的多项协议，私营部门起到重大作用。

2003年4月，北部“增长三角”的第10次高官会议和部长会议在马来西亚玻璃市先后召开。这两次会议对上述的规划和北部“增长三角”存在的问题进行了更深入的研究。会议指出，便利高效的基础设施尤其是交通运输系统是经济发展的重要条件，因此，应采取措施加强基础设施尤其是高速公路建设；将北部“增长三角”发展成为信息交流中心，以最大化利用资源；简化人员进出境手续；等等。会议重点讨论了“技术项目群实施计划”（Implementing Technical Groups，ITGs），包括六个方面的内容：基础设施方面的技术、与贸易有关的技术问题、人力资源发展方面的技术、关于欠发达地区和区域内贸易发展方面的技术、电信特区方面的技术和旅游业发展技术。对于每一个 ITGs 计划都列出了它们的实施时间框架、目标、业绩指标和监督机制。此外，部长会议还同意由泰国和马来西亚双边自行讨论建设沙敦和玻璃市的高速公路计划；在玻璃市建立边境工业区，为私人部门投资提供平台；2003 年底将 IMT - GT 扩大到马来西亚的雪兰莪州和印尼的南苏门答腊。

1995 ~ 2003 年，北部“增长三角”共吸收外资 240.58 亿美元，占同期流入印尼、马来西亚和泰国三国外资总和的 37.72%，这与南部“增长三角”对参与国的贡献相当。

2007 年 1 月，东盟北部“增长三角”第二届峰会召开，印尼总统苏西洛、马来西亚首相巴达维和泰国总理苏拉育出席会议，并签署了 2007 ~ 2010 年北部“增长三角”的建设路线图，三国一致认为路线图的签署具有重大的战略价值，将保证北部“增长三角”区域的长期稳定并为之注入活力。

③东部“增长三角”

东盟的东部“增长三角”包括文莱、印度尼西亚的北苏拉威西和东西加里曼丹、马来西亚的沙巴和沙捞越以及菲律宾的棉兰老岛和巴拉望等区域，人口 4500 万，总面积 156 万平方公里，是东盟区域内最大的也是最年轻的次区域经济合作区。在合作之前，这四国的交界区域贫困状况严重。

菲律宾在四国建立增长区的过程中起到了穿针引线的作用。1992 年，菲律宾总统拉莫斯与文莱苏丹会谈时提出建立东盟东部增长区的设想。1993 年 1 月拉莫斯访问马来西亚时再次与马哈蒂尔讨论了该设想。同年 9 月，拉莫斯出访印尼，征得了苏哈托对东部增长区计划的认可。1993 年 10 月，在新加坡召开的东盟经济部长会议上讨论了该计划的可行性。1994 年 3 月，四国在菲律宾的宾达沃召开了经济部长会议，正式宣布建立东盟东部增长区（Brunei-Indonesia-Malaysia-Philippines Growth Area，BIMP-EAGA），也就是东部“增长三角”。

东盟的东部增长区除了文莱之外都有一个共同特点：远离都市，经济欠发达，但资源丰富。因此，成立之初的东部增长区就明确了发展目标，即要加速经济发展，提高出口竞争力，增强对当地资本和外资的吸引力，最终促进增长区的贸易、投资和旅游业的大发展。1994 年在东部增长区成立会议上，四国经济部长一致同意要加强区内贸易、投资、旅游、种植业、渔业、能源、交通运输、通信以及工业基础设施等方面的合作。东部增长区的建立也得到了亚洲开发银行的大力支持。成立后不久，同年4月亚行就表示要对增长区的人力资源开发、农业和渔业发展、运输和通信业的发展、能源和电力四个研究项目提供资助。

东部增长区有几条矿产蕴藏量较大的山脉贯穿区内，蕴藏着具有商业开采价值的铁、铜、银、金等多种矿产资源；旅游资源丰富，众多的大小岛屿上有很多旅游观光点。1996年，亚洲开发银行对东部增长区进行了系统的调查研究，认为如果能合理地利用并开发这里的经济资源，就能将东部增长区发展成为一个重要的投资地，尤其是在农业基础产业、自然资源密集型的制造业和旅游业方面。根据研究结果，亚行还为东部增长区的发展列出了150条措施、计划和项目建议。除了自然资源的优势外，东部增长区还有一个优势是其他“增长三角”所不具备的，即该地区文化上相似，语言相通，区内贸易历史悠久。

2003年9月在菲律宾宾达沃举行的第11次东部增长区高官会议和部长会议上，各国部长同意重组各领域的工作组，将以前的13个工作组合并为11个，并在各国间进行了具体的分工：文莱负责交通和基础设施的发展，即航空、海运、电信、建筑及建筑材料；印尼负责自然资源方面的开发，如农业、工业、渔业合作，林业和环境开发以及能源方面；马来西亚负责旅游资源开发；菲律宾负责中小企业发展及对其提供融资服务；各国共同负责发展人力资源和促进人员流动。

1995~2003年，流入东部增长区的资金占同期文莱、印尼、马来西亚和菲律宾四国吸收外资总额的34.16%。对于偏远地区来说，这样的发展可以说是成绩斐然。

在一系列明确目标的引导下，东部增长区的发展得到区内外各国的支持。2006年上半年，澳大利亚就决定提供270万澳大利亚元帮助东部增长区在安全、基础设施、经济增长与投资等方面进行发展；东盟秘书处也决定将东部增长区的发展纳入东盟一体化的战略规划中。可以预见，东部增长区的发展必定潜力巨大。

第二章 东盟成员国社会和经济概况

第一节 东盟成员国社会发展概况

东盟10国幅员辽阔，人口众多，各成员国的国情差别较为明显。在政治体制上，既有资本主义国家，也有社会主义国家，既有议会共和制的国家，也有总统共和制的国家，甚至还有政权转型中的国家；在宗教传统上，有信奉伊斯兰教的国家，有信奉佛教的国家，也有多宗教信仰的国家；在经济发展水平上，有发达的工业化国家，有半发达国家，也有贫穷国家①。

东盟10国在地理位置、人口规模、经济发展、种族构成、宗教、语言文化、人口构成以及经济发展与贫困程度上具有较大差异。

东盟国家基本上是多种族和多民族的国家，其中缅甸和印度尼西亚的民族有100多个，越南、老挝和泰国的民族也有几十个之多；在宗教信仰上，既有宪法规定的宗教国家，如以伊斯兰教为国教的文莱和马来西亚，以佛教为国教的柬埔寨，也有多宗教、多信仰的国家如印度尼西亚、缅甸、菲律宾、泰国和越南等。

东盟国家国土、人口、种类、宗教及语言概况见表2－1、表2－2。

① 马嫪：《东盟安全战略的演变与前景》，《国际问题研究》2008年第2期，第63页。

表 2-1 东盟成员国国土面积、人口发展概况

国 家	国土面积（平方公里）	人口（万人）	行政区划
文 莱	5765	41.5	全国划分为 4 个区，即文莱－穆阿拉、马来奕、都东、淡布隆
柬埔寨	181035	1526.9	全国划分为 23 个省和 1 个直辖市
印度尼西亚	1860360	23418.1	全国共有 33 个一级行政区，包括雅加达首都特区，日惹和亚齐达鲁萨兰 2 个地方特区，30 个省。二级行政区（县/市）有 410 个
老 挝	236800	623	全国划分为 16 个省、1 个直辖市
马来西亚	330252	2890.9	全国分 13 个州和 3 个联邦直辖区
缅 甸	676577	6016.3	全国分 7 个省、7 个邦和联邦区
菲律宾	299700* 300000	9401.3	全国划分为吕宋、维萨亚和棉兰老三大部分。全国设有首都地区、科迪勒拉行政区、棉兰老穆斯林自治区等 17 个地区，下设 81 个省和 17 个市
新加坡	710	507.7	
泰 国	513120	6731.2	全国分中部、南部、东部、北部和东北部五个地区，共有 77 个府，府下设县、区、村。曼谷是唯一的府级直辖市
越 南	329556* 331051	8693	全国划分为 58 个省和 5 个直辖市

注：* 来源于中国外交部网站资料。

资料来源：ASEAN Community in Figures 2011。

表 2-2 东盟成员国的种族、宗教及语言概况

国 家	种 族	宗 教	语 言
文 莱	马来人占 66.4%；华人占 11%；其他种族占 4%	伊斯兰教为国教；有部分居民信仰佛教、印度教、基督教、妈祖教和万物有灵的原始宗教	马来语为国语，通用英语，华语使用较广泛
柬埔寨	有 20 多个民族；高棉族占 80%；少数民族有占族、普农族、老族、泰族、斯丁族等	佛教为国教；93% 以上居民信奉佛教；占族信奉伊斯兰教；少数城市居民信奉天主教	高棉语为通用语言，与英语、法语同为官方语言
印度尼西亚	有 100 多个民族；爪哇族占 45%；巽他族占 14%；马都拉族占 7.5%；马来族占 7.5%；其他占 26%	人口中约 87% 信奉伊斯兰教，6.1% 信奉基督教新教，3.6% 信奉天主教，其余信奉印度教、佛教和原始拜物教等	民族语言有 200 多种，官方语言为印尼语

续表

国 家	种 族	宗 教	语 言
老 挝	统称为老挝民族；有49个民族，分属于老泰语族系、孟－高棉语族系、苗－瑶语族系、汉－藏语族系	居民多信奉佛教	通用老挝语
马来西亚	马来人占68%；华人占23.7%；印度人占7.1%；其他种族占1.2%	伊斯兰教为国教；其他宗教有佛教、印度教和基督教	马来语为国语，通用英语，华语使用较广泛
缅 甸	有135个民族；缅族约占69%；掸族约占8.5%；克伦族约占6.2%；若开族约占5%；孟族约占3%；克钦族约占2.5%；钦族约占2.2%；克耶族约占0.4%	90%的人信仰佛教；大约5%的人信仰基督教；3.7%的人信仰伊斯兰教；约0.5%的人信仰印度教；1.21%的人信仰泛灵论	各少数民族均有自己的语言，其中缅、克钦、克伦、掸和孟等族有文字
菲律宾	马来族占85%以上，包括他加禄人、伊洛戈人、邦班牙人、维萨亚人和比科尔人等；少数民族及外来后裔有华人、阿拉伯人、印度人、西班牙人和美国人；还有为数不多的原住民	人口中约85%信奉天主教，4.9%信奉伊斯兰教，少数人信奉独立教和基督教新教，华人多信奉佛教，原住民多信奉原始宗教	有70多种语言，国语是菲律宾语，英语为官方语言
新加坡	华人约占75%；其余为马来人、印度人和其他种族	主要宗教为佛教、道教、伊斯兰教、基督教和印度教	马来语为国语，英语、华语、马来语、泰米尔语为官方语言，英语为行政用语
泰 国	有30多个民族；泰族占40%；其余为老挝族、华族、马来族、高棉族以及苗、瑶、桂、汶、克伦、掸、塞芒、沙盖等山地民族	94%的居民信仰佛教，马来族信奉伊斯兰教，还有少数人信奉基督教、天主教、印度教和锡克教	泰语为国语
越 南	有54个民族；京族占86%；其他人口较多的民族包括岱依族、傣族、芒族、华人和侬族等	主要宗教有佛教、天主教、和好教与高台教	主要语言为越南语

资料来源：中国外交部网站。

在东盟国家的人口中，从年龄构成上看，0～4岁的人口比例超过10%的国家包括老挝、柬埔寨、缅甸、菲律宾和马来西亚（见表2－3）。其中老挝比例最高，达到14.2%；其次是柬埔寨，为12.6%；新加坡的比例最低，只有5.3%。而在55~64岁和65岁以上两个年龄段，新加坡的比例都是最高的，分别达到11.0%和8.8%，说明新加坡人口老龄化程度在东盟国家中是最高的。从平均预期寿命上看，新加坡最高，达81.4岁；人口平均寿命在70多岁的国家有文莱、印度尼西亚、马来西亚、泰国和越南；而其余东盟国家人口的平均寿命则介于60~70岁。

表2-3 东盟成员国人口概况

国家	按年龄构成(%)					平均预期寿命(岁)
	0~4岁	5~19岁	20~54岁	55~64岁	>65岁	
文莱	8.9	26.6	57.2	4.1	3.2	77.8
柬埔寨	12.6	33.8	45.1	4.6	3.8	62.1
印度尼西亚	9.2	26.5	52.5	6.6	5.2	70.7
老挝	14.2	35.8	41.9	4.4	3.8	66.7
马来西亚	11.4	29.5	47.8	6.6	4.7	73.8
缅甸	11.7	29.8	46.1	6.5	5.9	64.2
菲律宾	11.7	31.7	46.6	5.7	4.3	68.2
新加坡	5.3	19.6	55.3	11.0	8.8	81.4
泰国	6.3	22.0	54.6	9.2	8.0	73.8
越南	7.5	28.7	50.9	5.7	7.2	74.6

资料来源：根据ASEAN Community in Figure 2011数据整理。

由于东盟成员国在经济发展水平上有较大差异，因此的贫困状况有所差别（见表2-4）。其中，新加坡和文莱的人均GDP较高，这两个国家没有贫困人口，并且国民中15岁以上成人识字率也高于其他东盟国家；从失业率上看，菲律宾和印度尼西亚的失业率较高，分别达到了7.5%和7.1%，而文莱的失业率最低，只有2.7%。

东盟国家的政治体制差异较大，当今世界的基本政治体制类型都可以在东盟得到体现。具体来说，东盟的政治体制主要有5种类型（见表2-5）。

①人民代表制的社会主义国家，包括老挝和越南；

②议会共和制国家，包括新加坡和观察员国东帝汶；

③总统共和制国家，包括印度尼西亚和菲律宾；

④君主制国家，包括文莱、柬埔寨、马来西亚和泰国；

⑤从军政府到民主国家的转型期国家，如奉行联邦共和制的缅甸。

表 2－4 东盟成员国贫困人口概况

国　家	购买力低于2美元/日人口比例（%）	贫困线以下人口比例（%）	基尼系数	15岁以上成人识字率（%）	失业率（%）
文　莱	N/A	N/A	—	95.3	2.7
柬埔寨	56.5	26.0	0.442	77.6	—
印度尼西亚	50.6	13.3	0.376	92.9	7.1
老　挝	66.0	24.0	—	—	—
马来西亚	2.27	3.8	—	92.5	3.2
缅　甸	—	—	—	92.0	—
菲律宾	45.0	24.0	—	95.4	7.5
新加坡	N/A	N/A	—	95.9	3.1
泰　国	26.5	8.1	—	—	—
越　南	38.5	—	—	92.8	—

注：N/A为不适用；—为数据缺失；贫困线2美元为购买力平价（PPP）；各成员国贫困线以下人口比例为2010年数据，其中泰国为2009年数据；基尼系数为2007年数据；平均预期寿命为2009年数据；15岁以上成人识字率为2009年数据，其中菲律宾为2008年数据，印尼和新加坡为2010年数据；失业率为2010年数据。

资料来源：根据ASEAN Community in Figure 2011数据整理。

表 2－5 东盟成员国政治发展概况

国　家	政治体制	宪　法	政　党
文　莱	马来伊斯兰绝对君主制国家	1959年9月29日颁布第一部宪法，于1971年和1984年进行重大修改。宪法规定：世袭的苏丹为国家元首和宗教领袖，拥有立法、行政、司法全部权力。设宗教委员会、继承与册封委员会、枢密院、立法院和内阁部长会议协助苏丹理政。2004年9月立法会恢复运作，议员由苏丹直接任命	1985年5月30日苏丹宣布允许政党注册后，出现了文莱国家民主党和文莱国家团结党。1988年政府将国家民主党取缔，现仅存文莱国家团结党。另有国民觉醒党和国民进步党两个小党
柬埔寨	君主立宪制	现行宪法于1993年9月24日生效，后于1999年3月4日通过宪法修正案。宪法规定，柬埔寨的国体是君主立宪制，立法、行政、司法三权分立。国王是终身制国家元首、武装力量最高统帅、国家统一和永存的象征，有权宣布大赦，在首相建议下并征得国会主席同意后有权解散国会。国会是最高权力机构和立法机构，每届任期5年	2008年大选时有11个政党参选，主要政党有柬埔寨人民党、奉辛比克党、森朗西党

续表

国　家	政治体制	宪　法	政　党
印度尼西亚	总统共和制	现行宪法为《"四五"宪法》，1945 年 8 月 18 日颁布实施，后通过多次修正案。宪法规定：总统为国家元首、行政首脑和武装部队最高统帅；总统和副总统由全民直选产生，连选连任一次，每届任期 5 年；国家机构包括人民协商会议、总统、国会（人民代表会议）、最高评议院、最高法院、国家审计署等；人民协商会议是国家立法机构，由人民代表会议（国会）和地方代表理事会共同组成，负责制定、修改和颁布宪法及国家大政方针，并对总统进行监督。人民代表会议也是国家立法机构，行使除修宪和制定国家大政方针之外的一般立法权	1975 年政党法只允许专业集团党、印尼民主党和建设团结党三个政党存在，1998 年 5 月解除党禁后，注册政党数量大增。目前的主要政党包括民主党、专业集团党、印尼民主斗争党、繁荣公正党、国家使命党、建设团结党
老　挝	人民代表制的社会主义制度	1991 年 8 月，老挝最高人民议会第二届六次会议通过了老挝人民民主共和国第一部宪法。宪法明确规定，老挝人民民主共和国是人民民主国家，全部权力归人民，各族人民在老挝人民革命党领导下行使当家做主的权利。老挝国会是国家最高权力机构和立法机构，负责制定宪法和法律。国会每届任期 5 年，由地方直接选举产生，每年召开两次会议	老挝人民革命党是老挝唯一政党
马来西亚	君主立宪联邦制	1957 年颁布马来亚宪法，1963 年马来西亚成立后继续沿用，改名为马来西亚联邦宪法，后多次修订。宪法规定最高元首为国家首脑、伊斯兰教领袖兼武装部队统帅，由统治者会议选举产生，任期 5 年。最高元首拥有立法、司法和行政的最高权力，以及任命总理、拒绝解散国会等权力	注册政党有 40 多个。主要执政党包括马来民族统一机构、马来西亚华人公会、马来西亚印度人国大党。主要反对党包括伊斯兰教党、民主行动党、人民公正党
缅　甸	联邦共和制	1974 年缅甸制定了《缅甸社会主义联邦宪法》。1988 年军政府接管政权后，宣布废除宪法，并于 1993 年起召开国民大会制定新宪法。2008 年 5 月，新宪法草案经全民公决通过，并于 2011 年 1 月 31 日正式生效	1988 年 9 月 18 日，缅甸军队接管国家政权，宣布废除一党制，实行多党民主制。2010 年 11 月 7 日缅甸举行全国多党民主制大选，共有 37 个获批准注册的政党参选，主要包括联邦巩固与发展党、民族团结党、掸族民主党、若开民族发展党、全国民主力量党等

续表

国　家	政治体制	宪　　法	政　　党
菲律宾	总统共和制	现行宪法于1987年2月2日由全民投票通过，同年2月11日生效。宪法规定：总统是国家元首、政府首脑兼武装部队总司令；总统由选民直接选举产生，任期6年，不得连选连任；实行三权分立政体，最高立法机构由参、众两院组成；参议院由24名议员组成，由全国直接选举产生，任期6年，每三年改选1/2，可连任两届。众议院由284名议员组成，其中230名由各省、市按人口比例分配，从全国各选区选出；另外54名为全国范围内选出的界别团体代表（party-list）。众议员任期3年，可连任三届	有大小政党100余个，多为地方性小党，主要政党和团体包括自由党、基督教穆斯林民主力量党、民族主义人民联盟、摩洛民族解放阵线、摩洛伊斯兰解放阵线、菲律宾共产党、国民党、民主行动党、地方发展优先党、改革党、民主战斗党等
新加坡	议会共和制	宪法规定总统为国家元首；总统由民选产生，任期6年，总统和议会共同行使立法权。实行一院制，国会议员分为民选议员、非选区议员和官委议员	注册政党有24个，主要包括人民行动党、工人党、新加坡民主联盟
泰　国	君主立宪制	现行宪法于2007年8月24日生效，规定：国王是国家元首、武装部队最高统帅；国会是国家最高立法机构，实行上、下两院制；上议院150个议席，其中76个议席由全国76府直选产生，任期6年。其余74个议席由专门委员会遴选产生，首届任期3年，此后任期6年；下议院500个议席，任期4年	注册政党有60多个，主要包括为泰党、民主党、自豪泰党、泰国发展党、为国发展党、春府力量党、爱泰党、祖国党、大众党和新民主党等
越　南	人民代表制的社会主义国家	现行宪法是第四部宪法，于1992年4月15日通过。宪法规定越南社会主义共和国国家政权属于人民，越南共产党以马克思列宁主义和胡志明思想为指导思想。国会是国家最高权力机关，任期4年，通常每年举行两次例会，共有493名国会代表	越南共产党是执政党

资料来源：根据外交部网站资料整理。

第二节　东盟成员国经济发展水平

东盟经济的首要特点是成员国经济发展水平差异大。美国《金融杂志》2010年中旬公布的关于全球182个国家和地区的调查结果显示，东盟国家的新加坡排全球最富国家和地区排行榜第4位，文莱排名第5位。而其他东盟国家的人均GDP则较低，相差很大（见表2-6）。

东盟自成立之初就倡导以平等与协作精神，共同努力促进本地区的经济增长、社会进步和文化发展。但随着东盟的扩大，原本经济发展水平较为均衡的格局被打破。虽然北方4个东盟新成员国在20世纪80年代中后期就进行经济体制改革，对计划经济体制进行局部调整或全面改革，重视市场经济的调节作用，并取得了一些成效，但经济发展基本上仍处于低层次状态。随着全球经济集团化、区域化、一体化的趋势加强，东盟老成员国逐渐发展与北方4个新成员国的经贸合作。但东盟成员国经济发展不平衡情况依旧，新老成员国之间的差距没有缩小，反而有扩大的迹象。

表2-6 2011年东盟成员国经济概况

国家	GDP（百万美元）	人均GDP（美元）	GDP增长率（%）	通胀率（%）
文莱	12402	29915	2.6	1.5
柬埔寨	11168	731	5.0	3.1
印度尼西亚	708032	3023	6.1	7.0
老挝	6508	1045	7.2	5.8
马来西亚	238849	8262	7.2	2.2
缅甸	43025	715	5.3	—
菲律宾	189326	2014	7.3	2.9
新加坡	223015	43929	14.5	4.6
泰国	318709	4735	7.8	0.9
越南	107650	1238	6.8	7.9

注：GDP、人均GDP以美元现价计；GDP增长率和通胀率为2011年数据。

资料来源：根据ASEAN Community in Figure 2011数据整理。

1. 经济规模

东盟各国在经济规模（国内生产总值，GDP）上相差很大。以2010年为例，经济规模最大的国家是印尼，GDP为10329.6亿美元，经济规模最小的国家是老挝，GDP为146.73亿美元，二者相差69倍多。但这与人口规模有较大关系。印尼为东盟人口最多的国家，文莱为人口最少的国家。近年来东盟国家经济发展相对稳定，各国都取得了一定的增长。从 2010 年的经济发展情况来看，与十年前相比大多数国家的经济规模都取得了翻倍的增长，其中越南、老挝、缅甸、柬埔寨 4 个新成员的经济规模发展速度普遍快于老成员国。

表 2－7　东盟成员国的经济规模（GDP，以购买力平价计算）

单位：百万美元

国家＼年份	2001	2003	2005	2006	2007	2008	2009	2010
文　莱	14766	16385	17567	18936	19649	19750	19559	20258
柬埔寨	12592	15170	20143	23039	26262	28632	28207	30881
印　尼	525880	597779	705159	768147	844878	914712	963925	1032960
老　挝	6501	7553	9687	10938	11575	12416	13310	14673
马来西亚	217801	252093	301308	329305	362660	388855	385021	417275
缅　甸	—	—	—	—	—	—	—	—
菲律宾	198518	222249	260987	283015	312412	332864	340508	368808
新加坡	134247	151042	193557	217512	244506	248322	254062	287189
泰　国	321505	376618	445195	483006	524255	549509	541231	588847
越　南	120146	143365	178075	198996	223220	242495	257743	277566

资料来源：www. adb. org/statistics。

东盟北方 4 国经济有所发展，但与南方 6 国的差距依然明显。如上所述，东盟国家的经济规模大多与人口规模有较大关系，而排除人口因素的人均 GDP 则更能反映一国的经济发展水平。从 2010 年的人均 GDP 来看，新加坡、文莱和马来西亚均以上万美元的水平居发展前列，其他老成员国也大都在 4000～8000 美元。而新成员国的人均 GDP 则很低，只有 2000～3000 美元，新老成员国之间以及各成员国之间的经济发展水平差距很大（见表 2－8）。

2. 人均国民收入

人均国民收入（GNI）是衡量一国经济发展水平和人民生活水平的重要

指标。东盟南方6个老成员国的人均国民收入为2000～40000美元，而北方4个新成员国的人均国民收入远远低于老成员国，只有1000美元左右，差距十分明显（见表2－9）。

表2－8 东盟成员国的人均GDP（以购买力平价计算）

单位：美元

国家＼年份	2001	2003	2005	2006	2007	2008	2009	2010
文　莱	44368	46868	47465	49441	50382	49623	48151	48886
柬埔寨	997	1169	1512	1706	1919	2065	2003	2159
印　尼	2520	2790	3207	3449	3744	4003	4166	4411
老　挝	1252	1398	1723	1903	1972	2069	2172	2355
马来西亚	9029	9956	11380	12274	13338	14120	13800	14771
缅　甸	—	—	—	—	—	—	—	—
菲律宾	2529	2714	3061	3254	3522	3680	3692	3923
新加坡	32443	36707	45374	49419	53285	51313	50939	56570
泰　国	5117	5886	6839	7366	7938	8266	8090	8748
越　南	1528	1782	2161	2389	2650	2849	2996	3193

资料来源：Economy and Output，National Accounts，Asian Development Bank（ADB），Key Indicators for Asia and the Pacific 2011，www. adb. org/statistics。

表2－9 东盟成员国的人均国民收入

单位：美元

国家＼年份	2000	2005	2006	2007	2008	2009	2010	2011
世　界	5278	7103	7576	8082	8682	8673	9073	9487
文　莱	14960	23210	27570	30720	33680	31800	—	—
柬埔寨	290	460	520	590	670	700	750	830
印度尼西亚	560	1220	1370	1600	1950	2160	2500	2940
老　挝	280	460	510	620	760	900	1010	1130
马来西亚	3420	5110	5610	6310	7170	7230	7760	8420
缅　甸	—	—	—	—	—	—	—	—
菲律宾	1050	1210	1310	1510	1770	1870	2060	2210
新加坡	24500	27240	30620	33760	35750	36030	39410	42930
泰　国	1930	2560	2830	3200	3640	3720	4150	4420
越　南	390	630	700	790	920	1030	1160	1260

资料来源：世界银行，http：//data. worldbank. org/topic。

3. 对外贸易

东盟成员国的对外贸易依存度普遍较高。除印尼和菲律宾之外，老成员国的货物和服务出口占其 GDP 的比重都在 70% 以上，新加坡则高达 200% 以上（见表 2－10）。而新成员国的比重普遍较低，缅甸接近零，说明这些新成员国与国际市场的联系相对较少，国内经济开放程度不高，且国内经济缺乏活力，工业和服务业发展水平和竞争力低下。

表 2－10 东盟成员国的货物和服务出口占 GDP 比重

单位：%

年份 国家	2001	2003	2005	2006	2007	2008	2009	2010
文 莱	69.5	69.3	70.2	71.7	67.9	78.3	72.8	81.4
柬埔寨	52.7	56.5	64.1	68.6	65.3	65.5	59.9	67.7
印 尼	39.0	30.5	34.1	31.0	29.4	29.8	24.2	24.6
老 挝	—	—	—	—	—	—	—	—
马来西亚	110.4	106.9	117.5	116.5	110.0	103.2	96.4	97.3
缅 甸	0.5	0.2	0.2	0.2	0.2	0.1	0.1	0.1
菲律宾	46.0	47.2	46.1	46.6	43.3	36.9	32.2	34.8
新加坡	188.1	207.7	230.0	234.4	218.9	233.4	199.9	211.1
泰 国	65.9	65.7	73.6	73.6	73.4	76.4	68.4	71.3
越 南	54.6	59.3	69.4	73.6	76.9	77.9	68.3	77.5

资料来源：Economy and Output，National Accounts，Asian Development Bank（ADB），Key Indicators for Asia and the Pacific 2011，www.adb.org/statistics。

4. 国际储备与外债

总体来看，老成员的国际储备多，新成员的国际储备少，而且新成员的国际储备远远少于外债，很容易引发外债偿付危机和主权信用危机，马来西亚、泰国等老成员国虽然在 1997～1998 年的东南亚金融危机中成为重灾区，受冲击很大，但目前这些国家的国际储备和外债比例相对比较健康，具有一定的抗冲击能力（见表 2－11）。

表 2－11 东盟成员国的国际储备和外债情况

单位：百万美元

国家	国际储备和外债	1990 年	2000 年	2009 年	2010 年
文莱	一国际储备（包括黄金）	—	408	1357	—
	一外债（包括未付和已付）	—	—	—	—
柬埔寨	一国际储备（包括黄金）	—	520	—	—
	一外债（包括未付和已付）	1845	2628	4364	4676
印尼	一国际储备（包括黄金）	4814	27257	84051	87226
	一外债（包括未付和已付）	69848	143344	162850	179064
老挝	一国际储备（包括黄金）	—	127	—	—
	一外债（包括未付和已付）	1766	2501	5458	5559
马来西亚	一国际储备（包括黄金）	10011	28708	98706	98706
	一外债（包括未付和已付）	15328	41765	66272	81497
缅甸	一国际储备（包括黄金）	—	269	—	—
	一外债（包括未付和已付）	4695	5975	8186	6353
菲律宾	一国际储备（包括黄金）	2048	15063	35282	35272
	一外债（包括未付和已付）	30580	58304	63116	72337
新加坡	一国际储备（包括黄金）	68816	80170	187804	225715
	一外债（包括未付和已付）	8368	220298	—	—
泰国	一国际储备（包括黄金）	14273	32661	106946	130922
	一外债（包括未付和已付）	28094	79720	57886	71263
越南	一国际储备（包括黄金）	—	3030	—	—
	一外债（包括未付和已付）	23270	12822	28718	35139

注：2010 年资料为初步估算值（新加坡和文莱除外）；新加坡的 1990 年份数据实际为 1995 年数据。

资料来源：新加坡和文莱的资料来源于 Economy and Output，National Accounts，Asian Development Bank（ADB），Key Indicators for Asia and the Pacific 2011，www. adb. org/statistics，其他数据为笔者根据世界银行统计资料整理，http：//data. worldbank. org/。

新老成员国发展不平衡为东盟的经济一体化带来了不少困难与障碍。以人均国内生产总值来看，新加坡和文莱可进入发达国家行列，马来西亚、泰国、印尼、菲律宾则属于中等发达程度的国家，而越、老、柬、缅 4 个新成员国属于欠发达国家，其中老挝、柬埔寨和缅甸在世界最贫穷国家之列。从人均国民收入和产业结构来看，根据钱纳里的工业化阶段理论和丹尼尔·贝尔的后工业社会理论，新加坡已经进入后工业化阶段，属于地区内的发达国家，马来西亚、泰国、印尼、菲律宾等老成员处于工业化中期或初期阶段，而新成员国大多处于工业化初期阶段。北方4国加入东盟后扩大了东盟队伍及内部市场，在一定程度上扩大了东盟的经济规模与贸易规模。但由于东盟新老成员国之间在经济整体规模、经济发展水平、产业发展水平以及经济体制上存在巨大差别，增加了东盟国家经济合作的难度和复杂性。

即使是东盟老成员国，在经济实力、经济发展水平、工业化程度上还存在较大差距。泰国、印尼、马来西亚和菲律宾经济发展水平相当，都处于工业化中期阶段，并正在发展外向型经济，大量引进外资，生产和出口劳动密集型的初级产品。新加坡已经进入后工业化社会，产业以资本密集型、技术密集型、知识密集型为主导，并大力发展服务业，第三产业开始分化。文莱人均收入和人均GDP虽然都名列前茅，但国民经济主要依赖自然资源，其他产业相对落后。

第三节　部分成员国经济发展状况

本节选择了一些代表性的国家来考察其经济发展状况。新加坡是该地区发达国家的代表，虽然是城市国家，但经济发展水平和工业化程度都较高。文莱人均收入居世界前列，但人口少，国土面积小，是典型的资源型国家，除了石油等矿产资源外其他产业比较落后。印尼和马来西亚经济总体规模较大，且都是发展中国家，工业化进入中期阶段。全球金融危机爆发后，东盟国家积极调整中长期经济发展战略，实施经济重组和结构调整，加快经济转型和产业升级的步伐，各国相继推出相关的政策目标和相应措施，其中以印尼的经济发展总体规划和马来西亚的经济转型计划最为突出。

1. 发达的后工业化国家：新加坡①

从新加坡的经济发展历程来看，1965～1970年是发展工业促进出口阶

① 如无特别说明，本节资料均来源于中国驻相关国家的经济商务参赞处网站。

段；1971～1978 年是实现产业转型的过渡时期；1979～1984 年是发展资本和技术密集型产业时期；1985～1990 年是技术升级换代时期。目前新加坡已经实现了工业化，正在向高级化和科技化发展。在英士国际商学院（INSEAD）和世界知识产权组织（WIPO）联合发布的 2012 年度“全球创新指数”中，新加坡荣获季军，仅次于瑞士和瑞典。该指数主要评估一个经济体的创新活动投入和输出，其中投入部分包括制度和政策、人力资本与研究、基础设施、市场复杂度和商业复杂度 5 个参数，输出部分则包括两个参数：知识与技术成果、创意产出。世界经济论坛和英士国际商学院（INSEAD）联合发布的《2012 年全球资讯科技报告：身处一个超连通的世界》指出，新加坡在利用信息通信技术提高竞争力方面第 3 次名列全球第二，仅次于瑞典。该报告被视为评估信息通信技术如何影响国家发展和竞争力方面的权威，主要通过“网络就绪指数”（Networked Readiness Index）来衡量各经济体利用信息通信技术来推动经济发展及提高竞争力的成效。新加坡是唯一跻身于前十强的亚洲国家。

根据新加坡贸工部发布的统计数据，2011 年新加坡全年实际国内生产总值（GDP）同比增长 4.9%。从就业情况来看，2011 年新加坡失业率创下 14 年来新低，只有 2.0%。贸工部预测 2012 年经济增长率为 1%～3%。除欧债风险外，新加坡经济面对的另一个风险因素是中东地缘政治逐渐紧张引起的油价上涨。

新加坡是全球重要的港口城市国家，国际航运和转口贸易是新加坡重要的支柱产业。根据新加坡海事及港务管理局的最新数据，2011 年新加坡海港表现良好，刷新多项纪录。全年集装箱吞吐量增加至 2994 万个标准箱，涨幅达 5.3%，略高于 2008 年所创的历史最高纪录；海港停靠船只总吨数为 212000 万吨，同比增加 10.4%，使新加坡保持了全球最繁忙港口的地位；燃油销售量上涨 5.6%，达到 4320 万吨，创下另一新高。新加坡樟宜机场 2011 年客运量也创历史新高，达到 4650 万人次，同比增加 10.7%；货运量则恢复到 2008 年的水平，达 187 万吨，同比增加 2.8%。廉价航空的快速发展是新加坡航空客运量创新高的一个重要推动力，2011 年新加坡廉航航班占比约 30%，客运量同比增加 26.3%。

旅游业是新加坡的另一个重要产业。据新加坡旅游局发布的报告，2011年新加坡接待外国游客创1320万人次的历史新高，同比增加13.4%；外国游客消费额创222亿新加坡元的历史纪录，同比增长17%。其中，中国大陆游客增幅最大，同比增加35%，达158万人次。新加坡旅游局估计，2012年新加坡接待的外国游客将达到1350万~1450万人次，旅游收益估计可达到230亿~240亿新加坡元。

新加坡“通信立国”成就令人瞩目。早在2006年新加坡就推出了一个为期10年、总投资约40亿新加坡元的“智慧国2015”计划。该计划的愿景是“利用无处不在的信息通信技术，将新加坡打造成一个智慧的国家、一个全球化的城市”。该计划从基础设施、产业发展、人才培养、利用信息通信产业促进经济转型等多方面入手，使新加坡成为一个由信息通信驱动的国家，并把信息通信产业提升为具有全球竞争力的产业，为经济和社会创造显著价值。在“智慧国2015”计划的框架下，信息通信技术已广泛渗透到新加坡社会的各个领域，信息通信业已成为新加坡经济发展的一个重要推动力，正促进该国的教育、医疗卫生、交通、金融等九大行业实现转型升级，并增加了大量就业机会。

经过多年不懈努力，新加坡的信息通信业取得了蓬勃发展，弹丸小国新加坡已成为全球信息通信业最为发达的国家之一。《2011~2012年世界经济论坛全球IT报告》显示，新加坡在IT社会经济影响力指数评比中排名第一，远远领先于区域内的其他经济体。同时，信息通信业带动了许多其他行业的发展，成为该国经济增长的重要引擎。

新加坡拥有国际先进的信息通信技术，近些年新加坡充分发挥本国优势，大力支持和推动信息通信业的发展，推出一系列举措以实现“通信立国”的目标。就在最近，新加坡政府推出为期5年的“信息通信产业生产力蓝图”，注入巨资以提升该国信息通信产业的生产力。该规划中重点扶持软件开发、系统整合和资讯科技咨询3个信息通信领域的发展，该计划最终将使1100多家新加坡信息通信企业受益，并为1万名信息通信专业人士提供培训。新加坡还特别重视对中小企业信息通信方面的扶持，政府的一个计划就是帮助中小企业全面应用信息通信技术，以降低成本，提高效率，增强国际竞争能力。

新加坡政府宣布在 2012 财年投资 12 亿新加坡元（约 60 亿元人民币）发展资讯通信项目，高于上一年的 11.2 亿新加坡元。该投资涵盖多个政府部门的招标项目，包括国防部、公积金局、人力部、保健促进局等。其中约 80% 的项目金额在 300 万元以下，为中小企业提供了商机。各政府部门计划开发电子服务与网络平台、学习管理系统、业务过程管理以及数据分析（data analytics）这四大资讯科技领域。

新加坡目前已经成为一个多元化的综合经济体，制造业和服务业成为新加坡经济发展的两大引擎。同时，新加坡还在不断地开拓很多新兴行业，如环境科技、清洁能源等。新加坡政府瞄准清洁能源高增值领域，已计划投入 7 亿新加坡元用于发展清洁能源，在清洁能源产业、供水科技产业设立不同的研发基金，以提高清洁能源开发和能源利用效率。预计到 2015 年，清洁能源科技产业将为新加坡提供 34 亿新加坡元的增值和 1.8 万个就业机会，2030 年新加坡 80% 的建筑物也将披上绿色。随着全球经济一体化，新加坡知识密集型、资本密集型经济体作用更加凸显。新加坡清洁能源的发展方向是与高增值产业合作。

新加坡近年来缩小贫富差距的努力也初见成效。2011 年，收入最低的 10% 的新加坡公民家庭，扣除通货膨胀后的人均月收入增长 6.8%，涨幅为各阶层之首；第 11 ~ 20 百分位的次低收入家庭的收入增幅为 5.2%，位居第二。同时，高收入家庭的人均收入增幅垫底，其中，收入最高的 10% 的家庭的收入增幅为 3.8%；第 81 ~ 90 百分位次高收入家庭的收入增幅最低，仅为 3.2%。针对低收入群体，新加坡政府通过就业入息补助计划、就业培训计划、特别就业补贴等举措，在技能培训、提高收入和保障就业等方面为他们提供帮助；同时也向他们提供购屋、教育、医疗等津贴，从而努力改善低收入群体的整体生活水平。

2. 国小人富的资源型国家：文莱

文莱曾在 2007 年、2008 两年陷入经济负增长。但随着国际油价的上涨，文莱在 2009 年和 2010 年扭转经济下滑趋势，分别实现了 1. 8% 和 2. 6% 的增长。

2011 年文莱人均国内生产总值达 3. 6521 万美元，在亚洲地区排名第 4，位于中国澳门、新加坡和日本之后，但排名优于中国香港和台湾地区，以及韩国等高收入经济体。2011 年 12 月文莱消费者物价指数同比增长 1. 8%，全年平均通胀率为 2%，食品与非酒精饮料指数较高是导致通胀率增长的主要原因。

文莱国小人富，人均收入位居世界第 5。根据文莱交通部最新统计，文莱现有 20 万辆注册轿车，平均每年约增加 1. 5 万辆新车注册。以文莱约 6 万户家庭计算，平均每户家庭拥有 3 辆轿车。2011 年文莱汽车销售量稳定上升，全年共销售各类汽车 14555 辆，同比增长 7. 1%。文莱人超前消费趋势明显，目前文莱个人贷款占一半以上，导致过度负债问题严重。文莱人信用卡负债在 2010 年接近 3. 5 亿文元（1 美元约兑换 1. 25 文元），较 5 年前增长 1 倍。此外，政府公务员欠付政府贷款 4. 85 亿文元，汽车贷款也有 8500 万文元。为此，文莱财政部曾在 2009 年作出更严格的信用卡相关规定，紧缩信贷以遏制过度消费。

此外，文莱女性平均年收入居世界第 3。《2011 年全球性别差异报告》数据显示，文莱女性平均年收入约为 38000 美元，仅位居卢森堡和挪威之后，为世界第 3，而文莱男性排名仅为世界第 29 位。文莱排名不仅高于瑞士、美国等发达国家，更是其邻国马来西亚（第 107 位）和印度尼西亚（第 109 位）无法比拟的。

但文莱经济结构极不合理，是主要依赖自然禀赋的资源型富国，石油与天然气在文莱的经济发展中举足轻重，农业非常落后。2009 年，文莱稻米消耗量为 31786 吨，人均消耗 78. 25 公斤/年，绝大部分需进口。农业从业人员仅占劳动人口的 4%，农业产值仅占 GDP 的 1%。而工业和服务业从业人员比重分别为 63% 和 33%，产值比重分别为 72% 和 27%。

2007 年文莱稻米自给率仅为 3. 12%，2010 年未也达到 20% 的目标。因此，文莱将继续推动并敦促本地农民加强国际合作，提高稻米产量，提高粮食自给率，这是文莱的农业长期目标。2012 年，为提高农业生产力，文莱工业与初级资源部农业局正在推行转型计划，从传统式生产模式转型为以技术为主导的生产模式，从而发展大规模农业，生产高品质食品及建立严格的食品安全监管制度，提高食品和饮品工业的竞争力。

文莱实行高福利政策，人称“壳牌福利国家”。文莱壳牌石油公司（BSP）是文莱最大的生产企业和国家经济支柱，在文莱已有 80 余年历史。目前，文莱政府致力于促进油气产业本地化。文莱能源部称，文莱要致力于到 2017 年将油气产业本地成分从目前的 15% 提高到 25%，到 2035 年提高到 60%。

旅游业是文莱的另一个重要产业。2011 年文莱旅游业产值占 GDP 的 5.8%，创造了超过 1.4 万个就业机会。文莱重视旅游业发展，强调在不破坏环境和国家文化遗产的前提下，大力推动旅游业发展。

近年来文莱大力开拓清真产业。自 2008 年文莱清真品牌问世以来，清真产业稳步发展，31 种产品现已在新加坡市场销售。文莱本地市场较小，资源单一。政府希望通过签署自贸协定，为文莱企业开拓海外市场，降低加工企业原材料进口成本，促进本地企业发展。近年来文莱先后与东盟其他国家、中国、日本、韩国、澳大利亚、新西兰等国签订自贸协定，并积极参与跨太平洋战略经济伙伴关系协定谈判。

为实现国家的 2035 年发展宏愿，文莱政府制定了一系列战略和政策，2008 年以前发生的全球金融危机对文莱冲击较小，文莱执行国家发展规划（2007～2011 年）各项目所需预算资金均未受到影响。尽管如此，政府也相应推出了一些临时措施以缓解全球金融危机的冲击，主要包括：设立可持续基金（其中包括财政稳定储备基金），政府为所有银行存款提供截至 2010 年底的担保以及采取审慎的财政制度等。

文莱的国家长期发展规划确定了 6 个促进经济多元化的产业群，即石油天然气下游产业、旅游产业、清真产品、商务和金融服务、交通及物流业、ICT 产业。推动上述产业的前提是支持私营经济的发展，尤其是吸引投资和提高本国私营经济的实力。文莱私营部门以中小企业为主，其发展需要政府的大力支持。文莱急需通过吸引外国投资来发展本国中小企业，高度重视和欢迎能够带来新技术或提高研发能力的外国投资，包括能够推动替代能源和农业技术发展的投资。

为支持中小企业发展，文莱政府采取了一些措施，工业与初级资源部为企业设立和经营提供了工业区及配套设施，并提供中小企业培训服务、财务支持计划和投资优惠政策，文莱经济发展理事会则建立了企业孵化园和信息中心。政府还在提高产值和优化资源使用方面大力吸引投资。

由于政府将扩大投资，私营企业会踊跃开发新项目，加之世界能源需求居高不下，文莱 2012/2013 年度经济增长有望达到 2.6%。文莱 2012/2013 年财政预算总额为 59 亿文元，财政收入预计可达 62.8 亿文元，其中 87.8% 来自油气产业，12.2% 来自非油气产业。

2012 年 4 月 14 日，文莱发布 2012 ~ 2017 年第十个国家发展五年规划。文莱政府计划拨款 65 亿文元（约合 51.59 亿美元）推动第十个国家发展规划，较 2007 ~ 2012 年“九五”规划增加了整整 13 亿文元，政府希望随着“十五”计划全面启动，国家经济增长率将达到 6%，赶上区域内其他国家平均水平。中小企业仍是政府经济发展进程中的重要环节。“十五”计划主题是“知识及革新、提升生产力、加快经济发展”。

3. 发展中的资源大国：印度尼西亚

印尼自 1968 年以来，特别是 20 世纪 80 年代调整经济结构和产品结构后，经济发展取得一定成就。第一个 25 年长期建设计划中，国民生产总值年均增长 6%，通货膨胀率控制在 10% 以内。1994 年 4 月印尼进入第二个 25 年长期建设计划，即经济起飞阶段，政府进一步放宽投资限制，吸引外资，并采取措施大力扶持中小企业，发展旅游，增加出口。1997 年受东南亚金融危机重创，经济大幅衰退，货币贬值，通胀率居高不下。为摆脱经济困境，政府被迫向国际货币基金组织（IMF）求援。1999 年印尼经济开始缓慢复苏。在强劲的出口和私人消费的刺激下，加上低利率的支撑，印尼经济形势向好。外资是促进印尼经济复苏的另一大发动机。印尼工业发展方向是加强外向型的制造业，主要的制造业部门有采矿、纺织、轻工等。

由于经济政策得当，近年来印尼经济表现稳定，大规模基础设施建设快速拉动国内多个产业的发展，出口增长势头不减。国民收入的不断增加促进了多元投资，经济强劲复苏并保持了持续增长势头。按照经济总体实力衡量，印度尼西亚已成为东南亚地区最大的经济体。近年来，印尼的政治和经济面貌发生了重大变化，国家逐渐走上了稳定发展的道路，年均经济增长率超过5%，其中2009年和2010年在全球金融危机影响下，经济增长仍分别达到4.5%和6.1%，并在2010年被国际相关机构列为世界第17大经济体。

2011年，虽然受到了美国经济不景气和欧债危机的影响，印尼经济增长率仍达到6.5%，为11年来最高水平。国内生产总值达到8200亿美元，人均收入增至3716美元，全年以3.79%的通货膨胀率成为亚太地区通胀率最低的国家之一。最近一项调查表明，印尼已经成为东盟10国中最具吸引力的投资目的地。2012年第一季度进入印尼的海外直接投资达56亿美元，同比增长30.3%，创历史同期新高。

印尼经济持续增长，股市表现也可圈可点，2011年印尼股市业绩位列亚洲第2、世界第4。最新统计数据显示，截至2011年底，印尼股市资本总额达3537万亿盾，同比增长8.93%。近10年来，印尼股市资产的年均增幅高达32.6%，股价综合指数年均增长25.5%，股市日常交易额年均增长38%。

印尼是东南亚的能源与资源大国，能源与矿务部门对印尼经济的持续增长贡献很大。印尼矿能部公布的数据显示，2011年其矿产与能源领域创造的国家收入高达352兆盾，其中油气领域收入272兆4千亿盾，比上年有所减少；普通矿物领域收入77兆3千亿盾，高于上年的66.8兆；地热领域收入5510亿盾，高于上一年的5160亿盾；其他方面收入7000亿盾，上述收入占国民总收入的29.4%。现在印尼政府规定矿业部门必须建设矿物加工厂，矿业增长呈放缓趋势。但这只是短期现象，因为矿物加工厂建设会招来很多外国投资，最终将促进印尼经济增长。

印尼中央统计局数据显示，印尼2011年出口总额达到2036.2亿美元，比上年增长29.05%，超过政府预定的2000亿美元指标。出口增加的主要产品是矿石、金属渣和灰，增长1.4亿美元，出口下降的主要产品是动物油和脂肪，减少 4.9 亿美元。在进口方面，2011 年全年进口 1773 亿美元，所有种类货物进口额都比上年有所增加，其中消费品进口增加 34.01%，原料增加 32.49%，机器增加 22.85%。全年贸易进出口总额共计 3809.2 亿美元，实现贸易盈余 263.2 亿美元。

拥有 2.45 亿人口的世界第四人口大国这一客观条件奠定了印尼巨大市场潜力的坚实基础。特别是当前印尼国内政局稳定，经济增长快速而稳健，加之自然资源丰富，投资政策宽松，劳动力成本具有竞争优势，使得国际社会普遍看好印尼的投资前景，其吸引外资数额连年上升。目前，日常消费和投资成为印尼经济发展的最大动力，2011 年国内消费和投资对 GDP 的贡献度达到 54.6%，印尼将通过鼓励国内消费和激励投资来增强国内经济，以抵消出口疲弱造成的影响。

2012 年 1 月 10 日，东盟 - 澳大利亚 - 新西兰自由贸易协定在印尼正式生效，印尼成为最后一个加入该自贸协定的东盟成员国。根据协定，澳、新两国将取消与印尼之间约 90% 的关税。印尼将对 10000 项关税减免 90%，所涉及的进口货物包括水果、蔬菜、肉类、鱼类、鸡蛋等。

2012 年印尼政府的目标是：经济增长率至少能达到 6.6%，或者达到 6.8%；失业人数比率降为 6.4% ~6.7%，贫穷人口比率变为 11.5%，人均收入提升为 3005 美元。目前对于印尼经济不利的因素是，国际油价高涨和国内基础设施不足带来的压力。基础设施方面的不足，特别是偏僻和落后地区缺乏基础设施，成为国内投资和外商投资的最大障碍。

世界银行日前公布全球经济展望报告，指出 2012 年全年印尼经济增长约 6%，而 2013 年和 2014 年印尼经济将分别增长 6.5% 和 6.3%。但是，印尼经济发展仍然存在以下结构性问题。

（1）区域发展不均衡。印尼经济发展仍主要集中在爪哇岛和苏门答腊岛。2012 年第一季度，印尼爪哇岛和苏门答腊岛的经济增长分别占全国经济增长的 57.5% 和 23.6%，超过全国经济增长的 80%。其他各岛的经济增长不到全国的 20%，区域经济发展极不平衡。

（2）城乡差距不断拉大。近 20 年来，由于农村和小城镇缺少就业机会及生活质量较低，印尼人口向大城市急速流动，造成了大城市的过度膨胀，导致印尼城乡经济差距不断拉大。目前，印尼首都雅加达已成为拥有1000万人口的东南亚第一大城市。印尼全国100万人口以上的大城市近10个，这些城市的国内生产总值（GDP）约占全国的三分之一，其中仅雅加达就占7%，雅加达集政治、金融、商业、卫生、高等教育中心于一身，印尼全国17%的工业产出和61%的银行金融业务都集中在雅加达。

（3）贫富差距逐渐增大。虽然近年印尼经济有所增长，人均收入已超过3000美元，但实际上高收入与低收入的差距仍在不断扩大，2002年印尼贫富收入差距比率为0.33，而2011年该比率增加到0.41。印尼40%的贫穷人口收入有所减少，而20%的富人收入却有所增加。2002年富人的收入占国民收入的42.2%，到了2011年上升至48.42%。

（4）就业仍以非正规职业和农业为主。2010～2011年，印尼新增就业机会571万个，但其中62%～69%为非正规工作机会。2010年印尼农业就业比重为38.3%，2011年虽然减少至35.9%，但仍占全国就业的三分之一以上。

（5）中小微企业仍占绝大多数。据统计，目前在印尼实体部门中中小微企业占99%，规模普遍较小，抗风险能力较差，缺乏市场竞争力，虽然印尼政府出台一系列扶持政策，但中小微企业的发展中仍存在融资较困难、技术水平较低等问题，目前受全球经济复苏缓慢、欧洲主权债务危机等因素影响，大量中小微企业面临倒闭风险。

印尼面临的结构性问题与许多亚洲国家有相似之处。不同之处在于，印尼经济增长的主要动力是国内消费，而不是亚洲国家传统的出口和投资增长。印尼约一半人口在29岁以下，成为国内消费的主力军。以智能手机为例，印尼最大的电信公司——印尼电信日前公布，该公司2012年第一季度净利润约为5亿美元，同比增长19.6%，其中年轻的中产阶层对智能手机需求的增长是其利润增加的主要原因之一。2011年，印尼汽车销量约为89万辆，成为东南亚地区汽车销售量最大的国家，预计2016年印尼汽车销售量将达120万辆，年轻的中产阶层也是汽车消费市场的中坚力量。可以说，印尼已成为东南亚地区最大的消费市场。

最近，国际主要评级机构如惠誉和穆迪等相继调高了印尼的主权信用评级，使其信用级别达到了投资级。这刺激了印尼的引资效果。印尼目前正在有效利用借款成本低的优势在债券市场上筹集资金。近日，印尼第二次面向全球投资者发售了10年期和30年期的美元债券，成功筹集了25亿美元的资金，外资已重新开始涌入印尼。同时，约50%的人口年龄在29岁以下，良好的人口结构也为外资进入印尼创造了良好条件。印尼人口的年轻化一方面提供了充足的劳动力；另一方面也创造了需求，为经济可持续发展提供了动力。同时，印尼政府还放宽投资政策，不断完善相关法规，简化外资进入程序。

此外，为进一步发展经济，印尼政府于2011年5月提出了《2011~2025年印尼经济发展总体规划》。根据该规划，印尼政府将重点发展“六大经济走廊”，着力推动交通、通信、能源等大型基础设施项目建设，形成各具产业特色的工业中心，力争在2025年跻身于世界十大经济强国。未来15年，印尼加快经济建设的三大纲领是：发展“六大经济走廊”，使之成为具有产业特色的经济中心；加强岛际联合，使各岛产业中心均能直接参与国际市场竞争；加快人才培养，为“六大经济走廊”提供人力资源支持和动力①。

进入2012年，在持续增长的投资、不断扩大的出口市场、强劲的国内消费拉动等诸多因素助推下，印尼国民经济保持了较高的增长率，并在快速复苏的基础上全面展开了产业结构调整。据印尼政府预测，在未来发展爪哇岛和外岛经济的过程中，所需建设资金高达2万亿美元，其中2011~2014年所需投资总额高达4000万亿盾（约4700亿美元）。为了实现中长期建设目标，印尼计划大力招商引资，重点发展农业、加工业、矿业、海洋渔业、旅游业、电信业、能源，拓展国家战略地区8个领域的18项主要产业，其中包括钢铁、餐饮、纺织和成衣、交通、造船、矿产资源、渔业、旅游、电信、雅加达及周边城镇的大都市经济圈、巽达海峡大桥及周边经济枢纽建设等。各项工程投资为3348万亿盾，其中基建工程投资就达1551万亿盾。

---

① 王勤：《2011~2012年东南亚经济回顾与展望》，《东南亚纵横》2012年第2期，第5页。

4. 发展中的地区制造业大国：马来西亚

为了经济持续稳定发展，并尽快从全球金融危机的影响中摆脱出来，2010 年 10 月，马来西亚政府推出经济转型计划（ETP），包括 12 项国家关键经济领域和 131 项计划，总投资额预计 4440 亿美元，预计到 2020 年创造 330 万个就业机会，将人均收入从目前的 7000 ~ 8000 美元提高至 15000 美元，实现进入高收入国家的目标。随后，马来西亚政府相继公布了经济转型计划的具体投资项目。政府率先公布了 9 个投资项目，其中包括吉隆坡国际金融区等。同年 11 月，政府推出 9 项旗舰计划，投资额约为 83 亿林吉特，包括石油税收法令下的 5 项新税务等。2011 年 1 月，政府公布了 19 项计划，涉及石油、天然气等能源、商业服务、医疗保健、旅游、电子与电气、农业等领域。3 月，政府公布了 9 项旗舰计划及 14 项后续计划，投资额达 147.5 亿林吉特。9 项旗舰计划包括提升邦咯岛旅游设施、加强水力灌溉、提高稻米产量和农民收入、培植香米、保健计划、提高棕油产品产量和质量、改善沼气和太阳能发电设施等①。

根据马来西亚统计局公布的《2011 年马来西亚经济普查报告》，在国民经济增值方面，马来西亚服务业贡献度为 52.5%，制造业为 24.1%，矿业与采石业为 12.5%。在就业领域，服务业占 52.9%，制造业占 26%，建筑业占 14%。服务业中旅游业是继制造业及棕油业后马来西亚第三大外汇收入来源。2011 年旅游业为马来西亚贡献了 123 亿美元的收入，居各行业贡献度的第 7 位。2012 年 1 ~ 5 月，马来西亚旅游业收入共计 218 亿林吉特，较上年同期增长 1.9%，其中游客购物比例占 32.2%（约 70.4 亿林吉特），同比增长 30%。同期，游客人数为 943.9 万人，同比增长 1.2%，其中 73.4% 来自东盟国家，来自中国的游客数量增长较快，增长率为 34.1%。

棕油出口是马来西亚的第二大外汇收入来源，2011 年棕油出口额为 804 亿林吉特，比 2010 年增加 33%，创历年新高。这得益于棕油价格上升及亚

---

① 王勤：《2011 ~ 2012 年东南亚经济回顾与展望》，《东南亚纵横》2012 年第 2 期，第 5 页。

非国际市场对棕油的旺盛需求。马来西亚棕油业面临印尼同行的激烈竞争，同时自身发展也遇到瓶颈，政府正在研究振兴棕油业的方案，旨在进一步促进马棕油业的发展。

制造业是马来西亚的主要经济支柱。其中电器和电子工业是马来西亚国家经济转型的重点关注行业之一，也是国内外投资的主要领域。2011 年该领域投资额由 2010 年的 132.9 亿林吉特增至 206.6 亿林吉特，政府批准相关投资计划 129 项，今后将继续推动该领域投资。2011 年电器和电子工业增长率高达 50.9%。马来西亚政府希望到 2020 年，电器和电子工业可为国民总收入贡献 900 亿林吉特，提供 15.7 万个就业机会。

马来西亚非常重视内资对国民经济的作用。2012 年 7 月，马来西亚总理纳吉布宣布了包括设立 10 亿林吉特国内投资策略基金在内的五大内资优惠措施，以鼓励国内投资。该措施的目标是到 2020 年，内资占总投资额的比例从 2011 年的 55% 增长至 73%。措施具体包括：①成立 10 亿林吉特国内投资策略基金；②收购外国高科技企业可享受税收优惠；③申请中小企业税收优惠的企业资金门槛从 50 万林吉特提高至 250 万林吉特；④从事鼓励投资行业的本地企业可申请税务优惠；⑤本地小型服务企业合并成大企业可享受特别税率。

马来西亚大力发展制造业，因此作为制造业基础的中小企业的竞争力对制造业有着重要影响。2012 年 7 月，马来西亚出台 2012～2020 年中小企业发展大蓝图，将通过 6 项高效计划，促进中小企业成长，力争使中小企业产出占国内生产总值的比重从 2010 年的 32% 提升至 2020 年的 41%。6 项计划包括：整合商业机构的注册和执照服务，加强亲商环境建设；设立技术商业化平台，将中小企业整合至全国革新平台；采取针对性的投资计划，振兴非金融领域的融资体系，提供中小企业融资服务；推动出口计划，加速中小企业国际化；设立初期催化剂计划，协助中小企业成长；推动兼容性的革新措施，提高低收入者地位。

为了促进汽车产业的发展，马来西亚将继续扩大汽车市场的开放。首先，到 2015 年，随着马来西亚与日本、韩国自由贸易协定的落实，汽车进口税将被逐步取消，马来西亚汽车价格预计将降低 20%～30%。其次，新政策将解冻外国厂商在本地制造排量低于1.8升和售价低于15万林吉特（约5万美元）汽车的生产执照，从而吸引中国和印度厂商进入马来西亚市场。再次，政府将鼓励本国厂商从制造传统汽车转为制造环保车，以避开泰国和印尼在传统汽车制造领域的激烈竞争。马来西亚在2009年推出“国家汽车新政策”，将东盟成员国整车进口关税调整为5%，从2010年1月1日起实现零关税；对非东盟国家整车进口关税调整为30%，本地组装调整为10%。但是，对进口汽车征收国产税及销售税，最少（1.8升或以下）征收85%（75%为国产税，10%为销售税）。

马来西亚目前是世界主要清真产品的生产国和出口国，在国内建有9个清真工业园，共有4785家企业获得清真认证，其中68%为非穆斯林企业，75%为中小企业。2011年马来西亚清真产品出口额达354亿林吉特，表现超出预期，政府预计2012年清真产品出口额将增长6%。

马来西亚的经济走廊也取得了一定的成效。自2006年推行经济走廊计划以来，马来西亚五大经济走廊已吸引投资266.2亿林吉特，创造了13.2万个工作机会。其中伊斯干达发展区（IDR）吸引投资额最高，达83.4亿林吉特，创造了5.6万个工作机会；北部经济走廊（NCER）吸引投资68.9亿林吉特，创造了2.6万个工作机会；东海岸经济区（ECER）吸引投资51.4亿林吉特，创造了2.7万个工作机会；沙巴发展走廊（SDC）吸引投资54.2亿林吉特，创造了1万个工作机会；沙捞越再生能源走廊（SCORE）吸引投资额8.3亿林吉特，创造了1.3万个工作机会。经济走廊计划不仅通过投资发展使该区人民受益，还通过开展人力资源培训提升当地居民的经济生活水平。

马来西亚2011年的财政收入为1870亿林吉特（约611亿美元）。石油及天然气、原产品、制造业、连锁业及旅游业为其5大来源领域，其中，石油和天然气是最大的收入来源，占总收入的三分之一。

马来西亚的通货膨胀呈现放缓趋势。2011年消费者价格指数增长3.2%，符合市场预期。主要带动CPI上涨的领域包括：食品与非酒精饮料类增长4.8%，交通类增长4.4%，房屋、水电、天然气和其他燃料类增长1.8%。受国际经济因素及马来西亚经济增速的影响，马来西亚通胀放缓趋势将延续至2012年。

由于全球经济放缓影响出口增长，马来西亚 2012 年第一季度的 GDP 增速放缓至 4.7%，比 2011 年第四季度下滑 0.5%。这主要是因为欧美经济持续低迷，出口增长受影响，从而拉低经济增长。马来西亚出口占国内经济增长的 60%，2012 年第一季度出口增长放缓至 4.4%，3 月份更是意外地萎缩，同比下滑 0.1%。从领域来看，服务业、制造业和农业增速均有所下降，分别从上季度的 6.6%、5.2% 和 6.9% 放缓至 5.0%、4.2% 和 2.1%。建筑业持续增长 15.5%，矿业也从上季度的负增长转为增长 0.3%。

2012 年第一季度马来西亚制造业表现突出，投资额同比增长 11.6%，达到 151 亿林吉特（约合 50 亿美元）。这表明，政府推行的经济转型计划对创造更好的投资环境、改善投资者信心已发挥作用。第一季度的制造业投资中，本地投资者占 61%，外国投资者占 39%。本地最大的制造业投资地在沙巴州，投资额达 46 亿林吉特。日本继续稳居马来西亚首要外资来源地的位置，获批投资额达到 12 亿林吉特。

总体来看，2012 年马来西亚经济增长的外围环境面临挑战，内部需求成为拉动增长的重要因素。马来西亚经济潜在风险包括欧债危机恶化、美日复苏乏力和主要贸易伙伴增长放缓、全球食品和能源价格飙升等，但马来西亚经济基本面依然稳定，公共领域的投资以及对私人投资的支持将使消费维持稳定增长。马来西亚国家银行以及一些投资银行指出，马来西亚 2012 年经济增长约为 3.8% ~5%。

第四节　近期东盟经济发展情况

东盟国家曾在 1997 年底发生的亚洲金融危机中受到重创，泰国和印尼等国家成为重灾区，国民经济几乎濒临崩溃。经过 10 年的努力，东盟国家从金融危机中走出来，步入新的增长期。到 2008 年全球金融危机之前，东盟各国的各项经济指标已经恢复或者超过亚洲金融危机前的水平。其主要原因，除了各国在国内进行经济调整与改革之外，在很大程度上应归功于有利的国际和地区经济环境，尤其是周边两个重要的国家——中国和印度的经济高速增长，成为带动东盟经济增长的火车头。

近几年由于全球金融危机的冲击，东盟经济遭受了不同程度的影响。2009年，东盟的经济增长率从上年的4.4%下降为1.5%[①]，人均GDP从同期的2592美元减少为2533美元，国际商品贸易从18971亿美元（其中出口9775亿美元，进口9196亿美元）萎缩为15368亿美元（其中出口8105亿美元，进口7263亿美元），吸引外资从495亿美元减少为394亿美元，但游客来访数则从6561万人次微增到6581万人次[②]。2010年，东盟的宏观经济表现为：按市场价格计算的GDP总量为18508.55亿美元，占世界GDP的3.0%，GDP比上年增长7.4%，人均GDP为3092.5美元。对外贸易方面，进出口总额为20427.8亿美元，同比增长32.9%（其中出口增长32.6%，进口增长33.3%），对外贸易占GDP的比重为110.4%，东盟成员国之间的贸易占东盟贸易总量的比重为25.4%，贸易收支为1068亿美元。利用外资方面，东盟吸引外资合计740.8亿美元，比上年增加95.6%，东盟成员国之间的直接投资占FDI比重为14.8%。旅游方面，游客来访数为7229.4万人次，同比增长10.1%，其中东盟成员国的游客比例占47.4%[③]。

从近期各国的经济表现来看，2009年受全球金融危机冲击，不少东盟国家经济显著下滑，经济呈现负增长，只有印尼、老挝、缅甸、越南出现了较明显的增长。到了2010年，东盟国家经济出现恢复性增长，多数国家取得了约6%的增长率（见表2-12）。

全球金融危机之后东盟地区显示出的经济增长弹性得益于强劲的内需和出口增长。但一些不确定性因素不断涌现，包括中东和北非动荡的政治局势以及日本地震的后续影响。尤其是一些风险因素，如大宗商品和食品价格高企引发的通货膨胀以及部分国家的大规模资本外流，使得各国的宏观经济政策调控变得复杂，并且对经济的可持续增长构成挑战。东盟地区近期面临高通胀压力。全球金融危机发生的2008年东盟通胀率为8.5%，2009年有所下降，但到了2010年和2011年通胀率连续上升，东盟多数国家的通胀压力

① 由于统计口径的差异，此处的具体统计数据与表1-8的数据略有出入。

② 亚洲开发银行 Selected basic ASEAN indicators，ASEANSTATS。

③ ASEAN Macroeconomic Statistics Databases。

较大。在 2011 年 5 月 5 日东盟 +3（ASEAN +3）财政部长河内会议后发表的公报也指出了高通胀风险。

表 2－12 近年来东盟的经济表现

单位：%

国 家	经济增长率			通货膨胀率		
	2008 年	2009 年	2010 年	2008 年	2009 年	2010 年
东 盟	4.3	1.3	7.9	8.5	2.6	4.0
文 莱	-1.9	-1.8	2.0	2.1	1.1	1.5
柬埔寨	6.7	0.1	6.3	25.0	-0.7	4.0
印度尼西亚	6.0	4.6	6.1	9.8	4.8	5.1
老 挝	7.2	7.3	7.5	7.6	0.0	6.0
马来西亚	4.8	-1.6	7.2	5.4	0.6	1.7
缅 甸	3.6	5.1	5.3	22.5	8.2	7.3
菲律宾	4.2	1.1	7.6	8.3	4.1	3.8
新加坡	1.5	-0.8	14.5	6.6	0.6	2.8
泰 国	2.5	-2.3	7.8	5.4	-0.9	3.2
越 南	6.3	5.3	6.8	23.0	6.9	9.2

资料来源：ADB："Asian development outlook 2011 update", pp. 148－149。

2011 年，东盟国家整体经济表现稳定，这也成为该地区金融和股市温和增长的基础和保障。此外，东盟地区外国投资持续升温，工业产业运行也较健康。

近期，东盟东部增长区相关四国的部长确定将环境作为该次区域第四大战略支柱，以应对气候变化。其他三大支柱分别为食品安全、生态旅游和提高互联性。东盟的目标是到 2015 年创建一个一体化的经济共同体，包括构建一个地区性的产品和服务自由市场，实行统一的投资规则和针对专业人士及熟练工人的统一签证制度，并允许资本自由流动。作为一个经济单位，东盟将受益良多。10 年来，东盟地区实现了 6% ~7% 的平均年增长率。其人口结构也非常有利，年轻人的比例比中国高得多。这表明，随着劳动者数量和消费支出的不断增长，该地区较高速度的经济增长可持续较长时期。2011 年 12 月 6 日亚洲开发银行发布亚洲经济观察报告，指出印度尼西亚将是 2012 年东盟地区 GDP 增长最快的国家，将实现 6.5% 的增长，之后依次是越南（6.3%）、菲律宾（4.8%）、马来西亚（4.7%）、泰国（4.5%）和新加坡（4.0%）。

第三章 东盟的资源、环境与可持续发展

第一节　东盟气候与地理概况

东盟地区位于太平洋、印度洋、安达曼海和中国南海水域内，北临中国，西北与印度和孟加拉国相连，东南与东帝汶和巴布亚新几内亚交界，东西横跨约5600公里，南北纵深约3300公里，陆地面积约446万平方公里。

1. 东盟的气候条件

东盟位于热带地区，受季风影响，终年高温，降水较多，森林茂密。东盟全年平均降水为1000～4000毫米，平均气温在25～34℃[①]。中南半岛以热带季风气候为主，马来群岛以热带雨林气候为主。由于气压带与风带的季节性移动，以及受地转偏向力的影响，中南半岛夏季盛行西南季风，冬季盛行东北季风（见表3－1）。

---

① ASEAN: *Fourth ASEAN State of the Environment Report 2009*, p. 8.

表 3-1　东盟国家气候条件

国　家	气候条件
文　莱	1. 热带雨林气候; 2. 炎热多雨,年降水 2500~3500 毫米,年均气温为 28℃,平均湿度为 82%; 3. 全年分旱季和雨季,3~10 月是旱季,11~2 月是雨季
柬埔寨	1. 热带季风气候; 2. 共分三个季节:11~1 月为冷季;2~4 月或 5 月为热季;而 5 月或 6~10 月为雨季; 3. 季节温差很小,气温一般在 21~35℃,年平均气温为 24℃
印度尼西亚	1. 热带雨林气候; 2. 无四季分别,年平均温度为 25~27℃; 3. 北部受北半球季风影响,7~9 月降水丰富;南部受南半球季风影响,12~2 月降水丰富
老　挝	1. 属热带、亚热带季风气候; 2. 分为雨季和旱季,5~10 月为雨季,11~4 月为旱季; 3. 高温多雨,年平均气温为 26℃,年均降水量为 1250~3750 毫米。
马来西亚	1. 热带雨林海洋性气候; 2. 无明显的四季之分,一年之中的温差变化极小,平均温度在 26~30℃,其中内地山区年均气温为 22~28℃,沿海平原为 25~30℃; 3. 全年雨量充沛,10~12 月是雨季
缅　甸	1. 大部分地区属热带季风气候; 2. 年平均气温为 27℃,1 月为全年气温最低月份。平均气温为 20℃以上;4 月是最热月,平均气温为 30℃左右; 3. 降雨量因地而异,内陆干燥区 500~1000 毫米,山地和沿海多雨区 3000~5000 毫米
菲律宾	1. 北部属海洋性热带季风气候,南部属热带雨林气候; 2. 高温多雨,湿度大,台风多; 3. 年均气温为 27℃,年降水量为 2000~3000 毫米
新加坡	1. 热带海洋性气候; 2. 常年高温潮湿多雨,年平均气温为 24~27℃,日平均气温为 26.8℃,年平均降水量为 2345 毫米,年平均湿度为 84.3%
泰　国	1. 热带季风气候; 2. 全年分为热、雨、凉三季,年均气温为 27℃,11~2 月比较干燥,3~5 月气温最高,可达 40~42℃,7~9 月受西南季风影响,是雨季; 3. 年平均降水量约 1000 毫米
越　南	1. 热带季风气候; 2. 高温多雨,年平均气温为 24℃左右,年平均降雨量为 1500~2000 毫米; 3. 北方分春、夏、秋、冬四季,南方雨旱两季分明,大部分地区 5~10 月为雨季,11~4 月为旱季

资料来源:根据东盟国家及中国外交部网站资料整理。

2. 东盟的地理概况

按地理位置，东盟分为大陆部分和海洋部分两个区域，其中以柬埔寨、老挝、缅甸、泰国、越南和马来西亚半岛为代表的是大陆部分；“海洋部分”包括文莱、印度尼西亚、马来西亚、菲律宾和新加坡五国。东盟的大陆部分在地理上以南北走向的山脉、高原和沿海平原以及丰富的水系为主要特征。内陆多山，森林茂密，南北走向的山脉将沿海平原与内陆低地分隔开来。北部地区大多海拔较高，南北走向的山脉之间分布着海拔不同的高原，如缅甸东部掸邦高原（Shan Plateau）、泰国的呵叻高原（Korat Plateau）和老挝的波罗芬高原（Bolovens Plateau）。越南的沿海平原窄而长，而泰国湾北部和东部的沿海平原则宽阔而平坦。在马来西亚半岛，低地和沿海平原被中部的主要山脉隔开，山区多属热带雨林，在半岛的北部和东部分布着众多的喀斯特地貌（见表 3 – 2）。

柔佛海峡（Strait of Johor）将新加坡与东盟的“大陆部分”分隔开来。新加坡地势低洼，中部有海拔较低的高原。东盟“海洋部分”的大部分岛屿位于欧亚、印度 – 澳大利亚和太平洋三个板块之间的接合处，大多是火山岛。

表 3 – 2　东盟国家地理特征

国家	地理特征
文　莱	海岸线长度约 161 公里。 主要地理特征： 1. 位于加里曼丹岛北部，北濒南中国海，东、南、西三面与马来西亚的沙捞越州接壤，并被沙捞越州的林梦分隔为不相连的东西两部分； 2. 有 33 个岛屿，西部是丘陵低地，东部是崎岖的山脉，沿海地区是沼泽平原； 3. 有四条主要河流：白拉奕河（Brunei Belait）、都东河（Tutong）、淡布伦河（Temburong）和文莱河（Brunei-Muara）。
柬埔寨	海岸线长度约 435 公里。 主要地理特征： 1. 位于中南半岛南部，东部和东南部同越南接壤，北部与老挝交界，西部和西北部与泰国毗邻，西南濒临暹罗湾。 2. 地势中间低洼、四周高，75% 的陆地在海拔 100 米以下；

续表

国家	地理特征
柬埔寨	3. 中部平原地区有洞里萨湖(Tonle Sap)、巴塞河(Bassac River)盆地和湄公河(Mekong River)盆地; 4. 东、北、西三面为高原山地,包括西部的象山山脉(Elephant Mountains)和西南部的豆蔻山脉(Cardamom Mountains)、北部的扁担山脉(Dangrek Mountains)和东部的拉达那基里高原(Rattanakiri Plateauand Chhlong Highlands)
印度尼西亚	海岸线长度约108000公里。 主要地理特征: 1. 群岛国家,包括18110个岛屿,东西约5110公里,南北约1888公里; 2. 坐落于亚洲、澳大利亚、印度和太平洋四大板块接合部; 3. 沿苏门答腊岛(Sumatra) – 爪哇岛(Java) – 努萨登加拉岛(Nusa Tenggara) – 苏拉威西岛(Sulawesi)形成一个火山弧,在东部和南部有100多个活火山
老　挝	主要地理特征: 1. 地势北高南低,北部与中国云南的滇西高原接壤,东部老、越边境为长山山脉构成的高原,西部是湄公河谷地和湄公河及其支流沿岸的盆地和小块平原; 2. 从南到北约1700公里; 3. 70%国土为山地; 4. 最高山峰为比亚山峰(Phou Bia),海拔2820米
马来西亚	海岸线长度约4675公里。 主要地理特征: 1. 被南中国海分成东马来西亚和西马来西亚两部分,西马来西亚为马来亚地区,位于马来半岛南部,东马来西亚为沙捞越地区和沙巴地区的合称; 2. 有沿岸平原和茂密森林覆盖的丘陵和山地; 3. 最高山基纳巴卢山(Mount Kinabalu)海拔4095米
缅　甸	海岸线长度约3000公里。 主要地理特征: 1. 北部和东北部同中国接界,东部与老挝和泰国毗邻,西部与印度、孟加拉相连,南临安达曼海,西南濒孟加拉湾,南北长2051公里,东西宽936公里; 2. 地势北高南低,北、西、东为山脉环绕,北部为高山区,西部有那加丘陵和若开山脉,东部为掸邦高原; 3. 西部山地和东部高原之间为伊洛瓦底江冲积平原,地势低平; 4. 开卡博峰(Hkakabo Razi)海拔5881米
菲律宾	海岸线长度18533公里。 主要地理特征: 1. 北隔巴士海峡与中国台湾遥遥相对,南和西南隔苏拉威西海、巴拉巴克海峡与印度尼西亚、马来西亚相望,西濒南中国海,东临太平洋; 2. 由7000多个大小岛屿组成,其中吕宋岛(Luzon)、维萨亚斯群岛(Visayas)和棉兰老岛(Mindanao)等11个主要岛屿占全国总面积的96%; 3. 坐落于西太平洋的台风带,多山岛屿覆盖热带雨林; 4. 位于棉兰老岛的阿波山(Mount Apo)海拔2954米; 5. 活火山包括马荣火山(Mayon)、皮纳图博火山(Pinatubo)和塔尔火山(Taal)

续表

国家	地理特征
新加坡	海岸线长度为224公里。 主要地理特征： 1. 位于马来半岛南端、马六甲海峡出入口，北隔柔佛海峡与马来西亚相邻，南隔新加坡海峡与印度尼西亚相望； 2. 由新加坡岛及附近63个小岛组成，其中新加坡岛占全国面积的88.5%； 3. 地势起伏和缓，中西部是翠绿的山丘和自然保护区，东部以及沿海是平原，地势低平，平均海拔15米； 4. 生态系统包括森林和次生林、草地、红树林、泥滩、岩岸、珊瑚礁以及城市地区等； 5. 最高海拔为武吉知马自然保护区（Bukit Timah Nature Reserve），海拔164米
泰　国	海岸线长度约2600公里。 主要地理特征： 1. 位于中南半岛中南部，与柬埔寨、老挝、缅甸、马来西亚接壤，东南临泰国湾（太平洋），西南濒安达曼海（印度洋）； 2. 地势多为低缓的山地和高原，地形多变； 3. 分成五个自然区域，北部为山区和森林，中部平原为广阔稻田，东北高原地区为半干旱的农田，南部半岛的热带岛屿和较长的海岸线，东部是富饶的木本作物产区； 4. 最高峰是英坦昂峰（Doi Inthanon），平均海拔2565米
越　南	海岸线长度约3260公里。 主要地理特征： 1. 位于中南半岛东部，北与中国接壤，西与老挝、柬埔寨交界，东面和南面临南海； 2. 地形包括丘陵和茂密的森林，平地面积不超过20%，四分之三的国土为山地与丘陵； 3. 北部地区由高原和红河三角洲组成，东部分割成沿海低地、长山山脉及高地，以及湄公河三角洲； 4. 有两个大平原，北部的红河平原（Red River Delta）及南部的湄公河平原（Mekong River Delta）

资料来源：根据东盟2009年发布的第四次环境报告（*Fourth ASEAN State of the Environment Report* 2009）和中国外交部网站资料整理。

3. 东盟的自然生态环境

东盟独特的地理位置和气候条件，不仅造就了这一地区印度尼西亚、马来西亚和菲律宾三个生物多样性大国，使这一地区拥有像马勒西亚（Malesia）、沃莱西（Wallacea）、印缅（Indo-Burma）以及中印度－太平洋（Central Indo-Pacific）等生物地理单元，还使这一地区拥有众多局限分布的鸟类、植物和昆虫。其中，印度尼西亚、马来西亚和菲律宾这三个国家的生物物种约占全球生物物种的 80%。

东盟物种繁多，有成千上万的两栖类、鸟类、哺乳动物、爬行动物、昆虫和植物物种。在地球上已经发现的全部动物、植物物种中，东盟地区拥有的物种数量超过 20%。据 2008 年统计数据，马来西亚拥有的物种种类最多，高达 21914 种；其次是菲律宾，为 18535 种；印度尼西亚位居第三，有 17157 种。其他东盟国家的物种种类也十分丰富，其中，越南有 16740 种，缅甸有 14387 种。在整个东盟地区，与其他种类相比，植物种类相对数量多，超过 10000 种的就有印度尼西亚、马来西亚、缅甸、菲律宾和越南。东盟地区的鸟类数量也较多，例如印度尼西亚有 1666 种，缅甸有 1056 种（见表 3－3）。

表 3－3　2008 年东盟成员国物种概况

国家	两栖动物	鸟类	蝴蝶	蜻蛉目昆虫	哺乳动物	植物	爬行动物	合计
文　莱	62	495	480	9	235	3955	57	5293
柬埔寨	63	545	38	43	123	2308	88	3208
印度尼西亚	426	1666	1104	801	800	11657	703	17157
老　挝	89	700	532	65	282	412	150	2230
马来西亚	242	742	1936	346	450	17631	567	21914
缅　甸	82	1056	682	244	251	11800	272	14387
菲律宾	105	576	939	251	183	16223	258	18535
新加坡	27	376	287	117	58	2053	102	3020
泰　国	139	936	1338	331	269	3730	401	7144
越　南	162	840	1153	158	310	13800	317	16740

资料来源：*Fourth ASEAN State of the Environment Report* 2009。

东盟地区不仅是生物多样性最为丰富的地区之一，而且有很多物种是东盟地区特有的物种。据 2008 年统计数据，东盟地区的特有物种达 26268 种，其中印度尼西亚、菲律宾和马来西亚每个国家都有超过 7000 种。与其他物种相比，东盟地区的植物种类较多，达 23226 种，而蜻蛉目昆虫则较少，只有 139 种。在东盟 10 国中，新加坡、柬埔寨、缅甸和老挝的本地物种较少，其中新加坡只有 7 种（见表 3－4）。

表 3-4 东盟地区特有物种概况

国家	两栖动物	鸟类	蝴蝶	蜻蛉目昆虫	哺乳动物	植物	爬行动物	合计
文莱	0	0	28	0	0	101	0	129
柬埔寨	5	0	0	0	0	8	0	13
印度尼西亚	176	515	340	0	251	7203	52	8537
老挝	2	0	7	0	1	41	0	51
马来西亚	64	9	117	0	6	7136	17	7349
缅甸	N/A	4	N/A	N/A	1	8	7	20
菲律宾	84	195	406	139	115	6286	170	7395
新加坡	0	0	0	0	0	7	0	7
泰国	11	3	41	0	4	1948	0	2007
越南	54	8	204	0	2	488	4	760
合计	396	734	1143	139	380	23226	250	26268

注：N/A 为数据不可获取。

资料来源：*Fourth ASEAN State of the Environment Report* 2009。

(1) 森林生态系统

森林是非常重要的生态系统。此类生态系统是自然财富的首要来源，为人类社会提供食物并发挥重要的作用。森林对于热带和亚热带国家而言尤为重要。

东南亚地区森林覆盖面积为 2.14 亿公顷，占亚太地区森林总面积的 29%。各国的森林覆盖率从 26%（菲律宾）到 68%（老挝）不等，森林平均覆盖率为 49%。但是东盟整体森林覆盖面积正呈逐年减少态势，相关数据显示在 1990～2000 年间东南亚地区的森林面积减少最多（见表 3-5）。

东南亚是世界上拥有最多样的森林生态系统的地区之一。多种不同的森林类型遍布整个东南亚地区，而且因国家间的差异，各国森林生态系统具有不同特点。在东南亚各国，人工林、原始林和“其他天然林”的面积覆盖率存在很大差异。泰国和越南的人工林覆盖率较高，其他国家的人工林覆盖率较低；印尼和泰国的原始林覆盖面积较大；老挝的总体森林资源较为丰富。1940 年，老挝的森林覆盖面积是 1700 万公顷，森林覆盖率约为 70%。但是由于人口增加、战争、游耕、森林火灾、不合理砍伐等原因，2005 年的数据显示，老挝的森林覆盖面积减至 900 万公顷，森林覆盖率降至 37%。以上数据分析可得，从 1940 年到 2005 年，老挝的森林覆盖面积在以每年 12.3 万公顷的速度不断减少。

森林衰退、过度采伐一直以来是影响东南亚森林健康状况的因素。东盟各成员国已经意识到森林衰退和过度采伐的严重后果，并努力通过重新造林和绿化等方法保护森林生态系统。但是，仅有这些努力并不能阻止森林衰退和森林被过度采伐的趋势。东南亚的森林开采率尽管在上一个十年有所下降，但如今仍在世界范围内处于高位。相比较而言，东南亚对遏制森林过度采伐所做的努力仍然不够，今后需要进一步加强。

表 3－5　东盟 1980～2007 年的森林覆盖面积情况

东盟成员国	土地面积[a]（平方公里）	森林覆盖面积（万公顷）				年变化率（2000～2007 年，%）
		1980 年[b]	1990 年[c]	2000 年[d]	2007 年[d]	
文　莱	5765	4830	3130	4430	4380	－0.14
柬埔寨	181035	120300	129460	115410	100094	－1.66
印度尼西亚	1890754	1246220	1165670	978520	847522	－1.67
老　挝	236800	144700	173140	99332	96407	－0.37
马来西亚	330252	217220	223760	201600	196630	－0.31
缅　甸	676577	329290	392190	345540	312900	－1.18
菲律宾	300000	110260	105740	79490	68472	－1.73
新加坡	710	50	23	23	23	0.00
泰　国	513120	180930	159650	148140	144024	－0.35
越　南	329315	106380	93630	117250	134134	1.80

资料来源：a. 2009 年东盟成员国环境报告；b. 1999 年亚太林业部门研究与展望；c. 食品和农业机构 2010 年数据；d. 2009 年东盟成员国环境报告。

（2）淡水生态系统

淡水生态系统是指在淡水中由生物群落及其环境相互作用所构成的自然系统，分为静水和流水两种类型。前者指淡水湖泊、沼泽、池塘和水库等，后者指河流、溪流和水渠等。在世界范围内，淡水中的生物和环境比陆地上的生物和环境更容易遭到破坏。

淡水生态区是指包含一个或多个淡水生态系统的地区，拥有形色各异的自然水域和物种。目前，世界淡水生态区数据库能够提供淡水生态系统较为全面的数据信息，其中包括生物多样性和本地区面临威胁的相关数据。例如，在东南亚地区，本地淡水鱼在全部淡水鱼中占有的比例很小。在东南亚各国，印度尼西亚的本地淡水鱼占有最高的份额，约为 35%；其次是菲律宾，占有 34% 的比例；再次是缅甸，占有 21%。

淡水生态区数据库除了包括生物多样性方面的数据，也包含对淡水区环境造成威胁的相关数据。在计算中，我们用 6 个威胁参数来衡量淡水区承受的压力。这 6 个参数分别是人类足迹、城市土地覆盖、灌溉、大型城市、变更地、地表水提取。

人类足迹参数综合了 3 个因素：人口压力、建有基础设施的土地面积、有人类居住的土地面积。菲律宾北部生态区的该参数值最高，意味着这个生态区很大面积的淡水资源正面临威胁。

城市土地覆盖参数是指地区城市面积占总土地面积的比例。灌溉参数是指有灌溉设施的土地面积占总土地面积的比例。

大型城市参数是指有 100 万以上人口的城市数量。在东南亚地区计算出的大型城市参数表明，东南亚各国淡水区域周围的大型城市很少，所以淡水区的环境几乎不受其影响。只有在印度尼西亚，有 5 个大型城市位于淡水生态区。

变更地参数指变更成其他使用方式的土地占土地总面积的比例。这个参数下的数据表明，东南亚淡水区域周围的大面积土地正面临很大压力，不断聚积的农业污染将逐渐影响土地周围的淡水状况。在东盟 10 个国家中，印度尼西亚和菲律宾面临的此种压力最大。

地表水提取参数是指淡水中可使用的水的比例。目前，东盟所有淡水生态区在这个参数下表现为没有受威胁。即东南亚的淡水资源十分充足，人们对水资源的使用不足以威胁到淡水整体状况。

(3) 沿海及海洋生态系统

东盟拥有世界上约三分之一的红树林、珊瑚礁和海草。东南亚地区是全世界 30% 的珊瑚礁的故乡，还拥有世界上 35% 的红树林和至少 33% 的海草。10 个东盟成员国中有 9 个拥有极长的海岸线，形成了总长度为 173000 公里的海岸。这些沿海和海底生态系统使得东南亚地球上沿海及海底动物和植物种类最多的地区。东盟地区约有 6 亿人直接依赖这些资源获得食物和收入，这些资源为东南亚渔业和旅游业的发展提供了经济基础。

红树林是由生长在热带、亚热带低海岸潮间带上部、受周期性潮水浸淹、以红树植物为主体的常绿灌木或乔木组成的潮滩湿地木本生物群落。东盟地区拥有超过 6 万平方公里的红树林。但在过去的数十年中，红树林被大量砍伐。尽管如此，这个地区仍拥有世界上最大面积的红树林。

在 2005 年，东南亚红树林的面积约有 46971 平方公里，比 1980 年的红树林面积减少约 26%（见表 3－6）。在东南亚，共有 52 种真正的红树林物种，印度尼西亚拥有其中的 48 种，而马来西亚拥有其中的 42 种①。在所有的红树林物种中，有两种已经被列入国际自然保护联盟公布的濒临灭绝物种清单。

表 3－6 东盟地区红树林的覆盖面积

国家	1980 年	2005 年	1980～2005 年的变化		东盟各国现存红树林比例（%）
			面积变化（平方公里）	百分比（%）	
文 莱	184.0	184.0	—	—	0.4
柬埔寨	912.0	692.0	(220.0)	(24.1)	1.5
印度尼西亚	42000.0	29000.0	(13000.0)	(34.1)	61.7
老 挝	—	—	—	—	—
马来西亚	6740.0	5650.0	(1090.0)	(16.2)	12.0
缅 甸	5555.0	5070.0	(485.0)	(8.7)	10.9
菲律宾	2950.0	2400.0	(550.0)	(18.6)	5.11
新加坡	17.9	5.0	(12.9)	(72.1)	0.01
泰 国	2800.0	2400.0	(400.0)	(14.3)	5.11
越 南	2691.5	1570.0	(1121.5)	(41.7)	3.34
合 计	63850.4	46971.0	(16879.4)	(26.4)	-100%

资料来源：联合国粮食和农业组织 2007 年数据。

① Giesen, Wim, Stephan Wulffraat, "Max Zieren and Liesbeth Scholten. 2006", *Mangrove Guidebook for Southeast Asia*, RAP Publication 2006/7. FAO and Wetlands International 2007, pp. 7－8.

红树林生态系统中还有甲壳动物和软体动物。由于河水的冲击而积累的淤泥和碎石为这些动物在红树林生态系统的大量存在创造了条件。红树林的叶子和树枝的脱落增加了土壤的肥沃程度，这使得红树林成为甲壳动物和软体动物适宜的生存环境。除了这些动物外，青蟹、招潮蟹、多种鱼类以及河口鳄都将红树林及周围环境作为栖息之地。

尽管东盟地区有大量的红树林资源，但是也经历着最高的丧失率。在过去的几十年中，东南亚地区平均每年丧失 628 平方公里的红树林。过度砍伐、气候变化都影响着红树林的生存。所以，保护红树林生态系统是东南亚各国的首要任务。

珊瑚礁生态系统是复杂的海洋生态系统，存在于热带、亚热带浅海海域，珊瑚礁为约 25% 的海洋生物提供了生活环境①，其中包括蠕虫、软体动物、海绵、棘皮动物和甲壳动物。此外珊瑚礁还是大洋带鱼类的幼鱼生长地。

珊瑚礁是上千种鱼类赖以生存的家园，同时也是周围渔民赖以为生的资源。渔民会经常捕捞观赏鱼，以期在国际市场卖出好价钱。由于大规模的捕捞，近年来，能捕捞上的鱼类逐渐减少。鱼类的减少破坏了海洋生态系统的平衡，珊瑚礁生态系统也处于威胁之中。珊瑚礁除了受生态系统中鱼类减少的影响外，对于环境的变化也十分敏感。威胁珊瑚礁生存的主要环境因素有两个：一是由全球变暖引发的海水温度上升。水温的升高可导致珊瑚白化，如果水温持续升高，最终可导致珊瑚死亡。二是毁灭性的捕鱼带来的有毒物质渗透。有时，当地渔民为了捕捞到更多的鱼，会在珊瑚礁上喷氰化物，从而使鱼类昏迷，易于大量捕捞。然而，氰化物是剧毒物质，对当地的珊瑚礁、寄生鱼类，甚至整个海洋生态系统都是极大威胁。

2008 年发表的《世界珊瑚礁生存报告》表明东南亚的珊瑚礁面积达到 86025 平方公里，占世界上珊瑚礁总面积的 34%②。印度尼西亚、菲律宾和马来西亚的珊瑚礁三角区是世界上 75% 造礁珊瑚的故乡。珊瑚礁可以为附

① Tun, Karenne, Chou Loke Ming, Thamasak Yeemin, Niphon Phongsuwan, Affendi Yang Amri, Nina Ho, Kim Sour, Nguyen Van Long, Cleto Nanola, David Lane, Yosephine Tuti. 2008, State of Coral Reefs in Southeast Asia, pp. 140, accessed on 10 April 2010.

② World Fish Centre ReefBase Project, undated. Coral Reef MPAs of East Asia and Micronesia.

近居民提供海产品、海洋新药材、旅游休闲收益、抗御风浪侵袭的海岸防护等，但是由于过度捕捞、珊瑚白化、生态旅游、人口无节制增长，东盟地区有88%的珊瑚礁正面临威胁。为了减小过度掠夺给东南亚地区的珊瑚礁生态系统带来的破坏，建立海洋保护区成为东南亚各国的首选。在东南亚所有1451个海洋保护区中，有403个保护区包含对珊瑚礁的保护[①]。除建立保护区外，生态系统管理和海岸带综合管理也为海岸和海洋资源的保护做出了贡献。

海草是一类生活在温带、热带海域沿岸浅水中的单子叶草本植物。众多海草形成了复杂的海岸生态系统。它能为鱼、虾、蟹等海洋生物提供良好的栖息地和隐蔽场所。海草床中生活着丰富的浮游生物，个别种类海草还是濒危保护动物儒艮（Dugong）的食物。

在世界上60种海草物种中，东南亚地区拥有其中的18种[②]，并且占有33%的海草床面积。菲律宾、马来西亚和越南是东盟成员中拥有海草种类最多的国家，分别拥有16、15和14种海草（见图3－1）。东南亚的海草面积在46748～58071平方公里，是柬埔寨、印度尼西亚、菲律宾、越南和泰国海草面积之和[③]。

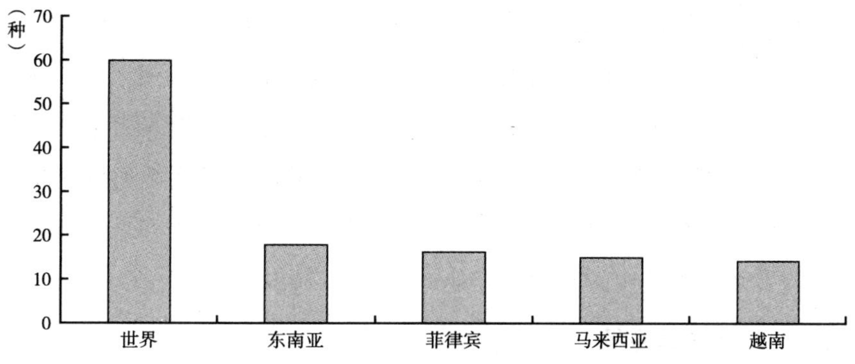

图3－1　各国或地区海草种类数

① ReefBase undated, "Regional Summary Report for MPAs in East Asia and Micronesia accessed on 28 April 2010".

② Menez, Eranai G, *Ronald C. Philips and Hilconida P. Calumpong*. 1983. Seagrasses of the Philippines. Smithsonian Institution Press. City of Washington. 40 pages.

③ UNEP－WCMC 2005. World Atlas of Seagrasses accessed on 15 April 2010.

人类的海底拖网捕捞作业、对海岸线的破坏和改变、人口的增加和人类活动的增加都威胁着东南亚大面积的海草床，使得海草变得稀疏、短小、增长缓慢，并且长有更多的附生植物。了解到海洋差距分析在东盟各国的分析结果后，东盟各国已经把海草作为它们未来海洋保护区的保护对象。

（4）泥炭地生态系统

泥炭地生态系统是复杂的生态系统，也是全球生物多样性保护的重点区域。泥炭湿地的主要植被组成是泥炭藓、越橘、莎草、石楠、柳树、松树、云杉等，植物呈水平垫状，木本高度不超过1米。泥炭湿地鸟类较多，其他动物还包括两栖类、爬行类等。

东南亚地区泥炭地总面积约为250000平方公里，是世界热带地区泥炭地面积的60%，是全球泥炭地总面积的十分之一。东南亚泥炭地大部分在印度尼西亚，其占有量超过东南亚泥炭地总面积的70%。泥炭地多在低海拔、亚海岸地区。泥炭的深度多在0.5～10米。

随着社会的发展、人类活动的增加和气候的变化，泥炭地也在被逐渐破坏。气候能强烈影响泥炭地的形成和泥炭地生态系统中物种的分布。而且，人类对泥炭地水源的抽取和过度使用，使得泥炭地对气候的变化越来越敏感，进一步使其遭受破坏。燃烧、消耗和开采泥炭地导致大量二氧化碳被排入大气中。在过去10年里，东南亚泥炭地的大火燃烧了近3万平方公里的泥炭地[①]，平均每年释放14亿吨二氧化碳。温度的升高及降雨量的减少也将导致该地区泥炭地的退化，进而增加二氧化碳的排放。所以，为了全球生态系统的平衡，人们应该保护泥炭地，减少对它的掠夺和开采。

（5）农业生态系统

农业生态系统是在一定时间和地区内，人类从事农业生产，利用农业生物与非生物环境之间以及生物种群之间的关系，在人工调节和控制下，建立起来的各种形式和不同发展水平的农业生产体系。农业生态系统由农业环境因素、生产者、消费者和分解者四大基本要素构成。农业环境因素一般包括

① The Global Environmental Centre. 2009. op. cit.

光能、水分、空气、土壤、营养元素和生物种群，以及人的生产活动等。

东盟是多种经济作物的故乡。而粮食作物（包括谷物、水果、蔬菜）则占据了所有作物的 21%。同时，随着人们对粮食作物需求的增加，其生产和消费也在不断增加。在东盟各国不断发展而越来越趋向现代化时，人们的消费偏好也发生了变化，但他们对粮食作物的依赖依然没有改变。

除了种植经济作物，东盟各国也在大量饲养家畜。但近几年里，东盟各国主要饲养的 23 种家畜中，有 8% 的家畜已处在危险的边缘。其中，两种家畜在马来西亚和菲律宾即将灭绝①。在越南，仅仅 8 年的时间里，本土母猪的比例就从 72% 降到了 26%②。其他的家畜，尤其是本土的家畜，也面临着同样的命运。从表 3－7 可以看出，与其他家畜相比，东盟现存的水牛占世界水牛数量的比例最高，达到了 22%，鸭的数量占到了 14%，而东盟 10 国其他物种占世界物种数量的比例均不到 10%，低于 10 年前水平。可以看出，东盟地区正在经历着家畜物种多样性逐年减少的剧痛。

表 3－7 东盟现存的牲畜数量及其占世界的比例

牲　畜	东盟(种)	世界(种)	东盟所占百分比(%)
水牛	38	173	22
家牛	131	3041	4
鸡	125	2286	5
鸭	57	353	14
山羊	52	1178	4
马	35	1391	3
猪	84	1368	6
绵羊	31	2385	1
火鸡	5	177	3

资料来源：联合国粮食与农业组织 2010 数据。家畜多样性信息系统 2010. 04. 06 数据。

① FAO. 2010. Domestic Animal Diversity Information System (DAD－IS).

② Paule, Ma. Christina, Jane Girly Cuerdo, Mary Anne Reyes, Arnel Rala, Jacob van Etten, Andrew Nelson, and Robert J, Hijmans, 2010. Mapping Gene Bank Collection, "Rice Today, IRRI, Philippines".

东南亚农业生态系统在不断变化，而影响农业生态系统的因素有很多，其中病虫害的威胁就是其中之一。农作物的基因多样性容易受到病虫害的威胁。在很多情况下，病虫害是由农作物和农产品跨国转移而引起的。因此，《国际植物保护公约》的建立十分关键。公约的主要目的是通过管制农作物和农产品的贸易而防止有害生物随植物及其产品流通而传播和扩散。目前，东盟有 8 个成员国正申请加入该公约，其中有 3 个已经被批准。

(6) 自然保护区

自然保护区的建立是保护生物多样性的一个重要步骤。保护区为阻止生物多样性的减少做出了重要贡献：它们的建立使得一些濒危物种和受威胁物种免于灭绝。早在 20 世纪初，当一些国家为保护濒危物种而建立国家公园、自然保护区和禁猎区时，就已经说明人类发现了保护区的重要性和价值。

从 1950 年到今天，东盟地区划定的保护区在土地面积上增加了 98%，在数量上增加了 89%[①]。从数量上看，菲律宾、印度尼西亚和马来西亚拥有最多的保护区；从保护区的土地面积上看，印度尼西亚、泰国和菲律宾是保护区面积最大的前三个国家。东盟地区各成员国正努力达到一个目标，即 10% 以上的国土面积被划定为保护区。6 个东盟成员国已经达到这个目标，而在这 6 个国家中，文莱、柬埔寨和泰国的保护区面积已经超过了其国土面积的 20%。

除了陆地保护区，海洋保护区的建立也受到了极大关注（见表 3 - 8）。尽管很多海域被划定为海洋保护区，但是已经建立的海洋保护区体系里仍然有一部分保护区不能在实质上保护生物多样性，因此仅仅提高保护区的数量并不能保证海洋保护体系的逐渐完善。举例来说，在东盟的海洋保护区中，只有 10% ~20% 的保护区能对珊瑚礁进行高效、完善、全面的保护。又因为在东盟地区只有 8% 的珊瑚礁被纳入了保护区，所以能得到高效保护的珊瑚礁少之又少。

---

① UNEP - WCMC. 2010. World Database on Protected Areas.

表 3－8　东盟在 2003、2005 和 2007 年珊瑚礁保护区的管理情况

项目	文莱	柬埔寨	印度尼西亚	马来西亚	缅甸	菲律宾	新加坡	泰国	越南
高效海洋保护区	6	2	114	83	6	339	2	23	36
以珊瑚礁为保护对象的海洋保护区	3	1	38	43	2	294	1	16	4
成立时间小于或等于五年的海洋保护区	0	0	12	0	0	不确定	0	0	21
珊瑚礁在保护区内所占百分比（%）	0	不确定	9	7	2	1	0	50	11
高效海洋保护区占所有海洋保护区的百分比（%）	0	10	<3	16	0	20～30	50	18	8

注：世界珊瑚礁保护区的数量从 2003 年的 178 个增加到了 2005 年的 403 个。

资料来源：区域技术研讨会：《东盟地区海洋和陆地保护区的差距分析》，印度尼西亚，2009 年 9 月 27 日到 10 月 3 日。

第二节　东盟资源状况

1. 土地资源

东盟处于东经 93°至西经 141.5°、北纬 25°至南纬 10°之间，位于亚洲东南部的中南半岛和马来群岛，纵向上位于亚洲大陆与大洋洲之间，横向上又桥接太平洋和印度洋，东西延伸 5600 公里，南北跨越 3300 公里。

东盟幅员辽阔，拥有丰富的土地资源，其中：

（1）东盟总体面积达 443 万多平方公里，约占世界陆地面积的 3%。

（2）东盟成员国中，印度尼西亚的国土面积最大，达到 186 万平方公里，国土面积最小的是新加坡，只有 710 平方公里。其他东盟国家的国土面积则介于两国之间，依次为缅甸、泰国、越南、马来西亚、菲律宾、老挝、柬埔寨和文莱。东盟成员国的陆地面积与自身的国土面积成正比例关系，印度尼西亚的陆地面积最大，新加坡的陆地面积最小，而其他国家的陆地面积则介于两国之间（见表3－9）。

（3）东盟的农业用地达到117272千公顷，约占陆地面积的27.1%，其中菲律宾、泰国、越南和柬埔寨的比例超过30%，并且尤其以菲律宾和泰国的比例最高，分别达到39.6%和38.5%；农业用地占陆地面积的比例低于10%的国家包括新加坡、文莱和老挝，其中以新加坡为最低，只有1%；缅甸的农业用地占陆地面积的18.4%；而印度尼西亚和马来西亚的农业用地占陆地面积的比例分别为26.6%和24%。

表3－9 东盟成员国土地资源概况

国家	国土面积（平方公里）*	陆地面积（平方公里）	农业用地（千公顷）				农业用地占陆地面积的百分比（%）
			耕地面积	永久作物	永久草场	总计面积	
文　莱	5765	5270	3	5	3	11	2.2
柬埔寨	181035	176520	3900	155	1500	5555	31.5
印度尼西亚	1860360	1811570	22000	15100	11000	48100	26.6
老　挝	236800	230800	1250	95	878	2223	9.6
马来西亚	330252	328550	1800	5785	285	7870	24.0
缅　甸	676577	653520	10600	1100	305	12005	18.4
菲律宾	300000	298170	5300	5000	1500	11800	39.6
新加坡	710	700	1	0	—	1	1.0
泰　国	513120	510890	15200	3650	800	19650	38.5
越　南	331051	310070	6300	3115	642	10057	32.4
合　计	4435670	4326060	66354	34005	16913	117272	27.1

注：* 数据来源于ASEAN Statistics Leaflet: Selected Key Indicators 2011，与外交部网站数据有所不同。
资料来源：ASEAN: *ASEAN Statistical Yearbook 2010*。

（4）由于东盟成员国的国土面积以及农业用地情况差异极大，导致各成员国的主要农作物的产量有较大的差别，这主要体现在稻谷（Paddy）、玉米（Maize）、大豆（Soybean）、甘蔗（Sugarcane）和木薯（Cassava）这五种主要作物的产量上。据东盟统计，2009年稻谷总产量约为16459万吨，其中印度尼西亚的产量最大，约达到6433万吨；玉米总产量约为3550万吨，印度尼西亚的产量最大，约达到1759万吨；大豆总产量约为154万吨，印度尼西亚的产量最大，约为97万吨；甘蔗总产量约为11686万吨，其中泰国的产量最大，约为 7477 万吨；木薯总产量约为 6408 万吨，泰国的产量最大，约为 2777 万吨（见表 3－10）。

表 3－10　2004 年和 2009 年东盟成员国五种主要农作物产量变化

单位：千吨

国　家	稻谷		玉米		大豆		甘蔗		木薯	
	2004 年	2009 年	2004 年	2009 年	2004 年	2009 年	2004 年	2009 年	2004 年	2009 年
文　莱	0. 95	1. 37	0. 1	0. 38	—	—	0. 15	0. 1	0. 05	0. 13
柬埔寨	4170	7586	257	924	110	137	130	350	362	3497
印度尼西亚	53666	64329	11225	17592	688	973	2052	2850	19425	22029
老　挝	2529	3145	204	849	5	19	223	434	56	153
马来西亚	2183	2460	39	35	—	—	845	275	38	37
缅　甸	24725	—	784	—	167	—	7310	—	188	—
菲律宾	14497	16266	5413	7034	1	1	25579	22933	1641	2044
新加坡	—	—	—	—	—	—	—	—	N/A	N/A
泰　国	29299	31910	4124	4684	232	195	69808	74772	20209	27767
越　南	36149	38896	3431	4382	246	214	15649	15246	5821	8557
合　计	167219	164593	25477	35501	1449	1539	121597	116859	47739	64082

注：N/A 表示数据不可获取。

2. 森林资源

东盟地处热带，是世界上森林覆盖最为稠密和最为广泛的地区之一。丰富的森林资源，不仅造就了东盟地区丰富的木材储备，形成了地区的生物多样性，蕴藏着丰富的碳资源，同时也为改善地区的生态环境和气候发挥了重要的作用。

东盟森林面积总计约达到 2. 13 亿公顷。从东盟各成员国的森林面积看，印度尼西亚、缅甸和马来西亚位居前三，其森林覆盖面积分别达到 9443. 2 万公顷、3177. 3 万公顷和 2045. 6 万公顷。森林覆盖面积最小的是新加坡（2000 公顷），其次是文莱（38 万公顷）（见表 3－11）。

东盟森林覆盖面积约占其陆地面积的 47%，远远高于世界平均森林覆盖率（30%）。在东盟各成员国中，尽管文莱的森林覆盖面积很小，但其占陆地面积的比例最高，达到 72%；其次是老挝（68%）、马来西亚

(62%)、柬埔寨（57%）和印度尼西亚（52%），而新加坡的森林覆盖面积占陆地面积的比例最小，只有3%。

表 3－11 东盟森林概况

国家	森林面积		森林储备（百万立方米）
	面积（千公顷）	占陆地面积比例（%）	
文莱	380	72	72
柬埔寨	10094	57	959
印度尼西亚	94432	52	11343
老挝	15751	68	929
马来西亚	20456	62	4239
缅甸	31773	48	1430
菲律宾	7665	26	1278
新加坡	2	3	—
泰国	18972	37	783
越南	13797	44	870
合计	213322	47	21903

资料来源：United Nations Food and Agriculture Organization（FAO）statistics。

近年来，由于农业的发展以及人口的增加，东盟地区的森林面积有所下降，1990～2010年，森林面积约从2.46亿公顷减少到2.13亿公顷，20年间共减少了3297.2万公顷（见表3－12）。

表 3－12 东盟森林面积变化（1990～2010年）

国家	森林面积（千公顷）			
	1990年	2000年	2005年	2010年
文莱	413	397	389	380
柬埔寨	12944	11546	10731	10094
印度尼西亚	118545	99409	97857	94432
老挝	17314	16532	16142	15751
马来西亚	22376	21591	20890	20456
缅甸	39218	34868	33321	31773
菲律宾	6570	7117	7391	7665
新加坡	2	2	2	2
泰国	19549	19004	18898	18972
越南	9363	11725	13077	13797
合计	246294	222191	218698	213322

资料来源：United Nations Food and Agriculture Organization（FAO）statistics。

据联合国粮食及农业组织发布的最新报告，1990～2000年的10年间，包括东盟10国与东帝汶在内的东南亚国家的森林减少了2422万公顷，平均每年减少1%；而2000～2010年的10年间，森林减少的幅度变小，共减少了898万公顷，减幅为平均每年0.4%。

2006年以来，东盟地区的森林覆盖率的减少状况有所改善。越南自2000年以来增加了约17000平方公里的森林覆盖（见表3－13），老挝、马来西亚、缅甸、菲律宾、泰国和越南也建立了新的保护区，这导致2000～2007年东盟地区的森林覆盖率年减少率从1.3%降为减少1.11%。尽管如此，东盟每年森林面积要减少23144平方公里。

表3－13　东盟国家森林面积概况

国　家	2000年		2007年		年变化率(%)
	森林面积（平方公里）	森林占陆地的比例(%)	森林面积（平方公里）	森林占陆地的比例(%)	
文　莱	4430	77.0	4380	76.0	－0.14
柬埔寨	115410	63.8	100094	55.3	－1.66
印度尼西亚	978520	51.8	847522	44.8	－1.67
老　挝	99332	42.0	96407	40.7	－0.37
马来西亚	201600	65.4	196630	62.4	－0.31
缅　甸	345540	51.1	312900	46.3	－1.18
菲律宾	79490	26.5	68472	22.8	－1.73
新加坡	30	4.3	30	4.3	0.00
泰　国	148140	28.9	144024	28.1	－0.35
越　南	117250	33.2	134134	38.5	1.80
东盟合计	2089742	46.8	1904593	42.7	－1.11
世　界	39886105	30.7	39373263	30.3	－0.16

资料来源："Fourth ASEAN State of the Environment Report 2009"。

3. 能源与矿物资源

东盟地区的能源资源与矿物资源比较丰富。据东盟成员国以及相关组织机构的统计，该地区的资源主要包括石油、天然气、煤以及薪材等能源型资源，以及铜、金、镍、铝、锡、钛、锑、银、钾盐、石膏、重晶石、磷、铁、锌、铅、铬、锰、钴、高岭土和膨润土等无机矿物资源。然而，东盟国家之间的矿物禀赋无论在商品形式或相对数量方面都有很大差异。

东盟的原油、天然气和煤炭的储量非常丰富。东盟地区的主要能源资源包括煤炭（57%）、石油（11%）、天然气（6.4%）、地热（3.6%）和水电（1.4%），而其他能源资源则占20.6%。

（1）石油储量

据2012年6月发布的《BP世界能源统计年鉴》，东盟国家中，已经探明的石油储量中，马来西亚最为丰富，为59亿桶；其次为越南，为44亿桶；第三为印度尼西亚，为42亿桶；第四为文莱，为11亿桶，最后是泰国，为4亿桶（见表3-14）。

表3-14 东盟地区石油探明储量

国家	1991年底（10亿桶）	2000年*（10亿桶）	2010年底（10亿桶）	2011年底			
				（10亿吨）	（10亿桶）	占总量比例（%）	储产比
文莱	1.1	6	1.1	0.1	1.1	0.1%	18.2
柬埔寨	—	—	—	—	—	—	—
印度尼西亚	5.9	10	4.2	0.6	4.0	0.2%	11.8
老挝	—	—	—	—	—	—	—
马来西亚	3.7	3.4	5.9	0.8	5.9	0.4%	28.0
缅甸	—	3.1	—	—	—	—	—
菲律宾	—	0.26	—	—	—	—	—
新加坡	—	0	—	—	—	—	—
泰国	0.2	0.16	0.4	0.1	0.4	◆	3.5
越南	0.2	3.21	4.4	0.6	4.4	0.3%	36.7

注：◆低于0.05%，—没有数据，*数据来源于ASEAN，“Second ASEAN State of the Environment Report 2000”。石油的探明储量——通常是指通过地质与工程信息以合理的确定性表明，在现有的经济与作业条件下，将来可从已知储藏采出的石油储量；储量/产量（储产比）比率——用任何一年年底所剩余的储量除以该年度的产量，所得出的计算结果即表明如果产量继续保持在该年度的水平，这些剩余储量的可供开采的年限。

资料来源：《BP世界能源统计年鉴》（2012年6月）。

而据东盟2000年发表的环境报告，东盟地区除柬埔寨、老挝和新加坡三个国家外，都有一定的石油储量，其中以印度尼西亚的石油储量最为丰富，为100亿桶，以后顺序为文莱（60亿桶）、马来西亚（34亿桶）、越南（32.1亿桶）、缅甸（31亿桶）、菲律宾（2.6亿桶）和泰国（1.6亿桶）。2003年，马来西亚的已探明石油储量达到6.5亿吨，首次超过印尼，成为东南亚石油储量最大的国家。2006年，马来西亚已探明石油储量为7亿吨，2008年，印尼已探明的石油储量达到5亿吨。①

《BP世界能源统计年鉴》（2012年6月）和2000年的环境报告在数据上的差异，是由于勘探技术的发展形成的，但东盟地区拥有丰富的石油储量是毋庸置疑的。东盟的石油资源分布主要集中于马来西亚、印度尼西亚、越南、文莱和泰国这5个国家。

（2）天然气储量

据《BP世界能源统计年鉴》（2012年6月），截至2011年底，东盟地区的天然气储量主要集中在6个国家，即印度尼西亚104.7万亿立方英尺、马来西亚86.0万亿立方英尺、越南21.8万亿立方英尺、文莱10.2万亿立方英尺、泰国9.9万亿立方英尺、缅甸7.8万亿立方英尺（见表3－15）。而据东盟2000年发表的环境报告，东盟地区新加坡外，其余9个国家都有一定的天然气储量。在东盟国家中，印度尼西亚、马来西亚和越南的天然气储量十分可观。

（3）煤炭储量

东盟的煤炭资源主要分布于印度尼西亚、泰国和越南，其中以印度尼西亚的煤炭储量最为可观，达到55.29亿吨，占世界储量的0.6%。此外，马来西亚、老挝和菲律宾也有一定的储量（见表3－16）。

---

① 谢忠考、林建冲：《中国东盟石油合作新领域及前景分析》，《世界地理研究》2010年9月，第19卷第3期，第50页。

表 3-15　东盟地区天然气探明储量

国　家	1991 年底（万亿立方米）	2000 年*（万亿立方英尺）	2010 年底（万亿立方米）	2011 年底			
				（万亿立方英尺）	（万亿立方米）	占总量比例（%）	储产比
文　莱	0.4	34.8	0.3	10.2	0.3	0.1	22.5
柬埔寨	—	9.89	—	—	—	—	—
印度尼西亚	1.8	169.5	3.0	104.7	3.0	1.4	39.2
老　挝	—	3.60	—	—	—	—	—
马来西亚	1.7	84.4	2.4	86.0	2.4	1.2	39.4
缅　甸	0.3	12.1	0.2	7.8	0.2	0.1	17.8
菲律宾	—	4.6	—	—	—	—	—
新加坡	—	0	—	—	—	—	—
泰　国	0.2	12.2	0.3	9.9	0.3	0.1	7.6
越　南	—	21.78	0.6	21.8	0.6	0.3	72.3

注：低于 0.05%，—没有数据，* 数据来源于 ASEAN，"Second ASEAN State of the Environment Report 2000"；天然气的探明储量——通常是指通过地质与工程信息以合理的确定性表明，在现有的经济与作业条件下，将来可从已知储层采出的天然气储量；储量/产量（R/P）比率——用任何一年年底所剩余的储量除以该年度的产量，所得出的计算结果即表明如果产量继续保持在该年度的水平，这些剩余储量的可供开采的年限。

资料来源：《BP 世界能源统计年鉴》（2012 年 6 月）。

表 3-16　2011 年底东盟地区煤炭探明储量

国　家	无烟煤和烟煤（百万吨）	亚烟煤和褐煤（百万吨）	总计（百万吨）	占总量比例（%）	储产比	2000 年储量*（百万吨）
文　莱						—
柬埔寨						—
印度尼西亚	1520	4009	5529	0.6	17	38000
老　挝						600
马来西亚						1024.5
缅　甸						—
菲律宾						346
新加坡						0
泰　国	—	1239	1239	0.1	58	1240
越　南	150	—	150	◆	3	3520

注：◆ 低于 0.05%，—没有数据，* 数据来源于 ASEAN，"Second ASEAN State of the Environment Report 2000"；煤的探明储量——通常是指通过地质与工程信息以合理的确定性表明，在现有的经济与作业条件下，将来可从已知储层采出的煤炭储量；储量/产量（R/P）比率——用任何一年年底所剩余的储量除以该年度的产量，所得出的计算结果即表明如果产量继续保持在该年度的水平，这些剩余储量的可供开采的年限。

资料来源：《BP 世界能源统计年鉴》（2012 年 6 月）。

(4) 水电资源

据东盟2000年发布的环境报告数据，东盟成员国的水电资源比较丰富，其中主要分布于缅甸（108000MW）、印度尼西亚（75625MW）、老挝（26500MW）、马来西亚（25000MW）和越南（17566MW）（见表3－17）。

表3－17 东盟地区水电资源与消费量

国家	水电潜能*（兆瓦）	水电消费量(百万吨油当量)		
		2001年	2006年	2011年
文莱	—			
柬埔寨	10000			
印度尼西亚	75625	2.6	2.2	3.5
老挝	26500			
马来西亚	25000	1.5	1.6	1.7
缅甸	108000			
菲律宾	9150	1.6	2.2	2.1
新加坡	0			
泰国	N/A	1.4	1.8	1.8
越南	17566	4.2	4.5	6.7

注：◆低于0.05%，—为没有数据，N/A为不能获得，＊数据来源于ASEAN，“Second ASEAN State of the Environment Report 2000”。

资料来源：《BP世界能源统计年鉴》（2012年6月）。

(5) 木材燃料资源

由于地理位置赋予的先天优势，东盟拥有丰富的森林资源，其木材燃料资源十分可观。据东盟2000年发布的环境报告数据，东盟的木材燃料资源有10.07亿吨，其中印度尼西亚的木材燃料资源最为可观，达到4.39亿吨。其次为马来西亚，为1.37亿吨。排第三位的是缅甸，为1.30亿吨。

(6) 矿物资源

东盟位于欧亚板块、太平洋板块和印度洋－澳大利亚板块三大岩石圈板块以及若干小板块交会和相互作用的地区，漫长的地质时期和强大的地质作用以及复杂的地质构造，使这一地区拥有丰富的矿物资源。由于东盟地区处于环太平洋成矿带和特提斯成矿带的一部分，地区以蛇绿岩为代表的板块消减带杂岩中不仅有铬铁矿、铂族金属和镍矿，而且还有铜、铅、锌及金矿；

前弧盆地中有砂金矿、砂锡矿和铁砂矿；火山岛弧中有金、铜、钼、银、铋、汞、锡、钨等矿产；弧后盆地中的浅成低温热液型金矿，以及拗拉谷盆地中的富锰矿等①。关于东盟成员国的矿物资源详见表 3－18。

表 3－18 东盟矿物资源

国家	矿产资源
文莱	金、汞、锑、铅、矾土、硅
柬埔寨	金、磷酸盐、宝石和石油，还有少量铁、煤
印度尼西亚	锡、铝矾土、镍、铜、金、银；是世界铜资源大国；膨润土也有一定储量
老挝	锡、铅、钾盐、铜、铁、金、石膏、煤；近年来老挝铜产量增长较快
马来西亚	铁、金、钨、煤、铝土、锰等矿产；世界产锡大国，储量达 100 万吨（2007 年资料），占世界总量的 16.4%，居世界第二位
缅甸	发现 40 多种矿物资源，铜、铬、锰、锡、锌、铅、钨、宝石、翡翠、重晶石、黏土等，其中锡、钨、铅、锌、铜和宝石储量丰富，翡翠及红、蓝宝石在世界上占重要地位，膨润土也有一定储量
菲律宾	有铜、金、银、铁、铬、镍等 20 余种矿物；铜蕴藏量约 48 亿吨、镍 10.9 亿吨、金 1.36 亿吨；地热资源丰富
新加坡	有少量的锡矿、辉钼矿和绿泥石矿，其他矿物资源匮乏
泰国	目前发现 40 多种矿藏，其中锡、钨、铌、钽、铅、锌、金、铁和锑是最重要的金属矿物，而长石、黏土矿、重晶石、萤石、钾盐和岩盐是最重要的非金属矿物。锡和钨是泰国的主要矿产，其中锡储量约 120 万吨，占世界总储量的 12%；钾盐储量 4367 万吨，居世界第一；油页岩储量丰富
越南	目前已经发现 60 余种矿产资源和 5000 多个矿点，主要包括磷、煤、铝土矿，以及基本金属和贵金属等。其北部地区的主要矿藏包括锑、铝土矿、碳酸盐岩、铬、黏土、无烟煤、铜、天然气、宝石、黄金、石墨、铁矿石、铅、锰、云母、镍、原油、磷矿石（磷灰石）、叶蜡石、稀土、石英砂、锡、钛、钨、锌和锆。煤、碳酸盐岩、原油、磷矿石在越南矿业生产中居于重要地位。铁的储量估计为 5.2 亿吨，磷灰石储量 17 亿多吨

4. 水资源

据 2012 年 3 月联合国教科文组织发布的第四期《世界水资源发展报告》，地球表面超过 70% 的面积为海洋所覆盖，淡水资源十分有限，而且

① 王方国：《东南亚矿产资源及其勘查开发环境》，《地质与勘探》1993 年第 11 期，第 6 页。

在空间上分布非常不均，其中只有 2.5% 的淡水资源能够供人类、动物和植物使用。东盟处于热带地区，区内河流湖泊众多，拥有丰富的淡水资源。

内陆水体面积通常包括主要的河流、湖泊以及水库等，反映了一个国家水系面积的大小。据联合国粮农组织统计，东盟地区共有近 1.48 亿公顷的内陆水体面积，约占其陆地面积的 3.3%。在所有东盟成员中，印度尼西亚、越南和缅甸的内陆水体面积位居前三，其中印度尼西亚高达 930 万公顷，约占其国土面积的 5%（见表 3－19）。

表 3－19　东盟成员国内陆水系面积

单位：千公顷

国　家	1990 年	2000 年	2005 年	2010 年
文　莱	50	50	50	50
柬埔寨	452	452	452	452
印度尼西亚	9300	9300	9300	9300
老　挝	600	600	600	600
马来西亚	119	119	119	119
缅　甸	1903	1903	1903	1903
菲律宾	183	183	183	183
新加坡	1	1	1	1
泰　国	223	223	223	223
越　南	1924	1924	1924	1924
合计	14755	14755	14755	14755

据统计，2007 年，东盟地区共拥有 56745 亿立方米的可再生水资源（见表 3－20）。从成员国拥有的淡水资源总量上看，印度尼西亚、缅甸和马来西亚位列前三，尤其是印度尼西亚，其淡水资源总量达到了 28380 亿立方米。但从人均拥有的淡水资源来看，老挝、文莱和马来西亚排在前列，其中老挝的人均水资源拥有量最高，达到 33063 立方米/（人·年）。人口的增加和经济发展对水资源的需求上升。据预测，21 世纪后半期，东盟地区的水消费将翻番。

表 3－20　东盟成员国可再生淡水资源概况（2007 年）

国　家	淡水资源总量(亿立方米)	人均淡水资源(立方米/人·年)
文　莱	85	22254
柬埔寨	1206	8493
印度尼西亚	28380	15500
老　挝	1904	33063
马来西亚	5800	22211
缅　甸	8806	18202
菲律宾	4790	5553
新加坡	9	194
泰　国	2100	3310
越　南	3665	4251
合计	56745	—

资料来源：Food and Agriculture Organisation of the United Nations（FAO）。

东盟地区河流与湖泊众多（见表 3－21），除流经缅甸和泰国的几条主要的河流流程较长外，其他的河流通常是流程短而湍急。

表 3－21　东盟主要河流

国　家	河　　流
文　莱	巴兰河、巴功河、白拉奕河、林梦河、都东河和淡布伦河
柬埔寨	柬埔寨最长的河流为湄公河，在其境内长 501.7 公里，流域面积 15.5 万平方公里。境内的洞里萨湖是东南亚地区最大的淡水湖
印度尼西亚	河流一般流程较短，主要有梭罗河，全长 560 公里
老　挝	有流程 200 公里以上的河流 20 多条，其中最大的河流是湄公河，流经老挝的长度约 1900 千米，湄公河在老挝的支流主要有南塔河、南乌江、南屯河、钯邦非河、允邦亨河、公河等
马来西亚	主要有霹雳河、彭亨河和拉让河
缅　甸	主要有伊洛瓦底江和萨尔温江，伊洛瓦底江全长 2150 公里，萨尔温江在境内长 1660 千米；主要湖泊有因道支湖和因莱湖
菲律宾	主要河流有卡加延河、邦板牙河、巴士格河等
新加坡	有新加坡河和加冷河
泰　国	主要有昭披耶河、蒙河和北大年河。昭披耶河全长 1200 公里，主要支流有难河、永河、宾河、巴塞河等。蒙河是湄公河在泰国境内的支流。湖泊主要有銮湖和母拉碧湖等
越　南	有大小河流 1000 多条，主要有湄公河和红河。湄公河在境内有 230 公里，红河在境内有 508 千米

东盟地区的淡水资源比较充足，其海洋资源也极为丰富。地区内河流、湖泊以及海洋为东盟地区提供了丰富的水产资源，尤其是渔业资源。

据2009年东盟环境报告数据，2007年，东盟水产品产量约达到2604万吨。其中，印度尼西亚的水产品产量最高，约达到806万吨，而产量大于300万吨的则有菲律宾、越南和泰国（见表3－22）。

表3－22 2000～2007年东盟渔业概况

单位：千吨

国　家	2000年	2001年	2002年	2003年	2004年	2005年	2006年	2007年
文　莱	2.6	1.7	2.2	2.4	3.1	2.9	2.5	2.9
柬埔寨	298.8	445.7	424.4	390.7	343.3	426.0	532.7	530.2
印度尼西亚	5118.1	5371.2	5544.0	5937.9	6131.2	6841.1	7308.3	8063.8
老　挝	71.3	81.0	93.2	94.7	94.7	104.6	104.9	104.9
马来西亚	1461.2	1415.8	1463.6	1483.3	1542.1	1424.1	1498.7	1598.0
缅　甸	1192.1	1309.1	1474.5	1595.9	1987.0	2217.5	2581.8	2840.2
菲律宾	2999.8	3172.5	3371.8	3617.6	3931.5	4168.4	4414.3	4717.5
新加坡	10.5	7.8	7.8	7.1	7.6	7.8	11.7	8.0
泰　国	3735.3	3648.1	3797.1	3914.1	4099.6	4118.5	4105.8	3858.8
越　南	2136.8	2332.9	2530.6	2823.6	3108.1	3397.2	3664.3	4315.9
合　计	17026.5	17785.8	18709.2	19867.3	21248.2	22708.1	24225.0	26040.2

资料来源："Fourth ASEAN State of the Environment Report 2009"。

5. 东盟旅游资源

旅游业是东盟重要的经济支柱产业之一。在人文旅游资源方面，东盟国家拥有众多的历史文物古迹。而且，东盟国家总体上处于热带地区，一年四季均可开展旅游活动。在2011年1月举行的东盟旅游部长会议上，东盟10国旅游部长签署了《2012～2015年东盟旅游战略计划》（ATSP），旨在将东盟地区建设成世界一流的旅游目的地。

东盟国家分布在中南半岛和马来群岛上，在地理上是沟通太平洋和印度洋、联系亚洲和大洋洲的纽带，复杂多变的地貌和气候造就了东盟地区千姿百态的自然景观。东盟拥有漫长的海岸线，海岛星罗棋布，动植物资源丰富。同时，来自亚、澳两个大陆的不同人种与文化交会于此，形成了丰富多彩的人文与社会资源（见表3－23）。

表 3－23　东盟旅游资源

国家	人文资源	自然风光	村社资源	河流海洋旅游资源
文莱	城市文化遗产： 1. 苏丹纪念馆(Royal Regalia) 2. 文莱博物馆(Brunei Darussalam Museum) 3. 文莱技术博物馆(Brunei Darussalam Technology Museum) 伊斯兰朝觐： 1. 奥玛尔·阿里·赛福鼎清真寺(SOAS Mosque) 2. 博而基亚清真寺(Jame’Asr Hassanil Bolkiah Mosqu)	1. 乌鲁淡布隆国家公园(Ulu Temburong National Park) 2. 斯里荣岛(Selirong Island) 3. 美林本湖(Tasek Merimbun)	1. Baitul Wajihah 2. Kampong Sungai Matan 3. Melilas Longhouse	1. 甘邦阿偞水村 Kampong Ayer City Tour 2. 长鼻猴 Proboscis Monkey Tour 3. 红树林 Mangrove River Safari
柬埔寨	世界文化遗产： 1. 吴哥窟(Angkor Wat) 2. 帕威夏寺(Preah Vihear Temple) 文化遗产： 三波坡雷古遗迹(Sambor Preikuk)	1. Koh Phdao 社区游(Koh Phdao CBT) 2. O’Russey Kandal 社区游(O’Russey Kandal CBT) 3. 托马伯力社区游(Tmatboey CBT) 4. 柬埔寨湾(Cambodia bay)	1. Chiphat 社区生态游 2. Preah Rumkel 社区生态游 3. Chambok 社区生态游	海港： 1. 西哈努克港(Sihanoukville) 2. 金边港(Phnom Penh) 河流： 湄公河和洞里萨河(Mekong and Tonlesap River Cruise) 其他： 1. Preak Toal 鸟类生态保护区(Preak Toal Bird Sanctuary) 2. O’Svay Prek Kampi 海豚馆(Prek Kampi Dolphin Pool)
印度尼西亚	世界文化遗产： 1. 婆罗浮屠佛塔(Borobudur Temple) 2. 普兰巴南寺庙群(Prambanan Temple) 3. 桑吉兰古人类遗址(Sangiran Early Man Site)	1. 巴杜尔火山(Batur Caldera) 2. 林加尼国家公园(Rinjani National Park) 3. 科摩多国家公园(Komodo National Park)	1. Pentingsari Village 2. Laweyan Village 3. Kampung Naga	海港： 1. 伯诺阿港(Benoa Port) 2. 潭琼马斯港(Tanjung Mas Port) 3. 丹绒不碌港(Tanjung Priuk Port)

续表

国家	人文资源	自然风光	村社资源	河流海洋旅游资源
老挝	1. 万象石缸平原(Plain of Jars) 2. 琅勃拉邦古城(Luang Prabang Heritage Town) 3. 瓦普庙(Wat Phou Temple)	1. 孔发风瀑布(Khon Phapheng Waterfall) 2. 贡洛溶洞(Kong Lo Cave) 3. 光西瀑布(Kuang Si Waterfall)	1. Ban Hadkhai Village, Thapabath, Bolikhamxay Province 2. Ban Kietngong, Champasack Province 3. Nalan Village, Loung Namtha Province	1. 琅勃拉邦(Luang Say Cruise) 2. 瓦普(Vat Phou Cruise) 3. 湄公河(Mekong River Cruise)
马来西亚	1. 班达尔.希里尔(Bandar Hilir) 2. 乔治敦(Georgetown) 3. 沙捞越文化村(Sarawak Cultural Village)	1. 西必洛人猿保护中心(Sepilok Orang Utan Rehabilitation Centre) 2. 皇家贝隆雨林度假村(Royal Belum State Rainforest Resort) 3. 彭亨国家公园(Taman Negara Pahang)	1. Homestay Kampung Kuala Medang, Luala Lipis, Pahang 2. Homestay Walai Tokou, Kundasang, Sabah 3. Homestay Kampung Santubong, Kuching, Sarawak	海港: 1. 巴生港(Port Klang) 2. 槟城(Palau Pinang) 3. 哥打基纳巴卢(Kota Kinabalu) 河流: 1. 马六甲(Melaka River Cruise) 2. 瓜拉雪兰莪(Kuala Selangor) 3. 拉让江(Rejang)
缅甸	1. 蒲甘娘乌(Bagan-Nyaung U) 2. 曼德勒(Mandalay) 3. 妙乌(Mrauk U)	1. 因莱湖(Inlay Lake) 2. 波巴山(Mount Popa) 3. 彬乌伦(Pyin Oo Lwin)	1. 景栋(Kyaing Tong) 2. 葡萄(Putao) 3. 卡劳(Kalaw)	海港: 1. 迪拉瓦(Thilawa) 2. 南帝达尔(Nan Thidar) 3. 波昂觉(Bo Aung Kyaw) 河流:伊洛瓦底江(Ayeyawady River)
菲律宾	1. Ilocandia Heritage and Cultural Tour(Ilocos Norte and Ilocos Sur) 2. Cultural Tour of Lake Sebu, South Cotabato 3. Paseo Sa Kabilin, (Heritage Tour of Cebu City)	1. 帕米拉坎岛(Pamilacan Island) 2. 巴拿威梯田(Ifugao Rice Terraces Trekking) 3. 锡亚高岛(Siargao Island)	1. Abatan River Community Life Tour, Bohol 2. Donsol Whaleshark Interaction Tour (Donsol, Sorgoson) 3. Tibolo Cultural Village Tour 4. (Tagabawa-Bagobo Tribes), Digos City, Davao del Sur	河流: 1. 罗博河(Loboc River Cruise) 2. 第波罗河(Dipolog River Cruise)

续表

国家	人文资源	自然风光	村社资源	河流海洋旅游资源
新加坡	1. 殖民区(Colonial District Trail),包括莱佛士故居、亚洲文明博物馆和新加坡河,国家博物馆和莱佛士宾馆 2. 文化游,包括中国城、小印度区,以及甘榜格南。 3. 土生华人旅游(Peranakan Trail)	1. 滨海湾花园(Gardens by the Bay) 2. 新加坡野生保护园(Wildlife Reserves Singapore) 3. 乌敏岛(Pulau Ubin)	无	港口:新加坡港
泰国	世界文化遗址 1. 大城历史公园(Ayutthaya Historical Park) 2. 素可泰历史公园(Sukhothai Historical Park) 3. 班清遗址(Ban Chiang Archaeological Site)	1. 考艾国家公园(Khao Yai National Park) 2. 攀牙府斯米兰群岛国家公园(Mu Koh Surin National Park) 3. 茵他侬国家公园(Doi Inthanon National Park)	1. Mae Kampong Village 2. Kiriwong Village 3. Leeled Village	港口: 1. 普吉(Phuket Port) 2. 林查班港(Laem Chabang Port) 其他: 昭披耶河以及大城观光游(Ayutthaya Sightseeing and Chao Phraya River Cruising)
越南	1. 会安古城(Hoi An Ancient Town) 2. 顺化古建筑群(The Complex of Hue Monument) 3. 升龙皇城(Thang Long Citadel)	1. 下龙湾(Ha Long Bay) 2. 牙庄(Nha Trang Bay) 3. 富国岛(Phu Quoc Island)	1. 董凡喀斯特高原地质公园(Dong Van Karst Plateau Geopark) 2. 沙巴(Sa Pa) 3. Co Phat 村(Co Phat Village)	港口: 1. 鸿基(Hon Gai) 2. 岘港(Da Nang) 3. 西贡(Sai Gon) 河流: 1. 湄公河(Mekong River) 2. 香江[Huong(Perfume) River] 3. 红河[Hong(Red) river]

资料来源:"ASEAN Tourism Marketing Strategy (ATMS) 2012 - 2015"。

东盟地区每年吸引大量外国游客来此地区旅游观光。在2010年，到达人数超千万的国家就有马来西亚、泰国和新加坡，除文莱和缅甸较少外，其他国家均保持在几百万（见表3-24）。而且，在过去的20年中，东盟国家吸引的国外游客数始终处于持续的增长之中。除2009年东盟吸引的外国游客数量与2008年基本持平外，2010年的增长达到创纪录的12.3%（见表3-25），尤其是文、老、新、越四国的增长更为强劲，达到24.3%，东盟10国平均增长率的两倍左右。

表3-24 东盟吸引的国外游客概况（2005~2010年）

单位：千人

国　家	2005年	2006年	2007年	2008年	2009年	2010年
文　莱	127	158	179	226	157	214
柬埔寨	1422	1700	2015	2125	2162	2508
印度尼西亚	5002	4871	5506	6429	6324	7003
老　挝	1095	1215	1624	2005	2008	2513
马来西亚	16431	18472	20236	22052	23646	24577
缅　甸	660	653	732	661	763	792
菲律宾	2623	2688	3092	3139	3017	3520
新加坡	8942	9752	10288	10116	9681	11639
泰　国	11517	13822	14464	14597	14150	15936
越　南	3468	3583	4150	4254	3772	5050
合计	51288	56914	62285	65605	65680	73753

资料来源："ASEAN Community in Figures 2011"。

表3-25 东盟旅游增长概况（2005~2010年）

单位：千人

国　家	2005年	2006年	2007年	2008年	2009年	2010年
文　莱	7.0	24.3	12.9	26.4	-30.3	36.1
柬埔寨	34.7	19.6	18.5	5.5	1.7	16.0
印度尼西亚	-6.0	-2.6	13.0	16.8	-1.6	10.7
老　挝	22.4	10.9	33.6	23.5	0.2	25.1
马来西亚	4.6	12.4	9.6	9.0	7.2	3.9
缅　甸	0.5	-1.1	12.1	-9.7	15.4	3.8
菲律宾	14.5	2.5	15.0	1.5	-3.9	16.7
新加坡	6.8	9.0	5.5	-1.7	-4.3	20.2
泰　国	-1.9	20.0	4.6	0.9	-3.1	12.6
越　南	18.4	3.3	15.8	2.5	-11.3	33.9
合计	4.5	11.0	9.4	5.3	0.1	12.3

资料来源："ASEAN Community in Figures 2011"。

据最新统计，2011 年到东盟国家旅游的人数达到 7924 万。与此同时，东盟成员国之间的游客数量也持续上升。从 2009 年至 2010 年，东盟成员国之间的游客仍是东盟游客的主要群体，约占全部客源的一半（见表 3－26）。2011 年，到东盟旅游的人数达到 7924 万，预计到 2015 年突破 1 亿，到达 10738 万人。

据 2010 年的统计数据，东盟吸引的游客中，东盟成员国内部旅游达到 47.2%，几乎占到东盟旅游人数的一半。除东盟成员国之间的内部旅游外，欧盟 27 国占 9.5%，中国占 7.3%，澳大利亚占 4.7%，以后依次为日本、韩国、美国和印度。

表 3－26　东盟游客来源地概况（2009～2010 年）

来源地	2009 年		2010 年	
	人数(千人)	比例(%)	人数(千人)	比例(%)
东盟国家之间	31694	48.3	34820	47.2
欧盟 27 国	6680	10.2	6970	9.5
中　国	4202	6.4	5416	7.3
澳大利亚	3029	4.6	3465	4.7
日　本	3214	4.9	3351	4.5
韩　国	2449	3.7	3286	4.5
美　国	2553	3.9	2680	3.6
印　度	2104	3.2	2478	3.4
其他地区	9756	14.9	11285	15.3
合　计	65680	100.0	73751	100.0

资料来源：“ASEAN Community in Figures 2011”。

6. 人口资源

东盟人口总数接近 6 亿，但各成员国的人口资源有很大差异。

从总量上看，印度尼西亚的人口最多，超过 2.3 亿，文莱的人口最少，只有 41.5 万（2009 年）（见表 3－27）。

从人口密度上看，新加坡的人口密度最高，达近 7147.3 人/平方公里，而老挝的人口密度最小，只有26.3人/平方公里。

从城市人口比例上看，东盟的平均城市人口比例为48.8%。其中，新加坡是完全的城市化国家，城市人口比例达到100%；其次是文莱，其城市人口比例达到74.3%；城市人口比例最小的国家是柬埔寨，只有17.9%。

表3-27 东盟成员国人口数量、密度以及人口年度增长率

国家	陆地面积（平方公里）	人口			
		总数（千人）	密度（人/平方公里）	年度增长率（2008）*（%）	城市人口占总数的比例（%）
文莱	5765	415	71.9	1.8	74.3
柬埔寨	181035	15269	84.3	1.7	17.9
印度尼西亚	1860360	234181	125.9	1.2	43.1
老挝	236800	6230	26.3	1.9	29.7
马来西亚	330252	28909	87.5	1.7	63.5
缅甸	676577	60163	88.9	0.9	31.9
菲律宾	300000	94013	313.4	1.8	64.2
新加坡	710	5077	7147.3	2.9	100
泰国	513120	67312	131.2	0.6	33.8
越南	331051	86930	262.6	1.1	29.6

注：* 为联合国粮食及农业组织2008年数据。

资料来源：*ASEAN Statistics Leaflet SKI 2011*；联合国粮食及农业组织：《世界森林状况2011》。

从人口年度增长率上看，按东盟统计数据，2008新加坡的人口年度增长率最高，为5.5%，老挝、马来西亚和菲律宾紧随其后，分别达到2.8%、2.3%和2.1%（见表3-28）。2008年人口增长率最低的为泰国，仅为0.7%。从20世纪80年代开始，人口增长率呈现下降趋势的国家包括文莱、柬埔寨、印度尼西亚、马来西亚、缅甸、菲律宾、泰国和越南；呈现上升趋势的有老挝和新加坡。

东南亚人口膨胀比较严重，几个人口大国相对集中，总数较多，增长较快；人口分布不均匀，大量人口分布在沿海等地区，内陆山区人口分布较少；

表 3－28　东盟人口增长概况（1980～2008 年）

单位：%

国　家	1980～1990 年	1990～1995 年	2006 年	2007 年	2008 年
文　莱	2.6	2.5	3.5	1.8	1.8
柬埔寨	2.7	5.7	2.0	2.0	2.0
印度尼西亚	2.0	1.4	1.3	1.3	1.3
老　挝	1.4	2.1	2.8	2.8	2.8
马来西亚	2.7	2.7	2.0	2.3	2.3
缅　甸	2.0	1.9	2.0	1.7	1.7
菲律宾	2.4	2.5	2.0	1.8	2.1
新加坡	2.4	3.0	3.2	4.3	5.5
泰　国	1.8	1.2	0.7	0.7	0.7
越　南	2.1	1.7	1.2	1.2	1.2
东盟合计	2.1	1.8	1.5	1.4	1.5

资源来源：*ASEAN Statistical Yearbook*，2008。

人口男女比例失衡①。其中，文莱人口的性别比率有些失衡，男女比例达到 1.124∶1（见表 3－29）。

表 3－29　东盟国家人口年龄分布

国　家	人口（千人）	性别比率（男性/女性）×100	0～5 岁人口		大于 65 岁人口		15～29 岁人口	
			数量（千人）	比例（%）	数量千人（千人）	比例（%）	数量（千人）	比例（%）
文　莱	415	112.4	37		13		125	
柬埔寨	15269	95.0	1926		587		5022	
印度尼西亚	234181	100.2	21572		12095		62979	
老　挝	6230	99.6	883		234		1837	
马来西亚	28909	103.6	3292		1349		7577	
缅　甸	60163	98.9	7023		3540		15376	
菲律宾	94013	101.1	10985		4059		26353	
新加坡	5077	97.4	269		449		1059	
泰　国	67312	96.6	4240		5389		15762	
越　南	86930	98.1	6508		6241		23522	

资料来源：根据 *ASEAN Statistics Leaflet SKI 2011* 整理。

① 《东盟一体化面临人口增长压力》，国际在线，2011 年 10 月 31 日。http：//gb.cri.cn/27824/2011/10/31/5311s3419616.htm。

由于东盟国家之间的经济发展水平有所差异，造成了整体国民素质的差异。从成人识字率上看，除柬埔寨和老挝识字率较低外，包括文莱在内的其他8个国家的成人识字率基本在90%以上（见表3－30）；在中等教育入学性别比率上，柬埔寨和老挝严重失衡，其他国家则基本上保持一个相对平衡的状态；从婴儿死亡率指标看，一些经济发展水平较高的国家，如文莱、马来西亚和新加坡，死亡率较低，尤其是新加坡，只有2.1‰，而其他国家，如柬埔寨、老挝和缅甸，出生婴儿的死亡率则较高。另外，从平均预期寿命上，也可以看出，经济发展水平对国家人口寿命的影响。

表3－30 东盟人口素质概况

国家	识字率（%）	中等教育入学率（%）	中等教育入学女男比率（%）	婴儿死亡率（‰）	平均预期寿命（岁）
文莱	95.0	89.1	109.0	7.0	77.4
柬埔寨	77.6	34.1	82.0	69.0	61.0
印度尼西亚	91.4	67.5	99.0	31.0	70.8
老挝	73.4	35.9	81.0	61.8	65.0
马来西亚	92.1	—	107.0	6.2	74.4
缅甸	91.9	—	101.0	71.0	61.6
菲律宾	93.6	61.3	109.0	26.0	71.8
新加坡	94.5	—	—	2.1	80.7
泰国	94.1	76.1	109.0	13.0	68.9
越南	92.5	—	91.0	12.0	74.4

资料来源：根据 *ASEAN Statistics Leaflet 2011* 整理。

在东盟国家中，以GDP来衡量，印尼的经济总量约达到7080亿美元，而老挝只有约65亿美元；从人均GDP上看，以新加坡和文莱为首，是当之无愧的发达经济体，马来西亚位于第二梯队，泰国和印度尼西亚位于第三梯队，而缅甸和柬埔寨则只有600～700美元，位于整个地区之末；从贫困人口比例上看，柬埔寨、老挝、缅甸和菲律宾的贫困人口比例较大，约占总人口的三分之一（见表3－31）。

表 3-31　东盟国家与人口有关的经济指标

国　家	GDP（百万美元）	人均 GDP（美元）	贫困线以下人口比例(%)	低于 1.25 美元/天人口比例(%)	失业率(%)
文　莱	11952	28830	无	无	3.7
柬埔寨	11168	731	30.1	25.8	1.6
印度尼西亚	708032	3023	16.6	29.4	7.9
老　挝	6508	1045	32.7	44.0	1.3
马来西亚	238849	8262	3.6	2.0	3.7
缅　甸	35646	592	32.0	—	4.0
菲律宾	189326	2014	32.9	22.6	7.1
新加坡	223015	43929	无	—	4.0
泰　国	318709	4735	8.5	2.0	1.0
越　南	107650	1238	14.8	21.5	4.6

注：美元以现价计算。“无”表示没有，“—”表示数据缺失。
资料来源：根据 *ASEAN Statistics Leaflet SKI 2011* 整理。

第三节　东盟的环境问题及合作

1. 东盟面临的环境问题

东盟处于世界上经济最具活力的地区，经济发展的同时也带来了对自然环境的破坏。与世界上其他地区一样，东盟国家过去对环保重视程度不够，致使生态环境遭到严重破坏。

从东盟成员国的个别情况来看，马来西亚是全球最大的木材出口国之一，但一直没有采用可持续发展的方法，而且污染管理起步较晚，导致环境的可持续性与经济发展之间紧张对峙；印度尼西亚的社会转型造成了环境恶化，导致城市空气、淡水与海洋污染严重，珊瑚礁退化，原始地区森林大量砍伐等一系列问题；泰国城市化导致环境压力增大，水与空气污染日趋严重，污染处理设施落后，森林面积迅速减少，野生生物及其生存环境遭受威胁；菲律宾人口压力和自然灾害的破坏性影响导致很多环境问题，如森林面积迅速减少，土地侵蚀，水与空气污染，以及沿海红树林沼泽地大面积破坏和珊瑚礁破坏等。

从总体上看，东盟面临着严重的环境问题，主要表现在以下几个方面。

（1）森林面积的减少

东盟地区的森林覆盖率达43%，是世界上森林覆盖比例最高的地区之一。然而据统计，2000～2007年间，东盟地区的森林面积从近209万平方公里减少到190多万平方公里，去森林化率达到年均约1.11%，高于世界平均水平的0.16%（见表3－22）。这就意味着，东盟地区每年要减少约2.3万多平方公里的森林。东盟地区森林面积减少的主要原因在于人口不断增长、农业生产的增加，以及伐木和采矿，因为在许多东盟国家，仍然在很大程度上依赖木材和农业产品的出口来创汇。而且，由于缺乏有效的资源监测和执法，非法采伐问题一直困扰着东盟成员国。

表3－32　2000～2007年东盟地区森林减少情况

国　家	2000年(平方公里)	2007年(平方公里)	年变化率(%)
文　莱	4430	4380	-0.14
柬埔寨	115410	100094	-1.66
印度尼西亚	978520	847522	-1.67
老　挝	99332	96407	-0.37
马来西亚	201600	196630	-0.31
缅　甸	345540	312900	-1.18
菲律宾	79490	68472	-1.73
新加坡	30	30	0.00
泰　国	148140	144024	-0.35
越　南	117250	134134	1.80
东　盟	2089742	1904593	-1.11
世　界	39886105	39373263	-0.16

资料来源："Fourth ASEAN State of the Environment Report 2009"。

例如红树林，这种树在东盟地区是极为普遍的，它广泛地分布在该地区的海岸线上，特别是在河口和河岸地区。据统计，印度尼西亚、马来西亚和缅甸这三个国家的红树林面积占整个东盟地区红树林面积的80%以上，尤其是印度尼西亚，其拥有的红树林面积占东盟地区的一半以上（见表3－33）。然而据统计，东盟地区的红树林面积2005年达到5240830公顷，比1980年的6385040公顷减少了17.9%。在东盟国家中，除文莱的红树林面积没有多少变化以外，其他国家都有程度不同的减少。

表3－33　1980～2005年东盟地区红树林面积变化概况

国　家	面积(公顷)		占东盟总面积的比例(%)	
	1980年	2005年	1980年	2005年
文　莱	18400	18400	0.29	0.35
柬埔寨	91200	69200	1.43	1.32
印度尼西亚	4200000	3443830	65.78	65.71
马来西亚	674000	565000	10.56	10.78
缅　甸	555500	507000	8.70	9.67
菲律宾	295000	240000	4.62	4.58
新加坡	1790	400	0.03	0.01
泰　国	280000	240000	4.39	4.58
越　南	269150	157000	4.22	3.00
合　计	6385040	5240830	100	100

资料来源："Fourth ASEAN State of the Environment Report 2009"。

（2）水体与空气污染

由于人口的增长、城市化进程的加速，以及工业生产活动等因素的影响，东盟成员国普遍面临着严重的水与空气污染问题。

在东盟国家，一方面存在一定程度的水污染，另一方面水的需求量在不断上升。

在印度尼西亚，2007年，受到监测的30多条河流中，有27条河流遭到污染；2008年，在监测的33条河流中，有54%遭到污染。泰国的河水也受到严重污染。2005年，泰国河流中水体质量为"糟糕"（poor）的比例为29%，到2008年，水体质量为"糟糕"的比例上升到48%。

在马来西亚，轻度污染的河流大多位于农业和工业生产活动较密集的地区，而遭到污染的河流则大多位于港口和工业生产密集的地区，而那些森林覆盖面积大、工业相对落后的地区，河流遭污染的则较少。菲律宾，在所有监测的河流中，河流水质也不容乐观，许多水体在化学需氧量（COD）和生物需氧量（BOD）这两个评测指标上达不到国家要求。例如，2005～2008年的四年中，化学需氧量指标不合格的河流比例分别达到16%、14%、13%和19%，而生物需氧量指标不合格的河流比例则分别达到12%、14%、28%和21%[①]。越南的水体污染也非常严重。例如在同奈河（Dong Nai）河流盆地地区，据2006年越南环境报告，按污染指标来看，总的固体悬浮物（TSS）达到375220公斤/天，生物需氧量（BOD）为249574公斤/天，化学需氧量（COD）为466517公斤/天，含氮的铵化合物（Ammonium）为15417公斤/天，含磷化合物达8238公斤/天，油污达46972公斤/天[②]。

在空气质量方面，由于生物质能源使用的增加、人口的增长、城市化进程的加速等，部分东盟成员国的空气质量堪忧。尤其是交通工具，与工业一样，已经成为影响东盟成员国空气质量的主要污染源之一。

在印度尼西亚，2007年在雅加达、棉兰和泗水三个城市中，分别有49天、18天和7天的空气质量是“不健康”的。尤其是在棉兰，其中有1天是“非常不健康”的，甚至有一天被划定为“危险”。在其他人口密集的城市，机动车数量的增加，导致其氮化合物的浓度也较高，平均达到了30ppm。此外，工业的发展也是造成印度尼西亚空气质量恶化的主要因素，其中的食品、化学、石油、煤炭、橡胶、塑料、造纸和纺织等工业是主要的污染部门[③]。

在文莱，尽管在2008年的每一天，其空气质量都被界定为“好”，但其PM_{10}却由2006年的12.3微克/立方米上升为2008年的18.1微克/立方米，上升趋势比较明显[④]。

在马来西亚，空气污染主要来源于氮化物、硫化物和悬浮物质（PM）。20世纪90年代末以来，马来西亚的空气质量有了显著的提高，例如在2008

① ASEAN, “Fourth ASEAN State of the Environment Report 2009”, p. 39.

② “Viet Nam State of Environment Report 2006”.

③ “Indonesia State of Environment Report 2007”.

④ 文莱的国家标准为50微克/立方米。

年中有216天的空气质量为“良好”，有146天为“中度”，有4天为“不健康”。二氧化硫（SO_2）的平均浓度从1998年的0.0074ppm降为2007年的0.0019ppm；2000~2008年，PM_{10}也基本上符合国家标准。交通与电力部门是马来西亚空气污染的主要来源，其中，氮化物主要来源于交通部门，而硫化物和悬浮物则主要来源于电力部门。据统计，马来西亚的电力部门排放了全国60%的二氧化硫和50%的PM，而交通部门排放了绝大部分的氮化物和35%的PM①。

在泰国，城市空气污染主要来源于交通工具，而且50%的燃料消费集中在曼谷。据统计，2007年整个泰国的空气质量中，有141天是“良好”，有197天是“中等”，有27天为“不健康”。而且，首都曼谷的主要污染物是悬浮颗粒物，特别是空气中可吸入颗粒物，并且一氧化碳、氮氧化合物、二氧化硫、碳氢化合物、铅以及黑烟的含量都超过国家标准。据统计，泰国曼谷的污染物中，有54%的碳氢化合物和88.2%的碳化合物是由摩托车排放的。曼谷的总悬浮颗粒物尽管自1995年以来有一定程度的改善，但仍远远高于国家规定的50ppm标准。

在菲律宾，交通工具排放的污染物是主要的空气污染源。据预测，65%的污染物来源于移动污染源，21%来源于固定污染源，另有14%来源于区域污染源。据监测，2003~2007年，空气中的总悬浮物（TSP）含量从144ppm下降到97ppm，空气质量改善了。尽管TSP浓度有所下降，但仍超过国家标准规定的90ppm水平②。

新加坡的空气质量较好，2008年中，有353天为“良好”，有13天为“中度”，除$PM_{2.5}$外，其他指标均符合联合国的标准。

越南的空气污染主要来源于交通与工业部门，其中交通是最大的污染源，对城市空气污染的贡献度达到70%左右。而在全国范围内，交通工具排放了85%的一氧化碳、95%的挥发性有机化合物③。

---

① ADB, “Energy Efficiency and Climate Change Considerations for On - road Transport in Asia, 2005”, http: //www. adb. org/Documents/Reports/Energy - Efficiency - Transport/default. asp.

② *The Philippines' National Air Quality Status Report* 2006 - 2007.

③ ASEAN, *Fourth ASEAN State of the Environment Report* 2009, p. 71.

(3) 生物多样性减少

东盟地区的生物多样性是毋庸置疑的。在全球17个生物多样性国家（LMMC）中，东盟地区就拥有3个①。然而，与全球其他生物多样性国家一样，东盟地区的生物多样性也面临着物种锐减的现实威胁，尤其是在印度尼西亚、菲律宾和马来西亚。按国际自然及资源保育联盟（IUCN）的濒危物种红色名单，东盟地区有大量的物种处于濒危状态，其中马来西亚有1092种，印度尼西亚有976种，菲律宾有944种（见表3－34）。而且，由于东盟地区的植物物种多于其他类物种，因此在濒危物种中植物物种占较大比重。

表3－34　东盟地区濒危物种概况

东盟国家	哺乳动物	鸟类	爬行动物	两栖动物	软体动物	其他无脊椎类	植物	合计
文　莱	35	21	5	3	0	0	99	163
柬埔寨	18	22	18	3	0	67	31	159
印度尼西亚	183	115	27	33	3	229	386	976
老　挝	46	23	11	5	0	3	21	109
马来西亚	70	42	21	47	19	207	686	1092
缅　甸	39	45	21	N/A	N/A	1	38	144
菲律宾	44	131	27	14	3	199	526	944
新加坡	12	14	4	0	0	161	54	245
泰　国	57	44	22	4	1	179	86	393
越　南	72	53	52	17	0	91	425	710

注：N/A为数据不可获取。

资料来源："Fourth ASEAN State of the Environment Report 2009"。

人类的活动带来了许多对生物多样性的威胁。联合国千年生态系统评估（2005年）就认为，人类活动导致的生物多样性的变化，在过去的50年里比历史上任何时间都更为快速②。东盟地区也是如此。去森林化、气候变

① 全球17个生物多样性国家包括玻利维亚、巴西、中国、哥伦比亚、哥斯达黎加、刚果民主共和国、厄瓜多尔、印度、印度尼西亚、肯尼亚、马达加斯加、马来西亚、墨西哥、秘鲁、菲律宾、南非和委内瑞拉。

② Millennium Ecosystem Assessment (2005), Ecosystems and Human Well-being: Biodiversity Synthesis. Washington, D. C.: World Resources Institute.

化、野生动物的非法交易、污染以及人口增长等，导致野生动植物的消失，生物多样性面临巨大威胁。概括地说，东盟地区的生物多样性所受到的威胁主要来源于以下途径。

一是气候变化。联合国千年生态系统评估认为，气候变化有可能在21世纪末成为地球生物多样性消失的主要推动力量①。而且，据联合国政府间气候变化专门委员会2007年发布的报告，气候变化是真实存在的，并将在未来的许多年里对人类生活和生态系统造成巨大影响。到21世纪末，世界上已知物种的30%将面临灭绝的风险。在未来的30年里，50%的亚洲生物多样性面临风险②。亚洲开发银行题为《东南亚气候变化经济：区域回顾》的研究显示，东南亚是世界上最易受到气候变化影响的地区③。报告指出，“在过去的50年中，东南亚的平均温度每10年上升0.1～0.3℃，海平面每年上升1～3毫米。1960～2000年，该区域还出现了降水量下降趋势。近几十年来，诸如热浪、干旱、洪水和热带气旋等极端天气事件日益增多和增强，预示着气候变化已经严重威胁到这一区域。气候变化还日益加重了水资源的短缺，制约着农业生产，威胁着粮食安全，并造成森林火灾、海岸退化以及更大的健康风险。如果不采取全球性行动，气候变化在几十年内可能会进一步加强。在未来几十年中，随着全球进一步变暖的趋势，许多地方还可能会变得更加干燥，特别是印尼、泰国和越南等国，而且海平面将会进一步上升。东南亚可能会比其他地区遭受更多气候变化带来的冲击。”④ 气候变化直接导致了濒危物种种类的增加。根据世界银行的统计，“2002～2004年期间，印尼的濒危鸟类由114种上升至121种；菲律宾则由67种上升至79种；越南由37种上升至41种；泰国由37种上升至42种；缅甸则由35种

① Millennium Ecosystem Assessment (2005), “Ecosystems and Human Well-being: Biodiversity Synthesis”, Washington, D. C.: World Resources Institute.

② IPCC, “Climate Change 2007: Synthesis Report”, http://www.ipcc.ch/pdf/assessment-report/ar4/syr/ar4_syr.pdf.

③ Asian Development Bank, “The Economics of Climate Change in Southeast Asia: A Regional Review, April 2009”, http://www.adb.org/publications/economics-climate-change-southeast-asia-regional-review.

④ Asian Development Bank, “The Economics of Climate Change in Southeast Asia: A Regional Review, April 2009”, p. 21.

上升至41种"[①]。亚洲开发银行警告说，除非全球变暖得到控制，否则东南亚地区将面临更为严峻的挑战。

二是外来入侵物种的影响。由于地理、地貌和气候等因素的影响，每一个物种都被限制在一定的区域内生存发展，这些物种就是本地物种。外来种或非本地种是指在一定区域内历史上没有的但被人类活动直接或间接引入的物种。当外来物种在自然或半自然生态系统或生态环境中建立了种群，改变或威胁本地生物多样性，以至于对当地的生态环境带来很大的危害时，就成为外来入侵物种。随着人类活动的增加，特别是全球贸易的发展和对外开放，生物入侵现象越来越普遍。外来物种入侵不仅能彻底改变生态系统的结构和功能，而且会严重影响社会和人类健康，造成重大的经济损失。目前，外来物种入侵已经成为影响东盟地区生物多样性的主要因素之一。例如，含羞草（Mimosa Pigra）已经改变了大湄公河次区域（the Greater Mekong Sub-Region）生态环境，肥沃的农业土地灌木丛生，河流鱼类减少，以食草为主的水鸟也受到影响。在越南，含羞草造成赤颈鹤（Grus Antigone）的数量从1990年代的800只减少到2003年的不足100只；在柬埔寨，有2100平方公里适合水稻生产的平原受到含羞草的侵害[②]。以棕榈树和椰子树嫩叶为食的椰心叶甲（Brintispalongissima）主要分布于越南、缅甸、泰国、印度尼西亚、马来西亚、新加坡等国家，曾给越南的椰子产业造成巨额经济损失。生长在菲律宾拉古那湖（the Laguna Lake）的豹纹翼甲鲶（Janitor Fish, Pterygoplichthys pardalis），俗名“清道夫”，以本地鱼为食，已经损害了湖的生态链，影响湖鱼产量[③]。水葫芦（Water Hyacinth）是一种漂浮植物，生长迅速，可以破坏江、河、湖等水生态系统。此外，甘蔗蟾蜍（Cane Toad）、大瓶螺（Pomacea Canaliculata）和食蚊鱼（Gambusia Affinis）等物种也给东盟国家的农业和渔业生产造成巨大损失[④]。

---

① WD，http://www.worldbank.org.cn. 转引自汪亚光《东南亚国家应对气候变化合作现状》，《东南亚纵横》2010年第5期，第45页。

② ASEAN，“Fourth ASEAN State of the Environment Report 2009”.

③ Philippines-Australia Community Assistance Programme-Focused Community Assistance Scheme, 2008.

④ ASEAN，“Fourth ASEAN State of the Environment Report 2009”.

三是野生动物的偷猎和走私等非法交易。东盟地区具有生物多样性丰富的特点，同时，由于公众保持意识淡薄、相关法律不健全、对违法行动惩罚的力度轻，以及东盟地区交通相对便利等，偷猎、贩运和消费野生动物的行为比较普遍。科学家将物种灭绝的原因归为4个，包括栖息地破坏、过度开发利用、外来物种入侵和外来物种传播的疾病，其中后3种都与野生动物非法贸易有直接关系。野生动物非法贸易，为外来物种入侵提供了主要途径。野生动物非法贸易不仅变得越来越有组织性，而且与贩毒等其他类型的犯罪呈现千丝万缕的联系。几乎全部东盟成员国的生物多样性都受到非法野生动植物贸易的影响，其中，针对印度尼西亚、马来西亚和缅甸的非法贸易尤为猖獗。非法贩运者经常利用泰国和越南，将野生动物贩运到欧洲、美国以及中国这样的消费地区。在东盟国家，几乎所有的野生物种都是非法狩猎和贩运的对象，包括鸟类、爬行动物和哺乳动物。据东盟野生动物执法网络（ASEAN-WEN）估计，每年有13000吨的龟从东盟地区进入中国，约3/4的淡水龟类现在被认为受到威胁。非法野生动物交易商还将大量的蛇类从越南走私到中国，造成当地大鼠数量爆炸性增长，影响到农作物的产量。例如2010年12月，马来半岛的吉打州海关在马来西亚与泰国的边境吉打镇查获912只龟、196条眼镜蛇、710条蜥蜴①。可以说，如果放任非法野生动物交易，将导致大量的和不可改变的生物多样性的丧失。一份由世界银行资助的研究报告指出，野生动物和植物的非法交易对东盟地区的生物多样性具有破坏性影响。许多具有极高商业价值的野生动物的数量已经急剧减少，其中许多已经罕见、濒危或局部灭绝，例如虎、苏门答腊犀牛、爪哇犀牛、亚洲象、穿山甲、淡水龟、沉香和众多的野生兰花等物种。东盟野生动物执法网络认为，“如果这种趋势继续下去，科学家预测到21世纪末，东盟地区动物和植物种类将有13%～42%灭绝”②。

---

① 参见 http://www.sinchew-i.com/sciSC/print/187445。

② ASEAN, “Fourth ASEAN State of the Environment Report 2009”.

2. 东盟成员国的环境和可持续发展合作

可持续发展是指既满足现代人的需求又不损害后代人满足需求的能力，是指经济、社会、资源和环境保护协调发展。因为它们是一个密不可分的系统，既要达到发展经济的目的，又要保护好人类赖以生存的大气、淡水、海洋、土地和森林等自然资源和环境。东盟于 2009 年 4 月发布的《东盟共同体路线图：2009～2015》就指出：东盟应努力实现可持续发展，通过保护经济和社会发展基础的自然资源以促进清洁和绿色环境，包括对土壤、水、矿产、能源、生物多样性、森林、沿海与海洋资源的可持续管理和保护，以及改善东盟地区水和空气的质量①。

东盟自 30 多年前将环境问题列入议程后，出台了众多的关于环境的宣言和倡议。目前，东盟在地区环境可持续性发展、促进执行多边环境协定等方面发挥了重要作用。1977 年，在联合国环境规划署（UNEP）的推动和支持下，东盟制定了第一个“东盟次区域环境计划”[ASEP-I（1978－1982）]。该计划包括 6 个优先领域和 100 多个环境项目，由东盟科技委员会下属的东盟环境专家组（AEGE）负责具体实施。1981 年，东盟就形成了关于环境的部长会议机制（AMME）。

在 1981 年马尼拉关于东盟的环境声明中，协作目标定义为：“确保东盟环境及其自然资源的可持续性，使其能够可持续地发展并达到一个目标，这个目标是根除贫困，并尽最大可能地使东盟各国的人民获得基本生活条件。”可以说，东盟国家领导人高度重视环境保护和自然资源可持续利用和管理，并且将之视为国家和地区长期经济增长和社会发展的关键。随后，东盟先后制定并实施了第 2 个和第 3 个东盟次区域环境计划，即 ASEP－Ⅱ（1983～1987）和 ASEP－Ⅲ（1988～1992）。东盟次区域环境项目为东盟次区域环境合作机制化奠定了基础。

1989 年后，相继成立了东盟成员国政府首脑会议、东盟环境部长会议、

① ASEAN, “Roadmap for an ASEAN Community 2009－2015”, April 2009, p. 80.

东盟环境高官组织和执行合作计划项目的6个小组以及东盟秘书处等，开始形成了一个制度化次区域合作组织。1992年，东盟峰会在新加坡举行，环境问题与可持续发展得到了东盟成员的一致认同，发表的《新加坡宣言》中，东盟成员国承诺积极响应《21世纪议程》，在环境方面加强合作，实行可持续发展战略。

《东盟环境战略行动计划：1994～1998》提出了10项策略和27项相应的措施，为东盟地区和东南亚地区的协作提供了强大的基础，这些策略和措施的实施有利于成员国达到其可持续发展的目标。

1997年在吉隆坡举行的东盟2020远景论坛上，东盟首脑通过了《东盟2020年远景目标》。这个目标的主题是：对外开放、和平、稳定和繁荣、为建设一个有活力的未来和关怀的社会环境共同合作，并计划将东盟作为东南亚国家合作的载体。为了实现这个远景目标，他们1998年在河内通过了《河内行动计划：1999～2004》，即《东盟环境战略行动计划：1999～2004》，设立了东盟地区未来环境保护与可持续发展的总体目标和具体计划。行动计划明确提出了“保护环境与促进可持续发展”，具体规定了完成15个主要环境任务的时间表，把环境问题提高到了一个全新的高度。规划了地区未来环境合作的主要方向①。按计划，东盟要在1998～2004年的6年内有步骤地完成以下环境任务：2001年以前实施防止跨境污染的行动计划；加强东盟国家气候中心的建设，增强监控森林火灾的能力；建立东盟地区生物多样性保护中心；建立东盟成员国的环境数据库；实施地区水资源保护计划；加强东盟地区沿海的统一管理和保护的合作；促进成员国之间环境技术的友好合作与交流；2004年以前建立东盟地区土地、森林火灾研究中心；签署东盟地区自然资源保护议定书以及提高公众环境保护意识；等等②。

2002年在老挝万象召开的第7次东盟环境部长非正式会议上确定了10个合作优先领域，并同意由每个国家牵头负责一项环境领域的合作。在

---

① 参见 http：//www. aseansec. org/687. htm。

② ASEAN，“Second ASEAN State of the Environment Report 2000”.

2007 年的东盟环境部长会议上，各国同意将可持续森林管理、自然公园和保护区的可持续管理合并为生物多样性的可持续管理。目前，东盟环境合作集中在 2009 年第 14 届东盟首脑会议上通过的《东盟社会文化共同体蓝图（2009～2015）》中确定的 10 个优先领域。

（1）解决全球环境问题

该领域旨在通过加强区域合作，开展应对多边环境协议中大气问题的措施，如气候变化和消耗臭氧物质，以及化学品和化学废物的多边环境协议，促进相关多边环境协议实施的协同效应。该领域属于东盟多边环境协议工作组（AWGMEA）范畴，牵头国家是越南。

（2）管理及防止跨界环境污染

该领域旨在采取措施，加强国际和区域合作，通过能力建设、提高公众意识、加强执法、促进环境可持续做法以及落实《东盟跨界灰霾污染协议》，打击跨界环境污染。包括灰霾污染、有害废物跨界转移两部分。该领域属于东盟社会文化委员会范畴。

现阶段该领域合作主要集中于跨界烟霾污染方面。虽然，主要污染来源国印度尼西亚没有参加该协议，但该协议机构在文莱、马来西亚、新加坡和泰国等国家间顺利实施。目前该协议已取得的实质性进展包括：建立跨界烟霾污染防治基金；模拟演练“监测、评估和应急标准作业程序”；建立东盟国家消防资源在线清单；零燃烧和控制燃烧行为的执行；确保在紧急情况下建立与维护东盟烟霾行动在线网；等等。

（3）环境教育和公众参与

该领域旨在建立一个清洁和绿色的东盟，使其公民接受环境教育，具备环境道德素养、愿意并有能力通过环境教育和公众参与来确保区域可持续发展。该领域属于东盟环境教育工作组范畴，牵头国家是文莱。

在第 10 次东盟环境部长非正式会议上通过的《东盟环境教育行动计划（2008～2012 年）》确定了以下主要内容：通过建立东盟可持续/绿色/生态学校网络，在东盟推广可持续学校概念；为目标群体，如政府官员、议会等开展可持续发展领导培训计划；管理东盟环境教育清单数据库（AEEID）；

建立东盟可持续发展青年网络；举办东盟环境可持续发展电影节。第 19 次东盟环境高官会同意成立东盟环境教育工作组以监督《东盟环境教育行动计划（2008～2012 年）》的实施。

（4）环境友好技术（EST）

该领域旨在积极促进清洁生产工艺和技术应用，并建立了东盟环境友好技术网络（ASEAN-NEST），分享绿色技术经验和信息在对环境的最小影响下达到可持续发展。该领域属于东盟秘书处的范畴，牵头国家是马来西亚。

（5）城市环境管理与治理

该领域旨在扩大东盟环境可持续城市现有网络，减少工业和运输污染，确保东盟城市/市区的环境可持续性。为解决空气污染、固体废物管理和水质污染等问题。东盟于 2005 年提出了环境可持续型城市（Environmentally Sustainable City）倡议并制定了清洁空气、清洁水和清洁土地的关键指标。目前，东盟国家有 25 个城市参与了该倡议。此外，东盟还启动了环境可持续型城市奖励方案。该奖项通过介绍环境模范城市做法，在东盟国家间分享最佳实践范例。城市环境管理与治理属于东盟环境可持续城市工作组范畴，牵头国家是印度尼西亚。

（6）协调环境政策和数据

该领域旨在通过可行方式分阶段协调环境政策和数据，从而支持该地区环境、社会和经济目标的整合。东盟在 1997 年、2001 年、2006 年和 2009 年出版了 4 期区域环境报告。此外，东盟还于 2002 年世界可持续发展首脑会议（WSSD）期间发表了东盟报告，更新了东盟对 21 世纪议程的具体落实情况。该领域属于东盟秘书处范畴。

（7）促进沿海、海洋环境保护与可持续利用

该领域旨在通过开发国家海洋水质标准、建立保护区代表网络、开展公共意识运动等确保东盟沿海和海洋环境的可持续管理，典型生态系统、原始地区和物种的保护，经济活动的可持续管理，以及沿海和海洋环境公众意识的灌输。目前，东盟发布了《东盟海水水质标准：管理准则和监测手册》，为东盟成员国在协调海洋水质管理政策和监测方法上提供参考文件。该领域属于沿海海洋环境工作组的范畴，牵头国家是菲律宾。

（8）促进自然资源和生物多样性的可持续管理

该领域旨在通过加强跨界保护区的管理合作、建立功能性区域网络、促进东盟地区生物资源和生物安全措施清单的能力建设、在区域和国际层面减少外来物种的影响等措施，确保东盟生物多样性的保护和可持续管理。为此，东盟成立了东盟生物多样性中心（ACB）并开展了环境合作旗舰项目，如东盟遗产公园计划。到目前为止，有28片区域被划为遗产公园。该领域属于东盟自然资源和生物多样性工作组的范畴，牵头国家是缅甸。

（9）可持续的淡水资源管理

该领域旨在促进水资源的可持续性，提供足够和可负担的水服务以满足东盟人民的需要。东盟于2002年成立了水资源管理工作组（AWGWRM），并通过了旨在解决有关水资源需求和供给问题的《东盟水资源管理长期战略计划》和《东盟水资源管理行动计划》。为落实行动计划，东盟开展了一系列活动，包括水资源综合管理战略的研讨会、城市水资源需求管理学习论坛、水资源灌溉需求管理学习论坛、东盟成员国洪水极端事件的风险和影响研讨会等。该领域属于东盟水资源管理工作的范畴，牵头国家是新加坡。

（10）应对气候变化及其影响

该领域旨在通过在东盟成员国实施减排和适应措施，加强区域和国际合作以应对气候变化及其对社会经济发展、健康和环境的影响。包括鼓励开发《东盟气候变化倡议》，开发区域战略以增强适应能力，发展低碳经济和加强应对气候变化的公共意识，加强东盟成员国和相关伙伴间的合作以应对气候相关的灾害和气候变化情景，开发区域分类观察系统以监测气候变化对东盟脆弱生态系统的影响等。东盟编制了“应对气候变化行动计划”并建议建立“东盟应对气候变化工作组”。此外，东盟还积极推行“清凉东盟与绿色首都行动”。为更好地推动该项工作的开展，东盟正在筹备建立东盟气候变化工作组。该领域的牵头国家是泰国。

2009 年第 14 届东盟峰会上，东盟领导人签署了《东盟共同体 2009 ~ 2015 年路线图宣言》，对 2002 年环境合作的 10 个优先领域进行了调整，形成新的优先领域，包括越南牵头的全球环境问题、由独立机构负责的跨界环境污染的管理及防止、由文莱牵头的环境教育与公众参与、由马来西亚负责的环境友好技术、由印度尼西亚负责的城市环境管理与治理、由东盟秘书处负责的环境政策和数据的协调、由菲律宾牵头的沿海和海洋环境保护与可持续利用、由缅甸负责的促进自然资源和生物多样性的可持续管理、由新加坡负责的可持续的淡水资源管理，以及泰国负责的气候变化等。

这些年来东盟关于环境的计划、蓝图及形成的文件见表 3 – 35、表 3 – 36。

表 3 – 35　东盟关于环境的计划、战略、行动与蓝图

年份	项目
1978 ~ 1982	东盟次区域环境计划（第一阶段）
1983 ~ 1987	东盟次区域环境计划（第二阶段）
1988 ~ 1992	东盟次区域环境计划（第三阶段）
1994 ~ 1998	东盟环境战略行动计划
1999 ~ 2004	河内行动计划
2004 ~ 2010	万象行动计划
2004	东盟安全共同体行动计划
2005	东盟社会文化共同体行动计划
2007 ~ 2010	第二届东盟 – 加拿大联合合作工作计划
2007 ~ 2017	东盟 +3 合作工作计划
2008	完成东盟 – 澳大利亚全面伙伴关系联合宣言的行动计划
2009	东盟一体化战略框架倡议以及东盟一体化倡议第二工作计划（2009 ~ 2015）
2009	东盟政治安全共同体蓝图
2009	东盟社会文化共同体蓝图（2009 ~ 2019）

环境和可持续发展合作是东盟社会文化共同体蓝图（2009 ~ 2015）的重要组成部分。在东盟社会文化共同体理事会框架下，东盟环境合作已经形成了完整的管理体系框架，具体如图 3 – 2 所示。

表 3-36　东盟关于环境的宣言、决议和条约

年份	项目	年份	项目
1981	东盟环境的马尼拉宣言	2000	关于环境的哥打京那巴鲁决议
1984	东盟环境曼古宣言	2003	关于可持续发展的仰光决议
1987	可持续发展雅加达决议	2006	关于可持续发展的宿雾决议
1990	关于环境与发展问题的吉隆坡协议	2007	东盟环境可持续性宣言
1992	关于环境与发展的新加坡决议	2009	关于东盟共同体路线图的华欣宣言
1994	关于环境与发展的斯里巴加湾决议	2009	实现东盟千年发展目标的联合宣言
1997	关于环境与发展的雅加达官方宣言		

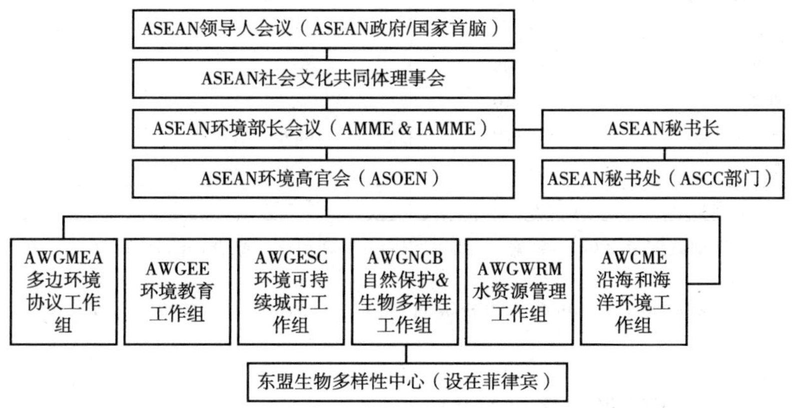

图 3-2　东盟环境合作管理框架

经过努力，东盟国家在环境保护与可持续发展合作方面取得了一些进展和成效，主要体现在以下几个方面。

（1）保护土地资源

从总体上看，东盟地区受到保护的土地面积约占全部土地的 13.2%（见表 3-37）。其中，柬埔寨和泰国受到保护的土地比例较高，分别达到 23.5% 和 21.2%；文莱和菲律宾次之，均达到 18.2%；而越南、新加坡、缅甸和马来西亚则较差，受保护的土地面积比例均低于 10%，尤其是新加坡，其保护土地面积比例只有 4.8%。印度尼西亚受到保护的土地面积比例约为 13.1%，但约占整个东盟地区的 42%。

尽管东盟成员国的土地保护面积比例并不均衡，但是一个可喜的趋势是，东盟国家的土地保护面积近 10 年来有所增加。其中，老挝、菲律宾、缅甸、泰国、马来西亚和越南等国家都设立了新的保护土地，实行国家遗产公园项目等，目的就是保护土地以努力实现2010年的生物多样性公约目标。

表3-37 东盟成员国保护土地情况

国 家	土地面积(平方公里)	保护土地面积(平方公里)	保护土地面积的比例(%)
文 莱	5765	1047	18.2
柬埔寨	181035	42592	23.5
印度尼西亚	1890754	247269	13.1
老 挝	236800	36992	15.6
马来西亚	330252	22178	6.7
缅 甸	676577	49456	7.3
菲律宾	300000	54491	18.2
新加坡	710	34	4.8
泰 国	513120	108958	21.2
越 南	329315	25417	7.7
东盟合计	4464328	588434	13.2

注：保护面积数据为2008年数据，土地面积为东盟成员国的数据，部分数据与中国外交部数据有一定差异。

资料来源：ASEAN，"Fourth ASEAN State of the Environment Report 2009"，p. 55。

（2）设立海洋保护区（MPAs）

在过去的十几年里，东盟地区的海洋保护区域数量和面积都有所增加。据联合国统计数据，东盟成员国2007年的海洋保护面积达到87778平方公里，比1995年的约40000平方公里增加了119.4%①。尤其是2001~2003年，东盟地区的海洋保护面积得到迅速增加。

从拥有海洋保护区的数目上看，截至2009年9月，菲律宾拥有的保护区数目最多，达到339个，包括7000个岛屿；拥有的保护区数量排第二的是印度尼西亚，为129个；第三的是马来西亚，为83个；柬埔寨、新加坡和缅甸拥有的海洋保护区数量较少，文莱则没有设立海洋保护区（见表3-38）。从单一海洋保护区大小看，印度尼西亚的萨武海国家海洋公园（Savu Sea Marine National Park）是东盟地区最大的海洋保护区，面积达到35000平方公里。

① United Nations MDG online database, See http://www.un.org/millenniumgoals.

表 3－38　东盟成员国海洋保护区情况

国　家	保护区数量(个)	国　家	保护区数量(个)
文　莱	0	菲律宾	339
柬埔寨	2	新加坡	2
印度尼西亚	129	泰　国	23
马来西亚	83	越　南	36
缅　甸	6	东盟合计	620

资料来源：ASEAN，“Fourth ASEAN State of the Environment Report 2009”，p. 48.

(3) 空气质量管理

为了控制空气污染，提高空气质量，东盟以及东盟成员国制定了相关法律，出台了相关政策，执行了多种措施（见表 3－39）。

表 3－39　东盟成员国空气质量管理措施

成员国	措　施
文　莱	设立空气质量监测网点，监测空气中的 PM_{10}、$PM_{2.5}$、O_3、SO_x、NO_x、CO 和 CO_2
柬埔寨	—
印度尼西亚	1. 停止使用含铅汽油，自 2007 年开始交通工具强制执行“欧－Ⅱ”排放标准； 2. 鼓励交通工具使用清洁天然气(CNG)，设立 2000 多个清洁天然气(CNG)转化装置，方便公共交通工具加注 CNG； 3. 2007 年设立“蓝天城市奖”
老　挝	—
马来西亚	1.《环境质量条例(2007)》生效； 2. 部分行业引入空气污染排放持续监测体系； 3. 修订《空气质量条例(1978)》《空气质量条例(1996)》和《环境质量条例(1996)》，以适应新的空气质量要求； 4. 执行“清洁空气行动计划”
缅　甸	1. 短期规划以 CNG 代替汽油和柴油，长期规划则以生物燃料代替； 2. 计划改装 10 万辆汽油车和 15 万辆柴油车使用 CNG，并向 CNG 转化装置的所有者提供贷款； 3. 2004 年倡议种植正麻疯树(Jatropha Curcus)，2005 年倡议种植甘蔗，以提炼清洁燃料
菲律宾	1.《生物燃料法案(2006)》于 2007 年 1 月生效； 2. 能源部执行长期的“可替代燃料计划”以减少对进口原油的依赖，并提供廉价和环境友好型的燃料，包括四个“子计划”，如“生物－柴油计划”“生物－乙醇计划”“天然气公共交通计划”和“汽车－天然气计划”等； 3. 提倡使用清洁能源交通工具； 4. 2007 年出台《关于连续排放监测系统以及其他可接受协议的要求指南》，使相关规则更加清晰

续表

成员国	措　施
新加坡	1. 环境与水资源部于2006年10月强制执行"欧-Ⅳ"排放标准； 2. 环境与水资源部促进清洁能源技术的应用,如"绿色交通工具返现计划"
泰　国	1. 制定了"空气质量与噪声管理计划(2005~2016)"； 2. 出台 NO_2 控制细则以及噪声控制标准
越　南	1. 2001~2006年,政府出台三个汽车使用年限的规则,报废44500辆超期限汽车； 2. 2005年出台《道路车辆排放标准申请路线图》,从2006年7月开始对二手车辆执行"欧-Ⅱ"排放标准,2025年实现所有车辆执行"欧-Ⅴ"排放标准； 3. 2005年,出台了四个空气质量标准

资料来源：ASEAN，"Fourth ASEAN State of the Environment Report 2009"，pp. 73－74.

为了防止空气质量的进一步恶化，东盟成员国中的马来西亚、新加坡和泰国早在1991年就开始引入限制使用含铅汽油的措施，并且泰国于1996年完成了目标，开始停止使用含铅汽油。印度尼西亚于2001年开始引进这一措施，其起步时间最晚，完成任务的时间（2006年）也排在其他东盟成员之后。目前，除柬埔寨、老挝和缅甸三个国家外，其他东盟成员国已经全部停用了含铅汽油（见表3－40）。

尽管东盟成员国在控制空气质量上有共识，但各成员国的具体政策措施的重点有所差别。例如柬埔寨侧重于清洁能源和能源效率；老挝的重点在于降低对传统能源的过度依赖，转而提升对可再生能源的利用率；泰国的重点在于降低运输工具的污染排放，并将发展乙醇工业以提升可再生能源的利用率作为国家战略；新加坡通过严格的监测、谨慎制定土地使用计划、工业区与居民区分离、强制引进欧洲（Ⅰ～Ⅳ）交通工具排放标准等措施，控制空气质量。

为了更好地监测空气质量，东盟成员国大多设立了监测网，以实时掌握空气质量状态。在东盟成员国中，新加坡是最早设立空气质量监测站点的国家（1971年），马来西亚紧随其后，于1978年设立了相关监测站。缅甸也于2008年设立了监测站。截至2009年，东盟成员国设立的空气质量监测站已经达到177个，对空气中包含的污染物质，例如PM、CO、NO_X、SO_X、Pb、O_3、TSP等进行监测（见表3－41）。

表 3-40 东盟成员国停止使用含铅汽油概况

东盟国家	开始执行时间	全部完成时间
文　莱	1993	2000
柬埔寨	—	—
印度尼西亚	2001	2006
老　挝	—	—
马来西亚	1991	1998
缅　甸	—	—
菲律宾	1993	2001
新加坡	1991	1998
泰　国	1991	1996
越　南	2000	2001

资料来源：ASEAN，*Fourth ASEAN State of the Environment Report* 2009，p. 72。

表 3-41 部分东盟成员国设立空气质量监测站情况（2009 年）

国　家	开始监测时间	监测站数量(个)	监测污染物种类
文　莱	—	5	PM
马来西亚	1978	51	CO, NO_2, O_3, SO_2, PM_{10}
缅　甸	2008	3	PM_{10}, NO_2, SO_2
菲律宾	—	37	TSP, PM_{10}, NO_2, O_3, SO_2, CO, Pb
新加坡	1971	11	SO_2, PM_{10}, $PM_{2.5}$, O_3, CO, NO_x, Pb
泰　国	1989	52	SO_2, NO_2, CO, O_3, PM_{10}, TSP
越　南	—	18	CO, NOx, SO_2, O_3, PM_{10}, $PM_{2.5}$

（4）应对气候变化

气候变化是一个长期的全球性挑战，气候相关问题包括极端天气、海平面上升、资源缺失、疾病等。气候变化影响还可能危及国家和地区稳定、能源和粮食安全，影响到其主要产业如旅游和农业。气候变化导致的极端天气如水灾等也越来越影响到粮食生产，导致人口迁移和移民压力。东盟国家特别是沿海和岛屿国家对气候变化影响更加敏感。

在东盟早期的气候变化行动中，减缓是重点，但适应的重要性在 2007 年第 13 次东盟领导人会议上发表的宣言中得以确认。东盟 2009～2015 年共同体路线图所确定的《东盟社会－文化共同体蓝图》是气候变化合作的指导文件。气候变化适应的行动可以是“地方”的，但适应影响超越边境，造成环境灾害，需要区域合作和行动。蓝图鼓励对气候变化问题的共同认识和联合行动，制定东盟气候变化合作倡议（ASEAN Climate Change Initiative），研究、传播和转移适应措施；提高区域适应能力，发展低碳经济，提高公众应对气候变化的意识。东盟气候变化倡议为开展气候变化合作和协调提供了一个区域框架。倡议将由东盟气候变化工作组实施。东盟的各专业机构如能源效率、交通、森林机构负责将气候变化行动在东盟项目中实现主流化。

区域的一些气候变化适应举措与自然灾害相关，因此，东盟将减少灾害风险措施作为一项重要的工作。东盟灾害管理委员会（ASEAN Committee on Disaster Management）寻求将气候变化适应作为东盟灾害管理和应急响应协定（ASEAN Agreement on Disaster Management and Emergency Response）2010～2015 年工作计划的组成部分。东盟秘书处、联合国减灾国际战略（United Nations International Strategy for Disaster Reduction）和世界银行三方签署的关于减少灾害风险合作备忘录的一个主要目的是在减少灾害风险和气候变化适应方面开展能力建设。

关于适应的一个关键问题是粮食安全。农业、渔业和森林在许多东盟国家是人们赖以生存和解决就业的重要部门。气温上升对农业生产的影响不容置疑。“东盟气候变化和粮食安全多领域框架”（ASEAN Multi-Sectoral Framework on Climate Change and Food Security）旨在指导东盟以综合和战略性方式处理这三个领域的气候变化问题。该框架与现有的东盟综合粮食安全框架和粮食安全战略行动计划（ASEAN Integrated Food Security Framework and the Strategic Plan of Action on Food Security in the ASEAN Region）有密切联系。它有 4 个主要内容：①将气候变化适应战略整合在社会－经济发展政策框架中；②实施适应措施合作；③加强国家和区域气候变化和粮食安全知识分享、沟通和网络；④制定一个综合性的跨领域战略框架和实施路线图。

气候变化适应是东盟防止跨界烟霾污染行动的一部分。1997 年区域烟霾行动计划（Regional Haze Action Plan 1997）是一个框架性的计划，旨在指导东南亚加强跨界烟霾污染的处理能力，有 3 个组成部分：预防、监督和减缓。2003 年东盟跨界烟霾污染协定（ASEAN Agreement on

Transboundary Haze Pollution 2003）为行动计划的实施提供了一个法律框架，其目的是防止和监督陆地或森林火灾引起的跨界烟霾污染。虽然是一个有约束力的文件，但没有惩罚措施，这影响到协定对适应活动的支持力度。

像其他亚洲地区一样，东南亚也正在经历城市化进程。东盟认为有必要发展有气候适应能力的城市，支持一些合作计划如生态城市。新加坡-天津生态城市项目即是这样一个例子。2007 年，东盟成员国与中国开展合资项目，绿色建筑、绿色交通两种特色融入气候变化适应战略。

东盟及其成员国还参与外部适应合作计划。东盟秘书处和成员国参与了联合国环境规划署东南亚气候变化网络（UNEP Southeast Asia Climate Change Network）。同样，除文莱和新加坡外，其他所有成员国都参与了亚洲区域气候变化适应知识平台（Regional Climate Change Adaptation Knowledge Platform for Asia）。东盟气候变化适应努力依赖发达国家的资金、技术转让和能力建设。东盟和美国领导人同意加强气候变化研究、制定和实施适当的政策和措施合作。

东盟成员国批准了《联合国气候变化框架公约》（UNFCCC）和《京都议定书》（Kyoto Protocol）。为了执行《联合国气候变化框架公约》和《京都议定书》，东盟各国均设立了气候变化国家联络点（National Focal Points for Climate Change）（见表 3-42）。

表 3-42　东盟各国气候变化国家联络点

国　家	气候变化国家联络点	气候变化政策、规划和措施执行机构
文　莱	环境、公园和娱乐司（Department of Environment, parks and Recreation）	国家气候变化委员会（National Council on Climate Change）
柬埔寨	环境部（Ministry of Environment）	国家气候变化委员会（National Climate Change Committee）
印度尼西亚	环境部气候变化处（Ministry of Environment: Climate Change Division）	国家气候变化与环境委员会（National Committee on Climate Change and Environment） 国家气候变化委员会（National Council for Climate Change）
老　挝	水资源与环境管理局环境司（Department of Environment: Water Resources and Environment Administration）	国家气候变化指导委员会（National Steering Committee on Climate Change）

续表

国 家	气候变化国家联络点	气候变化政策、规划和措施执行机构
马来西亚	自然资源与环境部（Ministry of Natural Resources and Environment）	国家气候变化指导委员会（National Steering Committee on Climate Change）
缅 甸	国家环境事务委员会（National Commission on Environmental Affairs）	无数据
菲律宾	气候变化总统工作组（Presidential Task Force on Climate Change）	机构间气候变化委员会（Inter-Agency Committee on Climate Change） 气候变化总统工作组（Presidential Task Force on Climate Change） 气候变化减缓、适应和信息咨询委员会（Advisory Council on Climate Change Mitigation, Adaptation and Communication）
新加坡	环境与水资源部（Ministry of Environment and Water Resources）	国家气候变化委员会（National Climate Change Committee） 国家气候变化秘书处（National Climate Change Secretariat）
泰 国	自然资源与环境部国家资源和环境政策与规划办公室（Ministry of Natural Resources and Environment: Office of Natural Resources and Environmental Policy and Planning）	国家气候变化委员会(1993) 国家局气候变化政策和气候变化协调小组(2007) National Committee on Climate Change (1993) National Board on Climate Change Policy and Climate Change Coordinating Unit(2007)
越 南	自然资源与环境部气象、水利与气候变化司（Ministry of Natural Resources and Environment: Department of Meteorology, Hydrology and Climate Change）	国家气候变化委员会（National Climate Change Committee）

如果单纯地将环保部门作为气候变化国家联络点，不一定有能力将气候变化战略纳入发展规划之中，因此，一些国家建立了适当的政策框架来解决这个问题。比如，一些东盟国家都成立了一个高级别的政府机构负责国家层面的气候变化政策、计划和措施的制定和实施（见表 3 – 43）。

大多数国家都建立了气候变化的制度框架，并制定了大量的政策、项目和战略。然而，适应活动严重依赖外部援助。多个政府部门负责气候变化政策制定和实施也产生了职责不清和项目不确定的问题。在菲律宾，有 3 个不同的机构负责气候变化的政策制定。

表 3－43　东盟国家协调和执行气候变化适应活动的专门机构

国　家	机　　构
柬埔寨	环境部规划和法律事务司气候变化办公室（Ministry of Environment，Department of Planning and Legal Affairs：Climate Change Office）
印度尼西亚	环境部气候变化适应处（Ministry of Environment：Subdivision of Adaptation to Climate Change）
菲律宾	气候变化委员会（Climate Change Commission）
新加坡	国家发展部国家适应工作组（Ministry of National Development：National Adaptation Taskforce）
越　南	自然资源和环境部气候变化适应专门工作组（Ministry of Natural Resources and Environment：Thematic Ad Hoc Working Group on Climate Change Adaptation）

根据气候变化框架公约第 4（1）条和第 12（1）条，各缔约方应互相交换信息。除文莱和缅甸外，所有的国家都向秘书长提交了首份国家通讯并在准备第二份通讯。大多数国家都认识到适应措施的重要性，有必要加强研究以开发和实施适应措施。国家通讯中涉及的行业有农业、森林、健康、水资源和海岸资源。柬埔寨、新加坡、泰国和越南的国家通讯都专门有脆弱性和适应性内容，总体上，国家通信缺乏一个清晰、一致、详细的适应政策和战略。

所有的东盟成员国都被列为气候变化框架公约的非附件一国家，因此，没有减排承诺的义务。尽管如此，一些国家也制定了应对气候变化的国家政策、战略、规划和项目，也努力提高自身的适应能力。以下是部分东盟国家在气候变化方面采取的行动。

- 文莱正在制定国家适当的减缓行动计划。
- 印度尼西亚应对气候变化国家行动计划（National Action Plan Addressing Climate Change）为国家机构提供了初步指南，采取协调和统一的措施应对气候变化适应性问题。适应性是国家发展议程的一个关键方面，其长期目标是纳入国家发展规划。2007 年，国家发展规划部门（the National Development Planning Agency）将气候变化纳入 2004～2009 年中期发展规划（National Medium-Term Development Plan 2004－2009）和 2010～2014 年中期发展规划。印度尼西亚制定了气候变化部门路线图（Climate Change Sectoral

Roadmap），将气候变化纳入国家发展规划的主流。

• 菲律宾的中期发展规划（Medium Term Philippine Development Plan for 2004－2010）仅仅将气候变化适应放在减少灾害风险方面。最近，在更新的规划里，在气候变化适应主流方面有进步。2009 年颁布的《菲律宾气候变化法令》（Philippine Climate Change Act of 2009）确认了气候变化与减轻灾害风险之间的关系，以及将减灾纳入气候变化项目和计划之中。菲律宾信息部门负责发布气候变化、当地脆弱性和风险、相关法律和议定书和适应措施的信息。

• 马来西亚在2009 年制定了一个气候变化国家政策（National Policy on Climate Change）。

• 新加坡的国家适应政策已整合到2008 年国家气候变化战略中。

• 泰国的2008～2012 年气候变化战略规划（Strategic Plan on Climate Change）包括适应性和减少气候变化影响脆弱性能力建设，并正在制定2010～2019 年气候变化国家总体方案（National Master Plan on Climate Change）。

• 越南到 2010 年的国家环境保护战略（National Strategy for Environmental Protection）和2020 年愿景包括减少海岸地区海平面上升影响的气候变化适应措施，2008 年应对气候变化国家目标计划（National Target Program to Respond to Climate Change）确立了部门和地理适应行动计划的发展方向，农业和农村发展部（Ministry of Agriculture and Rural Development）正在制定适应和减缓的行动计划。

《气候变化框架公约》第 4.9 款承认最不发达国家的特殊地位和需求。由于其评估脆弱性和适应气候变化的能力有限，《国家适应行动方案》（National Adaptation Programmes of Action）为最不发达国家确定了满足适应气候变化最迫切需求的优先活动。联合国开发计划署（United Nations Development Programme）和全球环境基金（Global Environment Facility）为柬埔寨和老挝设计和实施国家适应行动方案提供支持，并考虑为缅甸提供类似支持。

一些东南亚国家比其他国家更直接地受到某些气候变化影响。因此，东盟有限的职责并不妨碍次区域合作的迅速增加，例如，拥有4个成员国、由柬埔寨、老挝、泰国、越南参加的湄公河委员会（Mekong River Commission），为了支持区域合作和应对气候变化影响，正在积极考虑签署《大湄公河气候变化适应协定》（Greater Mekong Climate Change Adaptation Agreement）。同样，在世界自然基金会（World Wildlife Fund）支持的珊瑚大三角保育计划（Coral Triangle Initiative）项下，印度尼西亚、马来西亚、菲律宾针对海洋环境采取了适应措施合作。

“东盟方式”限制区域适应合作的地方影响，除非可以被列为非传统安全问题。东盟制定了一些回应和主动的适应措施，但是大多数是回应式。这会限制措施的范围。当东盟主动制定适应相关项目时，其实施却受到限制。缺乏处理监督、报告、处罚和不履行等问题的有效机制，妨碍了东盟努力的有效性。

第四章 东盟产业发展状况

第一节 产业概况

东盟成员国在经济规模、发展水平、工业化程度等方面差异很大。同时，各成员国在产业分布、产业发展水平等方面也存在较大差异。如何使东盟各成员国在产业发展上取长补短成为东盟经济一体化的重要条件和首要课题。2004 年 11 月 29 ~ 30 日在老挝首都万象举行的第 10 次东盟首脑会议上，东盟成员国签署了《万象行动纲领》和《东盟关于一体化优先领域的框架协议》两份文件。《框架协议》规定，文莱、印度尼西亚、马来西亚、菲律宾、新加坡和泰国 6 个东盟成员国必须在 2007 年之前将 11 个优先领域的产品关税削减为零，以进一步推进东盟经济一体化的建设。柬埔寨、老挝、缅甸和越南 4 个国家将在 2012 年实现对这 11 个领域产品的关税减免。这 11 个优先领域包括农业产品、汽车、电子产品、渔业、橡胶产品、纺织服装、木制品、航空运输、电子东盟（e-ASEAN，即信息技术）、医疗保健和旅游业。

2007 年 8 月下旬在菲律宾首都马尼拉召开的第 39 届东盟经济部长级会议上，东盟经济部长们批准了《东盟经济共同体蓝图》最后草案文本，提出到 2015 年，实现货物、服务、投资、技术人员和资本的自由流动，蓝图总体规划了东盟今后 7 年内应采取的措施，包括将电子、医疗保健、汽车等作为一体化的 12 个优先行业，加强政府与企业界等的伙伴互动关系，加快与对话伙伴国的自由贸易谈判等。在此次会议上东盟经济部长们签署的《东盟物流一体化路线图》中，将物流产业确定为东盟的第 12 个优先一体化行业。《东盟经济共同体蓝图》的签署为东盟经济共同体的建立和经济一体化的提速细化了实施步骤和具体目标。同年 11 月，第 13 届东盟首脑会议在新加坡举行，通过了包括《东盟宪章》《东盟经济共同体蓝图宣言》在内的一系列重要文件。2009 年 2 月，第 14 届东盟首脑会议在泰国华欣签署了《东盟共同体 2009～2015 年路线图宣言》。在《东盟经济共同体蓝图》设定的路线图中，东盟规定在 2010～2011 年期间完成原先指定的 11 个优先一体化领域大多数相关措施，在 2012～2013 年期间完成物流服务领域大多数相关措施①。

东盟国家选定的上述 12 个优先一体化领域是东盟国家相对具有竞争力的产业，因此成为具有现实可操作性的东盟经济一体化先行领域。但东盟成员国在主要产业的分布上不尽相同。新加坡经济发达，是出口导向的外向型经济体，产业以石油化工、电子、商业服务、航运、物流、金融、科研、旅游业为主，是世界第三大炼油中心，近年积极发展高科技和教育产业。马来西亚和泰国经济发展有一定基础，产业以旅游业、制造业、农业和渔业为主，近年积极发展航运和物流业。马来西亚的主要产业有橡胶、棕榈油、胡椒等农林产业和电子、化工、液化天然气等工业。印尼的传统支柱产业是农业和油气产业。越南和菲律宾经济相对落后，产业偏重于旅游业、基础制造业、农业和渔业。越南的主要产业有农业、石油加工、纺织服装和鞋、渔业和水产品加工、电子等。缅甸、柬埔寨和老挝经济落后，工业基础薄弱，产业主要有农业和旅游业，缅甸的宝石和玉石在世界上享有盛名。文莱虽然人均 GDP 接近发达国家，但除了油气产业之外其他产业不发达，经济以石油和天然气出口为主。

从 20 世纪 80～90 年代开始，随着国际投资和跨国公司的涌入，东盟国

---

① 资料来源："ASEAN Economic Community Blueprint"，www. aseansec. org/21083. pdf。如无特别说明，本章资料主要来源于中国驻东盟各国大使馆的经济商务参赞处网站。

家日益成为跨国公司一些产业全球产业链的重要环节。跨国公司在东盟国家的电子、信息、石化、汽车等领域渗透程度较高，这些工业部门被纳入跨国公司的全球生产体系和产业链之中，多数产业由跨国公司所主导，同时其发展水平和规模也得到了一定的提升。东盟国家是全球办公和通信设备产品的重要生产、出口基地，但多数为劳动密集型组装基地和中低档元件产业基地。此外，文莱的石油天然气、新加坡的炼油、泰国的汽车零部件等都是在欧、美、日等发达国家跨国公司的投资带动下成为本国的重要产业。

在服务产业上东盟各国也各有特色，且各国发展不平衡。新加坡是国际金融、海运、空运中心，国际服务贸易的自由化和开放程度高；马来西亚的电信、离岸金融、保险、运输、旅游等产业的发展水平和开放程度相对较高；印尼、泰国、菲律宾、文莱的服务产业发展缓慢，许多部门仍有很多限制，旅游业有所发展；越南、柬埔寨、缅甸、老挝 4 个新成员国的服务业水平和开放程度较低。

东盟国家位于热带地区，种植热带作物是其成员国的经济特点之一和农业共性，但在主要经济作物的分布上也存在一定的差异。越南的经济作物有天然橡胶、黄麻、甘蔗、咖啡、茶、烟叶、胡椒等；老挝的经济作物有橡胶、咖啡、棉花；柬埔寨的经济作物有橡胶、胡椒、棉花、烟草、糖棕、甘蔗、咖啡、椰子；泰国主要有橡胶、甘蔗、绿豆、麻及各种热带水果；缅甸主要有棉花、黄麻、橡胶、甘蔗、烟草、咖啡等；马来西亚的经济作物主要有橡胶、油棕、胡椒、可可和热带水果等；新加坡国土狭小，自然资源贫乏，境内没有重要的经济作物；印度尼西亚主要有橡胶、咖啡、棕榈油、椰子、甘蔗、胡椒、奎宁、木棉、茶叶等；文莱种有小面积的水稻，还有橡胶、胡椒、椰子等热带作物；椰子、甘蔗、马尼拉麻和烟草是菲律宾的四大经济作物。

全球金融危机爆发后，东盟国家积极调整中长期经济发展战略，实施经济重组和结构调整，加快经济转型和产业升级的步伐，各国相继推出相关的政策目标和相应措施，其中在产业规划与布局上以印尼的经济发展总体规划最为突出。2011 年 5 月，印尼政府提出了《2011 ~ 2025 年印尼经济发展总体规划》。根据该规划，印尼政府将重点发展“六大经济走廊”，着力推动交通、通信、能源等大型基础设施项目建设，形成各具产业特色的工业中心。政府拟定的“六大经济走廊”分别为：爪哇走廊——以服务业和高科技产业为主，东爪哇省沿海地区将发展为化工产业中心和造船中心，而内陆地区将发展为食品和饮料生产中心；苏门答腊岛走廊——重点发展农业种植、矿产加工和开采等；苏南省和廖岛将发展为棕油加工中心；加里曼丹走廊——以农业种植和采矿为主；苏拉威西走廊——主要发展渔业、农业种植以及采矿；巴厘和努沙登加拉走廊——重点发展旅游业和手工业，将巴厘岛和龙目岛打造成旅游休闲中心；巴布亚和马鲁古走廊——以发展渔业、采矿业和林业为主①。

第二节　产业发展情况

1. 产业结构

虽然东盟北方 4 国在 20 世纪 80 年代末和 90 年代初进行了经济改革，并取得了初步成效，但仍没有改变其第二和第三产业发展滞后的状况，农业在其国内生产总值中仍占主导地位，工业（尤其是制造业）和服务业占国内生产总值的比重仍然较低，制造业比重在 20% 以下（见表 4－1），服务业比重普遍在 40% 以下。4 个新成员国的经济结构仍然非常落后，产业发展水平仍然很低。

近年来东盟经济以较高的增长率得到持续发展，这得益于东盟国家比较谨慎的宏观经济政策和相对开放的贸易和投资环境。这段时期也是东盟的制造业和服务业稳定发展的时期以及东盟经济结构的转型期。这体现在，制造业产品出口额在 1975 年仅占东盟出口总额的 18%，而目前这一比重上升到 60% 以上。

---

① 王勤：《2011～2012 年东南亚经济回顾与展望》，《东南亚纵横》2012 年第 2 期，第 5 页。

表 4-1 东盟成员国的经济结构（占 GDP 比重）

单位：%

国家	经济结构	1990 年	2000 年	2009 年	2010 年
文莱	—农业	1.2	1.0	0.9	0.8
	—工业	54.3	63.7	65.4	66.8
	其中制造业	—	—	—	—
	—服务业	44.6	35.3	33.7	32.5
柬埔寨	—农业	—	37.8	35.7	36.0
	—工业	—	23.0	23.1	23.3
	其中制造业	—	16.9	15.3	15.6
	—服务业	—	39.1	1.3	40.7
印尼	—农业	19.4	15.6	15.3	15.3
	—工业	39.1	45.9	47.7	47.0
	其中制造业	20.7	27.7	26.4	24.8
	—服务业	41.5	38.5	37.0	37.6
老挝	—农业	61.2	52.5	35.2	33.0
	—工业	14.5	22.9	25.5	30.2
	其中制造业	10.0	17.0	8.6	7.6
	—服务业	24.3	24.6	39.3	36.8
马来西亚	—农业	15.2	8.6	9.5	10.6
	—工业	42.2	48.3	43.8	44.4
	其中制造业	24.2	30.9	25.5	26.1
	—服务业	42.6	43.1	46.7	45.0
缅甸	—农业	57.3	57.2	38.1	36.4
	—工业	10.5	9.7	24.5	26.0
	其中制造业	7.8	7.2	18.1	19.5
	—服务业	32.2	33.1	37.4	37.6
菲律宾	—农业	21.9	14.0	13.1	12.3
	—工业	34.5	4.5	31.7	32.6
	其中制造业	24.8	4.5	21.3	21.4
	—服务业	43.6	51.6	55.2	55.1
新加坡	—农业	0.2	0.1	0.0	0.0
	—工业	33.3	34.5	28.3	28.3
	其中制造业	—	—	—	—
	—服务业	66.5	65.4	71.6	71.7
泰国	—农业	12.5	9.0	11.5	12.4
	—工业	37.2	42.0	43.3	44.7
	其中制造业	27.2	33.6	34.2	35.6
	—服务业	50.3	49.0	45.2	43.0

续表

国 家	经济结构	1990 年	2000 年	2009 年	2010 年
越 南	—农业	38.7	24.5	20.9	20.6
	—工业	22.7	36.7	40.2	41.1
	其中制造业	12.3	18.6	20.1	19.7
	—服务业	38.6	38.7	38.8	38.3

注：①2010 年资料为初步估算值（新加坡和文莱除外）；②新加坡和文莱的 1990 年份数据实际为 1995 年数据。

资料来源：新加坡和文莱的资料来源于 Economy and Output，National Accounts，Asian Development Bank（ADB），Key Indicators for Asia and the Pacific 2011，www.adb.org/statistics，其他数据系笔者根据世界银行统计资料整理，http：//data.worldbank.org/。

从东盟的产业结构变化来看，农业产值在东盟总体产值中所占比重从 1970 年①的 33.05% 下降到 2010 年的 12.99%，而同期工业和服务业所占比重则分别从 24.37% 和 42.58% 提高到 41.63% 和 45.38%，工业所占比重变化明显，服务业则略有上升，但幅度不大。

但是和世界平均水平②比较，东盟的产业结构显得明显落后。2005 年，东盟三次产业占 GDP 比重分别为 11.00%、42.32% 和 46.68%，同期世界的产业结构为 3.49%、28.79% 和 67.72%。到了 2010 年，东盟三次产业占 GDP 的比重分别为 12.99%、41.63% 和 45.38%，而同期世界的产业结构则为 4.26%、29.41% 和 66.33%（见表 4－2），东盟的农、林、牧、渔等第一产业和制造业、采矿业等第二产业所占比重远远高于世界水平，而服务业比重则明显低于世界水平，表明东盟服务业的整体水平比较落后。

从近几年东盟的产业结构变化趋势来看，农业比重有所上升，工业和服务业则略有下降（见图 4－1）。这是因为随着近几年大宗粮食商品的价格持续上涨，农、林、牧、渔各产业的产值总量提高。而由于石油等能源以及其他原材料价格的上涨，东盟国家的工业生产受到一定的影响，加之周边一些国家产业竞争力的提高，挤占了东盟国家工业的空间，因此近期东盟的第二产业有所萎缩。

① 东盟成员国加入东盟的时间不尽相同，但此处的原始统计数据为联合国按东南亚地区分类的统计，因此可以说各时期的统计可以代表东盟整体的统计。

② 此处数据是根据联合国的 GDP 总量统计数据计算得出的。一般来说发达国家产值远远高于发展中国家，发达国家在世界经济总量中所占比重大，因此此处得出的数据更能展示发达国家的产业结构而非实际世界平均水平。

表 4-2　东盟与世界的产业结构比较（各产业占 GDP 比重）

单位：%

地　区	年份	农业	工业	服务业
东　盟	1970	33.05	24.37	42.58
	1980	22.16	39.48	38.36
	1990	15.97	36.74	47.30
	2000	11.64	41.10	47.26
	2005	11.00	42.32	46.68
	2006	11.06	42.63	46.31
	2007	11.51	41.87	46.61
	2008	12.40	41.98	45.62
	2009	12.78	41.13	46.09
	2010	12.99	41.63	45.38
世　界	1970	9.95	38.23	51.82
	1980	7.22	38.40	54.39
	1990	5.55	33.20	61.25
	2000	3.61	28.92	67.47
	2005	3.49	28.79	67.72
	2006	3.47	29.32	67.21
	2007	3.69	29.42	66.89
	2008	3.90	29.76	66.33
	2009	3.99	28.00	68.01
	2010	4.26	29.41	66.33

注：联合国数据为东南亚产业数据。

资料来源：根据联合国产业数据计算得出，http：//data. un. org/Explorer. aspx？ d = UNIDO。

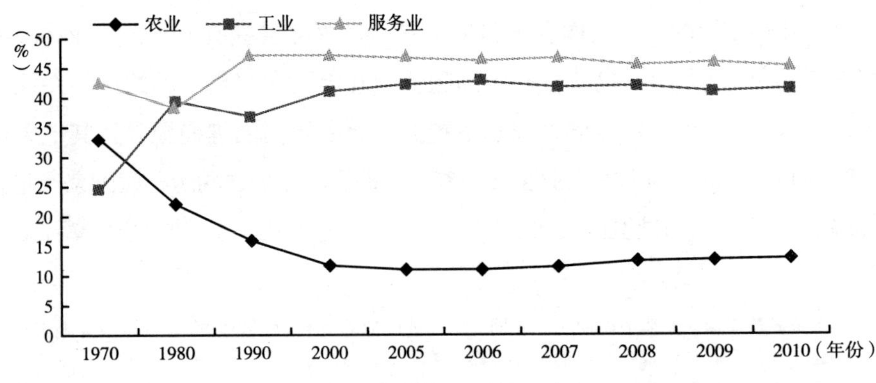

图 4-1　东盟的产业结构变化

从东盟各成员国的产业结构来看，一些国家正在逐步走出过去以农业为主的原始经济状态，努力发展工业和服务业。以典型的农业国、经济仍不发达的老挝和缅甸为例，1990 年农业占国民经济的比重分别为 61.2% 和 57.3%，农业占据绝对的主导地位。到了 2010 年，两国这一比重分别下降为 33.0% 和 36.4%。相对的，工业和服务业的比重有了显著提高。新加坡和文莱的农业比重本来微乎其微，近年来新加坡转向高附加值和高技术含量的制造业和服务业，文莱也重点发展工业。即使在人口比较多的印度尼西亚和菲律宾，近年农业所占比重也不大，基本上在 16% ~12% （见表 4－3）。农业所占比重的下降在马来西亚和越南也比较明显。尽管如此，农业在东盟地区的出口中仍然占据重要地位，发挥着重要作用。在某些农产品项目上，东盟国家还是世界上主要的出口来源地。

表 4－3　东盟成员国的产业结构（占 GDP 比重）

单位：%

国家	产业结构	1990 年	2000 年	2009 年	2010 年
文　莱	农业	1.2	1.0	0.9	0.8
	工业	54.3	63.7	65.4	66.8
	其中制造业				
	服务业	44.6	35.3	33.7	32.5
柬埔寨	农业	—	37.8	35.7	36.0
	工业	—	23.0	23.1	23.3
	其中制造业	—	16.9	15.3	15.6
	服务业	—	39.1	41.3	40.7
印度尼西亚	农业	19.4	15.6	15.3	15.3
	工业	39.1	45.9	47.7	47.0
	其中制造业	20.7	27.7	26.4	24.8
	服务业	41.5	38.5	37.0	37.6
老　挝	农业	61.2	52.5	35.2	33.0
	工业	14.5	22.9	25.5	30.2
	其中制造业	10.0	17.0	8.6	7.6
	服务业	24.3	24.6	39.3	36.8
马来西亚	农业	15.2	8.6	9.5	10.6
	工业	42.2	48.3	43.8	44.4
	其中制造业	24.2	30.9	25.5	26.1
	服务业	42.6	43.1	46.7	45.0

续表

东盟国家	产业结构	1990 年	2000 年	2009 年	2010 年
缅　甸	农业	57.3	57.2	38.1	36.4
	工业	10.5	9.7	24.5	26.0
	其中制造业	7.8	7.2	18.1	19.5
	服务业	32.2	33.1	37.4	37.6
菲律宾	农业	21.9	14.0	13.1	12.3
	工业	34.5	34.5	31.7	32.6
	其中制造业	24.8	24.5	21.3	21.4
	服务业	43.6	51.6	55.2	55.1
新加坡	农业	0.2	0.1	0.0	0.0
	工业	33.3	34.5	28.3	28.3
	其中制造业				
	服务业	66.5	65.4	71.6	71.7
泰　国	农业	12.5	9.0	11.5	12.4
	工业	37.2	42.0	43.3	44.7
	其中制造业	27.2	33.6	34.2	35.6
	服务业	50.3	49.0	45.2	43.0
越　南	农业	38.7	24.5	20.9	20.6
	工业	22.7	36.7	40.2	41.1
	其中制造业	12.3	18.6	20.1	19.7
	服务业	38.6	38.7	38.8	38.3

注：①2010 年资料为初步估算值（新加坡和文莱除外）。

②新加坡和文莱的 1990 年数据实际为 1995 年数据。

资料来源：新加坡和文莱的资料来源于 Economy and Output, National Accounts, Asian Development Bank（ADB）, Key Indicators for Asia and the Pacific 2011, www.adb.org/statistics；其他数据作者根据世界银行统计资料整理，http：//data.worldbank.org/。

2. 农业

东盟国家的农业以热带经济作物为特色。尽管农业目前在东盟经济中所占比重不大，但仍然是重要的出口和就业领域。早在 20 世纪 60 年代中期以前，东盟地区就已经是全球天然橡胶、油棕、椰子、马尼拉麻、蕉麻、金鸡纳等热带经济作物的最大产地和主要输出地区。1991 年，东盟地区的出口中农产品所占比重超过 20%。东盟农产品平均关税率从 1994 年的 17.18%

降到2008年的3.39%。在第26届东盟经济部长会议上，东盟成员国同意将过去排除在外的部分未加工农产品列入减免关税的名单之中。目前在东盟内部将所有未加工农产品列入减免税名单的呼声很高。从长远来看，这有助于提高东盟地区的农业生产效率。

马来西亚是世界上最大的天然橡胶生产国，也是重要的棕榈油和橡胶出口国。主要的农作物为水稻，大多分布在中南半岛平原区，如湄公河三角洲、湄南河平原。此外马来群岛沿海平原也产稻米。马来西亚的粮食生产长期以来是薄弱环节。为了实现自给，马来西亚农业部门投入大量资金，并通过兴修水利、增加水稻灌溉面积等措施，使稻谷产量大幅增加，粮食自给率达到70%以上。

泰国是东盟地区著名的粮食生产国和出口国。20世纪50年代以来，泰国一直注重稻米和玉米的生产，农产品出口占总出口的比重大约是30%。1981年以后，泰国一直保持全球最大的稻米出口国的地位，其稻米出口约占全球稻米出口量的40%。

印尼自1965年以来十分重视粮食生产，政府颁布了“粮食价格支持计划”，包括对从事粮食生产的农户在生产上的投入给予补贴、发放粮食生产贷款等。这一计划的实施以及政府大力推广高产稻种、投资兴修水利等措施的落实刺激了粮食生产，稻米产量大增，并在1985年实现了粮食自给。

菲律宾是传统农业国，也是重要的椰子油出口国，主要粮食作物是大米和玉米，约占全部种植面积的25%。由于生产技术和耕作的落后以及水利灌溉设施不足，粮食的单位产量较低。为了发展粮食生产，菲律宾政府在1973年和1974年分别制定了“稻米99方案”（指每公顷平均收获稻谷99袋，每袋44公斤）和“玉米丰收方案”，并采取了一系列提高稻谷和玉米产量的措施，诸如在农村推广先进耕作技术、扩建水利设施、推广良种和杀虫剂等。由于措施比较有力，泰国的粮食单位产量逐年增加，在1978年实现了粮食自给，有些年份还有少量的大米出口。

越南的粮食生产取得重大发展，目前已从粮食进口国一跃成为粮食出口国。老挝、缅甸、柬埔寨等国家的粮食产量也不断增长。

东盟的经济作物不断走向多样化。东盟多数国家不满足于发展传统的一两项经济作物，而是根据本国气候、土壤等具体条件，适应国际市场变化的需求，开发新的收益较大的经济作物。马来西亚长期保持全球最大天然橡胶和白胡椒生产国的地位。从20世纪60年代中期起，马来西亚政府规定了“4+1”的种植政策，把油棕、可可、椰子与橡胶并列为4项优先发展的经济作物，并对这些作物与大米的种植比例作了规定。1989年马来西亚油棕的出口收入超过橡胶，成为该国仅次于石油的第二大单项出口商品。此外，可可、椰子、胡椒的生产发展也很快，1989年马来西亚跃居全球第四大可可生产国。

在菲律宾的经济作物中，椰子、甘蔗和马尼拉麻曾长期占压倒优势，菲律宾的椰子生产和出口长期居世界第一。但在20世纪70年代以后，菲律宾的香蕉生产异军突起，另外，芒果、咖啡、棉花和橡胶的生产也有了长足的发展。

印尼的热带林木和橡胶出口在世界上占重要地位，橡胶、咖啡和油棕是印尼的主要传统经济物。自20世纪60年代中期以后，印尼橡胶、椰子、甘蔗等作物的种植面积大幅度增加，20世纪70年代末至80年代末，橡胶、油棕、咖啡、甘蔗、烟叶和椰子等经济作物的产值曾占农业产值的88%。

橡胶是泰国主要的传统作物，1979年后泰国成为全球主要橡胶生产国之一，产量约占全球的15%，1989年泰国生产橡胶160万吨，成为全球最大的橡胶生产国。泰国在经济作物多样化的目标下，发展了木薯、甘蔗、豆类和热带水果的种植，其中木薯的生产和出口令人瞩目。从1979年起，木薯成为泰国仅次于大米的第二大单项出口商品。

从最近10年东盟国家的农业发展情况来看，农业占国内生产总值的比重逐年下降，但多数年份大多数东盟国家的农业不断在增长，只是涨幅有限。文莱和新加坡由于国土面积狭小，农业没有多少发展余地，因此近10年来不少年份为负增长。2010年，东盟成员国的农业发展缓慢，文莱、菲律宾、新加坡和泰国这4个国家出现负增长，其他6个国家的农业增长率也都在5%以下（见表4-4）。

表 4-4 东盟国家的农业增长率

单位：%

国家＼年份	2001	2003	2005	2006	2007	2008	2009	2010
文莱	5.8	11.3	1.3	-9.9	-4.5	3.7	5.8	-5.9
柬埔寨	4.5	10.5	15.7	5.5	5.0	5.7	5.4	4.0
印尼	3.3	3.8	2.7	3.4	3.5	4.8	4.0	2.9
老挝	-0.6	2.5	0.7	2.5	6.5	4.9	3.0	3.0
马来西亚	-0.2	6.0	2.6	5.2	1.3	4.3	0.6	2.1
缅甸	8.7	11.7	12.1	9.7	7.9	5.6	5.6	4.7
菲律宾	3.4	4.7	2.2	3.6	4.7	3.2	-0.7	-0.2
新加坡	-10.8	-7.9	2.1	3.5	1.3	-4.2	-1.7	-0.1
泰国	3.2	12.7	-1.8	5.0	1.2	4.2	1.3	-2.2
越南	3.0	3.6	4.0	3.7	3.8	4.7	1.8	2.8

资料来源：Economy and Output, National Accounts, Asian Development Bank (ADB), Key Indicators for Asia and the Pacific 2011, www.adb.org/statistics。

3. 工业

东盟地区发展工业有一定的有利条件，如劳动力资源丰富、交通便利、各国政府政策支持、市场广阔、土地价格低廉等。东盟国家工业的主要特点是劳动密集型产业和初级产品加工居多，主要是“三来一补”，即来料加工、来样加工、来件装配和补偿贸易，利用丰富的资源和廉价的劳动力发展工业。其中资源缺乏的新加坡是进口－加工－出口发展模式的典型代表。

东盟国家的电子组装产业相对较发达，在全球电子产业中占有一席之地。其中新加坡在东盟的电子产业中发挥着主导作用，在电子生产中其所占比重超过40%，之后依次为马来西亚、泰国、菲律宾和印尼。东盟国家的电子产品主要出口到美国、中国、欧盟、日本等区域外地区，只有大约20%的电子产品贸易是在东盟成员国之间进行的。新加坡主导东盟的电子产品贸易，其所占比重超过50%，之后为马来西亚和泰国，菲律宾和印尼的份额较少。东盟国家生产的电子产品中43%为工业用电子产品，36%为电子零部件。电子产业在东盟的重要性主要体现在其在东盟成员国的出口中所占比重。东盟所有制造业产品出口中约40%为电子产品。在马来西亚和新加坡，电子产品在所有制造业产品出口中所占比重大约为一半。在泰国和菲律宾，电子产品也是最大的单项制造业出口产品。目前东盟成员国的电子产品进口关税较低。低关税将进一步促进该地区电子产业的发展，并吸引更多的跨国公司投资该地区。而该地区电子零部件产业的发展表明，越来越多的跨国公司将东盟成员国作为其电子产业的生产基地。这一趋势不仅反过来会促进更多的外商投资，还会促进区域内部电子产品的贸易。从长远来看，低关税也有助于提高东盟电子产业的竞争力。

近年来受全球金融危机的冲击和影响，电子产业贸易持续疲软。尤其是2011年全球信息技术领域的委靡不振对新加坡半导体业造成较大影响，使得新加坡电子业产值下降多达29%。这一定程度上是因为新加坡主要出口的是生产过程中的零部件，面临比成品更大的价格竞争，新加坡电子产业因此遭到比本区域其他国家更大的打击，这在一定程度上影响了2012年新加坡以及整个东盟地区电子产业复苏步伐。

机械产业也是东盟地区的重要产业。东盟的机械产品贸易在其贸易总额中所占比重从1976年的22.25%增长到近期的40%以上。东盟与其他地区的机械产品贸易在其贸易总额中所占比重较大，而东盟内部的机械产品贸易比重较小。在区域内部以及该区域与其他地区的机械产品贸易中，新加坡占主导地位，在东盟的机械产品贸易中新加坡占50%左右的比重。但总体来看东盟仍然是机械产品的纯进口国，其中马来西亚的机械产品进口占比较大，表明该国工业正在迅猛发展之中。新加坡的机械产品进口关税率为零，文莱的机械产品进口关税率在2002年也下降为零。菲律宾的机械产品平均进口关税率原来较高，为11%，到2008年降为1%，马来西亚降为2%，印尼和泰国均降为4%。

纺织服装产业曾经是东盟最有活力且最重要的产业，自20世纪70年代以来呈现高增长率。纺织服装产业也曾经是东盟最大的出口导向型产业。印尼是重要的纺织品生产大国，其在东盟纺织品贸易中所占比重相对较大。东盟的服装出口在世界上所占份额更大。泰国和印尼作为重要的服装出口国，占世界市场的份额均在2%以上。根据东盟自贸区协定，纺织品及其相关产品的进口关税到2008年下降为0～5%。泰国和印尼分别将1993年24.12%和21.15%的关税率减少到2003年的5.16%和4.9%，此外还采取了其他降低非关税壁垒的措施，并简化通关程序。东盟成员国之间开放市场加剧了该地区纺织品成品和中间产品的竞争，同时也提高了生产效率，降低了生产成本。由于纺织工业的特性，东盟纺织产业随着减税计划的实施有望取得规模经济效应。减税计划和人们生活水平的提高还有助于使东盟的纺织服装产业进行结构调整，将重点转移到纺织原料、市场营销、设计、品牌等附加值更高的产业链上。目前面对中国、印度等周边新兴经济体的竞争，东盟的纺织服装产业需要不断发展并提高国际竞争力。

从最近10年来东盟国家的工业发展情况来看，多数年份东盟成员国工业取得了一定的增长，其中越、老、缅、柬4个新成员国的增长率普遍高于其他6个老成员国，而且各成员国的工业发展速度明显快于农业和服务业。在全球金融危机发生后的2009年，东盟大多数成员国的工业生产受到了不小的冲击，表现为工业产值负增长。但之后的2010年东盟所有成员国的工业有了恢复性增长，除文莱之外不少国家的工业取得了两位数的增长，其中新加坡的工业增长率甚至超过了25%（见表4－5）。

表4－5 东盟国家的工业增长率

单位：%

国家＼年份	2001	2003	2005	2006	2007	2008	2009	2010
文　莱	0.8	3.5	－1.8	2.9	－5.6	－5.4	－5.0	1.7
柬埔寨	11.4	12.0	12.7	18.3	8.4	4.0	－9.5	13.5
印　尼	2.7	3.8	4.7	4.5	4.7	3.7	3.5	4.7
老　挝	－1.5	19.4	10.6	14.1	3.3	9.0	16.6	17.7
马来西亚	－2.6	7.5	3.6	4.5	3.0	0.8	－7.0	8.6
缅　甸	21.8	20.8	19.9	20.0	19.6	18.0	17.7	18.6
菲律宾	1.0	4.3	4.2	4.6	5.8	4.8	－1.9	11.6
新加坡	－9.0	1.4	8.2	10.7	6.8	－1.4	－1.4	25.1
泰　国	1.7	9.6	5.4	5.6	5.8	3.2	－5.0	12.8
越　南	10.4	10.5	10.7	10.4	10.2	6.0	5.5	7.7

资料来源：Economy and Output, National Accounts, Asian Development Bank（ADB）, Key Indicators for Asia and the Pacific 2011, www.adb.org/statistics。

4. 服务业

一国服务业的发展与该国的经济发展水平和开放程度息息相关。这一点在东盟国家的服务业上得到了充分的印证。新加坡是东盟地区经济最发达的国家，在教育、科研、技术服务业、信息传输、卫生、文化娱乐、交通运输、仓储、批发零售、金融、住宿餐饮、房地产等各服务业领域投入多，体系健全，配套设施充足，因此服务业发达。马来西亚、泰国、印尼等经济状况相对良好、经济发展速度相对较快的国家的服务业也取得了一定的发展。而越南、柬埔寨、老挝、缅甸等国家经济相对落后，基础设施不够完善，城市文化氛围不浓，整体经济实力不强，资源严重不足，服务业比较落后。

从成员国的服务业发展情况来看，新加坡发达的服务业主要有运输、商务服务、零售、教育、金融、医疗、娱乐和体育休闲服务等部门；马来西亚发展情况相对较好的服务业主要有商务服务、电信、金融、医疗、旅游和运输等部门；泰国和印尼主要有专业服务、教育、旅游和运输等部门；菲律宾和泰国主要有商务服务、电信、旅游等部门；文莱主要有旅游和运输部门。

2008 年 12 月 16 日，新加坡、文莱、柬埔寨、印尼、老挝和马来西亚 6 个东盟成员国在新加坡签署了促进贸易、鼓励投资和进一步开放服务业的 3 项东盟经济协议，以促进东盟成员国之间的贸易和投资，并希望通过东盟这个单一市场和生产基地，吸引更多海外投资。签署的 3 项协议包括逐步削减以至最终豁免进口关税，促进投资和开放更多服务领域如旅游、保健、航空和电信等。这 3 项协议包括《东盟产品贸易协定》（ASEAN Trade in Goods Agreement，ATIGA）、《东盟全面投资协定》（ASEAN Comprehensive Investment Agreement，ACIA）和《东盟服务业框架协议》（ASEAN Framework Agreement on Services，AFAS）。东盟服务业框架协议的目标是在 2015 年全面开放服务业。由于服务业中有 128 个分支领域，目前签署的是第七个框架协议，成员国之间也将逐步系统地开放这 128 个领域。

物流是东盟的第 12 个优先一体化产业。《东盟服务业框架协议》（AFAS）规定 2013 年将全面开放物流业。东盟开放物流业，使物流企业有机会进入包括东盟成员国以及与东盟接壤国家在内的市场，尤其是拥有庞大的贸易与服务业、发展快速的中国市场。同时，随着东盟各国交通系统互相对接，地区运输合作加强，物流业参与边境贸易和跨境贸易货运的渠道更加顺畅，货运车、冷柜车、危险品运输车等行业也将从物流业开放中受益。

在众多的服务业部门中，旅游业是东盟国家的重要产业之一，也是东盟相对具有共性的产业，除了热带自然景色这一旅游资源外，各国旅游业具有一定的特色。东盟旅游业发展较为迅速。在各国收入不断增加以及国内和区域服务需求不断增加的情况下，旅游业成为区域经济增长的重要推动力之一。根据2012年上半年公布的世界经济论坛旅游竞争力指数，东盟国家表现不一：在全球139个国家和地区中新加坡位列第10位；第二梯队为马来西亚（第35位）和泰国（第41位），评价为“虽有不足，但表现优异”；第三梯队为文莱（第67位）、印尼（第74位）和越南（第80位），属“优劣参半”；最差为菲律宾（第94位）和柬埔寨（109位）。上述排名是根据14项指标评定的，分别为政策规定、环境可持续性、安全、卫生、旅游业地位、航空设施、陆地交通设施、旅游设施、信息通信产业设施、价格、人力资源、旅游亲和力、自然资源和文化资源。

2011年1月17日，东盟10国旅游部长签署《2011～2015年东盟旅游发展战略计划》，旨在将东盟地区打造成世界一流的旅游目的地。该计划主要包括加强东盟旅游宣传和东盟旅游产品建设、培养旅游人才、实现航空自由、维护旅游安全、到2015年实现东盟区域内各国公民免签证、对其他国家游客实行东盟单一签证等措施，同时大力发展文化和生态旅游，将东盟地区建设成世界一流的旅游目的地。近期东盟各国每年接待的游客量约为6500万人次，其中40%以上为东盟区域内游客，20%来自中国、日本和韩国，10%来自欧美国家。

新加坡旅游业受益于区域内旅游需求的增长。樟宜机场的客流量2011年增加了11%，滨海湾花园、河川生态园、海洋生物园等即将开幕的新景点将有助于吸引更多旅客，2012年第二季度完工的滨海南国际游轮中心使目前的船舶停泊量增大一倍。

从最近10年来东盟国家的服务业发展情况来看，各成员国的服务业发展情况普遍好于农业，但增长速度略低于工业。2010 年，东盟国家的服务业增长率大都在 3% ~12%，其中缅甸、新加坡、印尼、越南等表现突出(见表 4 -6)。

表 4 -6　东盟国家的服务业增长率

单位：%

国家＼年份	2001	2003	2005	2006	2007	2008	2009	2010
文　莱	6. 1	1. 6	4. 1	7. 4	9. 2	2. 6	2. 1	3. 8
柬埔寨	8. 7	5. 9	13. 1	10. 1	10. 1	9. 0	2. 3	3. 1
印　尼	4. 9	6. 4	7. 9	7. 3	9. 0	8. 7	5. 7	8. 4
老　挝	14. 7	3. 8	9. 9	9. 7	6. 8	9. 5	6. 9	6. 7
马来西亚	4. 1	4. 2	7. 3	7. 6	10. 6	7. 9	3. 2	6. 7
缅　甸	12. 9	14. 6	13. 1	14. 2	13. 2	11. 6	12. 2	11. 6
菲律宾	4. 0	5. 5	5. 8	6. 0	7. 6	4. 0	3. 4	7. 2
新加坡	2. 9	5. 9	7. 4	7. 9	9. 0	4. 1	-0. 7	10. 1
泰　国	2. 4	3. 5	5. 2	4. 5	5. 0	1. 3	-0. 2	4. 6
越　南	6. 1	6. 5	8. 5	8. 3	8. 9	7. 4	6. 6	7. 5

资料来源：Economy and Output, National Accounts, Asian Development Bank (ADB), Key Indicators for Asia and the Pacific 2011, www. adb. org/statistics。

第三节　主要产业部门发展情况

东盟国家的产业经过成员国的共同努力取得了较大的发展。从目前东盟国家的主要产业部门来看，除了传统的大米、棕榈油、橡胶等具有东盟特色的农业和石油、天然气、煤炭等资源类产品加工产业之外，制造业的发展比较显著。这从东盟地区的 20 大出口商品中可以看出，集成电路、电脑、半导体元器件等电子产品和机械、客车、汽车零部件等制造业产品在东盟的出口中占据了较大比重（见表 4 -7）。但从另一方面看，东盟 20 大出口商品在其出口中所占比重合计只有 43. 3%，表明东盟国家在产业分布上比较分散。

表 4－7 东盟 20 大出口商品（2010 年）

海关编码	商品名称	出口额（百万美元）	占比（%）
8542	电子集成电路和微电子组件	97644	9.1
2710	石油(非原油)	61945	5.8
8471	自动数据处理设备、光学阅读器等	40779	3.8
2711	石油天然气	34107	3.2
2709	原油	28699	2.7
8473	电脑及办公设备零部件	26646	2.5
1511	棕榈油及其油渣	26057	2.4
4001	初级加工天然橡胶	20512	1.9
2701	煤、蜂窝煤、煤球及用煤制成的类似固体燃料	19852	1.9
8541	二极管/晶体管及类似的半导体元器件等	17109	1.6
8443	印刷机械、辅助印刷机械	12926	1.2
7108	未加工或半成品黄金	11468	1.1
8708	汽车零部件	10140	0.9
8517	用于电话的电器	9854	0.9
8528	电视接收机(包括视频监视器及投影仪)	8613	0.8
8703	机动车以及客车(公共运输车辆除外)	8606	0.8
2603	铜矿砂及其精矿	7658	0.7
1006	大米	7351	0.7
8523	音频介质等	6679	0.6
8536	用于电器连接的电子产品(即保险丝、开关等)，不超过 1000 伏	6593	0.6
20 大出口商品		463240	43.3
其他		607701	56.7
合计		1070941	100.0

资料来源：ASEAN Community in Figures 2011，http：//www.aseansec.org/22073.htm。

为了更快推动东盟地区的经济一体化建设，东盟国家早在 2004 年 11 月的第 10 次东盟首脑会议上就通过《东盟关于一体化优先领域的框架协议》。该协议规定，东盟 6 个老成员国必须在 2007 年之前将 11 个优先领域的产品关税削减为零，越、老、缅、柬 4 个新成员国在 2012 年实现对这 11 个领域产品的关税减免。这些一体化优先领域是东盟传统的产业领域，也是东盟国家具有比较优势的产业。从近期的表现来看，这些一体化优先产业取得了长足的发展，2003～2010 年，农产品、橡胶制品、木制品、渔业产品、纺织服装、电子、汽车等产业的出口额增长幅度较大，其中农产品、橡胶制品出口额增长了2倍以上，汽车增长了约3倍，渔业产品增长了近1倍（见表4－8）。

表4－8　东盟优先一体化产业领域产品的出口

产业领域	内容及单位	2003年	2008年	2009年	2010年
农产品	出口额(百万美元)	11761	38232	29554	38930
	增长率(%)	29.9	45.5	－22.7	31.7
	所占比重(%)	2.6	3.9	3.6	3.6
橡胶制品	出口额(百万美元)	6845	21815	18228	25664
	增长率(%)	24.0	10.1	－16.4	40.8
	所占比重(%)	1.5	2.2	2.2	2.4
木制品	出口额(百万美元)	10151	13452	10433	11037
	增长率(%)	6.1	－15.6	－22.4	5.8
	所占比重(%)	2.2	1.4	1.3	1.0
渔业产品	出口额(百万美元)	6830	12665	11417	13554
	增长率(%)	13.5	2.4	－9.9	18.7
	所占比重(%)	1.5	1.3	1.4	1.3
纺织服装	出口额(百万美元)	21924	35608	29981	39100
	增长率(%)	17.9	1.6	－15.8	30.4
	所占比重(%)	4.8	3.6	3.7	3.7
电　子	出口额(百万美元)	193766	96158	156517	195399
	增长率(%)	96.4	－33.3	－20.2	24.8
	所占比重(%)	42.8	20.1	19.3	18.2
汽　车	出口额(百万美元)	11387	43233	33009	45795
	增长率(%)	76.3	19.9	－23.6	38.7
	所占比重(%)	2.5	4.4	4.1	4.3

资料来源：ASEAN Community in Figures 2011，http：//www.aseansec.org/22073.htm。

近年来，除了经济因素和政府政策等因素之外，出口竞争、外商投资以及东盟一体化路线图等也促使成员国降低关税，提高行政管理效率，为东盟一体化进程以及东盟主要一体化产业的发展发挥了一定的推动作用。比如，日本跨国企业在几个东盟国家的投资和生产促进了汽车零部件产业，全球纺织品贸易配额制的取消促进了棉纺织服装产业，全球生产可持续性标准促进了棕榈油产业。本节选择了东盟主要的 6 个产业领域及主要的一体化产业部门来考察其发展状况①。

1. 电脑组件产业

东盟是世界上第二大电脑组建出口地区。大多数电脑组件的生产是由跨国公司来主导的。在电脑组件领域，过去 30 年来东盟一些国家如马来西亚、新加坡、泰国是具有一定竞争力的投资对象国。近年来，越南也发展成为该地区电子领域重要的投资对象国，其在东盟电脑产业中的作用在快速提高。2008 年东盟地区在全球电脑组件出口中所占的比重为 21%。但东盟的这一竞争力面临中国这一全球最大电脑组装国的严峻挑战，很多电脑组件厂商增加了在中国的生产份额以更加接近他们的客户——在中国的电脑组装企业。此外，尽管相关国家出台了金融等领域的多种政府优惠政策以吸引更多的出口导向型外商投资，但这些政策缺乏成员国之间的协调，阻碍了东盟地区电脑组件产业整体竞争力的提升。

2004～2008 年期间，东盟地区的电脑组件出口整体上减少了 7%，从 601.9 亿美元减少为 557.3 亿美元。其中对美出口减少了 33%，对日出口减少了 41%，对欧盟出口减少了 11%，但对华出口增加了 93%（见表 4－9）。

表 4－9　东盟对主要市场的电脑组件出口

单位：亿美元，%

出口市场	2004 年	2008 年	增长率
总　计	601.9	557.3	－7
美　国	169.6	112.8	－33
中　国	77.4	149.2	93
欧盟 27 国	157.3	139.5	－11
日　本	52.1	30.8	－41

资料来源：U. S. International Trade Commission："ASEAN: Regional Trends in Economic Integration, Export Competitiveness, and Inbound Investment for Selected Industries", Investigation No. 332－511, August 2010。

① 本节内容主要参考了 U. S. International Trade Commission："ASEAN: Regional trends in ecnomincs integration, export competitiveness, and inbound investment for selected industries", Washington. D. C., 20436, Investigation No. 332－511, August 2010。

2. 棉纺织服装产业

东盟国家在棉纺织服装领域的一体化生产尽管仍处在低水平，但近年来也取得了一些成效。东盟成员国之间的棉纺织品贸易从2004年的1.68亿美元提高到2008年的1.91亿美元，增长了13.7%。其中东盟成员国之间关税的降低发挥了一定的促进作用，但最终成品出口到其他地区时成员国之间的低关税就失去了意义。而东盟和其他地区/国家之间（如东盟－中国、东盟－日本、东盟－韩国）的自贸协定（FTA）中的原产地规则、全球纺织品贸易配额制的取消、纺织品供应商之间竞争的加剧、美国给予越南永久正常贸易关系地位等因素对促进东盟地区内部在棉纺织服装领域的一体化产生了更大的影响。

东盟的棉纺织服装产业近期发展情况良好，这主要体现在其出口的增长上。2004～2008年，东盟的棉纺织服装出口增加了23%，对主要出口市场的出口量增加，尤其是对中国的出口增加了3倍（见表4－10）。

表4－10 东盟对主要市场的棉纺织服装出口

单位：亿美元，%

出口市场	2004年	2008年	增长率
总　计	51.6	63.4	23
美　国	33.6	36.9	10
欧盟27国	11.4	15.7	37
日　本	2.0	2.9	45
中　国	0.3	1.2	300

资料来源：U. S. International Trade Commission："ASEAN: Regional Trends in Economic Integration, Export Competitiveness, and Inbound Investment for Selected Industries", Investigation No. 332－511, August 2010。

3. 硬木胶合板和地板产业

木制品原材料现在变得日益稀少，因此如何合法地、稳定地获得原材料成为木制品厂商重要的竞争力因素。东盟国家在自然林中的伐木量上有各种不同形式的规定和管制措施，有些国家还部分或彻底禁止原木出口。木制品厂商需要从合法而稳定的渠道获取原材料，这有助于促使东盟国家在保护本地区木材资源的同时自主或合作、合资生产硬木胶合板、地板等相关产品以确保它们在这一领域的国际竞争力。

东盟地区内部的硬木胶合板、地板贸易量较小，产品主要销往欧洲、日本、美国等地。2004～2008 年，东盟硬木胶合板、地板的出口整体上减少，下降了 6%，对主要出口市场的出口出现了明显的下降，其中对中国出口减少 58%，对美国出口减少 45%，对日本出口减少 12%，但对欧盟、韩国和澳大利亚的出口显著增加（见表 4－11）。

表 4－11　东盟对主要市场的硬木胶合板和地板出口

单位：亿美元，%

出口市场	2004 年	2008 年	增长率
总　计	52.1	49.2	-6
日　本	21.6	19.0	-12
欧盟 27 国	7.8	9.0	16
韩　国	3.2	4.2	32
美　国	7.0	3.8	-45
中国台湾	3.0	3.0	0
澳大利亚	1.3	2.0	55
中国大陆	4.0	1.7	-58

资料来源：U. S. International Trade Commission：“ASEAN：Regional Trends in Economic Integration, Export Competitiveness, and Inbound Investment for Selected Industries”, Investigation No. 332 - 511, August 2010。

从东盟成员国的硬木胶合板、地板出口情况来看，马来西亚和印尼是本地区主要的出口国。2008 年马来西亚跃居出口第一大国，2004～2008 年期间出口增长 23%，原来的出口第一大国印尼则退居第二位，减少 30%（见表 4－12）。菲律宾、泰国、越南等其他成员国的出口有增有减，但总的出口量不大，难以与马来西亚和印尼两个国家相匹敌。

表 4－12　东盟成员国的硬木胶合板和地板出口

单位：百万美元，%

国家	2004 年	2008 年	增长率
马来西亚	1948.0	2405.2	23
印度尼西亚	2793.6	1950.5	-30
菲律宾	181.2	218.1	20
泰　国	166.9	206.9	24
越　南	22.4	73.1	227
新加坡	30.6	46.0	50
缅　甸	34.7	13.9	-60
老　挝	6.5	7.3	12
文　莱	0.007	0.036	400
柬埔寨	4.5	0.001	-100

资料来源：U. S. International Trade Commission：“ASEAN：Regional Trends in Economic Integration, Export Competitiveness, and Inbound Investment for Selected Industries”, Investigation No. 332 - 511, August 2010。

4. 医疗保健

东盟国家日渐增多的私人医疗保健企业促使本地区相关领域的贸易和投资大幅增加。新加坡、马来西亚和泰国是医疗保健服务的主要出口国。随着全球医疗保健需求的增加，上述国家的私人医疗保健企业在邻近国家积极开展相关服务，并通过对外投资将业务拓展到其他地区。此外，随着这些企业的发展壮大，还吸引了不少区域外的投资者。鉴于本地区医疗保健产业贸易和投资的增长，东盟成员国和东盟秘书处也支持该产业持续发展。相关成员国政府采取措施鼓励投资，同时大力促进出口，如实行投资自由化，简化外国病患的出入境手续等。东盟秘书处在最近的东盟服务协定框架协议的协商中也大力促进本地区的医疗保健产业投资，并着手促使相关国家签署若干医疗行业的相互承认协议。

从近期东盟国家的医疗保健情况来看，人均医保支出最多的是收入高的两个国家，即新加坡和文莱，均超过 1000 美元。这两个国家也是每 1000 人拥有床位数最多的两个国家，超过或接近 3，其他国家的人均医保支出和每 1000 人拥有床位数较少，尤其是人均医保支出远远少于新加坡和文莱（见表 4－13）。

表 4－13　东盟成员国的医疗保健体系

东盟国家	人均医保支出(美元,2007 年)	医生数(人)		医院数(家)		每 1000 人拥有床位数(张)
		公立	私立	公立	私立	
文　莱	1149	506	58	4	2	2.8
缅　甸	26	7976 (2007 年)	13823 (2007 年)	839 (2007 年)	—	0.6 (2006 年)
柬埔寨	108	—	—	—	—	0.1 (2004 年)
印　尼	81	—	—	—	—	0.2 (2002 年)
老　挝	84	—	—	145 (2005 年)	0	1.2 (2005 年)
马来西亚	604	15,096	10,006	137	209	1.8 (2007 年)
菲律宾	130	3047 (2007 年)	—	701 (2007 年)	1080 (2007 年)	1.1 (2006 年)
新加坡	1643	4297	3051	6	7	3.2 (2007 年)
泰　国	286	15343 (2004 年)	3575 (2004 年)	927 (2004 年)	292 (2004 年)	2.2 (2002 年)
越　南	183	—	—	974	20	2.6

注：除特别注明外，其他数据的年份为 2008 年。“—” 表示无法获取相关资料。

资料来源：U. S. International Trade Commission：“ASEAN：Regional Trends in Economic Integration, Export Competitiveness, and Inbound Investment for Selected Industries”, Investigation No. 332 - 511, August 2010。

5. 汽车零部件

在汽车领域，东盟在达到重要的路线图目标及促进地区一体化方面比较成功。东盟 6 个成员国（文莱、印度尼西亚、马来西亚、新加坡、菲律宾、泰国）在汽车领域已经采取了降低关税和消除非关税壁垒的措施，并执行了东盟产业合作计划（AICO）。这些举措促进了东盟汽车产业的地区一体化、出口竞争力提升以及外商投资。如日本的汽车企业和汽车零部件厂商就是从20世纪90年代开始利用东盟产业合作计划（AICO）在本地区对汽车以及汽车零部件生产体系进行了整合。这在一定程度上促进了本地区汽车以及汽车零部件产业的发展。不过东盟国家一直以来都通过国家汽车产业政策、汽车产业本土化规定等保护国内产业，并发展本地市场。东盟的统一市场为汽车零部件产业的低成本、规模化生产提供了可能。

在2004～2008年期间，东盟汽车零部件出口大增，增加了1倍以上。对日本和欧盟的出口也增加了1倍以上，对美国和中国的出口增加了40%左右（见表4－14），汽车零部件成为同期出口增长幅度最大的产业部门之一。

表4－14　东盟对主要市场的汽车零部件出口

单位：亿美元，%

出口国家	2004年	2008年	增长率
总　计	36.0	74.4	106
日　本	15.6	32.7	109
美　国	9.9	14.0	41
欧盟27国	3.1	7.4	135
中　国	1.0	1.3	39

资料来源：U. S. International Trade Commission：“ASEAN：Regional Trends in Economic Integration, Export Competitiveness, and Inbound Investment for Selected Industries”, Investigation No. 332－511, August 2010。

6. 棕榈油

在东盟地区的棕榈油产业发展上，两个重要的因素，即在东盟地区生产并加工棕榈油的跨国公司以及可持续棕榈油圆桌会议（RSPO）等国际集团起了重要的推动作用。本地区棕榈油相对低廉的价格和充足的供应还促进了外商投资以及消费的增长。大规模种植棕榈树需要一定的气候和地理条件，而且棕榈果在收割后需要马上进行碾磨。在东盟地区只有印尼和马来西亚可进行棕榈树的大规模种植和棕榈油的初级加工，但其他东盟国家也有小规模的棕榈油产业。印尼和马来西亚具有最好的棕榈树生长条件以及发达的加工设施，因此成为东盟地区以及全球最重要的棕榈油供应国。棕榈油的低廉价格和远超于本地区需求的产量使得东盟的棕榈油大多出口到中国、欧盟、印度等大的国际市场。

在 2004 ~ 2008 年期间，东盟的棕榈油出口从 91. 45 亿美元大幅增加到 210. 60 亿美元，增幅显著，其中出口至区域外的棕榈油出口额从 87. 89 亿美元大幅增至 204. 46 亿美元。从此数据中可以看出，东盟的棕榈油绝大多数出口到区域外国家。同期东盟对中国、欧盟等主要市场的出口也大幅增加（见表 4 – 15）。棕榈油成为同期出口大幅增长的另外一个产业部门。

表 4 – 15　东盟对主要市场的棕榈油出口（含毛油和精炼油）

单位：百万美元

出口国家	2004 年	2005 年	2006 年	2007 年	2008 年
总　计	9145	8826	10345	14123	21060
出口至非东盟国家	8789	8668	10062	13832	20446
中　国	1868	1781	2251	3638	5206
欧盟 27 国	1447	1474	1756	2427	3866
印　度	1707	1281	1163	1434	2425
巴基斯坦	640	752	762	1146	1674
美　国	137	181	298	545	1001

资料来源：U. S. International Trade Commission：“ASEAN：Regional Trends in Economic Integration, Export Competitiveness, and Inbound Investment for Selected Industries”, Investigation No. 332 – 511, August 2010。

近几年东盟主要国家的棕榈油产量增加，尤其是印尼的棕榈油生产增幅明显，且每年稳步上升。马来西亚的产量也有所增加，但增减不稳定。泰国的棕榈油产量增幅较大，但总量有限，远远比不上印尼和马来西亚。菲律宾的棕榈油产量较小（见表4－16）。

表4－16 东盟国家的棕榈油生产量（按销售年度）

单位：千公吨

东盟国家	2005/2006年	2006/2007年	2007/2008年	2008/2009年	2009/2010年(预测值)
印度尼西亚	15560	16600	18000	20500	21500
马来西亚	15485	15290	17567	17259	18500
泰　国	784	1170	1050	1200	1300
菲律宾	61	60	65	70	70

资料来源：U. S. International Trade Commission：“ASEAN：Regional Trends in Economic Integration, Export Competitiveness, and Inbound Investment for Selected Industries”, Investigation No. 332 - 511, August 2010。

从东盟成员国的棕榈油出口情况来看，马来西亚仍然稳居出口第一大国地位，出口额从2004年的50.38亿美元大幅增加到2008年的117.84亿美元，增长了1倍多。印尼尽管产量大于马来西亚，但出口额却少于马来西亚，从2004年的39.78亿美元增加到2008年的86.74亿美元，增幅也有1倍多（见表4－17）。新加坡、泰国、越南等其他成员国也有少量出口，但无法与马、印两国相媲美。

表4－17 东盟成员国的棕榈油出口（含毛油和精炼油）

单位：百万美元

东盟国家	2004年	2005年	2006年	2007年	2008年
马来西亚	5038	4905	5326	7665	11784
印度尼西亚	3978	3646	4756	6064	8674
新加坡	110	266	213	273	371
泰　国	16	5	47	107	212
越　南	2	0	0	4	11
其　他	1	4	3	10	8
合　计	9145	8826	10345	14123	21060

资料来源：U. S. International Trade Commission：“ASEAN：Regional Trends in Economic Integration, Export Competitiveness, and Inbound Investment for Selected Industries”, Investigation No. 332 - 511, August 2010。

第四节　金融产业与金融合作

1. 东盟金融发展背景

从 20 世纪 90 年代开始到金融危机爆发之前，国际政治经济形势发生了深刻的变化。

“冷战”结束后，和平与发展成为世界的主题。世界上主要国家的注意力都已经从“冷战”对峙转移出来。苏联、拉美国家、中国的政府工作重心全都放在了发展本国经济和进行经济改革上。中国的改革开放继续深化；拉美国家接受了美国提出的“华盛顿共识”，也开始进行经济自由化改革；1993 年，欧洲联盟成立，欧洲开始走向一体化；1994 年，北美自由贸易区成立，美国、加拿大和墨西哥形成了世界上最大的自由贸易区。

与此同时，全球化进程进一步加深。1994 年，《关税与贸易总协定》乌拉圭回合谈判达成一致，正式签署协议。世界各国关税贸易壁垒大幅度降低，国际贸易获得了巨大的增长动力。在随后的数年中，国际贸易额快速增长。世界经济由此迎来了新的发展期，高收入国家借助科技壮大了实力，开始新的经济增长。

这一阶段的全球经济也并非一帆风顺，1994 年，墨西哥爆发了大规模经济危机，墨西哥比索汇率狂跌，股市崩溃，整个国民经济陷入瘫痪。这一事件也给东南亚以很大震荡，从而经常被拿来和随后发生的东南亚金融危机作对比。

东盟国家乃至大多数东亚国家都呈现欣欣向荣的景象，经济发展迅速，人民生活水平不断提高（见表 4－18）。

当时东亚的新兴经济体普遍实行开放的经济政策，借以利用国外的资金、技术和市场促进本国经济的发展。从表 4－19 中可以看出，东亚高速增

表 4－18　1990 年至金融危机前东盟“老五国”国内生产总值增长率

单位：%

国家＼年份	1991	1992	1993	1994	1995	1996
印度尼西亚	7.0	6.5	6.5	15.9	8.2	8.0
马来西亚	8.5	7.8	8.4	9.2	9.5	8.6
菲律宾	-0.6	0.3	2.1	4.4	4.8	5.8
新加坡	7.3	6.3	10.4	10.1	8.8	7.3
泰　国	8.2	8.1	8.4	8.9	8.8	5.5

资料来源：世界银行网站。

长的几个经济体，对外贸易依存度①大多在 30% 以上。马来西亚的外贸依存度更是高达约 75%，且一直飙升到金融危机前的 90% 以上。韩国、印度尼西亚、菲律宾和泰国的外贸依存度也呈现明显的上升趋势。

表 4－19　金融危机前东亚经济体的外贸依存度

单位：%

国家/地区＼年份	1990	1991	1992	1993	1994	1995	1996	1997
韩　国	30.04	29.38	29.38	29.04	30.47	33.59	34.36	38.48
印度尼西亚	26.30	27.18	28.23	25.26	25.94	26.98	26.13	28.22
马来西亚	75.23	86.52	76.64	87.72	92.15	97.42	91.50	93.55
菲律宾	30.40	31.09	31.58	35.58	36.98	40.26	44.90	54.20
泰　国	37.76	39.24	38.98	39.69	40.99	44.88	42.19	46.69
中国香港	129.93	135.28	140.37	137.18	138.92	151.67	142.28	132.68
中国台湾	44.27	45.14	42.34	43.29	43.16	47.80	46.63	48.07

资料来源：世界银行网站。

当时东亚各国为了促进贸易，减少本国与外国交易之间出现的汇率风险，除韩元在 20 世纪 90 年代前期经历了大幅度贬值之外，其余各国货币普遍实行钉住美元或以美元为主的一篮子货币的固定汇率制度。其中，中国台

① 外贸依存度 $=\frac{\text{一国进口额或出口额或进出口总额}}{\text{国内生产总值}}\times 100\%$，是用来衡量一国对外国依赖程度的指标，这里分子使用的是$\frac{\text{出口额}+\text{进口额}}{2}$。

湾、印度尼西亚采取的是钉住实际汇率[①]的汇率政策。而马来西亚、菲律宾、泰国和中国香港的货币政策则是让本经济体的货币和美元在一定名义汇率水平上浮动。而受到1995年美元对日元、马克等货币走强的影响，尝试钉住美元的货币虽然对美元的名义汇率变化不大，却都随美元经历了实际汇率的升值。这就使得这些经济体商品的价格竞争力降低，出口减少，经常性账户[②]恶化。实际情况证明，在金融危机中遭受攻击的货币，都在20世纪90年代初经历了实际汇率的上升（见表4－20）。

表4－20 1997年春季各经济体货币实际汇率升值情况（以1990年为基准）

单位：%

经济体	马来西亚	菲律宾	泰国	印度尼西亚	新加坡	中国香港
升值幅度	19	23	12	8	18	30

资料来源：J. P. 摩根。

（1）1997年东南亚金融危机

1997年下半年，泰铢突然开始对美元大幅度贬值。马来西亚林吉特、印尼盾、菲律宾比索等也紧随其后。以此为导火索，东南亚地区爆发了一场空前严重的金融危机。

危机产生主要有以下一些原因。

①对外贸易依赖程度大

自1997年7月开始的金融危机，其直接原因主要是国际金融炒家借入并大量抛售东盟成员国及韩国等国的货币。他们希望能制造恐慌，利用市场的扩大作用使得这些经济体的货币大幅度贬值，再利用手中的美元将这些货币低价买入并偿还债务，进而从中赚取这些经济体货币贬值前后的差价。

历史经验表明，金融危机往往都是由某一特定的历史事件引起的。但在

① 实际汇率是指将现实汇率经过相对物价指数调整后得到的汇率，是按外国与本国物价指数之比对名义汇率进行调整，用来反映剔除两国货币相对购买力变动的影响后，汇率变动对两国国际竞争力的实际影响。

② 经常性账户指本国与外国进行经济交易而经常发生的项目，是国际收支平衡表中最主要的项目，包括对外贸易收支、非贸易往来和无偿转让3个项目。

危机的背后，都必然隐藏着种种更为深层次的原因。1997 年这一场主要爆发在东盟国家中的金融危机亦是如此。金融炒家们选择东盟国家的金融市场为主要目标，正是看到了这些国家的经济运行有着很大的问题，于是利用这些缺陷进行攻击。而在危机袭来时这些国家和地区大多都猝不及防，损失严重，就更加印证了这一点。

上一部分提到 20 世纪 90 年代的东盟已经是一个开放的经济体。然而开放本身就是一把双刃剑，在带来外部机遇的同时，也引进了外部的风险和挑战。东亚各国的经济发展普遍严重依靠美国、日本、欧洲等发达国家的市场，对外贸易依存度居高不下。而出口商品多数为半导体元件或其他的制成品。这就意味着一旦发达国家的市场出现动荡，或者这些国家的贸易政策发生变化，东亚的经济势必要受到很大的影响。实际上，在金融危机爆发前的 1996 年，这些商品的价格确实经历了一次大幅下降，使得包括东盟国家在内的许多制造业国家都蒙受了损失。20 世纪 90 年代以来，日本经济的停滞也导致其他东亚各国的出口增长极大地减慢。1996 年市场对日本经济恢复的预期突然降低，这也成为东亚金融危机的一个导火索。

②外来资本居多，期限较短

东亚的新兴经济体，特别是东盟国家，在历史上多数曾经沦为西方国家的殖民地，经济基础薄弱，资本市场（主要是股票和债券市场）不健全。因此发展经济需要的大量资本均来自国外，而且主要通过银行这样的金融中介融资。东南亚诸国当时主要的融资模式为：由本国的金融中介机构向外国投资者借款，再放贷给本国公司。在向外国投资者借款时这些贷款多数以美元等外币标价，而贷给本国公司时则以本币标价。这样一来，一旦本国货币出现贬值，国内银行的债务负担就随之变大。

当时东亚经济体不仅尝试稳定本国汇率。为了吸引投资，政府在实行资本账户自由化、放松监管的同时还明确或暗示为本国金融机构和很多项目提供违约担保。再加上对东南亚经济持续增长的预期，使得国际金融机构大多忽视了贷款的风险评估。日本等发达国家利率降低也让这些东亚新兴经济体融资的成本大大降低，发达国家的资本为了寻求更高的回报，纷纷涌入东南亚金融市场。

进入东亚新兴经济体的资本，多数以银行间的短期债务①的形式存在。这些债务在以外币标价的同时大多未经外汇对冲，这就加剧了债务的汇率风险。截至 1996 年末，东亚地区新兴经济体的短期债务已经占到外债的 50% 以上。韩国、印度尼西亚的短期债务已经超过了本国的外汇储备（见表 4－21）。这些债务一旦有不好的预期或者世界上其他地方出现更好的投资机会而未被延续，将直接导致资本同一时间大量流出。这对一国或者经济体的打击将是致命的。

表 4－21　受到冲击的经济体短期债务占外汇储备的比例

单位：%

国家／地区　年份	1990	1991	1992	1993	1994	1995	1996
韩　国	72. 13	81. 75	69. 62	60. 31	54. 06	171. 45	203. 23
印度尼西亚	149. 28	154. 62	172. 81	159. 7	160. 36	189. 42	176. 59
马来西亚	19. 54	19. 05	21. 12	25. 51	24. 34	30. 6	40. 98
菲律宾	479. 11	152. 31	119. 37	107. 68	95	82. 85	79. 45
新加坡	2. 65	2. 67	2. 35	2. 04	1. 75	1. 78	2. 6
泰　国	62. 55	71. 31	72. 34	92. 49	99. 48	114. 21	99. 69
中国香港	23. 52	21. 78	18. 38	17. 09	16. 49	14. 16	22. 35

资料来源：世界银行网站。

③自身金融市场不健全

由于政府的保证和干预，东亚新兴经济体商业银行的放贷动机被严重扭曲。一方面，由于对出现问题后政府救市的预期，银行大量将贷款放给高风险的地产、金融等板块，出现了严重的道德风险；另一方面，韩国的银行大多为财团所控股，东盟国家则普遍存在高官政治寻租，他们通过种种方式干涉银行放贷的方向，使之更符合自己的利益。印尼总统苏哈托的亲信就在很大程度上垄断了印尼的经济，在国际货币基金组织要求印尼政府关闭经营不善的企业时，他们竟然要求印尼最高法院“收回这项满怀敌意的决定”。

① 期限在 1 年以下（含 1 年）的境外借款、境外同业拆借和存放、境外联行和附属机构往来（负债方）以及各种结算方式下的海外代付等对外短期债务。

在种种扭曲之下，东亚经济体的金融业贷款在数量急速膨胀的同时，质量随之也出现了问题。暴露在房地产风险之下，东亚新兴经济体的银行大多面临着不良贷款居高不下、对抵押品的估值过高、资本充足率①低的问题（见表4－22）。尽管经济增长快速，实际上这些经济体的金融体系已经十分脆弱，不堪一击。

表4－22　银行业经营风险情况：占总资产的百分比

单位：%

国家/地区	房地产风险	抵押品估值	不良贷款		资本充足率
			1997年	1998年	
韩　国	15～25	80～100	16	22.5	6～10
印度尼西亚	25～30	80～100	11	20	8～10
马来西亚	30～40	80～100	7.5	15	8～14
菲律宾	15～20	70～80	5.5	7	10～15
新加坡	30～40	70～80	2	3.5	18～22
泰　国	30～40	80～100	15	25	6～10
中国香港	40～55	50～70	1.5	3	15～20

资料来源："Asian Financial Markets"，1998年1月，J.P.摩根。

根据国际金融学上对一经济体国际收支账户的诠释，"一国资本账户②出现盈余的时候，它的经常性账户就会出现赤字"③。面对国际资本的不断涌入，一向以出口为导向的东盟国家及韩国等东亚新兴经济体经常性账户反而出现了赤字。1995年，时任美国财政部副部长的劳伦斯·萨默斯在总结墨西哥金融危机的教训时提到："在任何一国的经常性账户赤字超过其国民生产总值的5%时，都应提起特别的注意。尤其是这种造成这种赤字的原因

① 资本充足率指银行自身资本和加权风险资产的比率，代表了银行对负债的最后偿债能力。根据国际清算银行制定的《巴塞尔协议》，商业银行的资本充足率应当大于8%。

② 资本账户是资本与金融账户中的一支，包括资本转移和非金融资产的收买和放弃。

③ 参见莫菲特等著《跨国金融原理》（第3版）第四章内容，路蒙佳译，中国人民大学出版社，2010。

可以被很快扭转的时候。”① 金融危机前，韩国、马来西亚、菲律宾和泰国的经常性账户赤字都超过或者接近了5%（见表4－23），而且由于东亚新兴经济体的资本账户盈余很大部分都是以短期债务的形式存在，正符合萨默斯所提到的“可以被很快扭转”的情况。根据历史经验，东南亚地区实际上已经处于危险之中。

表4－23 经常账户赤字的国家赤字占其国民生产总值的比例

单位：%

国家＼年份	1990	1991	1992	1993	1994	1995	1996	1997
韩国	-0.7	-2.8	-1.3	0.3	-1	-1.9	-4.8	-1.9
印尼	-2.8	-3.7	-2.2	-1.3	-1.6	-3.2	-3.4	-2.2
马来西亚	-2	-8.7	-3.7	-4.7	-6.2	-8.4	-4.9	-4.9
菲律宾	-6.1	-2.3	-1.9	-5.6	-4.6	-2.7	-4.8	-5.2
泰国	-8.5	-7.7	-5.7	-5.1	-5.6	-8.1	-8.1	-1.9

资料来源：“What Caused the Asian Currency and Financial Crisis?” *Japan and the World Economy*, Giancarlo Corsetti 等，1999年11期。

外来资本涌入东盟国家、韩国等东亚新兴经济体，这些资本的运用也很重要。如果资本没有被运用在正确的方向上，那么它对一个经济体的发展必将是弊大于利。流入东南亚地区的很多资本都被用在了房地产和股市投机活动上，制造了大量的经济泡沫。这一点可以从东亚地区20世纪90年代初到金融危机前股票疯涨、中心商务区的高空置率看出来（见表4－24、表4－25）。

表4－24 1997年中心商务区办公楼空置率

单位：%

国家/地区	雅加达	吉隆坡	马尼拉	新加坡	曼谷	中国香港
空置率	10	3	1	8	15	6

资料来源：“Asian Financial Markets”，1998年1月，J. P. 摩根。

① 参见《经济学人》1995年12月23日～1996年1月5日版，第46～48页。

表 4－25 遭受危机影响的经济体股票指数

国家／地区 \ 年份	1990	1991	1992	1993	1994	1995	1996	1997
韩 国	696	610	678	866	1027	882	651	376
印度尼西亚	417	247	274	588	469	513	637	401
马来西亚	505	556	643	1275	971	995	1237	594
菲律宾	651	1151	1256	3196	2785	2594	3170	1869
新加坡	1154	1490	1524	2425	2239	2266	2216	1529
泰 国	612	711	893	1682	1360	1280	831	372
中国香港	3024	4297	5512	11888	8191	10073	13451	10722
中国台湾	4350	4600	3377	6070	7111	5158	6933	8187

资料来源："What Caused the Asian Currency and Financial Srisis?", *Japan and the World Economy*, Giancarlo Corsetti 等，1999 年第 11 期。

④其他原因

即便是运用到实体产业上的投资，也不一定能够促进一个经济体的长期健康发展。美国经济学家克鲁格曼曾因"预言"了东南亚金融危机而名声大噪。他说亚洲的飞速发展"建立在浮沙之上，迟早幻灭"。克鲁格曼认为，东亚的经济增长主要是由投资和劳动参与率的大幅提高带动的，而全要素生产率[①]则没有进步甚至在降低。他认为东亚的繁荣不可持续[②]。

除了经济因素之外，东亚地区尤其是几个东盟的新兴国家政局动荡也是该地区经济危机爆发或者加深的原因之一。泰国内阁变化，最终导致政府倒台；印度尼西亚总统苏哈托健康情况不佳，政策反复无常，随即的选举造成了紧张的局面。不稳定的局势使得投资者对该地区的局势更加没有信心。

综上所述，由于贸易条件恶化、身负大量短期外债、经济发展畸形、政治寻租和动荡，在 1997 年前的数年间，东亚地区已经危机四伏。金融危机的爆发，绝非偶然事件。1997 年金融危机大致经历了以下几个过程：

①危机的前兆（1995 年至 1997 年上半年）

其实，东南亚经济在金融风暴前两年就已经显露出危机的迹象。1995

① 总产量与全部要素投入量之比。全要素生产率的增长率常常被视为科技进步的指标。

② 详情参见保罗·克鲁格曼：《亚洲奇迹之谜》，http://www.foreignaffairs.com/articles/50550/paul－krugman/the－myth－of－asias－miracle。

年，泰国的经常性账务赤字突然增大，GDP 增长突然放缓；印度尼西亚的贸易顺差则出现了骤降；马来西亚 1994 年和 1995 年两年吸收的外国直接投资能弥补之前的经常性账户赤字，而这正是经济过热的信号。

然而东盟各国政府对这些危机的反应却很谨慎。时任马来西亚总理的马哈蒂尔在 1991 年提出“2020 宏愿”，希望在 2020 年将马来西亚建设成发达国家。为此政府大力兴建基础设施。1995 年，当危机露出苗头时，马来西亚政府认为本国的经济没有出现过热的情况，因为马来西亚并没有出现通货膨胀现象。实际上，这是由于马来西亚对处在消费者价格指数[①]篮子内的商品实行了严格的价格管控。这就等于在限制反应经济运行状况的指标发挥作用。尽管声称本国经济运行状况良好，马来西亚政府还是实行了温和的紧缩计划，控制消费性信贷，提高存款准备金率。1996 年，尽管有着巨大的公共事业投资，马来西亚的经济增长率还是从 1995 年的 20.9% 大幅度降低到 7.3%。

类似于马来西亚政府，印度尼西亚政府也采取了轻微紧缩预算和银根的政策，1996 年 1 月将存款准备金率[②]从 2% 提高至 3%，1997 年 4 月又提高至 5%。实际上，印尼政府的情况彰显了东盟国家普遍面临着的两难境地：一方面，国内信贷飞速扩张，遏制过度借贷就需要中央银行提高利率；另一方面，这些国家执政当局又很担心提高利率会吸引投机性的外来资本涌入本国金融市场，高利率也会增加本国企业的经营负担。

当时泰国是除了新加坡之外金融开放程度最大的东盟国家，泰国政府一直致力于实现资本进出的完全自由化，其金融交易市场也最为完整，因此泰国成了投机者最先攻击的目标。从 1996 年 11 月开始，泰铢已经开始遭受投机性攻击。自 1997 年 2 月，以索罗斯为代表的国际金融炒家开始猛烈进攻

---

① 消费者价格指数（Consumer Price Index，CPI）指的是衡量所选定的一篮子消费品购买价格的指数。它是反映与居民生活有关的产品及劳务价格统计出来的物价变动指标，通常作为观察通货膨胀水平的重要指标。

② 是指金融机构为保证客户提取存款和资金清算需要而在中央银行准备的存款。中央银行要求的存款准备金占其存款总额的比例就是存款准备金率。中央银行通过调整存款准备金率，可以影响金融机构的信贷扩张能力，从而间接调控货币供应量。

泰铢。同时，泰国的金融机构和其他企业开始出现无法按时偿还债务的情况[①]。泰国央行开始干预汇市，大力救助本国金融机构。1997 年第一季度，泰国央行的金融机构发展基金[②]借给本国金融机构的款项已经超过 80 亿美元[③]。然而，政府的救助却是杯水车薪，据《金融时报》估计，当时泰国有 2/3 的贷款分布在出现问题的房地产、借贷消费等领域。第一季度结束时，泰国的不良贷款增长了 1 倍。

马来西亚的经济问题集中体现在房地产泡沫上，但政府对此反应迟缓。直到 1997 年 3 月才决定限制银行向房地产和股权投资的贷款[④]，且执行过程效率很低。但这一政策对马来西亚股市的打击却很大，外国投资者，主要是美国的基金开始卖出股票。消息公布一周之内，吉隆坡综合指数下跌 6.6%。

印度尼西亚中央银行分别在 1996 年 12 月和 1997 年 3 月下调基准利率 0.5 个百分点，希望借此减少外国资本涌入，同时减轻本国企业的债务负担，提振出口。但印尼企业所负担的外币债务仍然巨大，国际货币基金组织 1996 年 12 月的报告显示印尼的外债已经达到 2000 亿美元。

②危机爆发，东盟成员国货币遭遇重创（1997 年 7 ~ 10 月）

泰国政府在 1997 年春季的救市行动中耗费了 300 亿美元外汇储备中的 280 亿，逐渐感觉不支。7 月 2 日，泰国新财长上任，中央银行和财政部宣布放弃固定汇率制，实行泰铢浮动汇率制度[⑤]。这成为了金融危机最为关键的一天，消息放出当天，泰铢即刻贬值 6%[⑥]，东盟其他国家货币也受到冲击，纷纷随之贬值，金融风暴开始席卷东南亚。7 月 25 日，泰国又宣布放弃之前的承诺，停止救助本国的金融机构和企业。同年 8 月，马来西亚也宣

---

① 1997 年 2 月，泰国地产公司 Somprasong Land 未能支付其借款本金和利息。

② Financial Institutions Development Fund，简称 FIDF。

③ 这之中，有 17.5% 借给了本国最大的金融机构 Finance One。

④ 内容主要是限制向这些领域的总贷款数量，其中储蓄银行不得超过其总贷款的 15%，商业银行不得超过 30%。向房地产领域的贷款不超过总贷款的 20%，基础设施建设、廉价房产和厂房不在此限。

⑤ 详情参见《泰币实行浮动汇率制》，载 1997 年 7 月 4 日《人民日报》第 6 版。

⑥ 世界银行数据，与多数文献引用的 20% 不同。

布放弃保护林吉特的努力。9 月，经过一轮新的调整，相对 1997 年 1 月的水平，泰铢已经贬值 42%，马来西亚林吉特贬值 26%，印尼盾贬值 37%，菲律宾比索贬值 29%①。这一风暴甚至传染到了东盟中一向稳健的新加坡，新加坡元在 9 月末的贬值幅度也达到了 8%。

③危机扩大，整个东南亚和世界经济受到波及（1997 年 10 月至 1998 年初）

从 1997 年 10 月开始，东南亚的金融危机开始蔓延到区域外，10 月 17 日，台湾当局为了促进出口贸易，突然宣布放弃对新台币汇率的干预，新台币旋即贬值至 10 年以来最低水平。

台湾货币当局这一行为使得东南亚地区仅有中国香港仍然坚持联系汇率制②。国际投机者开始将注意力转移到香港，尝试集中资金击垮香港的金融系统。受到外界不利因素的影响，香港股市出现连续大幅下跌，港府当局为了维护汇率稳定，积极动用外汇维持港币汇率，同时迅速提高香港银行的短期拆借利率，以增加投机者拆借港币的成本，10 月 23 日，港币银行隔夜拆借利率一日之内从 7% 上升至 300%。

27 日，美国道琼斯指数暴跌 550 余点，纽交所不得不暂停交易。随后，韩国、日本、中国香港以及所有东盟成员国股市均出现暴跌。到 28 日，香港恒生指数已经跌到不足原来高点的一半。韩元和日元也开始出现大幅贬值。

到 11 月，韩国再次成为整个危机的新焦点。韩国也是自 20 世纪 60 年代发展起来的新兴的工业化国家，国民经济体系不是很健全，大集团控股银行，扭曲贷款动机，整体经济运行状况和东盟有很多类似的地方。同样是由于货币贬值导致短期外债还款压力变大，致使韩国许多大型企业破产。政府不得不求助于国际货币基金组织，引发民众抗议。

④余波未尽，震中转移印尼（1998 年初至 5 月）

1998 年初，国际货币基金组织与印度尼西亚政府达成的救助计划由于国内的腐败及东南亚糟糕的经济局面而未能奏效。印尼苏哈托政权欲采取印

---

① 资料来源：世界银行网站。

② 固定汇率制的一种，将本币与某特定外币的汇率固定下来，并严格按照既定兑换比例，使货币发行量随外汇存储量联动的货币制度。

尼盾与美元的联系汇率制度，此举遭到了国际货币基金组织、美国、欧洲国家的联合反对，国际货币基金组织甚至扬言要撤销对印尼的援助。与此同时，印尼国内也出现了反对苏哈托政权的抗议行动。印度尼西亚成为了新一轮危机的震中，2 月 16 日，印尼盾与美元的汇率突破了 10000∶1 的心理关口。林吉特、泰铢、菲律宾比索等东盟国家货币再次纷纷下跌。4 月 8 日，印尼政府与国际货币基金组织达成了新一轮救助协定，东盟国家的汇市这才逐渐平静。

这场金融危机给东盟国家和地区的政府和人民带来了巨大的损失。发生金融危机的两年，东盟国家和地区的经济增长大幅减缓甚至出现负增长（见表 4－26）。

表 4－26　受冲击最严重的东盟四国危机期间 GDP 增长率

单位：%

国家 \ 年份	1997 年	1998 年
马来西亚	7.322743	－7.35942
泰　国	－1.37137	－10.51
印度尼西亚	4.699873	－13.1267
菲律宾	5.185362	－0.57672

本次金融风暴最主要的表现之一便是受冲击经济体的货币贬值。由于泰铢、马来西亚林吉特、印尼盾和菲律宾比索的快速大幅贬值，这些国家的人民瞬间变失去了大量购买力。再加上负担着以外币计价的债务，许多人几乎是在一夜之间经历了由富翁到贫民的转变。

金融风暴首先是引起了大量的金融机构破产。例如，泰国有 56 家金融公司破产，印尼有 16 家私有银行被关闭。随之而来的就是工厂和其他企业的倒闭破产。危机还使得马来西亚的经济整整倒退了五年①。马来西亚“2020 宏愿”中的许多大型工程也不得不因此停工，如耗资 87 亿美元的巴库水坝等。

企业倒闭和工程停工使得东盟国家的失业人口大量增加，金融危机期

① 根据人均国内生产总值，世界银行数据。

间，泰国失业人口达到 200 万，印尼失业人口达到 900 万，而马来西亚也有 20 万人失业①。大量的失业人口造成了社会的动荡，挤兑、抢购、偷窃、抢劫等行为在东盟各国的城市中屡见不鲜。

经济危机前，东盟国家的政府收支情况普遍良好，处于盈余或者小幅度赤字的状态（见表 4 – 27）。在干预市场的活动中，东盟各国政府不仅花费了本国几乎全部的外汇，还通过国际货币基金组织借取了大量贷款。东盟国家平均花费 20% 至 30% 的年国民生产总值以应对危机。这些贷款还本付息每年需要花费 2% ~4% 的国民生产总值，东盟国家的政府从此背上了沉重的债务负担。如印尼 1995 年财政盈余达 10 万亿印尼盾，1999 年则变为赤字 12 万亿印尼盾；同时期马来西亚从盈余 18 亿林吉特变为赤字 95 亿林吉特；泰国则由 1350 亿泰铢的盈余变为 1540 亿泰铢的赤字；菲律宾由 110 亿比索的盈余变为 112 亿比索的赤字，这些国家几乎都是从财政盈余变为了等额的财政赤字②。获得国际货币基金组织援助时必须要接受它所制定的改革计划，这之中往往包括紧缩财政、缩减政府开支等限制性条款。泰国、印度尼西亚和菲律宾都不得不接受了这些条款，政府在调控经济方面的灵活性被大大降低。

表 4 – 27 政府财政平衡情况（盈余或支出占 GDP 百分比）

单位：%

国家 \ 年份	1990	1991	1992	1993	1994	1995	1996	1997
印度尼西亚	0. 43	0. 45	– 0. 44	0. 64	1. 03	2. 44	1. 26	0
马来西亚	– 3. 1	– 2. 1	– 0. 89	0. 23	2. 44	0. 89	0. 76	2. 52
菲律宾	– 3. 47	– 2. 1	– 1. 16	– 1. 46	1. 04	0. 57	0. 28	0. 06
泰　国	4. 59	4. 79	2. 9	2. 13	1. 89	2. 94	0. 97	– 0. 32

资料来源：国际货币基金组织网站。

陷入困境的东盟国家中，马来西亚认为国际货币基金组织提出的救援条件侵犯了其主权，因此拒绝了国际货币基金组织的援助。在没有外援的情况

① 东南亚国家报纸的相关报道，转引自朱振明《东南亚金融危机的原因、后果及教训》，载于《东南亚》1997 年第 4 期。

② 本段数据均来自国际货币基金组织数据库。

下重建经济体系，马来西亚政府面临很大的困难，其经济增长严重滞缓。

经济危机也引发了东盟国家的政治危机，导致政坛更迭。泰国反对党不断对政府发动攻势，要求差瓦立总理辞职。最终导致内阁辞职、总理下台。印度尼西亚也由于经济下滑爆发了反对苏哈托总统的大规模游行抗议，最终导致苏哈托辞职下台。当时还未加入东盟的柬埔寨，地处于东南亚的东帝汶也出现了动荡局面。

1997 年东南亚金融危机的始作俑者主要是来自美国的金融寡头，他们利用雄厚的实力，抓住东南亚经济的薄弱之处进行攻击，大获其利，以索罗斯为代表的金融巨鳄声名鹊起。由于少数人赚取了绝大多数利润，金融业的集中趋势愈发明显。

东亚是当时世界经济新星，“亚洲四小龙”的韩国、新加坡、中国香港和台湾地区是世界贸易投资的热点。在金融危机中，这些国家和地区均遭受重创，许多在这些地方正常投资的外国投资者损失惨重，尤其是长期重视东南亚地区的日本。日本在东南亚地区有着大量投资，本来进入 20 世纪 90 年代经济发展已经停滞，再受到本次经济危机的打击，日本经济进入了“失落的十年”。

东南亚金融危机还成为了另一场金融危机的导火索。俄罗斯从 1992 年采取“休克疗法”进行经济改革，吸引了很多外国投资，其中来自韩国的投资比例较大。在韩国发生危机后，韩资迅速撤离，连带引起了其他外国投资跟风逃离。俄罗斯股市、汇市纷纷崩溃，并引起了俄罗斯政局震荡，总理下台。这一危机宣告了俄罗斯经济改革的彻底失败。

由于本次经济危机首先从金融领域而起，因此实行金融改革成为了东盟国家的首要任务。东盟国家都对本国的金融行业进行了重大调整。东盟成员国的经济改革实际上分为两个阶段，1997 ~ 1998 年的前期改革实行经济紧缩政策，1999 ~ 2000 年间的后期的改革则偏向刺激经济的扩张性政策。

1998 年 8 月份，国际游资再次转而进攻港币，香港特区政府动用大量外汇坚决回击金融炒家，始终将港币与美元的汇率维持在 7.75∶1 的水平上。

1998 年 11 ~ 12 月，美国、加拿大、日本、欧盟国家纷纷调低基准利率。美国联邦储备银行还通过了一项向国际货币基金组织注资 180 亿美元的计划，以帮助东亚国家摆脱困境。日本也通过了银行业改革的一项法案。这一系列的救助计划、改革计划和宽松的货币政策提振了投资者的信心，1998 年末，新兴国家主权债务的价差[①]从 1500 个基点[②]下降到 1100 个基点。获得一丝喘息之机之后，东盟成员国开始着手修复本国的金融体系。

在前期的改革当中，东盟成员国为了获得援助，同时为本国经济发展创造良好的基础，经济政策基本遵循或者符合国际货币基金组织和世界银行建议的改革方案：推行宏观经济紧缩政策，强调经济市场化和结构改革，加强对金融机构的监管，促使其资本金达到一定要求；对企业的债务进行清理，使之治理结构合理化。主要的方式有：保障银行存款和其他银行债务，稳定金融市场，防止资本外逃；成立国营资产管理公司，清理合并破产的企业和金融机构，对尚有生命力的公司则施予援手；严格金融业监管制度，对其经营安全指标进行严格的限制。

危机中，泰国深受本国金融公司[③]之害，因此在金融业改革中关闭了本国的大多数金融公司，令其破产（见表 4 - 28）。与此同时，对受到波及的银行则给予时间过渡，要求它们尽快募集资本以满足资本充足性要求。泰国政府在这之中并没有过多的直接干涉，允许银行通过自己的努力寻求资本，自己建立资产管理公司处理不良贷款。同时严格了吸收公共存款的银行的经营条件，勒令其改变经营和坏账准备的方式。

印度尼西亚则对银行业给予了援助。印尼央行成立了印度尼西亚银行复兴机构[④]，将印尼银行 2/3 的坏账，约合 280 亿美元（等于其年国民生产总值的 35%）转移到该机构处理。同时，大量关闭、合并、国有化本国的银行。

---

① 指债券的发行面值和销售价格之差，是债权的违约风险的体现，差价越大，说明债权风险越大。

② 1 个基点为 0.1%。

③ 金融公司（financial company）是区别于银行的另一种金融机构，资金的筹集主要靠在货币市场上发行商业票据、在资本市场上发行股票、债券，少量依靠银行贷款，不吸收储户存款。

④ the Indonesian Bank Restructuring Agency.

马来西亚虽然拒绝了国际货币基金组织的援助，但也做出了类似的举动。除了对金融机构进行救助、整顿外，还成立了马来西亚国民资产管理公司①，以3～5折的价格购买了国内银行110亿美元（大约为马来西亚银行业不良贷款总额的一半，相当于马来西亚一年国民生产总值的14%）的不良贷款。由于马来西亚政府从一开始就不相信外国的援助，除了拒绝国际货币基金组织的救援外，再不允许外国资本控股本国银行。

表4－28　印尼、马来西亚和泰国的金融业重组情况

措施＼国家	印尼度西亚	马来西亚	泰　国
关闭的银行	237家中的64家	无	15家中的1家
关闭的其他金融机构	无	无	97家中的57家
合并的金融机构	将7家国有银行中的4家合并	58家银行合并成6家集团	3家银行,12家金融机构
国有化的金融机构	12家	1家银行,3家其他金融机构	4家

资料来源：世界银行。

在处理银行业坏账的同时，东盟各国还成立了相应的债务重组委员会，以帮助无力偿还贷款的企业走出困境。在处理公司拖欠的贷款问题时，由于濒临破产的企业数目太多，各国不约而同地鼓励采取庭外和解的方式达成债务人和债权人之间的谅解。由于经济的复苏，东盟国家企业的赢利能力大大增强，这就使得银行等债权人愿意允许企业延期还款，而不是将之告上法庭要求企业破产清偿。

1999年开始，泰铢、印尼盾和韩币开始升值，东亚国家的名义和实际利率也开始向危机前靠拢。同时，得益于财务改革和宽松的政策，整个股市开始回暖。第一季度马来西亚和泰国的工业产出开始增加，经济也开始增长。印尼由于1998年再次受到了猛烈的冲击，经济恢复比较迟缓，只在股价、汇率等金融指标上有所恢复。总体而言，从1999年开始，东盟国家的经济状况都开始好转。多数学者都认为，到1999年5月，这场历时两年的

① Danaharta Asset Management Company.

金融风暴已经结束了。

前期紧缩性的政策导致大量经营不善的金融机构和企业倒闭合并，东盟成员国已经达到了清理本国不良资产的目的。同时这一政策带来了失业率上升和社会动荡，东盟各国经济的负增长加剧。为此，东盟成员国又开始施行扩张性的经济政策，采取类似于凯恩斯主义的方式刺激经济增长。

鉴于金融危机后市场普遍的观望心理，东盟各国政府通过各种方式向金融机构注入大量的流动性支持（见表4－29）。这些举措一方面意在帮助本国的金融业渡过难关；一方面重新有意识地促进本币贬值，提高本国商品的出口竞争力。

表4－29 部分国家向金融业注资比例及占国民生产总值百分比

国家 金额和比例	印度尼西亚	马来西亚	泰国
金额（亿美元）	21	9	24
占比（%）	17.6	13	20

资料来源：世界银行。

从货币增长来看，印尼货币总量在1999年增长31%，2000则增长37%。马来西亚1997年货币增长12%，1999年增长39%。同时期的泰国货币增长速度从1.5%提高到了64%。由此引发了各国货币贬值。1999～2000年间，印尼货币贬值幅度达150%至200%；相比1996年的水平，2000年菲律宾比索贬值68%，新加坡元贬值24%，泰铢贬值65%。

从利率政策来看，在金融危机期间，各国央行为了防止投机者从本国货币市场拆借到本国货币进行做空抛售，均大幅提高了本国的利率水平。危机后为了刺激本国经济发展，各国开始下调利率。1998年印尼央行基准利率高达38.4%，1999～2000年间降至12%～14%，2001年已经降到7%；同期马来西亚央行基准利率则由8.5%降至2.7%～3.4%；新加坡从13%降为1.8%～2%；菲律宾在1998～2001年间将基准利率从12.4%降至8.2%。

根据货币学的理论，货币贬值之后，由于原先合约的存在，会使得一国出口相对价值下降，从而导致以外币计价的出口额下降，随后由于本国商品的价格竞争力，出口数量增长，出口额恢复上升。东盟等国的出口在危机后正是呈这种“J”形增长，在经历了短暂的下降之后开始强劲复苏。1998年，东盟五国（除文莱）的出口已经从逆差变为顺差，2000年贸易顺差从90亿美元增长到200亿美元。经常性账户的盈余同时带来了外汇储备的增长。放弃钉住美元的汇率制度给东盟成员国带来了贸易顺差。

从表4－30可以看出，自2000年开始，受到危机打击最严重的4个东盟国家的经济又重新开始高速增长，金融危机的阴影基本上已经消退。2001年，受到美国互联网泡沫破灭的影响，东盟经济增长放缓，但很快恢复继续前进，直到2007年发达资本主义国家爆发新一轮的危机。

表4－30　金融风暴过后东盟四国的经济增长率

单位：%

国家＼年份	1999	2000	2001	2002	2003	2004	2005	2006	2007
马来西亚	6.14	8.86	0.52	5.39	5.79	6.78	5.33	5.85	6.48
泰　国	4.45	4.75	2.17	5.32	7.14	6.34	4.60	5.09	5.04
印度尼西亚	0.79	4.92	3.64	4.50	4.78	5.03	5.69	5.50	6.35
菲律宾	3.08	4.41	2.89	3.65	4.97	6.70	4.78	5.24	6.62

资料来源：世界银行网站。

在金融危机发生之后，东盟国家普遍实行了严厉的资本管制政策，防止资本外逃，同时也给本国金融业以恢复的时间。受此影响，危机之后的几年中，对东盟的外国投资额度增长缓慢。随后东盟大力推出吸引外资的政策，包括促进对“增长三角”及湄公河区域的投资等。从2003年开始，对东盟的资本流入逐年快速上升，在2008年全球金融危机前达到峰值。

充分吸取金融风暴的教训，东盟成员国加强了对本国银行的监管和金融业资本要求，在随后的十几年中，东盟的金融业表现基本稳健，作为新兴市场，东盟还体现出了其充满活力的一面。

（1）2008年世界金融危机对东盟的影响

自2008年以来，美国、欧洲相继爆发了一系列经济危机，至今这场危机仍未结束。这场爆发于发达国家内的一系列危机对全球经济及其治理产生了巨大的冲击。

（2）危机发生的背景

始自2008年的这场经济危机，其直接原因是美国的次级贷款出现了大规模无法偿还的情况，而根本原因则是世界经济的不平衡。新世纪的第一场重大经济危机首先是从美国引起的，随后欧盟也出现了主权债务危机。世界上主要的两大经济体都暴露出了自身极大的问题。

自1997年至1998年的亚洲金融风暴以来，全球范围内再没有爆发大规模的经济危机。世界经济平稳高速发展了近10年。在这段时间里，新兴市场国家①引领着世界经济的增长。而发达国家的制造业愈发委靡，贸易逆差越来越大，但以金融业为主要代表的第三产业却愈发强大。

经常性账户的赤字与盈余是衡量一国对外贸易逆差或顺差的重要指标。世界经济作为整体来看这一指标必然可以达到平衡。但是发达国家和新兴市场国家的差异却愈发扩大，引发全球经济的不平衡。从图4－2可以看出，从20世纪90年代开始，发达经济与发展中经济经常性账户的“开口”越来越大，这是贸易失衡的表现。以美国为代表的发达经济体处于贸易逆差状态，而新兴市场国家则获得了贸易顺差。这主要是由于发达国家将大量制造业甚至服务业转移到了新兴市场国家，利用其丰富的廉价劳动力和资源生产，随之而来的就是制造业在发达国家的衰退。

但就在发达经济体出现大规模经常性账户赤字的同时，其资本项却呈现出大量的盈余，这从金融学的角度来讲是必然现象，同时也是一个经济体处在危机之中的信号，在1997～1998年的金融危机中，东亚出现危机的国家也是处在这种状态之下。

美国、欧洲是世界上吸引外国直接投资最大的两个经济体（见图4－3），同时也是经常性账户赤字最大的两个经济体。前面说到发达国家制造业的委靡，流入这两国的投资自然也不会流向制造业，而主要投资向金融行业，如股票市场、债券市场和衍生品市场等。在制造业衰退的同时，虚拟经济却膨胀起来，这与20世纪30年代美国的大萧条情况类似。

---

① 泛指相对于发达市场而言比较落后，但经济发展较快的发展中国家。

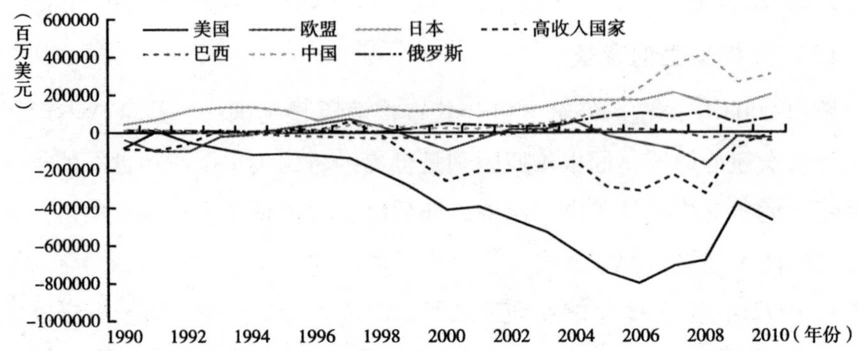

图 4-2　主要经济体的经常性账户情况

资料来源：世界银行网站。

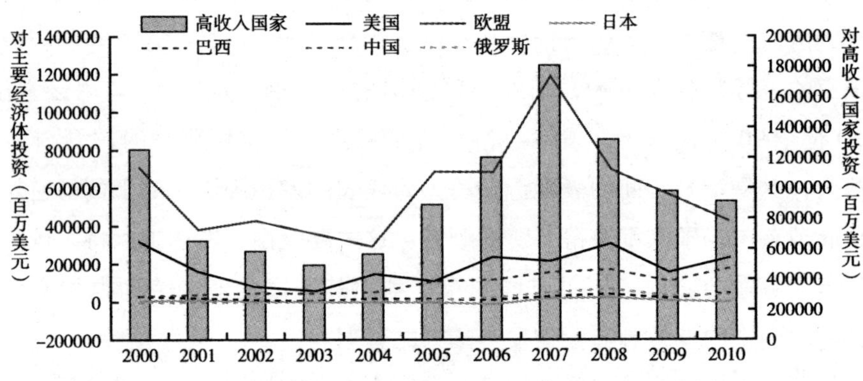

图 4-3　对世界主要经济体的直接投资

资料来源：世界银行网站。

2000 年美国互联网高科技泡沫破灭之后，美联储为了刺激经济高速发展而持续降息①，联邦基金利率从 2000 年最高的 6.5% 一度降至 2003 年最低的 0.98%，见图 4-4。低利率极大地降低了家庭和企业的融资借贷成本，使得美国经济亦出现了一定程度的复苏。但这一复苏主要来自虚拟经济的繁荣。

① 有关美国基准利率的详细数据，可参见 http：//www.economagic.com/em-cgi/data.exe/fedbog/day-fedfund。

进入 21 世纪以来，美国连续发动了两场战争，政府深陷战争的泥潭不能自拔，战争经费主要来自发行债券，由于美元本身就是国际结算货币，所以美国政府在发行债务方面没有遇到困难，政府债务节节攀升。

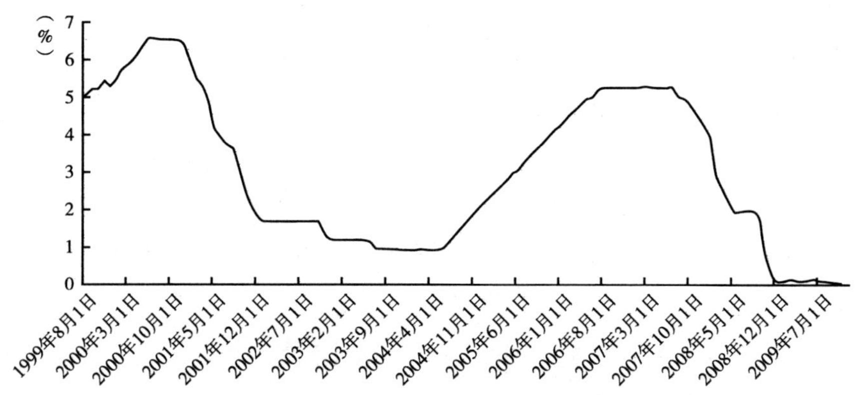

图 4-4 联邦基金利率

资料来源：彭博社。

与此同时，在大西洋彼岸欧洲，欧盟正在一体化道路上大步迈进，1999 年，欧元开始在欧盟一些成员国内发行。欧元的使用极大地提高了欧盟的经济地位，降低了内部交易成本，促进了欧元区内部以及欧盟同外部的贸易、投资。一时间，欧盟和欧元成为区域一体化的范例，也成为东盟学习的榜样。欧盟普遍的高税收、高福利和高收入社会经济运行模式使民众生活安逸，也令其成为人人向往之地。

欧盟的高福利政策主要来自政府支出，长期的政府支出需要依靠稳定的税收来保障。然而欧盟的一些国家，如希腊、意大利、葡萄牙、西班牙和爱尔兰并没有办法从税收中取得相应的资金收入，又由于加入欧元区而丧失了货币发行权，只能依靠发行债券来维持高福利政策，以此获得选民的支持。

(3) 美国爆发次贷危机的原因

①低利率政策导致投机横行

美国的低利率实际上已经是经济危机初现的前兆，因为同时期的利率远低于泰勒法则[①]所阐述的合理值，根据历史经验，这就意味着美国将会出现过度投机。美国联邦储备委员会给出的解释是这一规律基于特定的情况是可以改变的，因而拒绝提高利率，理由是担心收紧银根会使美国出现日本在20世纪遭遇的通货紧缩情况。而低利率给美国带来的经济增长，并没有表现在制造业等实体经济上，而是带来了地产和金融板块的繁荣。美国的实体经济，尤其是制造业对总国民经济增长的贡献越来越小。由于美国制造业的委靡，其贸易出现了大幅逆差。

实际上，次贷危机前的美国已经出现了房产泡沫。由于信贷充足，同时受到美国政府希望使中下阶层民众“居者有其屋”的政策鼓励，美国各个信用层级的个人和机构都可以很容易地贷款投资或消费。但是，金融机构针对不同信用贷款人的利率是不同的。信用级别不高的贷款人[②]的贷款利率比普通的抵押贷款利率要高2%～3%，同时以可变利率贷款[③]的形式存在，这就是所谓的“次级贷款”。通过次级贷款，金融机构在避免了部分风险同时获得了风险溢价[④]。

如果房价持续上涨，则意味着贷款的抵押品价格上升，次级贷款毫无风险。1999～2006年间，美国的房价上涨了124%[⑤]。美国许多家庭还利用房价高于放贷抵押价值的溢价再次进行贷款融资购买汽车等消费品。房价的上涨刺激了美国房屋的建造，市场供需这只“看不见的手”开始调节房价，从2006年开始，美国的房价、房屋销售量都开始下降。房价下降，意味着利用房屋溢价再融资贷款的抵押品不复存在，甚至房屋本身的价值也要低于购买时的价格，购房者资不抵债。伯南克任美联储主席后，一直将控制通货膨胀作为重要目标之一，从2004年开始，美国联

① 由时任美国财政部副部长的泰勒在1993年根据美国实际数据归纳得出。可以从通货膨胀率确定合理利率。

② 指在银行评估中收入不高、不稳定或者信用记录不好的个人或企业。

③ 指贷款利率随着某一基准利率（如美国联邦基准利率）浮动的贷款，对于贷出资金的机构而言，这样可以避免市场利率变动带来的风险。对于借入资金的一方而言，虽然初始利率可能很低，但基准利率的上升意味着还款压力变大。

④ 风险溢价指的是投资人要求较高的收益以抵消更大的风险。

⑤ 参见http：//www.economist.com/node/9972489？story_ id＝9972489，经济学人网站，2012年4月6日登录。

邦基金利率一路上升，以可变利率贷款存在的次级房贷还贷成本也随之升高，同时可以用于借贷的资金亦濒于枯竭。一旦无法支付贷款本金及利息，购房者的抵押房产只能由银行收回进行法拍[①]。待售房屋加上法拍房屋，美国大量住房待售促使房价进一步下跌，更多的人资不抵债选择违约，而金融机构也无法通过出售违约人的房屋来收回贷款，只能蒙受损失。

②金融创新加剧金融业经营风险

实际上，美国参议院的调查报告显示，次级贷款在美国的房贷比例中并不大，只占7%～8%，即使在高峰时期也不过10%～12%[②]。因此次级贷款本身充其量只能算是经济危机的导火索。

但是以华尔街的投资银行、保险公司为代表的美国金融机构为了利润最大化，进行了层出不穷的金融创新，推出了大量的金融衍生品。这些衍生品以债券、贷款和股票等传统产品作为标的物，进行了多重杠杆化的操作，扩大了利润，使得银行可以用很少的资本金进行大规模的交易。但同时也等倍数地扩大了风险带来的损失。尽管次级贷款占总体放贷的比例不高，其金额却远高出这些金融机构可以用来弥补亏损的自有资本金。与此同时，这些金融机构还向投资者提供诸多的避险工具，通过保险再对这些衍生证券的收益加以保证。这样一来，这些金融衍生品似乎就万无一失了。通过这些复杂的金融工具，美国的金融机构获取了巨额利润，并且大肆向员工派发超额奖金。一时间，华尔街成为各学科顶尖人士的向往之地。

金融创新中很重要的一点就是金融资产证券化，上述次级贷款、保单等银行的资产通过层层打包，成为了投资工具，销售给本国和外国的投资者。这样一来，美国的房产市场就和全世界的各个领域扯上了关系，可谓牵一发而动全身。

“国际衍生品联合会”（ISDA）的统计数据表明，截至2007年底，美国

① 指债权人在债务人无法偿还借款时依法收回抵押品进行拍卖，以收回贷款的行为。

② CRS Report 2010，美国参议院金融危机调查委员会，2011年。

债券、股票、期货、地产和金融衍生产品的市值大约是400万亿美元，约为美国2007年GDP的30倍。”①

但是，这些金融衍生品的一连串买卖完全建立在未来的预期收益的基础之上，而没有实际资产做基础。如果达到预期收益，那就没有风险。预期收益一旦不存在或者达不到预计数量，泡沫就会出现。一方面，美国的金融机构将当期获得的大部分利润派发到了员工手中，并没有留足坏账准备；另一方面，高杠杆运行的情况实际上使得其倾尽全部资本也无法弥补危机出现后的漏洞。

③监管不力，危机无法及时预防

在金融衍生品的金额和种类呈爆发式增长的同时，美国相关机构对金融企业的监管力度不但没有及时跟上，反而放松了。

在经历了20世纪30年代的大萧条之后，美国对金融业施予严厉的监管，例如银行间的兼并需要经过主管部门批准、不准混业经营、不准银行跨州设立分支行等，相关政策法案限制了金融业的膨胀。20世纪90年代以来，一方面，美国不断推出新的法案废除旧的法案，尤其是在克林顿政府期间，在经济发展停滞和金融业游说的双重压力下，先后推出了《瑞格尔－尼尔跨州银行和分行效率法案》（*The Riegle – Neal Interstate Banking and Branching Efficiency Act of 1994*）（1994年）、《金融服务现代化法案》（1999年）（*Financial Services Modernization Act of 1999*）和《商品期货现代化法案》（*Commodity Futures Modernization Act*）（2000年）等法律法规，这些方案先后废除了许多原先对金融机构的限制，使得美国金融业得以扩张兼并；另一方面，由于立法本身的滞后性，上述的金融创新已经远远超出了美国监管部门的职能和法律法规涉及范围之外，使得美国现代金融业的很多部门处在自由放任的状态之下。

美国金融业还存在着严重的利益冲突问题。很多知名学者、政府顾问乃至经济领域的决策者均同时受雇或者曾受雇于华尔街的金融机构，这就使得他们在发言或决策时不可避免地产生偏向；美国的金融产品需要经过证券评

① 苏建兴：《国际金融危机的原因和对中国经济的启示》，吉林大学出版社，2010，硕士学位论文。

级机构评级才能够在证券市场上发售，但占据了评级市场90%份额的三大评级机构标准普尔、穆迪和惠誉却是私人机构，发行证券的金融企业实际上是他们的客户，这样一来，在证券评级时产生有失客观的结果也在意料之中。

④货币畸形循环

从国际金融学的角度来讲，美元自“二战”以来就一直作为国际结算货币，这就要求美国必须向世界输出美元。而美元作为世界货币就要求它必须保持币值坚挺，这就形成了著名的“特里芬难题”①。由于美国劳动力成本较高，出口产品缺乏价格竞争力，其国际收支平衡表的经常性账户存在巨额赤字，为了保证国际收支的平衡，避免出现美元的贬值，美国只能从资本账户寻求顺差。再加上其稳定的政治环境等因素，美国因此吸引了大量的外国直接投资。由此形成了新的国际货币循环，即美国通过进口购买他国的商品，外国积攒的美元外汇再以投资流入美国（见图4－5）。

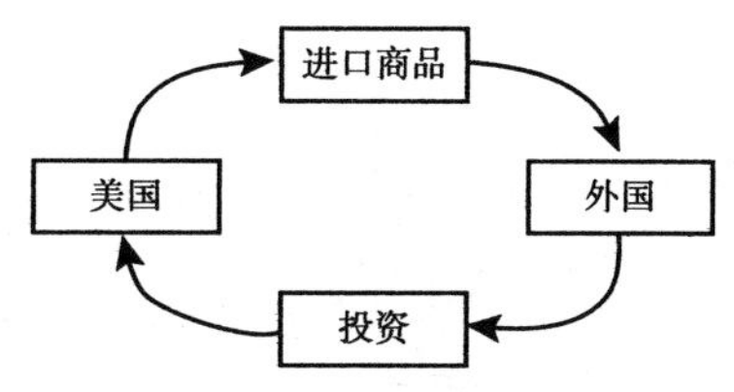

图4－5 美元的循环流动

这样一来，“特里芬难题”似乎迎刃而解了。但美元的这种循环必须建立在外国投资者对美国的信心上，一旦美国经济出现问题，投资者信心不再，美元的回流就会断裂。而美国最终出现危机的原因，正是因为次贷危机使得投资者不再信任美国金融机构创造出的金融产品，不愿意再为之埋单。

（3）危机发生的过程和影响

①危机发生的主要过程

2007年3月，美国的一家次级房贷机构——新世纪金融公司因损失过大宣告破产，次贷危机初现，并随即迅速蔓延（见图4－6）。多家住房抵押贷款公司遭遇同样的问题并破产，很多投资于此的银行和对冲基金也随之陷入流动性困境。初步估计给美国造成了3000亿美元的损失。

① 由美国经济学家特里芬提出，指美元作为世界货币要求美国输出美元，对美国来说就会发生长期贸易逆差；而美元作为国际货币核心的前提是必须保持美元币值稳定与坚挺，这又要求美国必须是一个长期贸易顺差国。这两个要求互相矛盾，因此是一个悖论。

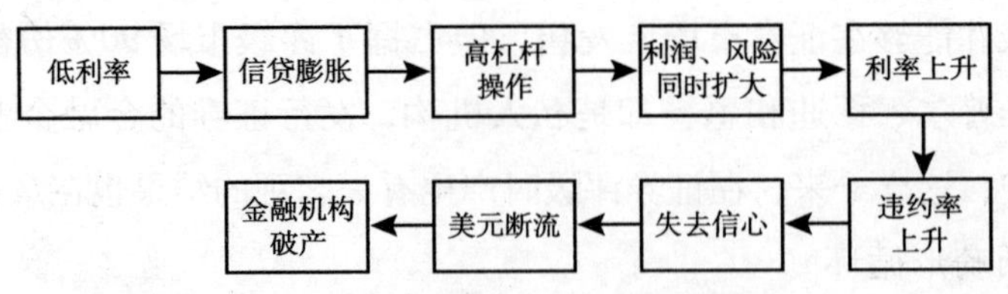

图 4-6 美国次贷危机示意图

面对市场出现的新情况，美国联邦储备银行作出反应，实行量化宽松政策。先向市场注入巨额资金防止金融机构破产，并一改 2004 年以来的政策开始大幅度降息。受此影响，美元开始持续贬值。外国投资者纷纷抛售美国国债。这“对全球经济与金融在失衡中保持动态平衡的格局带来了一定的冲击”①。2007 年 8 月至 9 月，美国自 1993 年以来出现资本净流出。投资者一方面出售美元资产，一方面蜂拥购买大宗商品避险，国际油价一路飙升。这些因素使得全球股票市场受到重挫。

房地产市场的贷款危机首先对美国金融系统产生冲击，使得企业筹资困难。房产和金融产品价格缩水也使得居民收入减少，消费随之委靡。欧洲金融业在美国有大量的投资，美国也是欧洲最重要的出口目的地，美国的危机很快就传染到欧洲，使得欧洲的金融机构损失巨大，信贷抽紧。日本一直是出口导向型经济，经济危机中美元贬值使得日本产品价格竞争力降低，同时欧美对日本产品的需求也锐减。根据美国国民经济研究局后来的统计，美国从 2007 年 12 月正式进入衰退；欧洲统计局和和日本经济内阁的数据显示，欧元区和日本的国内生产总值也在 2008 年也开始出现负增长。全球三大经济体全面倒退，次贷危机开始冲击实体经济。

2008 年 9 月 7 日，美国财政部动用 2000 亿美元接管了两大房屋贷款机构房利美（Fannie Mae）和房地美（Freddie Mac）公司；9 月 16 日，再次动用 850 亿美元挽救因为给次级贷款衍生品提供保险而深陷破产危机的美国国际集团；10 月 14 日又出资 2500 亿美元购买花旗、摩根等 8 家大型银行的优先股②；10 月 13 日英国也向本国银行系统注资 370 亿英镑。

---

① 国家外汇局局长胡晓炼语。

② 优先股相对于普通股在分配股利方面有优先权，但通常优先股股东不参与公司经营。

2008 年 9 月 15 日，受到美国国际集团停业的影响，有 158 年历史的美国第四大投资银行——雷曼兄弟申请破产保护，这一事件令举世震惊。次日，美国道琼斯工业指数和标准普尔 500 指数分别下跌了 4.42% 和 4.71%，创造了“9·11”以来的最大单日跌幅。世界金融系统流动性骤降，次贷危机已经演变为全球金融危机。

受金融危机的影响，国际贸易自 2008 年第四季度以来急剧下滑。2009 年 1 月 28 日，美国众议院通过了总额为 8190 亿美元的经济刺激方案，在这之中却规定了许多“使用美国货”的条款。仅 2009 年全球贸易保护调查就是上年同期的 8 倍。全球贸易保护主义抬头。“全球贸易量在 2009 年 5 月达到了危机以来最低点，比 2008 年 4 月的历史峰值下跌 20.4%。与历史上相比，全球贸易自由落体式下滑幅度甚至超过 20 世纪‘大萧条’前期的水平①。”

2009 年 11 月 25 日，迪拜政府宣布将重组旗下最大的主权投资公司迪拜世界，延迟 6 个月偿还其即将到期的约 40 亿美元债务。此事引起全球金融市场动荡。世界股市普遍下跌超过 3%。

进入 2010 年以来，标准普尔、穆迪等证券评级机构相继下调希腊、爱尔兰、葡萄牙、意大利、西班牙等国主权信用评级。欧洲债务危机初现端倪。希腊由于债务偿还困难向欧盟和国际货币基金组织求助。危机的重心从美国转移到欧洲。

2010 年末，美国实行了第二次“量化宽松”政策，通过市场购买大量国债注入资金。美国经济在一定程度上得以复苏。与此同时也造成了流动性泛滥，以美元计价的大宗商品如石油、有色金属和粮食都出现价格大幅度上涨，全球范围内通货膨胀压力变大。

2011 年开始，欧洲债务危机持续升级。法德两大国之间、发生债务危机的南部国家和财务状况较好的北部国家之间各执一词，矛盾重重。设立的欧洲金融稳定基金份额远小于能够救助危机各国的额度，各方始终未能达成实质性的救助协议。一时间希腊退出欧元区及欧元区解散的流言四起，欧盟经济充满了不确定性。

---

① 参见《2009 年国际金融十大新闻》，《国际金融研究》2010 年第 1 期。

2011 年 5 月，美国国债总额行将达到法律所规定的 14.29 万亿美元上限。民主党、共和党在国会就是否提高债务上限产生了巨大分歧。美国产生债务危机，政府面临“关门”[①] 风险。虽然 8 月 2 日国会参众两院最终达成协议提高了债务上限，但美国的财政赤字问题却没有得到根本性解决。8 月 5 日，国际三大评级机构之一的标准普尔发布报告，称由于美国政治风险和债务负担不断上升，将美国主权信用评级由 AAA 调低至 AA +，前景展望为负面。持有美国国债的投资者没有违约风险却面临着美元的贬值风险。

低利率和两次量化宽松政策都没有将美国经济从低迷中拯救出来。9 月 21 日，美联储宣布采取“扭转操作”，出售 4000 万亿美元到期期限在 3 年以下的中短期国债，购买相同数额的 6 年 ~ 30 年的中长期国债，美联储希望借以刺激经济。持续注入美元使得市场流动性泛滥，美国公共债务信用遭受严峻考验；同时，这一政策很可能使美国再次陷入“滞涨”[②] 的局面，这就加剧了全球经济的不确定性；新进入市场的美元在稀释了美国政府债务的同时也带来了通货膨胀，2011 年，投资者集中购买作为避险天堂的黄金，全球黄金价格连续创造新高，这说明市场对发达国家政府已经失去信心。

2011 年 12 月 8 日，欧盟领导人峰会在布鲁塞尔举行，在欧债危机持续发展、欧洲银行业风险加剧、欧洲经济重陷衰退的情况下，该峰会被认为是决定欧元区及欧元命运的重要会议而备受关注。但会议却没有达成解决危机的实质性决定，整个欧洲弥漫着悲观情绪。

②危机产生的影响

这场金融危机的危害远比东南亚金融风暴要大，原因也更复杂。尽管主要国家政府都积极救市，但由于发达国家的基础设施已经足够完善，生产效率也难以提高，再加上人口老龄化，经济缺乏增长动力，市场并没有像 20 世纪 30 年代大萧条那样迅速恢复。凯恩斯主义推崇的积极财政政策和货币主义奉行的扩张货币政策都不再奏效。政府这只“看得见的手”似乎已经缺乏足够有效的手段推动经济长久稳定发展。

---

① 指政府进入最低保障状态，避免除国防、警察等服务之外一切不必要的开支。

② 凯恩斯主义认为，通货膨胀和经济停滞是不可并存的。但 20 世纪 70 年代资本主义国家却经历了这一现象，使得凯恩斯主义所推崇的经济刺激政策失效。

本次危机给发达国家带来的主要问题就是经济衰退、失业率持续上升，政府支持率下降，社会开始出现动荡。

此次金融危机最直接的影响是，世界上最发达的金融市场——美国的金融业经历了一次重新洗牌。美国国际集团在 2007 年还排在《财富》杂志世界五百强企业榜单的第 44 位，危机爆发后不得不接连出售其各种业务；世界第四大投资银行雷曼兄弟倒闭；第五大投资银行贝尔斯登被摩根大通收购；知名证券公司美林证券也被美国银行收购。美国华尔街一时间人人自危。

美国金融业出现危机之后，为了防止国民经济崩溃，美国政府不得不出手援助濒临倒闭的金融机构，因为这些银行或者证券公司基本上属于“太大而不能倒”的类型，一旦破产将会牵连其他金融机构甚至实体企业，成千上万的家庭也将失去资产。而这种行为实际上与美国政府自身的使命是相悖的，华尔街的金融巨鳄们在获得高额薪酬后撇下一个烂摊子离去，而政府却不得不花费纳税人的钱来埋单，这引起美国民众的不满。2011 年 9 月，纽约爆发了“占领华尔街”运动，抗议金融业不负责的经营模式和政府挥霍公民的税款。随后在美国的波士顿、芝加哥，德国法兰克福、法国巴黎、英国伦敦陆续爆发了相关的声援抗议活动。

在经济全球化的浪潮中，不只是美、日、欧，整个世界经济都被捆绑在一起。新兴国家如“金砖”国家、东盟成员国亦深受金融危机影响。

其中最明显的是东盟成员国之一的越南。自 2008 年初，越南相继出现通货膨胀失控、楼市大幅跳水、贸易逆差陡增等一系列问题。2008 年 5 月下旬，各大评级机构纷纷将越南长期债务评级展望由稳定调低至负面。越南宏观经济的恶化导致投资者信心崩溃，大量资金出逃，引发越南金融市场严重的动荡。至 6 月初，越南股市连续下跌 25 天，越南盾兑美元贬值 2.7%。

受美元贬值影响，大量资金涌入亚洲寻求保值增值。亚洲各国饱受“热钱”问题困扰。再加上美元疲软，各国本币被持续推高，股市疯涨，贸易竞争力大大降低。这使得各国央行不得不出手干预汇市以减缓本币对美元的升值速度。各国竞相干预汇市，竞争性贬值意味着全球汇率大战爆发。受此影响，黄金价格不断创造新高。

2007年，新加坡、马来西亚、菲律宾和泰国纷纷向市场注入资金，同时对债券等金融产品征收重税。“热钱”的涌入加大了各国调控经济的难度：一方面，各国都希望采取宽松的货币政策刺激经济发展；另一方面，新兴市场国家又不得不控制游资进入本国市场，要实现这个目标又只能采取紧缩政策。

金融危机给东盟等新兴经济体带来的不仅仅是金融层面的困境，同时也极大地影响了这些国家和地区的经济发展，因为这些经济体多以出口为导向，欧美国家遭遇危机致使其需求大幅降低。新兴经济体对外贸易遭遇寒冬。以东盟成员国为例，外贸依存度较高的马来西亚和泰国在2009年都遭遇了经济负增长，印尼和菲律宾等国的经济增长率也大幅度下滑。

虽然有上述不利因素和困境，本次金融危机的源头和震中仍然是欧美发达国家，东盟、中国、巴西等新兴市场国家的经济总体表现稳健。

从另一方面来讲，这场始自2007年的美国的金融危机虽然给全球经济带来了巨大的创伤，但也为全球经济权力的重组提供了机遇。主要发达国家纷纷遭遇经济发展的“滑铁卢”，相比之下新兴市场则表现抢眼。原先的世界经济秩序是由西方发达国家主导的，以国际货币基金组织为例，发达国家份额始终占据绝对优势，美国更是拥有一票否决权。在经济危机中，这些国家纷纷遭遇困境，世界主要的经济增长有赖于新兴市场。这有利于新兴市场国家在世界舞台上争取发言权。自2007年以来召开的G20峰会等会议中，数次提到了要增加新兴市场国家在国际货币基金组织中的份额问题，这代表了新兴市场正逐渐走向全球经济治理的核心，从规则的接受者向规则的制定者转变。这部分将在下文具体阐述。

（4）东盟应对危机采取的措施

全球金融危机对东盟的冲击从2008年第四季度开始显现。东盟国家采取了一系列政策措施稳定本国经济，缓冲危机对本国造成的影响。

①调整宏观经济政策

面对严重依赖外部投资和对外出口的经济结构，东盟国家积极采取了大量扩大内需和刺激经济的政策以稳定本国经济。2008年成为东盟宏观经济政策由抑制通货膨胀向促进经济增长转变的转折点，主要的政策包括宽松的货币政策和以减税和扩大政府开支为主要内容的刺激计划（见表4－31、表4－32）。

印尼是东盟中对外依存度最小的国家，受外部冲击并不严重，但印度尼西亚政府仍于2009年推出了73.3万亿印尼盾[①]的经济振兴配套计划，其中56.3万亿印尼盾用于减免企业和个人所得税，防止大规模解雇事件发生，17万亿印尼盾用以提高劳动者素质[②]；旋即在同年8月的次年预算中再次推出61万亿印尼盾的刺激计划[③]；印尼政府还将企业所得税率由最高30%的累进税率调低为25%的统一税率，同时给予年销售额低于500亿印尼盾的小企业减征50%税收的优惠，这样一来，印尼成为税率仅高于新加坡的东盟成员国[④]；印尼央行连续调低利率，幅度达250个基点。

马来西亚经济则在很大程度上依赖外部，受国际金融危机影响较大。马来西亚在金融危机爆发后先期推出了一份60亿林吉特的刺激计划用以补贴中低收入家庭和信贷支持。随着危机的深入，2009年3月马来西亚又提出一份总值600亿林吉特[⑤]的振兴经济配套计划[⑥]，数额相当于马来西亚一年国民生产总值的9%。马来西亚央行将商业银行的法定存款准备金率下调了2个百分点，并连续三次调低隔夜拆借利率，总计175个基点。

新加坡政府2008年12月1日推出总值29亿新加坡元的助企业、保工作扶助配套政策，其中的23亿新加坡元用以对本地企业提供信贷支持，另外6亿新加坡元用以提高雇员的工作技能[⑦]。在2009年财年的预算中，新加坡政府首次动用了49亿新加坡元的储备金用以振兴经济，同时赤字达到本国历史上最高水平[⑧]。

泰国财政部于2008年3月4日推出的约400亿泰铢的经济刺激措施，主要通过降低税收提高社会基层民众的生活质量，促进中小企业发展。财政

---

① 约合61亿美元。

② 台湾经贸网通讯 http：//www. taiwantrade. com. tw/CH/bizsearchdetail/907175/C/。

③ 新加坡联合早报讯 http：//www. zaobao. com/special/us/pages10/fincrisis090804. shtml。

④ CarlosMangunsong，ReviewofEconomicDevelopment：SlowlySweptbyGlobalDrift，2008（3－4）：392－393.

⑤ 约合150亿美元。

⑥ 华尔街日报 http：//cn. wsj. com/gb/20090310/BAS002299. asp？source = rss。

⑦ 商务部讯 http：//www. mofcom. gov. cn/aarticle/i/jyjl/j/200811/20081105910493. html。

⑧ 网易新闻 http：//news. 163. com/09/0123/14/50BNCQI7000120GU. html。

部提出的减税措施包括：将个人所得税起征额从每年 10 万泰铢提高至每年 15 万泰铢；将不动产过户、抵押手续费等税率减至 0.01%；将泰 SET 证券市场 2009 年新上市公司的所得税率从 30%降至 25%，MAI 证券市场新上市公司的所得税率从 30%降至 20%；未来两年内维持附加税 7%的税率不变，等等。同时采取直接或间接补助的形式资助公务员和低收入社会群体，泰国财政部长表示，上述措施旨在刺激国内消费和投资，虽然大范围减税及对独立纳税人和公司的补贴方案将使政府的税收收入减少 400 亿泰铢，但由此带来的消费和投资复苏可间接增加政府收入，进而刺激经济复苏。2009 年 3 月 25 日泰内阁通过第二轮刺激经济计划，拟在 2010～2012 财年投资 1.57 万亿泰铢（约 450 亿美元）实施一批政府及国营企业项目，主要为新企业、家庭采购和股票上市交易提供减税政策来刺激国内需求。泰国中央银行则三次下调隔夜拆借利率共计 225 个基点。

越南政府减缓中小企业应征所得税额达 10 万亿越盾（约合 5.71 亿美元）。其中，2008 年第四季度和 2009 年全年企业所得税减免 30%，总额为 3.1 万亿越盾（约合 1.77 亿美元）。其余 70%的所得税得以缓征，期限 9 个月，涉及金额达 68 万多亿越盾（约合 3.88 亿美元）。越南央行总计下调商业银行准备金率 8 个百分点，基准利率 700 个基点，是金融危机中东盟各大央行中调整力度最大的一家。

菲律宾政府 2009 年 3 月初推出总额为 750 亿比索的一揽子经济刺激计划，其中最引人注目的是公布高达 449 亿比索（约合 93 亿美元）的税收补贴方案，大大超出早期预计的 380 亿比索。其中 320 亿比索将划拨国家粮食署用于补贴大米进口①。此外还包括电费和水费的税收补贴，以及 2007 年所有代扣所得税 20%的税收回扣。菲律宾央行将银行准备金率下调 2 个百分点，两次下调隔夜拆借利率共计 125 个基点。

文莱政府大力推动中小企业发展，将公司税从 30%下调至 25.5%，将给中小企业提供的最大贷款规模从 150 万文元提高到 500 万文元，还款期从 7 年延长到 10 年。马来西亚政府则继续降低公司所得税率以及个人所得税

---

① 《菲律宾 2009 年税收补贴将达 449 亿比索》，载 2009 年 3 月 11 日《菲律宾世界日报》。

率，降低了一些中间货物的进口税，调整了投资减免税，推出了免税期政策，以吸引国内外资本参与国家的重大建设项目。

2010年起，东盟成员国出口回升，经济开始恢复增长。但随着经济快速增长和大量热钱流入，一些国家物价上升，货币升值，股票价格上涨，房地产迅速回升，资产泡沫逐渐形成。2010年，印尼的消费者物价指数上升6.96%，远超政府所设定的4%～6%的目标。越南通货膨胀率升至11.5%，大大超过政府先前设定的把通货膨胀率控制在8%以内的目标。各国货币普遍大幅升值，印尼盾、马来西亚林吉特、菲律宾比索、新加坡元、泰国铢兑美元的汇率分别升值5.3%、11.1%、7.1%、10.7%和11.1%；2010底，新加坡、泰国的外汇储备额创下历史新高，分别为2558亿美元和1721亿美元，马来西亚和印尼的外汇储备额也分别增至1065亿美元和962亿美元；2010年，印尼、泰国和菲律宾股市分别上涨46.1%、40.6%和37.6%，与股市一同飙升的还有房地产价格。

面对新的情况，东盟成员国再次调整政策，取消刺激计划。一些国家相继调整货币政策，以应对国内通货膨胀和资产泡沫。

马来西亚早在3月率先调高隔夜政策利率，成为当年亚洲地区首个宣布升息的国家。5月和7月，马来西亚将隔夜政策利率分别又上调25个基点。2011年5月，马来西亚再将隔夜政策利率上调25个基点至3%，并上调存款准备金率100个基点。

表4－31　2008年9月以来东南亚主要货币刺激政策

国家/地区	流动性措施	政策利率	存款及债务担保
印度尼西亚	流动性注入：4.85亿美元；降低固定存款MMR2个百分点，并允许使用央行票据和政府债权作为准备金；下调回购利率100个基点；扩大市场操作范围；与中国人民银行进行150亿美元的货币互换；与日本银行进行20亿美元的货币互换	4次下调基准利率，共计175个基点	提高存款担保上限至20亿印尼盾（约合20500美元）
马来西亚	下调MRR3个百分点；与中国人民银行进行120亿美元的货币互换；拨款50亿林吉特（约合14.3亿美元），将护盘基金总额增加到150亿林吉特	3次下调隔夜拆借利率，共计150个基点	对所有村矿提供金额担保，直至2010年底

续表

国家/地区	流动性措施	政策利率	存款及债务担保
菲律宾	下调 MRR2 个百分点增加比索再贴现预算;扩大比索公开市场操作;开设新美元存款以及美元回购资本;放松银行对于政府债券的 MTM 规则	2 次下调隔夜拆借利率,共计 125 个基点	—
新加坡	开设伊斯兰债券发行工具,并允许以伊斯兰债券作为申请央行流动性的合格抵押品;与美国进行 300 亿美元的货币互换	—	对全部存款提供为期 3 年的全额担保
泰 国	—	3 次下调 1 天期贷款贴现率,共计 225 个基点。	对所有存款提供全额担保,直至 2011 年 8 月底
越 南	降低贴现利率 700 个基点;降低再融资利率 700 个基点:增加储备存款利率 140 个基点;扩大回购市场操作	6 次下调基准利率,共计 700 个基点	—

资料来源：National authorities, Reuters and Word Bank staff。

表 4-32 东南亚国家主要财政刺激方案

国 家	规 模	具体方案
印度尼西亚	63 亿美元(GDP 的 1.3%)	• 基础设施项目及授权项目(12.2 万亿 IDR) • 节能投资(4.8 万亿 IDR) • 城市及乡村道路以及农村地区的灌溉(2 万亿 IDR)
马来西亚	第一份刺激计划:20 亿美元(GDP 的 0.9%)	• 中低收入家庭补贴(3 亿美元) • 宏观信贷支持(5700 万美元)
马来西亚	第二份刺激计划:164 亿美元(GDP 的 9%)	• 减税以及其他刺激,包括加速折旧等(30 亿 MYR) • 额外支出(150 亿 MYR),包括学校设施(20 亿 MYR),投资推动(16 亿 MYR),以及 Sabah 和 Sarawak 地区的基础设施建设(12 亿 MYR) • 担保基金(250 亿 MYR),包括运营资本担保计划(50 亿 MYR),重组计划贷款担保计划(50 亿 MYR)以及成立一个担保金融机构(150 亿 MYR) • 对于国有公司 khazanah 的股权投资,以支持其对电信、技术和旅游进行投资(100 亿 MYR) • 终端的预算项目 • 私人金融刺激(20 亿 MYR)

续表

国 家	规 模	具体方案
菲律宾	36 亿美元(GDP 的 1.8%)	• 公司及个人减税(400 亿 PHP) • 增加政府预算(1600 亿 PHP) • 国有控股公司(GOCCs)、国有金融机构(GFIs)和私人部门参与基础设施建设(1000 亿 PHP) • 对社保机构成员的临时福利(300 亿 PHP)
泰 国	36 亿美元(GDP 的 1.1%)	• 减税(400 亿 THB) • 对公务和低收入社会保障受益人的汇款(190 亿 THB),公共汽车以及铁路低收入乘客优惠券(114 亿 THB),以及商务部对低收入家庭的商品补贴(10 亿 THB) • 灌溉工程(20 亿 THB)、农村小水库建设项目(8 亿 THB)以及农村基础设施建设(15 亿 THB) • 食品工业及中小企业促进计划(5 亿 THB),旅游促进经济(10 亿 THB)以及国家形象复原计划(3 亿 THB) • 自由教育(190 亿 THB) • 失业者培训(69 亿 THB) • 地区发展基金(152 亿 THB) • 年长者退休金计划(90 亿 THB) • 健康志愿者招募(30 亿 THB),健康局改善(11 亿 THB) • 年轻警官住房计划(18 亿 THB) • 紧急事件预算储备(41 亿 THB) • 政府账户转移(191 亿 THB)
新加坡	136 亿美元(GDP 的 8%)	• 工作信贷计划、技能项目、工作福利补贴以及跨公共部门招募(51 亿 SGD) • 增强银行贷款计划、桥贷款项目以及贸易融资风险共担计划(58 亿 SGD) • 税收减免以及支持商业流动性并突出竞争力措施(26 亿 SGD) • 对家庭的直接援助、对脆弱目标群体的帮助以及支持慈善事业(26 亿 SGD) • 复苏廉租房、省级教育和健康基础设施、强化可持续发展项目(44 亿 SGD)
越 南	10 亿美元(GDP 的 1%)	• 给予被 MOLISA 划分给穷人的困难者一次性现金补助,20 万 VND 每人,最高 100 万 VND 每人 • 对于银行运营资金贷款给予高达 8 个月 400 个基点的利息补助 • 2008 年第四季起至 2009 年底,减免中小企业 30% 的所得税 • 对于某些特定群体推迟收取新的个人所得税直至 2009 年中期 • 对中小企业的贷款提供担保,包括投资贷款 • 按比例增大对大型基础设施的投资 • 支持国内 61 个最贫困地区的小规模基础设施建设项目

资料来源:National authorities, Reuters and Word Bank staff。

为了应对通货膨胀和资产泡沫，新加坡政府两次调整货币政策，通过让新加坡元升值来缓和通货膨胀压力。2010 年 4 月，政府一方面将新加坡元名义有效汇率的可波动范围的轴心点向上调整，让新加坡元升值，另一方面也改变之前所采纳的中立立场，让新加坡元汇率逐步稳健上升；10 月政府进一步收紧货币政策，让新加坡元汇率加快上升。在维持 4 月份宣布的让新加坡元名义有效汇率适度和逐渐上升政策的同时，还增加了可波动范围的斜度和宽度。

泰国在连续 15 个月将基准利率维持在历史低位后，2010 年 7 月首次上调利率，8 月和 12 月两次加息，2011 年 1 月、3 月和 4 月又连续上调利率，至此已累计上调基准利率 150 个基点。

2011 年 2 月，面对日益严重的通货膨胀，印尼宣布将基准利率调高 25 个基点，从 6.5% 升至 6.75%。印尼央行紧缩银行外汇持有和海外融资，实施银行短期海外融资 30% 限制的规定，从 2011 年 3 月起，银行须提供总外汇持有金额的 5% 作为储备，6 月起印尼将存款准备金率调升至 8%。

2011 年 3 月和 5 月，菲律宾央行将隔夜拆款利率分别上调 25 个基点，隔夜借款和贷款利率分别上调至 4.5% 和 6.5%。菲律宾央行行长阿曼多·特唐戈还认为，连续加息并不能一定将菲律宾 2011 年的通胀率控制在3% ~ 5% 的目标范围内。

越南将政府 2011 年的经济工作的重点从促进经济增长转向抑制通货膨胀，并把今年通货膨胀率目标控制在 7% 以内。2011 年 2 月，越南连续两次调高基准利率，现行基准利率为 12%。同时，政府再次让越南盾贬值 8.5%，其货币贬值幅度超过历次。3 月和 4 月，分别将贴现率和再融资利率由 11% 调高至 12% 和 13%，由此越南也成为亚太地区名义利率最高的国家。

到了 2011 年，欧洲主权债务危机成为了世界经济新的不稳定因素，为了防止经济二次衰退，东盟国家随之调整了政策。10 月，印尼中央银行宣布将隔夜利率 0.25 个百分点下调至 6.5% 的新低。同时，新加坡决定放慢新加坡元汇率的升值速度，让新加坡元名义有效汇率温和而渐进地升值，这是新加坡金融管理局两年来首次放松货币政策。11 月，泰国中央银行宣布下调基准利率 0.25 个百分点至 3.35%，这也是泰国两年多来首次降息。

②加快经济转型和产业升级

面对国际金融危机带来的冲击，东盟成员国除了采取宏观经济措施应对之外，还积极制定中长期经济发展战略，调整经济结构，促进经济转型和产业升级。其中马来西亚和印度尼西亚的经济战略最为典型和突出。

2010 年 10 月，马来西亚政府推出经济转型计划（ETP），该执行方案包括 12 项国家关键经济领域和 131 项计划，总投资额预计 4440 亿美元，预计到 2020 年该计划将创造 330 万个就业机会，将人均收入由目前的 7500 美元升至 15000 美元，实现进入高收入国家的目标。随后，马来西亚政府相继公布了经济转型计划的具体投资项目。政府率先公布了 9 项投资项目，其中包括吉隆坡国际金融区、吉打州 5 个晶圆制造厂、沙巴 5 座生化石油厂、柔佛州名牌商品城、第二吉隆坡国际机场综合广场以及酒店、商场和金融服务中心等。11 月，政府推出 9 项旗舰计划，投资额约 83 亿林吉特，这些计划包括石油税收法令下的 5 项新税务[①]、丹绒阿加斯油气与物流工业园、登州的两座新水力发电厂和霹雳州一座大型燃煤电厂，以及先进工程、科学及创意群组、酒店、旅游、会议展览、教育和人才培训等项目；2011 年 1 月，再次公布了 19 项计划，这些发展项目包括石油、天然气与能源、商业服务、医疗保健、旅游业、电子与电气、农业、大吉隆坡及人才机构等领域；3 月，政府又公布 9 项旗舰计划及 14 项后续计划，投资额达 147.5 亿林吉特，9 项旗舰计划包括提升邦咯岛的旅游设施、加强水利灌溉、提高稻米产量及农民的收入、培植香米、保健计划、棕油产品以及沼气和太阳能发电设施等[②]。

2011 年 5 月，印度尼西亚政府提出了《2011 ~ 2025 年印度尼西亚经济发展总体规划》。根据该规划，印度尼西亚政府将重点发展“六大经济走廊”，着力推动交通、通信、能源等大型基础设施项目建设，形成各具产业

① 由于马来西亚预计在 2012 ~ 2013 年将成为石油净进口国，政府希望通过新税务奖励的办法，推动油气开采。新税务奖励措施分别为：（1）投资者可以从法定收入中扣除 60% ~ 100% 资本开销；（2）小型油田开发税务从原本的 38% 降至 25%；（3）小型油田开发可享有加速资本减免，即从 10 年减至 5 年；（4）相同合伙企业或独资之间的不持续石油协议，可转让勘探支出；（5）小型油田发展计划的石油生产及出口将豁免出口税。

② 载 2010 年 12 月 4 日、2011 年 3 月 9 日《南洋商报》。

特色的工业中心，力争实现在2025年跻身世界十大经济强国的远景目标。未来15年，印度尼西亚加快经济建设的三大纲领是：①发展“六大经济走廊”，使之形成具有产业特色的经济中心；②加强岛际间联合，使各岛产业中心均能直接参与国际市场竞争；③加快人才培养，为“六大经济走廊”提供人力资源支持和动力。政府拟定的“六大经济走廊”分别为：爪哇走廊，以服务业和高科产业为主，东爪哇省沿海地区将发展成化工工业中心和造船中心，而内陆地区将发展为食品和饮料生产中心；苏门答腊岛走廊，重点发展农业种植园、矿产加工和开采等，苏南省和廖岛将发展成棕油加工中心；加里曼丹走廊，以农业种植园和采矿业为主；苏拉威西走廊，主要发展渔业、农业种植园以及采矿业；巴厘和努沙登加拉走廊，重点发展旅游业及手工业，将巴厘和龙目岛打造成旅游休闲中心；巴布亚和马鲁古走廊，以发展渔业、矿业及林业为主。

③加强区域和国际金融合作

自2008年金融危机爆发并在全球蔓延以来，东盟“10+3”国家作为一个重要的区域组织，先后召开了东盟10国和中日韩特别财长会议、第十二次东盟与中国领导人会议以及第四届东亚峰会等多次会议。在这些会议中，东盟与对话国围绕金融危机，集中讨论了区域宏观经济形势、各国应对危机的政策措施以及东亚财经合作等议题，为扭转困局群策群力，旨在推动区域合作，共同渡过金融危机所带来的经济下滑及发展缓慢这一难关。

在东南亚金融危机中，东盟成员国的货币普遍遭受到了国际炒家的投机性攻击，东盟成员国尝试在货币市场上购入本币以维持其汇率，却都在耗尽本国外汇储备后宣告失败，本币大幅度贬值，使得本国政府和人民瞬间失去大量的购买力，同时偿还外债的成本大大增加，这是东南亚金融危机的最主要表现形式。

东盟从中深切感受到了自身力量的薄弱，意识到了加强区域金融合作抵御危机的必要性。而同在东亚的中国、日本和韩国也受到了东南亚金融危机的冲击（尤其是韩国，其所受的打击不亚于东盟成员国），因此也意识到了与东盟合作的重要性。2000年5月，第九届“10+3”财政部长会议在清迈举行，会议签署了建立区域性货币互换网络的协议，即《清迈协议》

（ChiangMaiInitiative，简称 CMI）。协议包括两部分内容，扩大东盟货币互换协议（ASEAN Swap Arrangement）的额度和建立中日韩与东盟之间的双边互换协议。

所谓货币互换，是指当签约受援方发生货币流动性短缺，比如缺少足够的外汇维持本币价值的时候，支援国提供短期强势、无条件的外币融资。等金融局势稳定后，再以外币购回本国货币的协议。货币互换协议一方面可以稳定投资者的信心，减少他们对汇率不确定性的担忧；另一方面可以对国际金融炒家形成震慑，使之不敢贸然发动进攻。

东盟早在 1978 年就建立了自己的货币互换协议，然而其额度只有 2 亿美元，这和国际炒家可以动用的资金相比远远不够。《清迈协议》将东盟成员国之间的货币互换额度扩大到了 10 亿美元。东亚经济体的总外汇储备超过了 1 万亿美元，如果彼此能够加深合作，就等于形成了一个巨大的金融联盟，足以让任何图谋不轨者望而却步。

《清迈协议》最初的执行是双边化的，即两个经济体间单独签订货币协议，这造成了不必要的烦琐程序。因此有学者提出了建立“东亚外汇储备池”的建议，即东亚国家将一定份额的外汇储备汇入一个“蓄水池”，以提高《清迈协议》作为危机救助机制的可信度，并通过规模效应减少各国为防范金融危机而被迫持有过多的外汇储备。

2007 年 5 月于日本京都举行的第十届“10 + 3”财长会议上，中日韩与东盟财长就建立外汇储备库，实现《清迈协议》多边化达成共识。2009 年 2 月，各方承诺加快《清迈协议》的实施，将筹建中的区域外汇贮备库资金从初定的 800 亿美元扩大到 1200 亿美元。随着全球金融危机的影响加深，亚洲又面临着国际资本流动不稳定、美元贬值、石油价格上涨等新的挑战，这些挑战，为进一步提升亚洲区域内金融货币合作的深度和广度提出了新的更为紧迫的要求，这也是亚洲外汇储备库加快建立的现实背景。

2009 年 5 月 3 日，第 12 届“10 + 3”财长会议发表联合公报，宣布“10 + 3”财长已就区域外汇储备库的出资份额、借款方式和监督机制等达成共识，规模为 1200 亿美元的亚洲区域外汇储备库将在 2009 年底前正式成立并运作。2009 年 10 月在泰国召开的第十二次东盟与中日韩领导人会议，表示将加快推进“清迈倡议多边化”机制，争取使其具体形式——亚洲区域外汇储备库早日运作，使其成为亚洲金融合作的“血库”。

经过数次经济危机的洗礼，东亚地区正逐渐走向成熟。加深区域金融合作，共同抵御风险已经是大势所趋。

全球经济治理从来都离不开相互之间的协调。20 世纪 70 年代，面对“石油危机”和“滞涨”等新情况的出现，资本主义国家焦头烂额。1975 年，法国总理德斯坦邀请西德、美国、日本、意大利和英国在法国朗布依埃举行了一次非正式会晤，商讨石油危机下的资本主义世界该何去何从。会议决定以后每年举行一次同样的会议，次年加拿大加入，由此形成了“七国集团”。七国经济总量占到全世界 60% 以上，自然对世界经济拥有极大的话语权。自 1991 年起，俄罗斯开始参加七国峰会，1997 年被正式接纳为成员国，形成“八国集团”，但其核心仍然为七国集团。

七国集团并非正式的国际组织，也没有常设的秘书处，达成的协定也没有强制约束力，但是由于它将世界上几个主要大国领导人聚集到一起商谈发展大计，对协调全球经济起到了极大的作用。

东南亚金融危机爆发之后，八国集团意识到新兴市场已经成为全球经济的重要力量，发展中国家同样可以对全球经济产生巨大影响。为此，1999 年的七国峰会上，与会财长们提出建立“二十国集团”，邀请主要新兴市场国家加入。二十国集团包括原八国集团，再加上巴西、印度、韩国、中国、南非、阿根廷、墨西哥、印度尼西亚和沙特阿拉伯，涵盖了五大洲的重要国家，国民生产总值占到全球经济的 90%，贸易占全球的 80%，人口则占全球 2/3，具有很大的代表性。

在随后世界经济发展的过程中，二十国集团的作用愈发显著，一方面，在全球经济中，新兴经济体对全球经济的贡献越来越大，它们理应得到同样的权力；另一方面，解决全球经济问题，仅靠发达国家已经不能完全解决问题，2007 年以来的经济危机，就是始自发达国家。

2008 年 11 月于华盛顿、2009 年 4 月于伦敦，二十国集团领导人分别召开了两次金融峰会，并取得丰硕成果：华盛顿峰会为全球协调应对金融危机奠定了基础；伦敦峰会成为金融危机发展的重要转折点。

2009年9月25日，在匹兹堡举行的二十国峰会上，二十国领导人联合发表声明，二十国集团将取代八国集团成为国际经济合作与协调的首要平台，匹兹堡峰会标志着危机后全球经济新秩序的诞生，新兴经济体未来将在全球经济治理中发挥更大影响力。

二十国峰会中，来自东亚的国家有日本、中国和印尼，代表了该地区的主要经济力量。东盟成员国印尼参与其中，成为东盟在二十国集团的代表。东亚国家在二十国集团中势必会提出符合自己利益的诉求，在全球经济治理中发出自己的声音。

在1997～1998年的东南亚金融危机中，国际货币基金组织①备受争议，首先，有学者指责它没有对东盟成员国进行及时有效的援助，没有起到阻止危机蔓延的作用；其次，它对东盟成员国施予援助的条件过于苛刻，对其财政施加了太多束缚，使得东盟无法快速从危机中恢复。

2007年6月15日，国际货币基金组织执行董事会通过了《对成员国政策双边监督的决定》，以此替代1977年制定的《1977年汇率政策监督决定》。此次调整中最受关注的是新增了所谓的“第四原则”条款，即要求成员国确保其汇率政策不会引发“外部不稳定”。此外，在对一国汇率政策评判的标准上，新监管政策中加入了“汇率偏离经济基本面”或“经常账户长期巨额赤字或盈余”的条款。相比以往对于“汇率操纵”的严格定义，新规则令国际货币基金组织更易于得出一国汇率政策失当的判断。这样一来，发达国家丝毫不用考虑本国劳动力成本高，竞争力下降等问题，仅凭新兴市场国家贸易逆差大就可以认为其“操纵汇率”。

汇率监督新规则之所以能够出炉，与国际货币基金组织治理存在缺陷有很大的关系。著名学者余永定认为，这种缺陷主要表现为：份额计算方法和

---

① 国际货币基金组织（简称IMF）于1946年3月成立，是“二战”后布雷顿森林体系的产物之一，主要负责在成员国之间保持有秩序的汇价安排，避免竞争性的汇价贬值；协助成员国建立经常性交易的多边支付制度，消除妨碍世界贸易的外汇管制；在有适当保证的条件下，基金组织向成员国临时提供普通资金，使其有信心利用此机会纠正国际收支的失调，而不采取危害本国或国际繁荣的措施等。

国际国币基金组织采取投票表决制，其投票权主要掌握在美国、欧盟和日本手中。

调整滞后，新兴市场国家的投票权不能反映其经济地位，广大发展中国家基本没有话语权；发达国家牢牢控制了基金组织的决策权；基金组织在利益驱动下具有扩大管辖权和裁量权的倾向，但管辖权尚无法达到既治标又治本的目标。

不符合经济事实的治理制度是不可能长久的。2010 年 11 月 5 日，国际货币基金组织通过了份额改革方案。根据新的改革方案，国际货币基金组织将在 2012 年之前向包括新兴国家在内代表性不足的国家转移超过 6% 的份额。其中，中国的份额将从 3.72% 升至 6.39%，投票权也从 3.65% 升至 6.07%，位列美、日之后；印度份额为 2.75%，从第 11 位升至第 8 位；俄罗斯为 2.71%，从第 10 位升至第 9 位；巴西为 2.32%，从第 14 位升至第 10 位。同时，欧洲国家将在国际货币基金组织执行董事会让出两个席位，提高新兴市场和发展中国家的代表性。这是国际货币基金组织成立 65 年来最重要的治理改革方案，也是针对新兴市场和发展中国家最大的份额转移方案。

未来，包括中国与东盟在内的新兴市场在世界经济中的分量增长是不可阻挡的趋势，它们可以在更为广阔的舞台上相互合作。

未来在东亚的金融合作中，“东盟 + 中日韩”仍然将是核心。中日韩三国均承认或默认东盟在东亚合作中的主导作用。以东盟为中心的“10 + 3”合作将不断加深合作程度，扩大合作幅度，形式也将继续多样化。“10 + 3”外汇储备库的建成对这一形式的合作是极大的鼓舞，各方也对此充满信心。

当存在共同的地区利益时，东亚国家很可能会在联合国、二十国集团、国际货币基金组织等国际性组织上发出共同的声音，这是东亚在国际舞台上的主要合作形式。

世界银行、亚洲开发银行等致力于消除地区贫困、发展地区经济的合作性组织将是东亚地区金融合作的有力补充。这些组织通过一个个项目的形式，逐步解决一些具有代表性地区的发展问题。在东亚地区，日本一直是这类活动的热心赞助国，东盟则是主要受援地区之一。中国和韩国也越来越多地参与到这类活动中来。

2. 东盟金融产业发展现状

1997 年亚洲金融危机之后，东盟国家吸取教训，努力为自己营造一个健康稳定的金融体系，同时也意识到，仅靠一国之力很难抗衡国际游资的冲击，因此更加重视与区内、区外国家的合作。这些努力使得东盟的金融机构甚少受到 2007 年美国次贷危机和随后发生的欧债危机的牵连，也是它们的实体经济能够从本轮全球经济危机中迅速复苏的重要原因。当然，在亚行的报告中，谈到东盟金融机构之所以在这轮国际金融危机中没有受到太大冲击，还有一个重要原因就是它的资本市场欠发达。鉴于金融产业对实体经济的影响越来越大，本书将专门设立一章，以探讨东盟金融机构的发展现状以及它所开展的区内区外金融合作现状，并作出相应的评述。

金融业是经营金融商品的特殊行业，它包括银行业、保险业、信托业、证券业和租赁业，它们的诞生最初都是为了服务于实体经济。一个地区、一个国家的金融深化程度与它的经济发展水平紧密相关，金融商品的繁荣与否，最终还是取决于实体经济的发展。

按照世行的划分，在东盟各国中，只有新加坡、文莱属于高收入国家，但它们仅是弹丸之地，人口规模和经济总量都很小；马来西亚、泰国是中高收入国家；印度尼西亚、菲律宾、越南和老挝则同属中低收入，剩下的缅甸、柬埔寨则为低收入国家[①]。因此，从整体上看，东盟仍是一个发展中地区。具体到它们各自的产业结构，我们可以看到，新加坡已率先进入后工业化阶段；而缅甸、柬埔寨、老挝的工业化才刚刚起步；越南、印度尼西亚、菲律宾的工业化正方兴未艾；而马来西亚、泰国则已到了工业化的中晚期。与之相适应的是，东盟的金融产业在全球的排名落后于欧

---

① 在世行发布的《国家一览表》（Country at a glance）中，中高收入国家的人均 GNI 为 5884 美元，马来西亚以 7760 美元、泰国以 4150 美元同属此列；中低收入国家的人均 GNI 为 1619 美元，印尼以 2500 美元、菲律宾以 2060 美元、越南为 1160 美元、老挝为 1040 美元同为中低收入国家；低收入国家的人均 GNI 为 528 美元，柬埔寨和缅甸都在此列。

美，也落后于东北亚。

①与发达国家相比，东盟经济体的资本市场依然缺少深度和广度

从整个金融资产占 GDP 的比重来看，只有新加坡、马来西亚与 OECD 国家不相上下，其他 8 个东南亚国家都不同程度地落后于发达经济体，尤其是债券市场（见表 4－33）。1997 年金融危机留给东盟国家的一个教训就是不能过度依赖银行，一国必须保有银行之外的“金融备用胎”，而债券市场特别是企业债券就是资本市场上最为传统的“备用胎”。但目前来看，东盟国家的债券市场的发展依然落后于发达经济体。若纵向来看，东盟国家金融体系在过去 10 年中都取得了长足的进步，它们的金融资产占 GDP 的比重虽有起伏，但基本保持了上升的趋势。

表 4－33　2010 年“东盟＋3”的金融资产分布

国　家	银行资产、股市市值、债券（亿美元）	银行资产份额（%）	股市市值份额（%）	债券份额（%）
印度尼西亚	1060	54	34	12
马来西亚	1151	40	36	24
菲律宾	415	37	38	25
新加坡	1408	41	46	13
泰　国	1054	51	26	22
文　莱	—	—	—	—
柬埔寨	6	100	—	—
老　挝	2	100	—	—
缅　甸	—	—	—	—
越　南	69	18	55	27
东　盟	5165	45	37	18
中　国	19746	71	14	16
日　本	27263	34	14	52
韩　国	4150	43	26	30
ASEAN＋3	56325	49	17	35

资料来源：ADB Working Paper Series No. 300。

在东盟国家中，只有新加坡、马来西亚资本化的程度较深（见表 4－34），泰国、印度尼西亚和菲律宾的国内市值就远低于其 GDP。在很多发达国家，市值一般是 GDP 的 1～1.5 倍（受金融危机的影响，目前已低于这个数值）。而柬埔寨、老挝的股票交易所不过才刚刚开业[①]。资本市场欠发展，投资渠道少，经济发展不得不倚重于银行贷款，一方面金融风险过度集中于银行系统而得不到分散；另一方面全社会资本未得到充分利用，高储蓄并没有带来相应的区内高投资，大量的区内资本流向了区外金融业发达的地区，要么购买风险高回报亦高的金融资产，要么购买美国债券这样风险低、回报也低的资产。区内国家拥有的外汇储备大都变成了后一种资产。

此外，股票周转率太低也是当前东盟国家资本市场存在的一个问题。除了泰国，其他东盟国家平均股票周转率每隔两年就要出现一次大幅下滑，这使得东盟的股票交易所的收入远远落后于发达国家以及大多数东北亚的股票交易所。因此，到 2005 年，在东盟地区的股票交易成本要比东北亚高出 50%，比西方发达国家高出 250%；资产折现成本要比东北亚高出 50%，比西方发达国家高出 200%。在东盟市场上，发行股票的成本要比更为成熟的市场高出 2%～4%。

表 4－34　亚洲主要国家上市公司市值占 GDP 的百分比

单位：%

国　家	2007 年	2008 年	2009 年	2010 年	2011 年
日　本	102.2	66.4	67.1	74.7	60.3
韩　国	107.1	53.1	100.3	107.3	89.1
中　国	178.2	61.8	100.8	80.3	46.4
越　南	27.5	10.5	21.8	19.2	4.8
印度尼西亚	49.0	19.4	33.0	50.9	46.1
菲律宾	69.1	30.0	47.6	78.8	73.6
泰　国	79.4	37.6	52.4	87.1	77.7
马来西亚	174.4	84.0	132.7	172.6	141.8
新加坡	209.9	107.9	176.6	173.6	128.6

资料来源：世界银行。

① 柬埔寨第一家股票交易所在 2012 年 4 月开业，而老挝的证券交易所是在 2011 年 1 月开业的。

②东盟银行体系流动风险下降，运行更稳健

20 世纪末的亚洲金融危机沉重打击了东盟银行业，危机结束后，各国采取了各种政策来改革和重组银行体系，具体措施包括：鼓励银行合并，提升规模、壮大实力；积极处理不良资产，以强化银行体制；开放银行业，吸引外资参股；鼓励银行业务网络化；等等。这些政策陆续发挥作用，东盟银行业在危机之后很快就实现了全面复苏。

东盟经济体的储蓄率一直很高，进入 20 世纪特别是在 2005 年之后，东盟各经济体的储蓄率更进一步上升。而东盟老成员的投资率自 1998 年以来一直呈下降态势。实际上，1998 年之后，东盟国家的储蓄率普遍已高过投资率（见表 4 - 35），体现在了这些国家不断扩大的经常账户盈余上。而这些国家本身又长期奉行出口导向型发展战略，两方面因素作用的结果就是它们的外汇储备增长很快，由此整个金融体系对内对外支付能力显著提高，具备了更强的抗冲击能力。

有相当一部分储蓄剩余为了避险需要而变成了银行的存款，东盟银行的资本充足率不仅达到巴塞尔Ⅰ和巴塞尔Ⅱ的标准，而且都高于 OECD 的平均水平。在 1997 年金融危机中深受打击的银行对向风险资产授信非常谨慎，提高资产质量成为它们的首要任务。从 1998 年以后东盟各国银行的不良贷款率大幅减少，尤以当年危机重灾区的印度尼西亚、泰国和马来西亚最为明显（见表 4 - 36）。

表 4 - 35　两次金融危机前后东盟国家储蓄率与投资率比较

单位：%

国 家	储蓄率		投资率		储蓄剩余	
	1990 ~ 1997 年	2000 ~ 2007 年	1990 ~ 1997 年	2000 ~ 2007 年	1990 ~ 1997 年	2000 ~ 2007 年
印度尼西亚	32.3	26.7	39.2	23.9	-7.0	2.8
马来西亚	33.2	35.0	39.3	23.0	-6.1	12.1
菲律宾	18.8	18.0	23.1	17.0	-4.2	1.0
新加坡	46.9	41.7	34.6	23.0	12.4	18.7
泰 国	34.1	29.1	40.2	26.1	-6.2	3.0
文 莱	37.9	49.9	29.3	14.0	8.6	35.9
柬埔寨	10.4	16.7	12.1	19.00	-1.7	-2.4
老 挝	—	19.2	—	30.7	—	-11.5
缅 甸	10.7	16.2	13.9	12.4	-3.3	3.9
越 南	18.4	33.1	19.4	35.1	-1.0	-2.0

资料来源：ADB Working Paper Series No. 300。

表 4-36　衡量东盟银行谨慎度的关键指标

单位：%

项　目	国　家	1997 年	1998 年	1999 年	2000 年	2005 年	2006 年	2007 年	2008 年	2009 年
不良贷款率	印度尼西亚	—	48.6	32.9	18.8	7.6	6.1	4.1	3.2	3.8
	马来西亚	4.1	18.6	16.6	15.4	9.6	8.5	6.5	4.8	3.8
	菲律宾	4.7	11.0	12.7	14.9	10.0	7.5	5.8	4.5	4.6
	泰　国	—	42.9	38.6	17.7	9.1	8.4	7.9	5.7	—
	越　南	—	—	—	—	—	—	—	—	—
	新加坡	—	—	5.3	3.4	3.8	2.8	1.5	1.7	2.3
	OECD	3.6	3.7	3.6	3.4	1.8	1.6	1.7	2.6	4.2
法定资本与风险加权资产比	印度尼西亚	—	-13.0	-2.4	-18.2	19.3	21.3	19.3	16.8	17.5
	马来西亚	10.5	11.8	12.5	12.5	13.7	13.5	13.2	12.7	14.6
	菲律宾	16.0	17.7	17.5	16.2	17.7	17.6	15.7	15.5	15.8
	泰　国	9.4	10.9	12.4	12.0	13.2	13.6	14.8	13.8	—
	越　南	—	—	—	—	—	—	—	—	—
	新加坡	—	18.3	21.3	19.9	15.8	15.4	13.5	14.7	16.5
	OECD	11.1	11.5	11.8	11.6	12.6	12.7	12.3	12.6	13.3
不良贷款拨备覆盖率	印度尼西亚	—	28.6	77.7	59.4	60.6	84.7	104.5	118.6	127.4
	马来西亚	21.6	42.4	50.2	54.5	59.1	64.6	77.3	89.0	93.3
	菲律宾	47.3	36.4	45.2	43.7	72.9	75.0	81.5	86.0	91.4
	泰　国	—	29.2	37.9	47.2	83.7	82.7	86.4	97.9	—
	越　南	—	—	—	—	—	—	—	—	—
	新加坡	—	—	86.2	87.2	78.7	89.5	115.6	109.1	91.0
	OECD	72.6	62.7	65.5	73.5	114.6	112.5	97.6	77.5	66.2
资本对资产比率	印度尼西亚	8.8	-12.9	-4.1	5.2	9.8	10.8	10.6	10.3	11.0
	马来西亚	8.4	8.9	8.9	8.5	7.7	7.6	7.4	8.0	9.0
	菲律宾	12.9	14.8	16.0	15.3	11.8	11.7	11.7	10.6	11.4
	泰　国	14.7	4.8	5.5	4.5	8.9	8.9	9.5	—	—
	越　南	—	—	—	—	—	—	—	—	—
	新加坡	—	7.5	7.8	7.1	9.6	9.6	9.2	8.3	10.5
	OECD	6.1	6.2	6.5	6.6	7.4	7.5	7.3	6.6	8.3

一方面，东盟各经济体的银行系统集中了大量的社会剩余资本，在整个金融体系中占有举足轻重的地位；另一个方面，严厉的监管也过度压抑了银行的风险偏好，在某种程度上，上述各项数据所衡量出的比 OECD 国家更高的谨慎度，也恰好说明了大多数东盟的发展中经济体没有更有效率地利用宝

贵的资本。

③东盟新老成员面对两种不同的挑战。

在东盟内部，处在经济水平发展两端的新老成员金融深化又呈现出不同的特点。20 世纪 80 年代，新加坡、马来西亚、印度尼西亚、菲律宾、泰国、文莱等国家利用大量国际剩余资本寻求出路的机会，加快国内金融市场的改革开放，利用各种金融市场和金融工具吸引间接投资。金融业国际化在上述国家都得到了较好的发展，各国的金融体系逐步融汇到了国际金融运转的统一机制中。“金融先行”的发展模式，使各国证券市场得到了跨越式发展，允许外国金融机构的直接参与，逐步实现了利率市场化，引进金融期货，大力发展各种基金。各国金融市场的改革开放为外国投资者创造了良好的金融环境，创造了“经济奇迹”，同时也为东南亚爆发金融危机埋下了伏笔。金融危机之后，各国又开始了新一轮金融改革，重点放在了如何引导资本市场健康发展上。在过去 10 年中，马来西亚、泰国、印度尼西亚的股票市场和政府债券市场经过快速发展，都已具有了相当的规模。

另一方面，东盟后进的转轨经济国家也开始加快金融改革步伐和培育金融市场，而它们更关注于建立和完善其银行体系。从表 4 – 37 中就可以看出，自 1997 年以后，东盟老成员的银行存款资产占 GDP 的比重都有不同程度的下降，而新成员如越南则增长迅速。改革措施包括：将传统计划性质的银行活动转向经营活动；调整本外币的官方比价，使其向市场比价趋近；发展商业信用；建立和扩大金融市场；放松对外汇、珠宝和黄金的控制等。

总之，虽然东盟各成员国金融市场发展水平存在较大差异，但总的发展趋势都是在不断提升金融市场国际化，扩大对外开放以及加强区域金融合作。

以服务于实体经济为目的金融产业，它的发展水平在一定程度上也是由本地实体经济所决定，对于原本金融产业国际化程度就不高的那些东盟成员而言更是如此。之所以选择新加坡、泰国和越南进行更细致的考察，是因为它们所处的发展阶段在东盟内部具有鲜明的代表性：新加坡不久之前才由工业化进入后工业化，泰国正从工业化中期向后期过渡，而越南工业化正方兴未艾。以下是几个东盟代表性国家金融业发展现状及政策情况。

表 4 - 37 东盟各经济体金融资产的分布

单位：%

项 目	国 家	1997 年	1998 年	2000 年	2005 年	2006 年	2007 年	2008 年	2009 年
金融资产占GDP 的比重	印度尼西亚	86.9	87.8	103.0	82.1	81.3	91.1	105.5	—
	马来西亚	413.0	380.2	355.8	336.4	333.7	353.2	376.4	—
	菲律宾	156.4	141.0	124.7	118.8	123.7	130.7	140.9	—
	泰 国	210.0	215.0	193.3	214.9	210.3	213.3	218.4	—
	越 南	—	—	—	65.9	80.2	105.3	—	—
	新加坡	267.8	278.7	350.5	422.8	386.1	361.8	337.3	—
	OECD 平均	291.8	305.3	343.2	325.6	337.2	347.6	363.4	—
债券市值占GDP 的比重	印度尼西亚	2.6	5.6	31.3	20.2	18.1	18.9	19.9	—
	马来西亚	65.3	82.6	78.4	86.0	87.3	90.4	93.5	—
	菲律宾	27.0	28.0	28.8	38.4	36.0	33.5	31.2	—
	泰 国	9.6	15.3	25.5	41.4	46.1	50.7	56.7	—
	越 南	—	—	—	—	—	—	—	—
	新加坡	25.3	32.2	42.4	56.7	55.2	54.7	54.2	—
	OECD 平均	103.7	107.2	112.6	123.8	123.5	125.4	131.1	—
股票市值占GDP 的比重	印度尼西亚	28.1	26.1	27.9	27.2	30.5	40.7	55.3	—
	马来西亚	201.7	133.4	146.4	136.6	134.8	156.0	180.3	—
	菲律宾	68.5	51.3	45.3	35.2	46.5	59.8	76.3	—
	泰 国	41.2	26.1	36.2	69.1	65.0	68.9	73.3	—
	越 南	—	—	—	0.7	7.8	20.1	—	—
	新加坡	134.5	122.2	191.0	249.8	219.8	196.3	172.5	—
	OECD 平均	103.7	107.2	112.5	123.8	123.5	125.4	131.1	—
股票周转率	印度尼西亚	145.9	59.4	32.9	54.2	44.3	64.4	71.3	78.1
	马来西亚	72.6	30.9	44.6	26.9	32.1	53.5	33.2	54.7
	菲律宾	67.6	31.1	15.8	20.1	20.7	34.1	22.2	24.9
	泰 国	60.7	71.2	53.2	74.7	70.7	64.2	8.2	110.2
	越 南	—	—	—	—	22.4	87.9	28.8	42.7
	新加坡	49.9	50.5	52.1	63.1	62.2	122.0	101.3	—
	OECD 平均	84.4	90.0	128.4	119.1	145.0	175.7	182.3	—
存款货币银行资产占 GDP 的比重	印度尼西亚	56.3	55.3	43.7	34.7	32.7	31.5	30.2	—
	马来西亚	146.0	164.2	131.0	113.8	111.6	106.8	102.6	—
	菲律宾	60.7	61.5	50.3	44.4	40.1	36.3	32.4	—
	泰 国	159.2	173.5	131.6	104.3	99.2	93.6	88.4	—
	越 南	18.9	20.1	32.0	64.2	72.4	85.2	102.5	—
	新加坡	108.0	124.3	117.0	116.3	111.1	110.8	110.6	—
	OECD 平均	107.3	103.1	108.9	102.0	104.8	109.3	114.1	—

(1) 新加坡

新加坡曾为英国殖民地，居民以华人为主，地少人多，缺乏自然资源，但地理位置优越，扼守马六甲海峡，是一个国际良港。在完成工业化之后，发展高附加值的金融业成为新加坡的最佳选择。首先，新加坡的地理位置优越，而且基础设施比较发达，使其成为东南亚的重要贸易中心和港口，也为金融业的发展奠定了基础；其次，英语在新加坡广泛使用，而英语是国际金融业中通用的语言，这就为新加坡金融业的发展提供了有利条件。到70年代初，新加坡已经发展成为亚太地区金融业最发达的国家，成为亚洲美元市场的中心。通过新加坡的金融市场，地区外的资金得以被吸收到东南亚地区，为本地区的经济发展筹集了急需的资金。对新加坡自身而言，金融业的发展促进了经济发展，而经济发展又为金融业的进一步深化提供了动力。

从20世纪80年代中期开始一直到90年代中期，在近10年的时间里，新加坡的金融业一直保持着20%的年增长率，远远超过了它的整体经济增长速度，到1993年，它的金融和商业服务业占GDP的比重就已经达到25%，在东亚各经济体居于前列。在Z&Yen集团2012年公布的全球金融中心的排名中，新加坡已连续多次名列第四，仅落后于伦敦、纽约和香港，排在东京、上海之前。

①货币制度

新加坡在1973年跟随国际脱离了金本位制度后，开始实行有管理的货币（新加坡元）自由浮动。在1981年，新加坡金融管理局参考了一篮子贸易伙伴的货币，为新加坡元汇率设立上下相，称之为“名义有效汇率”（nominal effective exchange rate，SMYMNEER），每年4月和10月例行审查，确定SMYMNEER，但结果并不对外公布，央行只是据此选择适当时机对市场进行干预。新加坡政府一直对新加坡元的国际化有所限制，而几次国际金融危机的冲击使得它的金融开放步伐更加谨慎。但另一方面，为了成为亚洲乃至世界的金融中心，新加坡成为东亚经济体中最早开展美元离岸交易的国家。早在1968年，新加坡就允许外国银行在本国建立离岸银行、开展亚洲美元（Asian Currency Unit）业务。为了吸引国际银行到新加坡开设银行做ACU生意，新加坡政府给予ACU税务上的优惠。可是，由于东南亚国家的经济当时仍未发展起来，开始的时候对美元等国际货币的需求不大，ACU 的发展未见蓬勃。同时也由于新加坡国内金融市场和离岸金融市场严格分开，只准非居民参与离岸金融业务，这本身也限制了离岸金融业务的发展，直到 1978 年新加坡政府才最终取消了外汇管制，自此新加坡的亚洲美元市场有了长足的发展，已经成为亚洲美元交易的中心。

②金融体系

新加坡的金融产业在东亚经济体中相对发展最为成熟，已形成了以商业银行为主导、多种类金融机构互为补充、能够全方位提供高效的金融服务的格局。新加坡金融体系的另一个鲜明的特点就是它的国际化。从金融机构的数量上看（见表 4－38），新加坡 123 家商业银行中，有 117 家为外资。从资产和债权的分布上看（见表 4－39），金融机构在亚洲美元市场上所持有的资产也已远远超过了其新元资产规模。新加坡的外资银行又可以分为分三类：26 家全业务银行，它们可以提供一系列完整的银行服务；52 家批发业务银行，它们除了不得经营新币零售银行业务之外，可以开展全业务银行所从事的其他任何业务；39 家离岸银行，它们可以做全业务银行的生意，但须通过 ACU 完成，独立入账，不可混合新加坡元为单位的账簿。

表 4－38 新加坡金融结构：各金融机构数量

类　别	2007 年	2008 年	2009 年	2010 年	2011 年	2012 年
1 银行	108	113	114	120	120	123
1.1 本土	5	6	6	7	6	6
1.2 外资	103	107	108	113	114	117
1.2.1 全业务银行	24	24	27	25	26	26
1.2.2 批发银行	36	42	41	46	50	52
1.2.3 离岸银行	43	41	40	42	38	39
2 金融公司	3	3	3	3	3	3
3 商人银行	49	49	50	46	47	46
4 保险公司	153	151	158	158	157	164
5 保险经纪人	6	65	66	63	64	67
6 国际货币经纪人	10	10	10	10	10	—
7 理财顾问	67	69	73	71	67	67
8 资本市场中介机构	183	215	221	224	251	250
9 信托公司	31	35	38	40	48	50

表 4 - 39 新加坡金融机构拥有的资产与债权分布（截至每年 3 月末）

单位：亿新加坡元

类　别	2007 年	2008 年	2009 年	2010 年	2011 年	2012 年
商业银行	5828.6	6683.0	7068.1	7816.1	8591.2	8697.0
金融公司	127.8	125.9	116.9	115.2	121.7	128.9
商人银行	890.7	726.0	763.5	897.6	878.5	837.7
保险公司	1287.8	1150.5	1358.0	1493.4	1611.1	1651.0
亚洲美元市场（亿美元）*	9069.9	9127.4	8694.0	9713.0	10353.9	10676.6

注：* 目前，新加坡可以经营 ACU 业务的机构有 162 家，其中银行 120 家，商人银行 46 家。新加坡货币当局要求它们国内和国际业务严格分离、单独记账，因此资产和债权另外计算。

除商业银行外，新加坡另有 46 家商人银行，不提供信贷服务，而是提供公司理财、股票与债券承销、企业并购、证券组合投资管理、管理咨询及其他相关收费服务；3 家金融公司，它们主要做较小额较高风险的有抵押贷款；164 家保险公司，在非银行金融机构中，它们持有最多的金融资产和债权。此外，新加坡金融体系还包括信托公司、国际货币经纪人、资本市场中介商、海外银行代表处等。

新加坡的经济和金融体系显示出了极强的灵活性。2011 年新加坡的金融服务业保持了 9.1% 的增速，国内和离岸交易都非常活跃。金融部门中只有个别机构受到欧债危机的牵连。而就整个金融市场而言，也只有证券市场受到一些欧洲主权债务危机的影响。本土银行的赢利能力依然很强，资产质量还在稳步上升。新加坡的国内利率一直保持在历史最低水平，这表明国内流动性并没有因欧债危机而趋紧。亚洲美元市场也在正常运转。

2011 年全年新加坡企业的赢利水平都保持了上升的势头。因此，企业债券市场发展良好。截至 2011 年末，新加坡企业债券总额增长了 9%，达到了 2030 亿新加坡元。2 年期和 10 年期的政府债券自 2011 年 6 月的收益率分别下降了 28 和 69 个基点。而这主要是因为投资者出于风险规避的要求在全球范围内追涨安全资产，而新加坡良好的经济增长前景和政府的财政自律使得新加坡的政府债券成为了他们的首选。不过，国内证券市场在 2011 年下半年还是出现了大的波动，这主要是新加坡国内市场的投资情绪不免受到发达国家主权债务危机、银行危机以及那里黯淡的经济增长前景的牵绊。海峡时报指数自2011年6月到11月下跌了8%。尽管如此，但依然比2009年第一季度高69%。新加坡的外汇市场也运转良好。2011年10月平均每日外汇交易总额达到3520亿美元，较上年增加了9%。它的保险业在2011年增长了7.9%，行业资产规模达到1611亿新加坡元。随着工业化、城市化日趋成熟，未来新加坡的保险业还会有很大的增长空间。

（2）泰国

1997年亚洲金融危机就是从泰国开始的，泰国成了金融危机的重灾区：外资流出，泰铢剧贬，企业破产，经济陷入萧条。为了寻求IMF的救援，泰国在时任总理川立派的带领下，开始了艰难的改革，改革措施包括金融重组与民营化。1999年泰国经济就开始复苏，自此，泰国经济增长率除2001年受美国IT泡沫破裂影响跌至2%以外，其他年份一直保持4%以上的增速，甚至还提前一年还清了IMF的贷款。本轮由美国次贷危机引发的全球性金融危机对泰国经济也造成了一定的冲击：出口下滑造成经济减速，外债比重略有上升，泰铢也稍有贬值，虽有影响，但并没有出现危机。2011年日本关东地震，泰国自身也遭遇了大洪水，经济增长率不足1%。但在全球经济下滑、新兴经济体包括中国、印度在内纷纷遭遇增长瓶颈的背景下，泰国能有这样的经济表现已实属不易（见表4－40）。

表4－40　泰国经济表现指标

经济指标	1995年	1997年	1998年	1999年	2007年	2008年	2009年	2010年	2011年
GDP增长率(%)	9.3	-1.5	-10.8	4.2	5.4	1.6	-1.1	7.5	0.1
利率(半年期%)	10.6	8.9	10.8	6.0	2.1	1.8	0.7	1.4	2.5
通胀率(%)	5.8	5.7	8.0	0.2	2.2	5.4	-0.9	3.3	3.8
外债占GNI(%)	60.5	74.6	97.2	81.1	19.0	19.0	22.8	23.4	—
短期债务占债务比(%)	44.1	34.5	28.3	24.2	40.4	38.5	46.7	54.0	—
偿债率(%)	11.6	15.5	18.4	21.8	11.8	7.8	6.7	4.8	—
外汇储备(亿美元)	370	387	269	348	875	1110	1384	1721	1751
对美元汇率	25.2	25.6	47.3	37.5	33.7	34.9	33.3	30.2	31.7

①金融体系

1997年亚洲金融危机之后，泰国以处理银行不良资产、增强金融机构的实力为中心重组了本国金融体系。目前，泰国金融体系主要由商业银行、国营专业金融机构、非银行金融机构和资本市场等四大部分组成。过去 5 年泰国金融服务业占 GDP 的比重一直保持在 12% 左右。

②商业银行

截至 2009 年 12 月，泰国商业银行系统包括 14 家全能银行、2 家零售银行、15 家外国银行分行和 1 家外国银行子银行。全能银行中又以盘谷银行（BBL）、泰京银行（KTB）、泰华农民银行（KBANK）和汇商银行（SCB）规模最大，该四大银行占据了 2/3 的资产份额，而全部 14 家全能银行在泰国金融体系中占有 62% 的资产份额（2009 年底统计数字）。商业银行依然是泰国金融体系的支柱。

自 2007 年国际金融危机爆发以来，泰国的银行业未受显著冲击，经营状况相对稳健。进入 2012 年以来，银行业的表现更为良好：贷款继续扩张，2012 年第二季度较上年同期增长了 14.2%，其中企业贷款占 71%。同期不良贷款率也略有下降，从第一季度的 2.6% 降为 2.5%。而银行的利息收入和赢利水平却大幅上升，第二季度银行系统的净利润比第一季度增加了 21%。在银行资本因源源不断的利润流和新增的长期次级债务而增加的同时，随着贷款的扩张，风险加权资产也在增加。其结果就是银行的资本充足率略有下降，第二季度降至 15%，一级资本（Tier - 1）充足率降至 11.2%，尽管如此，这个水平也已足够支撑未来的资本扩张了。

除商业银行外，在泰国的金融体系中，专业金融机构也发挥着重要的作用，它是支持政府落实经济政策、向特定群体提供金融支持的政策性金融机构，由财政部监管，为各类客户特别是无法从商业银行获得信贷的低收入客户群体提供信贷服务。包括政府储蓄银行、农业合作银行、政府房屋银行、泰国进出口银行、泰国中小企业发展银行、次级抵押公司、泰国伊斯兰银行、泰国资产管理公司和小型企业信贷担保公司等。截至 2009 年底，专业金融机构在泰国金融体系中占约 16% 的资产份额。泰国的非银行金融机构则包括由泰国中央银行监管的财务公司、房地产信贷公司，由保险业监管委员会和财政部监管的人寿保险公司以及由农业部监管的农村信用合作社，以及消费信贷公司、金融租赁公司等。截至 2009 年底，非银行金融机构在泰国金融体系中占约 12% 的资产份额，其中人寿保险业占有绝大部分份额。

③资本市场

在泰国由股票市场、债券市场以及参与其中的相关证券公司、基金管理公司构成了一个完整的资本市场。尽管在东南亚危机中泰国资本市场成为灾难的发源地，损失也最为惨重，但是危机过后泰国资本市场依然保持了它的开放性，只是更强调了市场监管和透明度。因而，在危机之后先后出台了一些重要的政策法规，建立和健全了证券的清算和托管系统、强化了对证券交易所会员公司的资本要求，并在资本市场相对稳定之后，有选择地发展了一些金融衍生产品，不过直至美国次贷危机之后，泰国金融衍生品的规模依然很小。

自 2007 年美国次贷危机引发国际金融危机以来，泰国经济虽起伏不定，但泰国外汇储备、银行资本都很充足，债务规模与结构也相对合理，利率和通胀率都保持在一个较低的水平上，整个经济的基础较为稳固（见表 4－41）。因而，2012 年 6 月发布的新增企业报告显示投资者信心仍然比较足，海外资本也不断流入泰国，这对泰国证券市场来说是好消息，预计 2012 年末的股市指数有可能升至 1300 点水平。

表 4－41　2007～2012 年第一季度资本市场基本数据比较

市场数据	2007 年	2008 年	2009 年	2010 年	2011 年	2012 年
泰国股指	673.71	817.03	431.50	787.98	1047.48	1196.77
总交易额（百万泰铢）	731605	1187313	528242	1198042	1910110	1888550
日均交易额（百万泰铢）	11613	18846	8660	19323	30808	30460
股票周转率（%）	57.65	72.95	60.32	78.51	90.83	82.74
市值（百万泰铢）	5074261	6383838	3437592	6334709	8488105	9853427
上市公司个数（家）	477	474	474	475	474	471
股票个数（只）	584	582	579	589	669	842
市盈率（倍数）	11.01	14.96	11.09	14.27	14.25	16.19
市净率（倍数）	1.64	1.87	0.95	1.64	2.02	2.18
红利回报率（%）	4.42	3.59	6.28	3.86	3.54	3.63

资料来源：泰国证券交易所。http：//www.set.or.th。

（3）越南

市场经济本身就存在一定的波动性，而越南这样的经济转轨国家又因为制度的缺失和不完善，更增加了经济增长的不确定性。这在金融领域表现尤为突出，因为资本市场在越南根本就是一个新生事物。2007 年随着越南加入 WTO，它在金融领域的开放的步伐迈得更大了。在过去的 10 年中，越南是东盟成员中资本市场发展最快，同时也是最具风险的一个。

2008 年国际金融危机爆发后越南也采取了宽松的货币和财政政策，以刺激内需来弥补出口损失，但由于信贷增幅过快，且大量资金流入房地产、证券市场等投机性领域，经济开始出现泡沫化迹象。而迅速膨胀的财政赤字，也对国内通胀起到了推波助澜的作用。2011 年初，越南通胀率开始大幅飙升，2011 年 7 月已达到 22.2% 的历史高位，严重侵蚀了居民的消费能力。外资开始逃逸，外汇储备迅速走向枯竭，经济危机一触即发。政府不得已采取了一系列紧缩的货币和财政政策，致使 2011 年投资较上年减少了 9.2%，投资率降至 38.7%，是过去 4 年中最低的一年。在经济增速下滑、流动性减少的双重打击下，越南资本市场也一路下挫，2011 年末越南股指较上年同期下降了 27%。同时，在外汇市场上，为了控制货币贬值的幅度，政府一方面紧缩货币，另一方面对美元存款利息设定上限，并限制提取黄金和外汇资产。尽管如此，截至 2011 年末越南盾较年初依然贬值约 10%（见表 4－42）。然而，当前越南金融风险更主要集中在银行领域。

表 4－42 越南经济资本数据

经济资本数据	2007 年	2008 年	2009 年	2010 年	2011 年
GDP 增长率(%)	8.5	6.3	5.3	6.8	5.9
利率(6 个月期%)	8.2	13.3	10.2	11.1	13.6
通胀率(CPI%)	8.3	23.1	5.9	10.0	18.6
外债占 GNI(%)	32.9	28.6	31.3	36.5	—
短期债务占债务比(%)	78.9	82.4	81.6	80.1	—
偿债率(%)	2.2	1.9	1.9	1.7	—
外汇储备(亿美元)	237.5	241.8	168.0	129.3	—
对美元汇率	16105	16302	17065	18613	20490

①银行体系

越南银行体系一直以来都以国有商业银行为主，但这些银行实力普遍较弱。近20年来，越南一直在推动金融体系的改革。改革主要从几个方面入手。一是同其他国有企业一样，在金融体系中引入股份制，在国营占主导地位的前提下形成多种成分共存的金融系统（见表4－43）。允许成立合营银行，大力发展农村信用合作社，甚至鼓励外国银行在越设立分行。二是加强法制建设，于1990年颁布《银行法》，建立在中央银行领导下，工商、农业、投资与外贸专业银行为支柱的二级银行系统。从1992年开始，越南实行中央银行与专业银行职责分开的制度，明确了中央银行作为“国家的银行”和“银行的银行”的职责。改革之后，国家中央银行不再承担原有的财政借款与透支功能，也不再从事商业银行的经营性业务。而商业银行则完全实行企业化运作，独立经营、自负盈亏，不必再由于行政要求而向缺乏偿还能力的企业贷款。

在此期间，银行体系也加快了对外开放的步伐，对于越南本土银行来说，引入外资，不但能够补充资本金，也能够引进宝贵的人才、技术和管理体制，从而改善服务质量，甚至扩展全球网络。外资银行则看重越南国内银行的网络和市场。从2007年4月1日起，根据越南在加入世界贸易组织时的承诺，外国投资者进一步被允许在越南成立纯外资银行。目前，越南拥有6家国有银行（其中，全资国有银行4家，部分股份化的国有银行2家），合股商业银行37家，外国全资银行5家，与外国合资银行5家，另有47个外国银行分支机构。尽管如此，越南的整个银行体系依然以国有银行为主。

表4－43　越南贷款来源分布

单位：万亿越南盾，%

贷款来源	2007年	2008年	2009年	2010年
国有银行贷款	623	763	982	1221
占比	58.4	57.0	52.5	49.3
合股银行及其他	444	576	887	1254
占比	41.6	43.0	47.5	50.7
加总	1067	1339	1869	2475

然而，随着股份制银行的增加和外资银行的涌入，一方面各家银行竞相发放贷款，另一方面过热的经济使人们对未来收益的预期看好，信贷增长速

度也就逐年增加。政府虽然允许私人及合资银行快速扩张，却未能控制资产质量，而且对多种所有制之下的银行信贷还缺乏监管的经验，也缺乏收紧银根的意愿。另外，还有相当一部分国有银行的贷款流向了效率低下的国有企业。2011 年下半年随着信贷压缩和地产、证券泡沫的破裂，使得越南商业银行的不良贷款率有所上升，2011 年末平均为 3.4%（如果按照国际标准的话这个数字还会更高）。一些小银行的资本充足率开始降至令人担心的程度。这些银行由于缺少风险管理的能力，而银监机构又不具备有效监管措施和能力，在经济困难时，这些银行的经营风险迅速上升。2011 年越南银行的美元借款较上年同期增加了 16%，越南银行的外汇风险也因此加剧。

2012 年越南出台了《2011～2015 年金融体系改革提案》，提出的目标是彻底和全面地改革金融机构体系，力争到 2020 年将越南金融业发展成为多功能的金融产业。提案明确指出：要提高越南国有商业银行的作用和地位，保证这些银行真正成为越南金融体系的主导力量，拥有大规模、有效和安全运作的力量，拥有先进管理能力和在国内外的竞争力。力争到 2015 年，建成 2～3 家在规模、管理、技术和竞争力等方面均达地区最高水平的国有商业银行。继续大力推动国有商业银行股份化进程，其中农业与农村发展银行将在合适的时候进行股份化，以保证股份化后国有商业银行仍由国家控股。根据金融机构包括财产、债务、资本和安全性等在内的财政、运作和管理现状进行分类，有经营能力强、暂时缺少流动性和经营能力差等 3 类，从而采取适合的解决方案。在实施保证存款支付能力的方案后，经营能力差的金融机构将在自愿的基础上进行合并或收购，否则越南国家银行将采取强制措施来合并或收购。

②资本市场

2000 年，胡志明市证券交易中心正式运营，标志着越南证券市场的诞生，自那以来，共筹资 400 万亿越盾，引进大量国内外投资，从而成为吸纳民间闲置资金，帮助企业有效发展的重要渠道。但近年来越南股市极度动荡，2008 年受全球金融危机的影响，股指跌了 66%，第二年又反弹了 57%；2010 年当大多数亚洲国家经济开始走强，越南的股指却又向下滑落 2 个百分点；进入

2011 年，越南股市表现更为糟糕，竟较上年跌落了 27%。越南两大股市暴跌的外部原因是世界经济危机，但主要原因仍是越南证券市场规模狭小、缺乏透明度，证券公司又过于分散，证券交易账户仅为 120 万个，而证券公司却有 105 家之多，它们大都财政实力弱小，经营能力有限，加之越南经济增长遭遇困难，投资者对越南证券市场的信心骤降，指数连创新低，资金日益枯竭。2011 年全年，在股指重跌的同时，市场流动性也下降 50%。

面对证券市场的不断下滑，越南国家证券委员会制定了证券市场重组方案，并在 2012 年开始实施。这项方案分为 2012～2013 年、2013～2015 年两个阶段。其中，每一阶段又分两步实施。2012 年国家证券委的工作重点是加强检查监督财政实力不足的证券公司，要求审计公司向证券委汇报存在问题的证券公司状况，迫使这些公司查找原因并采取解决措施。接下来，将通过出售兼并、重组、缩小经营范围等方式，重组证券市场。为此，越南国家证券委员会特别把 2012 年定为证券市场重组年，重组方案涉及重组金融中介机构、交易市场、投资来源、证券公司等四大领域。

3. 东盟金融一体化

由于东盟各成员国政府采取有效措施扶持国内需求、恢复市场信心和稳定金融市场，使得东盟经济体逐步从全球金融危机中恢复过来。而未来东盟的可持续发展所面对的挑战则是通过适度的货币和财政政策来延续经济的复苏。在 2010 年越南芽庄第14 次东盟财政部长会议上，部长们都表示将会进一步促进地区金融稳定。尽管地区经济表现良好，但部长们都认为需要对发达国家的经济不确定性保持警惕。当前，东盟的金融合作主要是在两个框架下进行，另一个是东盟内部的金融合作安排，另一个是以东盟为核心的 10＋3 框架下的金融合作。

（1）东盟内部的金融合作

东盟内部的金融合作是在两个平行的轨道上进行的：一个是不断向内向外拓展东盟监督进程（ASEAN Surveillance Process，ASP），一个是逐步落实《东盟货币和金融合作路线图》。

①东盟监督进程

1997 年亚洲金融危机的爆发使深陷其中的国家意识到私人资本无序流动所带来的破坏性，因此一旦这些国家从金融危机的打击中逐渐恢复过来，开始积极探讨和尝试开展各种初级形式的区域货币合作时，首先就提出对私人资本流动予以检测和信息共享，东盟监督进程也应运而生。东盟的这一进程正式确立于 1998 年 10 月。最初的形式是来自各国银行和财政部的高层管理人员和高官的定期会谈，就东盟最新的经济发展态势和相关政策交换看法。自那以后，它逐渐演变成为一个重要的机制，来监测地区经济。ASP 的重要成就包括：在东盟秘书处建立了一个专门工作小组，在监测地区经济的同时，促进地区金融领域的合作。在一些特定的国家如印尼、柬埔寨和老挝、菲律宾以及越南都建立了国家经济监控机构，以帮助和评估这些国家与监控经济相关的能力建设，并通过开展相关研究向成员国提供政策建议。

东盟监督进程在向内不断拓展合作领域的同时，也在不断向外扩展。在很短的时间内，它便扩展为 ASEAN10 +3（东盟成员国加上中国、日本、韩国）监督进程。2000 年 4 月，亚洲开发银行（ADB）与 ASEAN 共同成立了“私人资本流动监控”工作组，负责分析并汇报区域内私人资本流动数据；2001 年 5 月 11 日，ASEAN10 +3 在檀香山举行的 ADB 会议上一致同意强化对区域内资本流动的监控并加强经济监管领域的合作，加强对离岸金融中心和高杠杆率的金融机构的联合监管；2001 年 5 月，在夏威夷举行的 ASEAN10 + 3 财长会议宣告建立 ASEAN10 + 3 的早期预警系统（Early Warning System，EWS），以便尽早发现东亚地区宏观经济、金融运行和公司企业的弱点，防范潜在的金融危机。

②东盟货币和金融合作路线图

2003 年东盟财政部长会议批准了东盟货币和金融一体化路线图，该路线图包括东盟货币和金融一体化的步骤、期限和在四个领域要落实的各项指标。这四个领域是：发展地区资本市场；推动地区金融服务自由化；实现资本账户自由化；东盟货币合作。该路线图提出的最终目标是 2015 年在更大范围实现东盟经济一体化。

发展资本市场 当前的努力主要集中于加强成员国的能力建设，为形成统一的东盟资本市场奠定坚实的基础，最终目标是实现东盟各资本市场间的无障碍跨国合作。当前这一领域最重要的成就包括：通过了《中期战略框架》（MTSF），使东盟资本市场的发展目标与东盟经济一体化蓝图相一致，并能够指导资本市场发展委员会未来的工作；通过鼓励东盟各交易之间、各债券市场之间达成联通协议来扩大市场准入、提高资本在各市场之间的流动性；提高国内和国际信贷评级的可比性和兼容性。目前，一套债券市场评估体系正在酝酿中，目的是通过这套打分系统判断出各市场之间的差距，从而为它们确立不同的优先努力目标。2010 年初，东盟区域统一证券市场建设迈出实质性一步。马来西亚、菲律宾、新加坡和泰国等四个国家国内证券交易所与 NYSE 技术公司签署合作意向书，由后者为前者设计区域性交易平台，这是东盟推进区域证券市场一体化的最新进展，这项工作也得到了印尼和越南两国的积极支持。

金融服务自由化　东盟在路线图中要求成员国在 2015 年实现金融服务自由化。目前已进行了五轮谈判。近期出现的“东盟银行”就是东盟金融服务自由化努力的一个最新成果。在此之前，东盟的金融机构和金融产业要在不同成员国取得商业经营证，必须经过极其复杂的手续。现在只要银行本身获得“东盟银行”称号，即可在其他成员国自动获得经营证，从而能够在东盟 10 国内任意设立子公司。“东盟银行”这一新制度，旨在支持金融机构的业务拓展，并提高市场整合能力与金融服务质量。新制度鼓励那些高信誉的金融机构在地区内部跨境拓展市场，这将有利于提高东盟地区银行的规模，同时通过更大范围的竞争以改善市场环境和金融服务。

资本账户自由化　为了实现 2015 年东盟内部资本自由流动，成员国同意审查各国现阶段限制资本流动的各项政策，拟定计划逐步取消限制，同时还要采取具体措施加强成员国相关能力的建设，以全面推进资本账户自由化。一旦计划制定并提交东盟金融委员会，成员国就须接受委员会的年度审查。目前，成员国已经完成了它们的自我评估，结果表明，大多数东盟成员国已经完全放开了它们对 FDI 的限制，而对证券投资放松管制尚在讨论中。

东盟的货币合作　货币合作的基础是成员国之间的宏观经济政策能够相互协调，而要达到这种程度，东盟还有很长的路要走。

《东盟货币和金融合作路线图》也明确了东盟金融合作的阶段性。第一阶段是前期准备阶段，目标有两个：一是成员国达成资本市场一体化共识框架，包括实现成员国之间跨境贸易投资、跨境筹款、设立市场准入机制等；二是放宽资本账户与投资限制，包括开放非审慎资本账户限制。第二阶段（中期发展阶段）的目标则有三个：一是加强货币互换联盟；二是推动新的东盟资产生成，提高市场交易率和降低成本，以便跨境交易；三是深化债券市场发展，加快区域债券发行以及相关评级机构的建设。第三阶段也就是后期完善阶段，一方面是整合区域内的各资本市场，分阶段实施自由化，另一方面推动区域金融稳定，加强东盟秘书处的协调作用。

（2）“10+3”机制下的金融合作

①《清迈倡议》与多边合作

《清迈倡议》是东盟10国与中、日、韩三国财政部长在2000年清迈举行的部长会议上达成的协议。之后在此基础上形成了一个由双边货币互换协议构成的网络，目的在于应对地区内突发的流动性短缺难题，充当现有的国际金融安排的一个补充。《清迈倡议》的实施可以分为两个阶段，在签订了多个双边互换协议之后，2004年《清迈倡议》开始走向多边化，“10+3”的财政部长都同意未来将升级现有的货币互换安排，使之从双边走向多边，以提高协议的实施效率。

2010年，资金总额达到1200亿美元的清迈互换协议开始生效。这份协议的出现可以看作东盟成员与中、日、韩对这场全球性金融危机的集体反应。为了落实新的《清迈倡议》，2011年在新加坡正式建立了一个独立的监测和监督机构，即东盟+3宏观经济研究办公室。

②《亚洲债券市场倡议》

《亚洲债券市场倡议》是2003年发起的，目的有两个，一个是发展本地货币的债券市场，二是构建一个既方便发行者又方便投资者的运行良好的地区债券市场。2008年在马德里举行的“10+3”的财政部长会议通过了新的《亚洲债券市场倡议》，并成立了4个工作组集中解决4个领域的问题，这4个领域包括：重点促进本地货币债券的发行工作；提高对本地货币债券的需求；改进管理体系；完善相关的基础设施。另有一个技术援助和协调小组继续为感兴趣的成员提供针对债券市场的技术支持。在这个新的债券市场倡议中，还有一个重要内容，就是建立一个信贷保障和投资促进机构，主要服务于本地货币债券的发行。这个机构目前已从成员国和中日韩募集资金 7 亿美元，正准备投入运营。

此外，2002 年东亚及太平洋中央银行行长会议组织（EMEAP）提出了建立亚洲债券基金（Asian Bond Fund，ABF）的设想，其基本思路是 EMEAP 成员各自拿出一定金额的外汇储备构建一个跟踪指数的被动式基金，用于投资亚洲经济体发行的债券，以改善储备投资，促进债券市场发展。2003 年和 2005 年分别实施了第一期及第二期基金（ABF1、ABF2）。目前亚洲债券基金已成为近年来亚洲金融合作最为重要的成果之一，其对亚洲债券市场乃至整个亚洲金融体系的发展都具有积极意义。然而，由于发债币种单一，发债主体有限，同时资金规模偏小，包括东盟、中国等的金融基础设施有欠完善，ABF 的发展缓慢。

第五章 东盟的贸易政策与发展趋势

第一节 东盟成员国的贸易政策

对外贸易政策是指一国政府根据本国的政治经济利益和发展目标而制定的在一定时期内的进出口贸易活动的准则。它集中体现为一国在一定时期内对进出口贸易所实行的法律、规章、条例及措施等。它既是一国总经济政策的一个重要组成部分，又是一国对外政策的一个重要组成部分。一项完整的贸易政策应包括：政策主体、政策客体、政策目标、政策内容和政策手段。从国际贸易的历史考察，以国家对外贸的干预与否为标准，可以把对外贸易政策归纳为三种基本类型：自由贸易政策、保护贸易政策和管理贸易政策。东盟国家的政治体制不同，经济发展水平也有差异，这造成了东盟成员国在贸易政策上并不完全相同，这种差别主要体现在东盟六个老成员和四个新成员之间。

1. 文莱的贸易政策①

（1）贸易主管部门

文莱贸易政策的制定和实施主要由文莱工业与初级资源部负责，财政部、经济发展理事会等其他有关部门参与。

---

① 参见商务部国际贸易经济合作研究院、商务部投资促进事务局和中国驻文莱大使馆经济商务参赞处：《对外投资合作国别（地区）指南：文莱》（2011 年版），http：//feco. mofcom. gov. cn/gbzn/upload/wenlai. pdf。

（2）贸易法规体系

文莱与贸易相关的主要法律包括《海关法》《消费法》以及一系列涉及食品安全和清真要求的法规，2001 年和 2006 年分别颁布《证券法》和《银行法》。

（3）贸易管理的相关规定[①]

文莱实行自由贸易政策。除少数商品受许可证、配额等限制外，其余商品均放开经营。

进口管理：出于环境、健康、安全和宗教方面的考虑，文莱海关对少数商品实行进口许可管理。植物、农作物和牲畜须由农业局签发进口许可证（植物不能带土），军火由皇家警察局发证，印刷品由皇家警察局、宗教部和内务部发证，木材由森林局发证，大米、食糖、盐由信息技术和国家仓库发证，二手车由皇家海关发证，电话装置、无线电设备由通讯局发证，药品由卫生部发证，鲜、冷冻的鸡肉和牛肉由宗教部、卫生部和农业局发证。除以上有关部门发放进口许可证外，机动车、农产品、药品及与药品相关的产品进口还须提供相关的原产地证书和检验证明。

禁止进口商品包括：鸦片、海洛因、吗啡、淫秽品、印有钞票式样的印刷品、烟花爆竹（从 2008 年起允许指定经营商进口）等。

酒精饮料进口受到严格限制。

出口限制：除了对石油天然气出口控制外，对动物、植物、木材、大米、食糖、食盐、文物、军火等少数物品实行出口许可证管理，其他商品出口管制很少。

2. 柬埔寨的贸易政策[②]

（1）贸易主管部门

柬埔寨商业部为柬埔寨贸易主管部门。

---

① 文莱工业与初级资源部。

② 参见商务部国际贸易经济合作研究院、商务部投资促进事务局和中国驻柬埔寨大使馆经济商务参赞处：《对外投资合作国别（地区）指南：柬埔寨（2011 年版）》，http：//fec. mofcom. gov. cn/gbzn/upload/jianpuzhai. pdf。

(2) 贸易法规体系

柬埔寨与贸易相关的法律法规主要包括《进出口商品关税管理法》《关于制衣行业原产地证书、商业发票、出口许可证核发的规定》《关于商业公司贸易行为的规定》《关于实施装运前检验服务的规定》《加入世界贸易组织法》《关于风险管理的次法令》《关于成立海关与税收署风险管理办公室的规定》等。

(3) 贸易管理的相关规定

商业部负责出口审批和免税进口核准手续。多数情况下，进口货物无需许可证。但部分产品需要获得相关政府部门特别出口授权或许可后方可出口。

作为最不发达国家享受的出口优惠：作为最不发达国家，欧洲国家以及美、日等 28 个国家给予柬埔寨普惠制待遇。美国给予柬埔寨较宽松的配额和进口关税，欧盟在“除军火外所有商品倡议”下，给予柬埔寨除军火外几乎所有产品零关税的待遇。

出口商品当地含量及原产地原则：柬埔寨目前无当地含量要求，即不限制使用进口原材料、零部件（对健康、环境或社会有害的原材料、零部件除外）。

在柬埔寨，出口商应重视普惠制的原产地规则要求。普惠制下出口至美国的产品，原产地规则对当地含量的最低要求为 30%（符合条件的东盟成员国，即柬埔寨、泰国、印尼和菲律宾，在原产地规则要求中视为同一国家）。在“除军火外所有商品倡议”下，原产地规则要求出口产品至少有 40% 的含量出自出口国。

出口优惠、限制：根据《投资法修正法》，由柬埔寨投资委员会批准的出口型合格投资项目可享受免税期或特别折旧。其出口产品增值税享受退税或贷记出口产品的原材料。

禁止或严格限制出口的产品包括文物、麻醉品和有毒物质、原木、贵重金属和宝石、武器等。半成品或成品木材制品、橡胶、生皮或熟皮、鱼类（生鲜、冷冻或切片）及动物活体需缴纳 10% 出口税。

服装出口需向商业部缴纳管理费，普惠制下服装出口至美国或欧盟的，需获得出口许可证。

免税进口：根据《投资法修正法》，由柬埔寨投资委员会批准的出口型合格投资项目可免税进口生产设备、建筑材料、原材料和附件。为取得生产用原材料免税进口批件，进口公司应每年向柬埔寨投资委员会申报拟进口材料的数量和价值。

（4）海关管理规章制度

柬埔寨政府致力于实现简洁、高效、透明和可预测的海关管理，于2006年起草完成并通过《关于通过风险管理实施贸易便利化的次法令》，准备实施基于贸易商档案数据的风险管理系统，决定推行使用“海关一站式服务系统”。

出口关税：除天然橡胶、宝石、半成品或成品木材、海产品、沙石等5类产品外，一般出口货物无须缴纳关税。

进口关税：所有进入柬埔寨的货物均应缴纳进口税，投资法或其他特殊法规规定享受免税待遇的除外。进口关税主要由7%、15%、35%和50%四种汇率组成。

3. 印度尼西亚的贸易政策①

（1）贸易主管部门

印度尼西亚主管贸易的政府部门是贸易部，其职能包括制定外贸政策，参与外贸法规的制定，划分进出口产品管理类别，进口许可证的申请管理，指定进口商和分派配额等事务。

（2）贸易法规体系

印度尼西亚与贸易有关的法律主要包括《贸易法》《海关法》《建立世界贸易组织法》《产业法》等。与贸易相关的其他法律还涉及《国库法》《禁止垄断行为法》和《不正当贸易竞争法》等。

① 参见商务部国际贸易经济合作研究院、商务部投资促进事务局和中国驻印度尼西亚大使馆经济商务参赞处：《对外投资合作国别（地区）指南：印度尼西亚（2011年版）》，http：//fec. mofcom. gov. cn/gbznupload/yindunixiya. pdf。

(3) 贸易管理的相关规定

除少数商品受许可证、配额等限制外，大部分商品均放开经营。

进口管理：印尼政府在实施进口管理时，主要采用配额和许可证两种形式。适用配额管理的主要是酒精饮料及包含酒精的直接原材料，其进口配额只发放给经批准的国内企业。适用许可证管理的产品包括工业用盐、乙烯和丙烯、爆炸物、机动车、废物废品、危险物品，获得上述产品进口许可的企业只能将其用于自己的生产。其中，氟氯化碳、溴化甲烷、危险物品、酒精饮料及包含酒精的直接原材料、工业用盐、乙烯和丙烯、爆炸物及其直接原材料、废物废品、旧衣服等九类进口产品主要适用自动许可管理；丁香、纺织品、钢铁、合成润滑油、糖类、农用手工工具等六类产品主要适用非自动许可管理。

出口限制：出口货物必须持有商业企业注册号/商业企业准字或由技术部根据有关法律签发的商业许可，以及企业注册证。出口货物分为四类：受管制的出口货物、受监视的出口货物、严禁出口的货物和免检出口货物。受管制的出口货物包括咖啡、藤、林业产品、钻石和棒状铅；受监视的出口货物包括奶牛与水牛、鳄鱼皮（蓝湿皮）、野生动植物、拿破仑幼鱼、拿破仑鱼、棕榈仁、石油与天然气、纯金/银、钢/铁废料（特指源自巴淡岛的）、不锈钢、铜、黄铜和铝废料；严禁出口的货物包括幼鱼与金龙鱼等，未加工藤以及原料来自天然森林未加工藤的半成品，圆木头，列车铁轨或木轨以及锯木，天然砂、海砂，水泥土、上层土（包括表面土），白铅矿石及其化合物、粉，含有砷、金属或其化合物以及主要含有白铅的残留物，宝石（除钻石），未加工符合质量标准的橡胶，原皮，受国家保护野生动植物，铁制品废料（源自巴淡岛的除外）和古董。除以上受管制、监视和严禁出口的货物外，其余均属免检的出口货物。

2009年，印尼政府颁布新规定，进一步加强对有关产品出口限制，相关规定如下：①天然资源产品出口须使用信用证；②限制煤炭出口；③颁布咖啡出口新条例，新规定要求每个咖啡出口商每年至少出口200吨咖啡，以增强印尼在世界咖啡市场上的竞争力。

（4）海关管理的相关规定

管理制度：印尼关税制度的基本法律是1973年颁布的《海关法》。现行的进口关税税率由印尼财政部于1988年制定。自1988年起，财政部每年以部长令的方式发布一揽子“放松工业和经济管制”计划，其中包括对进口关税税率的调整。

关税税率：印尼进口产品的关税分为一般关税和优惠关税两种。根据WTO对各成员2006年进口关税水平的统计，2006年印尼的简单平均进口关税税率为9.5%。其中，工业品的简单平均税率为9.2%，农产品为11.4%。印尼对超过99%的进口产品征收从价税，但对大米和糖类等进口产品征收从量税。

4. 老挝的贸易政策①

（1）贸易主管部门

老挝贸易主管部门为老挝工业与贸易部（下设省市工业与贸易厅、县工业与贸易办公室），主要职责是制订、实施有关法律法规，发展与各国、地区及世界的经济贸易联系与合作，管理进出口、边贸及过境贸易，管理市场、商品及价格，对商会或经济咨询机构进行指导以及企业与产品原产地证明管理等。

（2）贸易法规体系

老挝与贸易相关的主要法律有《投资促进管理法》《关税法》《企业法》《进出口管理令》《进口关税统一与税率制度商品目录条例》等。

（3）贸易管理的相关规定

老挝所有经济实体享有对外经济贸易的同等权利，除少数商品受禁止和许可证限制外，其余商品均可进出口。

禁止进口商品：枪支、弹药、战争用武器及车辆；鸦片、大麻；危险性

① 参见商务部国际贸易经济合作研究院、商务部投资促进事务局和中国驻老挝大使馆经济商务参赞处：《对外投资合作国别（地区）指南：老挝（2011年版）》，http://fec.mofcom.gov.cn/gbzn/upload/laowo.pdf。

杀虫剂；不良性游戏；淫秽刊物等 5 类商品禁止进口。

禁止出口商品：枪支、弹药、战争用武器及车辆；鸦片、大麻；法律禁止出口的动物及其制品；原木、锯材、自然林出产的沉香木；自然采摘的石解花和龙血树；藤条；硝石；古董、佛像、古代圣物等 9 类商品禁止出口。

进口许可证管理商品：活动物（含鱼及水生物）；食用肉及其制品；奶制品；稻谷、大米；食用粮食、蔬菜及其制品；饮料、酒、醋；养殖饲料；水泥及其制品；燃油；天然气；损害臭氧层化学物品及其制品；生物化学制品；药品及医疗器械；化肥；部分化妆品；杀虫剂、毒鼠药、细菌；锯材；原木及树苗；书籍、课本；未加工宝石；银块、金条；钢材；车辆及其配件（自行车及手扶犁田机除外）；游戏机；爆炸物等 25 类商品进口需许可证。

出口许可证管理商品：活动物（含鱼及水生物）；稻谷、大米；虫胶、树脂、林产品；矿产品；木材及其制品；未加工宝石；金条、银块等 7 类商品出口需许可证。

（4）海关管理规章制度

管理制度：老挝政府于 1994 年 12 月颁布实施《统一制度和进口关税商品目录条令》，2005 年 5 月颁布实施《关税法》及 2001 年 10 月颁布实施《商品进出口管理法令》等法律法规，对海关管理做了系列规定。其中《关税法》对进出口商品限制、禁止种类，报关，纳税，仓储，提货，出关，关税文件管理及报关复核等做了相关规定。

关税税率：老挝关税分自主关税、协定关税、优惠关税、减让关税和零关税等 5 种不同的税率。

5. 马来西亚的贸易政策[①]

（1）贸易主管部门

马来西亚主管对外贸易的政府部门是国际贸易和工业部，主要职责是：负

① 参见商务部国际贸易经济合作研究院、商务部投资促进事务局和中国驻马来西亚大使馆经济商务参赞处《对外投资合作国别（地区）指南：马来西亚（2011 年版）》，http://fec.mofcom.gov.cn/gbzn/upload/malxiy.pdf。

责制定投资、工业发展及外贸等有关政策；拟定工业发展战略；促进多双边贸易合作；规划和协调中小企业发展；促进和提升私人企业界和土著的管理和经营能力。

（2）贸易法规体系

马来西亚主要对外贸易法律有《海关法》《海关进口管制条例》《海关出口管制条例》《海关估价规定》《植物检疫法》《保护植物新品种法》《反补贴和反倾销法》《反补贴和反倾销实施条例》《2006 年保障措施法》《外汇管理法令》等。

（3）贸易管理的相关规定

马来西亚实行自由开放的对外贸易政策，部分商品的进出口会受到许可证或其他限制。

进口管理：1998 年马来西亚海关禁止进口令规定了四类不同级别的限制进口。第一类是 14 种禁止进口品，包括含有冰片、附子成分的中成药，45 种植物药以及 13 种动物及矿物质药。第二类是需要许可证的进口产品，主要涉及卫生、检验检疫、安全、环境保护等领域。包括禽类和牛肉（还必须符合清真认证）、蛋、大米、糖、水泥熟料、烟花、录音录像带、爆炸物、木材、安全头盔、钻石、碾米机、彩色复印机、一些电信设备、武器、军火以及糖精。目前大约有 27% 的税目产品需要进口许可证。第三类是临时进口限制品，包括牛奶、咖啡、谷类粉、部分电线电缆以及部分钢铁产品。第四类是符合一定特别条件后方可进口的产品，包括动物、动物产品、植物及植物产品、香烟、土壤、动物肥料、防弹背心、电子设备、安全带及仿制武器。

为了保护敏感产业或战略产业，马来西亚对部分商品实施非自动进口许可管理，主要涉及建筑设备、农业、矿业和机动车辆部门。如所有重型建筑设备进口须经国际贸易和工业部批准，且只有在马来西亚当地企业无法生产的情况下方可进口。

马来西亚海关负责发放进口许可证，国际贸易及工业部及其他部门负责进口许可证的日常管理工作。

出口管理：马来西亚规定，除以色列外，大部分商品可以自由出口至任何国家。但是，部分商品需获得政府部门的出口许可，其中包括：短缺物品、敏感或战略性或危险性产品，以及受国家公约控制或禁止进出口的野生保护物种。此外，马来西亚《1988 年海关令（禁止出口）》规定了对三类商品的出口管理措施：第一类为绝对禁止出口，包括禁止出口海龟蛋和藤条，禁止向海地出口石油、石油产品和武器及相关产品。第二类为需要出口许可证方可出口。第三类为需要视情况出口。大多数第二和第三类商品为初级产品，如牲畜及其产品、谷类、矿物/有害废弃物；第三类还包括武器、军火及古董等。

(4) 海关管理规章制度

管理制度：马来西亚关税有两种归类系统，一种用于东盟内部贸易，税号则为 6 位数字；另一种用于与其他国家贸易。

关税水平：马来西亚关税 99.3% 是从价税，0.7% 是从量税、混合税和选择关税。2009 年，马来西亚最惠国关税简单平均关税税率约 8.4%，农产品最惠国简单平均关税税率约为 13.5%，非农产品该税率为 7.4%。

6. 缅甸的贸易政策[①]

(1) 贸易主管部门

缅甸贸易主管部门为缅甸商务部，负责办理批准颁发进出口营业执照、签发进出口许可证，管理举办国内外展览会、办理边境贸易许可、研究缅甸对外经济贸易问题、制订和颁布各种法令法规等。下设贸易司和边贸司，边贸司在各边境口岸设有边境贸易办公室，负责办理边境贸易各种事务。缅甸私商从事对外贸易须向进出口贸易注册办公室领取营业执照，申领进出口许可证，在国家政策许可范围内自由从事对外贸易活动。

---

① 参见商务部国际贸易经济合作研究院、商务部投资促进事务局和中国驻缅甸大使馆经济商务参赞处《对外投资合作国别（地区）指南：缅甸（2011 年版）》，http://fec.mofcom.gov.cn/gbzn/upload/miandian.pdf。

（2）贸易法规体系

现行与贸易管理相关的法律和规定包括：《缅甸联邦进出口贸易（临时）管理法》（1947 年）、《缅甸联邦贸易部关于进出口商必须遵守和了解的有关规定》（1989 年）、《缅甸联邦关于边境贸易的规定》（1991 年）、《缅甸联邦进出口贸易实施细则》（1992 年）、《缅甸联邦进出口贸易修正法》（1992 年）等。

（3）贸易管理的相关规定

1988 年以来，缅甸政府实行市场经济，允许私人从事对外贸易，对外贸易实行许可证管理制度。1989 年 3 月 31 日，政府颁布《国营企业法》，宣布实行市场经济，并逐步对外开放，军政府放宽了对外贸的限制，允许外商投资，农民可自由经营农产品，私人可经营进出口贸易，并开放了同邻国的边境贸易。

（4）海关管理规章制度

《缅甸海关进出口程序》（1991 年）对禁止进出口的物品做了详细规定，《缅甸海关计征制度及通关程序》对进出口关税、通关程序做了详细规定。

与海关管理相关的法规还有：《海洋关税法》（1978 年）、《陆地海关法》（1924 年）、《关税法》（1953 年）、《国家治安建设委员会 1989 年第 4 号令》、《商业税法》（1990 年）、《进出口管制暂行条例》（1947 年）、《外汇管制法》（1974 年）。

7. 菲律宾的贸易政策[①]

（1）贸易主管部门

贸工部（DTI）是菲律宾的外贸政策制定及管理部门，成立于 1898 年 6

---

① 参见商务部国际贸易经济合作研究院、商务部投资促进事务局和中国驻菲律宾大使馆经济商务参赞处《对外投资合作国别（地区）指南：菲律宾（2011 年版）》，http：//fec. mofcom. gov. cn/gbzn/upload/feilvbin. pdf。

月。其主要职能是制定综合的工业发展战略，制定鼓励政策促进出口；创造有利于促进投资贸易和工业发展的环境；促进竞争和公平贸易；负责双边和多边贸易合作的谈判；支持中小企业的发展。贸易工业部下设的产品标准化局主要负责产品技术标准和法规的管理和实施，进口服务署主要负责特定产品进口法规的实施以及发起和指导反倾销、反补贴及保障措施的初步调查。菲律宾关税委员会主要负责关税政策的制定，包括关税的减让、变更、退还，负责反倾销和反补贴的公众听证会和磋商以及保障措施的调查工作。菲律宾财政部下设的关税局主要负责关税法律的具体实施和进出口关税、进口产品增值税及其他附加税的征收。其他贸易管理机关还包括海关总署、国家经济发展署、中央银行、贸工部的工业局、投资署、环境管理署、卫生部、技术转让署、食品和医药品局、危险药品局、渔业和水产资源局、国家肉类检疫委员会、计划工业局、能源管理署和服装纺织品出口局等。

(2) 贸易法规体系

菲律宾是世界贸易组织（WTO）和亚太经合组织（APEC）成员，也是东南亚国家联盟（ASEAN）的成员国，实行多边的、自由的、外向型的贸易政策，同时对国内幼稚产业适当进行保护。菲政府对其贸易政策不断进行调整并出台了一系列出口鼓励措施。

菲律宾管理进出口贸易相关法律主要包括：《海关法》《出口发展法》《反倾销法》《反补贴法》《保障措施法》等。

(3) 贸易管理的相关规定

进口商品管理：菲律宾对进口商品分为三类，分别为自由进口商品、限制进口商品、禁止进口商品。

禁止进口商品包括：枪支弹药；不道德的印刷品、底片、电影、相片、艺术品；用于违法堕胎的物品及宣传广告；用于赌博的装备及用具；含金、银或其他贵重金属或合金制成的物品；假冒劣质的食品或药品；鸦片或其他麻醉品及其合成品；合成盐或成品盐；鸦片吸管及配件；有关菲律宾法律禁止进口的物品及配件。

限制进口产品必须经过菲律宾政府机构如农业部、食品药品局核发的进口许可证才能进口，主要涉及汽车、拖拉机、小汽车、柴油机、汽油机、摩托车、耐用消费品、新闻出版和印刷设备、水泥、与健康及公共安全有关的产品等130多种，约占进口商品的4%。

出口商品管理：菲律宾政府对出口贸易采取鼓励政策，主要包括简化进口手续并免征出口附加税，进口商品再出口可享受增值税退税、外汇资助和使用出口加工区的低成本设施等。

（4）海关管理规章制度

菲律宾进出口关税的主要法律是《菲律宾关税与海关法》，进口关税税率由关税委员会确定公布，出口关税的税率由海关总署确定，并由海关通过有授权的中央银行征收。

菲律宾对大部分进口产品征收从价关税，对汽车、烟草、汽油、酒精以及其他非必要商品征收进口消费税，此外，菲律宾还对进口货物征收印花税，该税一般用于提货单、接货单、汇票，其他交易单、保险单、抵押契据、委托书及其他文件，同时进口产品还应向菲律宾海关当局缴纳12%的增值税。

进口关税：《菲律宾关税与海关法》将应税进口商品分为21类，进口关税税率一般为3%、10%、20%和30%四个级别。

菲律宾于2010年对东盟成员国实现全部产品零关税。

8. 新加坡的贸易政策[①]

（1）贸易主管部门

新加坡国际企业发展局（IE Singapore），是隶属于新加坡贸易工业部的法定机构，是新加坡对外贸易主管部门。企发局下设贸易促进部，并分设商务合作伙伴策划署和出口促进署，主要职责是宣传新加坡作为国际企业都会

① 参见商务部国际贸易经济合作研究院、商务部投资促进事务局和中国驻新加坡大使馆经济商务参赞处《对外投资合作国别（地区）指南：新加坡（2011年版）》，http://fec.mofcom.gov.cn/gbzn/upload/xinjiapo.pdf。

的形象以及提升以新加坡为基地公司的出口能力。

（2）贸易法规体系

新加坡与贸易相关的主要法律有《商品对外贸易法》《进出口管理办法》《商品服务税法》《竞争法》《海关法》《商务争端法》《自由贸易区法》《商船运输法》《禁止化学武器法》《战略物资管制法》等。

（3）贸易管理的相关规定

开展进出口和转运业务的基本条件是：第一，必须在新加坡组建一家公司并向会计与企业管理局注册；第二，注册公司后，需向新加坡关税局免费申请中央注册号码。

货物的进口：货物进口到新加坡前，进口商需通过贸易交换网向新加坡关税局提交准证申请。如符合有关规定，新加坡关税局将签发新加坡进口证书和交货确认书给进口商，以保证货物真正进口到新加坡，没有被转移或出口到被禁止的目的地。一般情况下，所有进口货物都要交纳消费税。如果进口货物是受管制的货物，必须向相关主管部门提交准证申请并获得批准。

货物的出口：非受管制货物通过海运或空运出口，必须在出口之后3天内，通过贸易交换网提交准证申请。受管制货物，或非受管制货物通过公路和铁路出口的，需要在出口之前通过贸易交换网提交准证申请。出口受管制货物还必须事先取得相关主管机构的批准或许可。

货物的转运：所有从一个自由贸易区转运至另一个自由贸易区的货物，或在同一个自由贸易区内转运受主管部门管制的货物，必须事先通过贸易交换网取得有效的转运准证才能将货物装载到运输工具上。

（4）海关管理规章制度

新加坡《海关法》规定，进口商品分为应税货物和非应税货物，应税货物包括石油、酒类、烟类和机动车辆等四大类商品，非应税货物为上述四大类商品之外的所有商品。应税货物和非应税货物进口到新加坡都要征收7%消费税，应税货物除征收消费税外，还需征收国内货物税和关税。

9. 泰国的贸易政策①

（1）贸易主管部门

泰国主管贸易的政府部门是商业部（Ministry of Commerce），其主要职责分为两部分：对内负责促进企业发展、推动国内商品贸易和服务贸易发展、监管商品价格、维护消费者权益和保护知识产权等；对外负责参与 WTO 和各类多双边贸易谈判、推动进出口贸易良性发展等。泰国商业部主管对外业务的部门有贸易谈判厅、出口促进厅和国际贸易厅等，主管国内业务的部门有商业发展厅、国内贸易厅、知识产权厅等。

（2）贸易法规体系

泰国与贸易相关的主要法律有《出口商品促进法》（1960 年）、《出口和进口商品法》（1979 年）、《部分商品出口管理条例》（1973 年）、《出口商品标准法》（1979 年）、《反倾销和反补贴法》（1999 年）、《海关法》（2000 年）等。

（3）贸易管理的相关规定

进口管理：泰国对多数商品实行自由进口政策，任何开具信用证的进口商均可从事进口业务。泰国仅对部分产品实施禁止进口、关税配额和进口许可证等管理措施。禁止进口产品主要涉及公共健康、国家安全等的产品；关税配额产品包括桂圆等 23 种农产品，但关税配额措施不适用于从东盟成员国的进口；进口许可分为一般产品许可和特殊产品许可，并规定进口许可的产品必须得到泰国商业部批准后才能到港。

出口管理：泰国除通过出口登记、许可证、配额、出口税、出口禁令或其他限制措施加以控制的产品外，大部分产品可以自由出口，受出口管制的产品目前有 45 种，其中征收出口税的有大米、皮毛皮革、柚木与其他木材、

---

① 参见商务部国际贸易经济合作研究院、商务部投资促进事务局和中国驻泰国大使馆经济商务参赞处《对外投资合作国别（地区）指南：泰国（2011 年版）》，http：//fec. mofcom. gov. cn/gbzn/upload/taiguo. pdf。

橡胶、钢渣或铁渣、动物皮革等。

贸易壁垒：泰国对 WTO 成员方的平均关税是 14.6%，非 WTO 成员方的平均关税是 16.8%。

(4) 海关管理规章制度

《海关法》是泰国实施海关管理的根本法律制度。目前，泰国海关进出口商品代码和关税管理体系是根据 1987 年修订的《海关关税法令》制定的。泰国政府根据管理需要会对商品代码分类和海关关税进行不定期调整。

泰国大部分进口商品都需要缴纳两部分税：一是海关关税，二是增值税(VAT)。关税计税方法一般为按价计税，也有部分商品按照特定单位税率的方式征税。一般情况下绝大部分商品的进口关税在 0～80%。

泰国给予东盟成员国和与其签订多双边贸易协定的国家地区不同程度的关税减让。

10. 越南的贸易政策[①]

(1) 贸易主管部门

越南主管贸易的部门是工贸部，设有 36 个司局和研究院，负责全国工业生产（包括机械、冶金、电力、能源、油气、矿产及食品、日用消费品等行业生产）、国内贸易、对外贸易、WTO 事务、中国－东盟自贸区谈判等。

(2) 贸易法规体系

越南主要贸易法律法规包括《民法》《贸易法》《电子交易法》《海关法》《进出口税法》《知识产权法》《信息技术法》《反倾销法》《反补贴法》《企业法》《会计法》《统计法》等。

---

① 参见商务部国际贸易经济合作研究院、商务部投资促进事务局和中国驻越南大使馆经济商务参赞处《对外投资合作国别（地区）指南：越南（2011 年版）》，http://fec.mofcom.gov.cn/gbzn/upload/yuenan.pdf。

（3）贸易管理的相关规定

进口管理：根据加入 WTO 的承诺，越南逐步取消进口配额限制，基本按照市场原则管理。禁止进口的商品主要包括：武器、弹药、毒品、有毒化学品、军事技术设备、麻醉剂、部分儿童玩具、颓废和反动的文化品、爆竹、烟草制品、二手消费品、右舵驾驶机动车、二手物资、低于 30 马力的二手内燃机、含有石棉的产品和材料、各类专用密码及各种密码软件等。

出口管理：关于出口，越南主要采取出口禁令、出口关税、数量限制等措施进行管理。禁止出口的商品主要包括：武器、弹药、爆炸物和军事装备器材、毒品、有毒化学品、古玩、伐自国内天然林的圆木、锯材、来源为国内天然林的木材、木炭、野生动物和珍稀动物、用于保护国家秘密的专用密码和密码软件等。

（4）海关管理规章制度

越南现行关税制度包括 4 种税率：普通税率、最惠国税率、东盟自由贸易区税率及中国—东盟自由贸易区优惠税率。普通税率比最惠国税率高 50%，适用于未与越南建立正常贸易关系国家的进口产品。

第二节　东盟贸易自由化进程

东盟贸易自由化发展进程体现在两个层面，一是东盟区域内部的贸易自由化，二是东盟与区外对话伙伴国家的自由化构建。

1. 东盟内部贸易自由化

早在 20 世纪 60 年代末东盟成立之后不久，东盟就萌生了建立自由贸易区的想法。1968 年 10 月，一向对东南亚一体化事务热心的菲律宾在马尼拉召开的东盟工商业会议上第一次提出东盟应当向建立自由贸易区的方向发展，甚至建立共同市场。但是，这一倡议并没有得到其他成员国的响应。

1975 年 5 月的东盟外长会议上，与会成员国外长一致同意建立东盟贸易协商机构，以便建立东盟贸易优惠体制。同年东盟还设立了共同基金，建立划汇结算同盟、银行票据承兑市场、东盟港务局协会等。

1975 年 11 月召开的东盟经济部长会议上，部长们原则上同意了以逐步降低对彼此的关税作为走向自由贸易区的一个步骤。但是由于当时东盟还在创建初期，重点仍在维系地区的安全与稳定上，建立自贸区的各项政治和经济条件都还不成熟，东盟只是在内部会议上简单讨论了建立自贸区的可能性。在 1976 年第一届东盟首脑会议之前的外长会议上，东盟宣布“已经撤回了关于建立自由贸易区的建议”。

尽管建立自贸区的设想被暂时搁置，但东盟发展互惠贸易关系的脚步却没有停下。1982 年东盟连续召开了 3 次经济部长会议，决定增加 1984 种享受关税优惠的商品；扩大东盟成员国间的联系，协调经济发展计划。同年 6 月，东盟同日本、美国、加拿大、澳大利亚、新西兰及欧共体在新加坡举行部长级对话会议，东盟要求与会国取消贸易保护主义。

到了 90 年代，世界政治经济形势发生了新的变化，东盟也面临新的挑战，东盟再次提出建立自由贸易区的问题。“冷战”结束之后，经济全球化和区域化并行。1991 年 12 月，欧洲共同体通过《欧洲联盟条约》，推出欧元的设想，西欧在一体化道路上开始大步迈进。1992 年 12 月 17 日，美国、加拿大和墨西哥三国签订《北美自由贸易协定》，形成了当时世界上最大的自由贸易区。北美和西欧一直是东盟两个最重要的出口市场，两大经济一体化组织的建立给东盟带来了巨大的冲击。新加坡总理吴作栋评价道：“西欧统一大市场和北美自由贸易区的建立，对东盟国家的经济将产生巨大的影响。作为一种应付手段，东盟也要建立自由的贸易区。”① 另外，80 年代中期以后，东盟外向型经济带来了成员国工业化程度的加深，奠定了东盟建立自贸区的物质基础。在建立自由贸易区的方案上，东盟成员国从自己的利益诉求出发，共提出了 5 种方案②。

---

① 1992 年 1 月 28 日《亚洲华尔街日报》。

② 详情参见赵晨：《东南亚国家联盟——成立发展同主要大国的关系》，中国物资出版社，1994。

泰国主张在10年之内各成员国消除一切关税及非关税壁垒，建立东盟内部的自由贸易区；印尼建议东盟成员国应该先建立关税同盟；新加坡希望以“增长三角”为合作的主要模式，以“增长三角”来带动东盟整体经济合作的发展；菲律宾建议东盟成员国签署一项经济合作条约，使每个成员国都对经济合作承担明确的法律义务，从而约束各成员国在推进经济合作计划时，不得不兑现自己的承诺；马来西亚则希望扩大经济合作的范围，主张建立一个东盟占重要地位的东亚经济集团，包括东盟成员国、中国、日本、韩国及越南等。

在1991年10月的东盟经济部长会议上，东盟成员国经过讨论研究，最终决定以泰国的主张为核心，从其他方案中选取全体成员国共同接受的主张加以充实，形成一个经济合作计划。根据印尼和菲律宾的要求，该计划将泰国提出的减税延缓期从10年延长至15年；另一方面，采纳了印尼逐步降低成员国间关税的建议。根据菲律宾提出的建议，东盟认为各成员国应当对经济合作负有义务。对新加坡的方案，东盟认为“增长三角”只应作为自由贸易区的补充。由于大多数东盟国家都认为马来西亚的方案把美国排除在“东亚经济集团”外是不现实的，遭到了印尼的坚决反对，经过其他国家调节，双方达成了妥协，马来西亚的建议最终既未被否决，也没有被采纳。

1992年1月，在新加坡召开的第四届东盟首脑会议上，建立东盟自由贸易区的计划被批准。会议决定从1993年1月1日起，在15年内将东盟建立成一个自由贸易区。将建立自由贸易区作为东盟中长期发展的三大目标①之一。

东盟建立自由贸易区的主要目标是：促进东盟成为一个具有竞争力的基地，以吸引外资；消除成员国之间关税与非关税障碍，促进本地区贸易自由化；扩大成员国之间互惠贸易的范围，促进区域内贸易；建立内部市场。

1992年10月，东盟经济部长会议通过了《有效普惠关税协定》（CEPT-AFTA），并决定从翌年开始实施。协定的核心内容是各成员国逐步

① 一是建立包括东南亚所有10个国家在内的大东盟；二是在21世纪初建成东盟自由贸易区；三是通过东盟地区论坛加强东南亚的多边安全合作，最终建立起东南亚和平、自由、中立和无核区。

削减关税，到2008年将关税降至5%以下，并完全取消成员国间的非关税壁垒。东盟成员将实现有效惠普关税制（CEPT）作为建立东盟自由贸易区计划的保障机制。为此，东盟专门成立了自由贸易区理事会，负责监督、协调协定的实施。

1995年召开的东盟首脑会议决定加速AFTA成立的时间表，将原定的15年时间计划缩短为10年，即在2003年前成立东盟自由贸易区。1997年亚洲金融危机强化了东盟加强经济合作的愿望，1998年12月举行的第六次东盟首脑会议决定将期限再提前一年，并决定于2002年将关税降至5%以下，考虑到新成员国的情况，其可在2006年实现既定目标。1999年9月在第13次东盟自由贸易区理事会会议上，各成员国确定东盟自由贸易区的最终目标为零关税，东盟6个老成员国实现零关税的最后期限为2015年，新成员国（CLMV）的最后期限为2018年。为此，东盟推出过渡措施，要求各成员国要在2003年之前把60%的产品关税降为零。同年11月举行的第三次东盟非正式首脑会议把最后期限再次提前，要求6个老成员国在2010年实现零关税，而新成员国则于2015年实现这一目标。

2002年初，东盟6个老成员国率先启动东盟自由贸易区，其他新成员国也加快了关税的削减速度。

2007年8月，东盟经济部长会议决定提升CEPT-AFTA，使之成为一个更为全面的法律手段。2007年11月，东盟国家领导人在新加坡举行的第13届东盟首脑会议上通过了《东盟经济共同体蓝图》。“蓝图”设定了到2015年在东盟地区内形成统一市场和生产基地，在其框架下实现货物、服务、投资和技术工人的自由流动，更自由的资本往来，同时确保经济平衡发展、消除贫困和社会经济差距等目标。东盟经济共同体由4大支柱构成，即一个统一的市场和生产基地，一个极具竞争力的经济区，一个经济平衡发展的经济区，以及一个与全球经济接轨的区域。

为实现东盟经济共同体在2015年建立统一的市场和货物自由流动的生产基地的目标，2009年2月，东盟成员国签署了《东盟商品贸易协定》（ATIGA）。该协定是东盟协调内部货物贸易活动的全面协定，是根据对CEPT（东盟自由贸易区共同执行具有约束性的优惠关税税率）及其相关协定的承诺基础上签订的。协定明确规定了柬埔寨、老挝、缅甸和越南四国可推迟至2018年取消的税目数量，同时暂停东盟各国之间有关实施取消和减免关税义务的承诺。2010年5月17日，ATIGA生效。

为了提高贸易透明度，东盟正致力于在2015年以前建成“东盟贸易信息系统”（ATR），以提供各国对出入境商品采取的关税和非关税措施的最新信息。

（1）东盟自贸区的主要内容

东盟以《共同有效优惠关税协定》作为实施自由贸易区计划的主要工具，该协定的主要内容有：

- 到2008年，将所有在区域内贸易的工业制成品的关税减至5%以下；
- 自1993年1月1日起的5~8年内，将目前超过20%关税率的工业制成品的关税率降至20%以下；
- 在另外的7年内，把所有工业制成品的关税率降至0~5%；其间最低关税率可保持在5%的幅度内；
- 各成员国都应该制定一个关税减免计划，以便在15年内把目前低于20%的保护税率的那部分商品的关税率降至5%；
- 允许两个或更多的国家对其特殊的商品加速关税减免的进程；
- 当关税率降至20%时（非关税壁垒也同时被逐渐取消），共同有效优惠关税协定下的出口货物的数量限制也应该随之取消。
- 减免关税的范围包括工业品和加工农产品，一共98个产品部门。

协定对商品减税制定了两种减税的时间表，即快速减税计划和一般减税计划。

所谓快速减税计划，就是在较短的时间内大幅度降低15大类商品的进口关税率。其中，凡1991年进口关税率低于20%者，在从1993年1月1日起的7年内将进口关税率降低至0~5%。这15类商品包括植物油、水泥、化学产品、药剂、化肥、塑料、橡胶制品、皮革产品、纸浆、纺织品、瓷器和玻璃、珠宝首饰、电子产品、铜制品以及木器和藤器。起初，按泰国的方案，快速减税计划仅包括水泥、化肥和纸浆3大类商品，但新加坡认为3大类太少。于是，泰国又增加了4大类。同时，新、马两国也各自提出了几大类商品作为增补，从而使其达到13大类。一些东盟成员国认为13是个不吉祥的数字。为避开这一数字，印尼又提出2大类增补商品，这就使纳入快速减税计划的商品达到15大类。

所谓正常减税计划，就是自1993年1月1日起的10年内，将那些未纳入快速减税计划的商品，通过实施正常减税计划，使其降低关税。其中，凡1991年进口关税率高于20%者，从1993年1月1日起至2000年前将其进口税率至少降至20%，2008年之前再进一步将进口关税率降至0~5%。而1991年进口关税率低于20%者，则分阶段于2008年之前将进口关税率降至0~5%。降低关税过程中，特别是2000年之前，如果东盟某成员国对从其他成员国进口的某商品课征的进口关税率高于20%，则该商品经加工后再向其他成员国出口时，不能享受其他成员国低于20%的优惠进口关税率。

协定还规定，无论快速减税还是正常减税，其关税率的降低都是逐步进行的，而每一步关税降低率不得少于5%。

协定还对逐步消除非关税壁垒问题做了规定：从1993年起，东盟各成员国要在15年内将彼此间贸易中存在的所有非关税壁垒完全消除。从2008年开始，禁止或限额进口某种商品在东盟内部贸易中将被视为非法。同时，进口许可证制度也要取消。那时，除关税外，不得采取任何保护措施，而关税率则不得高于5%。

协定还规定了“例外商品”，无论商品是处在快速减税计划还是常规减税计划中，只要成员国认为降低该商品的关税会对自身经济造成损害，就可以将其列为“例外商品”，可以在2000年以前保持该商品的进口税率，2000年再重新审定是否继续实施保护。

协定还涉及限制非关税壁垒①。到2008年以前，各成员国应当撤销所有非关税壁垒，取消进口限额和许可证制度。

为了促进《共同有效优惠关税协定》的实施，东盟决定成立东盟自由贸易区理事会，该理事会由东盟成员国的经济部长和东盟秘书长组成，其任

① 指一国政府采取除关税以外的各种办法，来对本国的对外贸易活动进行调节、管理和控制的一切政策与手段的总和。

务在于监督、协调及审核计划的实施。这些工作由高官会议及东盟秘书处协助进行，其中东盟秘书处负责日常工作。

（2）东盟贸易自由化执行情况

自2010年1月1日起，东盟6个老成员国（文莱、印尼、马来西亚、菲律宾、新加坡和泰国）将7881种进出口商品税目关税降至为零，东盟自由贸易区共同有效关税（CEPT-AFTA）税目达54467种，占总关税税目99.65%。此外，经过关税削减之后，这些国家的平均关税由2009年的0.79%降低至2010年的0.05%。同时，东盟新成员也将2003种进口商品税目关税降到0～5%，自由贸易区共同有效关税（CEPT-AFTA）税目达34691种，占进口总关税税目98.96%。据东盟关税数据库统计，2010年，东盟老成员6国（ASEAN6）的平均进口关税为0.05%，新成员国的平均进口关税为2.47%，东盟10国（ASEAN）整体的平均进口关税为0.96%。

《东盟经济共同体蓝图》共有四个支柱，其中的前三个支柱，即一个统一的市场和生产基地、一个极具竞争力的经济区和一个经济平衡发展的经济区，在很大程度上是与区域内贸易自由化相联系的。

（1）支柱一：统一的市场和生产基地

为了在东盟地区形成一个统一的市场和生产基地，在《东盟经济共同体蓝图》第一个支柱框架下，东盟在商品自由流动、服务与劳动力的自由流动、投资的自由流动、资本的自由流动，以及优先一体化部门出台并执行了多种措施。

针对支柱一的措施（见表5－1），即统一的市场和生产基地，截至2011年12月：

- 第一阶段（2008～2009年）共65项措施，完全完成61项，非完全完成4项，完成93.8%；
- 第二阶段（2010～2011年）共108项措施，完全完成53项，非完全完成55项，完成49.1%；
- 全部措施（第一阶段和第二阶段）共173项，完全完成114项，非完全完成59项，完成65.9%。

表 5-1 针对统一市场和生产基地的措施执行情况（截至 2011 年底）

关键领域	第一阶段(2008~2009 年)		第二阶段(2010~2011 年)		全部措施	
	完全完成	非完全完成	完全完成	非完全完成	完全完成	非完全完成
商品自由流动	9	0	23	24	32	24
服务自由流动	10	3	13	17	23	20
投资自由流动	5	1	5	8	10	9
资本自由流动	1	0	5	0	6	0
劳动力自由流动	—	—	1	0	1	0
优先整合部门	28	0	1	0	29	0
粮农林	8	0	5	6	13	6
措施总计	61	4	53	55	114	59
完成比例(%)	93.8		49.1		65.9	

注：—为本阶段没有相应的措施；完成比例为完全完成的措施占全部措施的百分比。

资料来源：Asean Economic Community Scorecard。

(2) 支柱二：极具竞争力的经济区

东盟为了实现成为一个极具竞争力的经济区的目标，在竞争政策、消费者保护、知识产权和基础设施发展等领域出台了相关政策和措施。

针对支柱二的措施（见表 5-2），即一个极具竞争力的经济区，截至 2011 年 12 月：

表 5-2 针对极具竞争力的经济区的措施执行情况（截至 2011 年底）

关键领域	第一阶段(2008~2009 年)		第二阶段(2010~2011 年)		全部措施	
	完全完成	非完全完成	完全完成	非完全完成	完全完成	非完全完成
竞争政策	2	0	2	0	4	0
消费者保护	2	0	5	4	7	4
知识产权	—	—	4	1	4	1
交通	15	10	6	8	21	18
能源	0	0	2	1	2	1
矿产	1	0	7	0	8	0
信息与通信技术	2	0	4	0	6	0
税收	—	—	0	1	0	1
电子商务	—	—	1	0	1	0
措施总计	22	10	31	15	53	25
完成比例(%)	68.7		67.4		67.9	

注：—为本阶段没有相应的措施；完成比例为完全完成的措施占全部措施的百分比。

资料来源：Asean Economic Community Scorecard。

• 第一阶段（2008～2009年）共32项措施，完全完成22项，非完全完成10项，完成68.7%；

• 第二阶段（2010～2011年）共46项措施，完全完成31项，非完全完成15项，完成67.4%；

• 全部措施（第一阶段和第二阶段）共78项，完全完成53项，非完全完成25项，完成67.9%。其中在竞争政策、知识产权、矿业和信息与通信技术等领域的进展非常显著。

（3）支柱三：经济平衡发展的经济区

经济平衡发展的经济区，是实现东盟共同体蓝图的第三个支柱，为此，东盟在中小企业（SMEs）发展上出台了一系列措施和规划，如东盟于2010年8月批准了“东盟中小企业发展战略行动计划（2010～2015）”，设立了东盟中小企业顾问组等。同时，“东盟一体化倡议”（IAI）等相关措施的出台，也为进一步缩小地区发展差距，争取2015年实现东盟经济共同体奠定了基础。

针对支柱三的措施（见表5－3），即经济平衡发展的经济区，截至2011年12月：

表5－3　针对经济平衡发展的经济区措施执行情况（截至2011年底）

关键领域	第一阶段(2008～2009年)		第二阶段(2010～2011年)		全部措施	
	完全完成	非完全完成	完全完成	非完全完成	完全完成	非完全完成
中小企业发展	1	0	4	3	5	3
东盟一体化倡议	2	0	1	1	3	1
措施总计	3	0	5	4	8	4
完成比例(%)	100		55.5		66.7	

注：一为本阶段没有相应的措施；完成比例为完全完成的措施占全部措施的百分比。

资料来源：Asean Economic Community Scorecard。

• 第一阶段（2008～2009年）共3项措施，完全完成3项，完成100.0%；

• 第二阶段（2010～2011年）共9项措施，完全完成5项，非完全完成4项，完成55.5%；

• 全部措施（第一阶段和第二阶段）共12项，完全完成8项，非完全完成4项，完成66.7%。

东盟自贸区实际上是"南南型"经济一体化组织，由于自身有效需求不足，东盟的区域内贸易和欧盟及北美自由贸易区相比仍然有较大差距，而且在区域内贸易中，东盟其他国家向新加坡的转口贸易也占了很大比重。但自贸区的建立仍然促使东盟的区域内贸易比例呈逐年上升趋势。

2. 东盟与其他国家的贸易自由化进程

进入21世纪以来，东盟加速了与对话伙伴国的经贸合作，已经与中国、日本、韩国、印度、澳大利亚和新西兰缔结并批准了5个自由贸易协定。目前，东盟与中国、韩国，以及澳大利亚和新西兰的自贸协定谈判已经全部完成，3个双边自由贸易协定也已经生效。东盟与日本和印度关于服务贸易和投资贸易的协定正在谈判之中。

(1)"东盟+1"贸易自由化建设

①中国–东盟自贸区

1999年在马尼拉召开的第三届中国–东盟领导人会议上，时任中华人民共和国国务院总理的朱镕基就提出了中国希望与东盟自贸区建立联系的希望，得到了东盟的积极回应。2001年11月在新加坡举行的第四届中国–东盟领导人会议上，朱镕基总理首次提出了建立中国–东盟自贸区的设想，双方决定成立专家小组对此计划的可行性进行讨论。在2002年11月举行的第五届中国–东盟领导人会议上，中国和东盟成员国达成共识，朱镕基总理和东盟10国领导人签署了《中国与东盟全面经济合作框架协议》（以下简称《协议》）。《协议》规定了一系列降税方案，决定在2010年建成中国–东盟自贸区，同时正式启动了自贸区的建设。

为尽快享受到自贸区带来的好处，在签订《协议》时，双方制订了"早期收获计划"，决定从2004年1月1日起对500多种产品（主要包括活动物、肉及食用杂碎、鱼、乳品及食用蔬菜水果等）实行降税，到2006年将这些产品的关税降为零。

2004 年 1 月 1 日，自贸区的先期成果——“早期收获计划”顺利实施。2004 年全年早期收获产品贸易增长 40%，超过全部产品进出口增长的平均水平。2006 年 1 月 1 日，我国对东盟所有国家的早期收获产品均已实现零关税，东盟老成员也对我国的早期收获产品给予了零关税待遇。越南、柬埔寨、老挝和缅甸则可以较晚实现早期收获产品的零关税（在 2008 ~ 2010 年间实现这一目标）。

早期收获计划实施后，对双方贸易增长的促进作用十分明显，截至 2007 年 6 月，早期收获项下产品贸易额已累计增长了 5 倍，双方企业和人民从自贸区的建设中得到了实实在在的好处。

2004 年 11 月，双方签署自贸区《货物贸易协议》，并于 2005 年 7 月开始相互实施全面降税。这一协议按照东盟内部自由贸易区的模式，将商品分为了正常商品和敏感商品——正常产品最终将实现零关税，敏感产品最终不需要实现零关税。其中正常商品占到全部产品的绝大多数。正常商品中又分为一轨正常商品和二轨正常商品，一轨正常商品占到全部产品的 90% 以上，到 2010 年前实现零关税，二轨正常商品则可以较晚实现零关税（见表 5－4）。

表 5－4 《货物贸易协议》规定中国和东盟“老六国”一轨正常商品的降税方案

X = 中国－东盟原有税率	中国－东盟自贸区优惠税率（不迟于 1 月 1 日）			
	2005 年	2007 年	2009 年	2010 年
X > 20%	20%	12%	5%	0
15% < X < 20%	15%	8%	5%	0
10% < X < 15%	10%	8%	5%	0
5% < X < 10%	5%	5%	0	0
X < 5%	保持不动	0	0	

同样的，《货物贸易协议》根据东盟成员国的不同情况，对东盟“新四国”的减税予以了延期，允许它们推迟到 2015 年实现一轨正常商品的零关税（见表 5－5）。

表 5-5 《协议》规定中国和东盟“新四国”一轨正常商品的降税方案

单位：%

X = 中国 - 东盟自贸区优惠税率	中国 - 东盟自贸区优惠税率（不迟 1 月 1 日）							
	2005 年	2006 年	2007 年	2008 年	2009 年	2011 年	2013 年	2015 年
X > 60%	60	50	40	30	25	15	10	0
45% < X < 60%	40	35	35	30	25	15	10	0
35% < X < 45%	35	35	30	30	20	15	5	0
30% < X < 35%	30	25	25	20	20	10	5	0
25% < X < 30%	25	25	25	20	20	10	5	0
20% < X < 25%	20	20	15	15	15	10	0 ~ 5	0
15% < X < 20%	15	15	15	15	15	5	0 ~ 5	0
10% < X < 15%	10	10	10	10	8	5	0 ~ 5	0
7% < X < 10%	7	7	7	7	7	5	0 ~ 5	0
5% < X < 7%	5	5	5	5	5	5	0 ~ 5	0
X < 5%	保持不动							0

2007 年 1 月，双方又签署了自贸区《服务贸易协议》，并于同年 7 月顺利实施。2009 年 8 月 15 日在泰国曼谷举行的第八次中国 - 东盟经贸部长会议上，中国商务部长陈德铭与东盟 10 国经贸部长共同签署了中国 - 东盟自由贸易区《投资协议》。自此中国 - 东盟自贸区成为了涉及货物、服务贸易及投资的经济合作框架，惠及东亚 1400 万平方公里上的 18 亿人口。

2010 年 1 月 1 日，中国 - 东盟自贸区初步建成，中国与东盟老成员迈进零关税时代。到 2015 年，双方均将建成全面的自由贸易区。

中国和东盟同属于新兴市场行列，但中国在技术和资金方面的层次高于东盟大多数成员国，因此双方的经济具有较强的互补性。中国 - 东盟自贸区开始建设以来，双边贸易、投资飞速发展，中国已经成为东盟的第一大贸易伙伴，而东盟则是中国的第三大贸易伙伴。中国占东盟对外贸易的百分比从 2003 年自贸区开始之前的 7.2% 上升至 2009 年的 11.6%①，中国对东盟的投资增长量也是最快的。

① 数据来源：Table15，ASEAN Community in Figures 2010。

②日本－东盟自贸区

自明治维新以来，日本就一直十分重视东南亚地区。日本是经济强国却是资源穷国，东南亚不仅有日本稀缺的橡胶、锡等资源，也是日本进口中东石油的重要通路。“二战”以后，随着东南亚经济的发展，这一地区亦日趋成为日本重要的市场之一。维护与发展与这一地区的关系，始终是日本政府的重要工作之一。例如，在1987年的东盟第19届经济部长会议上，日本提出设立“东盟日本发展基金”，由日本政府及私人企业向东盟提供20亿美元的发展基金。同时，东南亚还是日本重要的投资目的地，早在20世纪80年代，丰田等日本厂商就开始在东南亚地区设厂，利用当地的廉价劳动力进行零部件的生产组装并占领当地市场。这可以算得上是东亚地区最早的厂商由于经济利益驱动而进行的有组织的分工。

日本最早在2002年1月13日与东盟成员国新加坡签署了《日本和新加坡面向新世纪的经济伙伴协定》，这是日本在“二战”后签订的第一个自由贸易协定，协定于2002年12月30日生效。双方在世界贸易组织的框架下进一步减免了双方的关税。

随着东盟内部自贸区的建成，2003年8月8日，时任日本首相的小泉纯一郎在印尼巴厘岛举行的日本－东盟领导人峰会上与东盟领导人签署了《日本－东盟全面经济伙伴框架协议》，宣布双方将进行更为广泛深入的经济合作。从2004年开始，日本开始与东盟成员国分别进行一系列关于货物贸易、服务业及投资自由化的谈判。

经过耗时4年11轮的谈判，2008年4月11日，双方正式签订《东盟－日本经济合作伙伴协议》，规定于2008年12月1日即告生效，协议涵盖了货物贸易、服务贸易、投资及经济合作。双方决心将日本和东盟连接成一个有效率的大市场。双方成立了委员会专门负责协调监督协议的实施。

在《东盟－日本经济合作伙伴协议》下，日本分别与各个东盟成员国签署了自由贸易协定。柬埔寨、印尼和菲律宾由于有许多事项还未与日本达成一致，因而没能按期执行协议。2009年1月1日，马来西亚与日本的自贸协议开始执行，马来西亚立即削减90%的正常商品关税，日本则立即削减 88%，之后 10 年之内每 5 年削减 2%，共计 92% 的关税。新加坡则早在 2008 年 1 月 1 日就开始执行双方自贸协定的修订本。

日本是仅次于欧盟和中国之后东盟的第三大贸易伙伴，而东盟则是日本仅次于中国的第二大贸易伙伴。由于日本一直主张东亚地区实行“雁阵模式”[①] 进行经济合作，希望东南亚能够联合，对东南亚国家之间的合作予以了很多支持。双方的经贸合作早在自贸区签订之前就已经非常深入。双方的投资和货物贸易已经近乎饱和状态，处于波动中缓慢上升的趋势，但服务贸易增长潜力巨大。

③韩国 - 东盟自贸区

随着东亚地区合作的进展，“10 + 3” 模式逐渐获得各方的认可。在中国、日本相继与东盟展开自由贸易区谈判之后，韩国自然不甘落后。2005 年 12 月 13 日，韩国和东盟领导人在马来西亚吉隆坡签署了《韩国 - 东盟全面经济伙伴框架协议》，但当时双方就货物和服务贸易合作上仍然存在较大分歧。随后，双方经济部长签署了建立解决争端机制的协议。

2007 年 6 月 1 日，韩国和东盟自贸协定框架下的货品贸易协定在 2007 年生效，同年 11 月双方又在东盟 - 韩国第十一次峰会上签订了服务贸易协定。

2009 年 4 月，韩国和东盟领导人在济州岛举行的东盟 - 韩国纪念峰会上签署了双边自贸协定下最后一项协定——投资协定。韩国虽然是东盟“10 +3” 伙伴中最后和东盟开展自由贸易协定的，却是最先完成货物贸易协定、服务贸易协定、投资协定和争端解决机制协定签署的国家。同年 5 月，服务贸易协定生效，9 月，投资协定生效。

2010 年 1 月 1 日，韩国 - 东盟自贸区正式建成，对双方贸易立刻产生了巨大的影响，较之于 2009 年，2010 年东盟对韩国的出口上涨了 31. 2%，进口上涨了 31. 4%[②]，韩国对东盟的投资则翻了一倍多。尽管如此，双方贸易中对自贸区优惠政策的利用率仍然较低，经济合作仍然存在较大发展

① 即日本居领头，韩国、中国等居于中间，东南亚国家尾随其后的合作模式。

② 东盟官方网站：http：//www. asean. org/7672. htm。

空间。

④澳大利亚－新西兰－东盟自贸区

澳大利亚和新西兰两国之间的经济联系一直很紧密，新西兰一直是澳大利亚工业品第一或第二的出口地，双方相互投资也占彼此的重要地位，两国从 1965 年起签订了一系列合作协议，到 1983 年 1 月 1 日，《澳大利亚－新西兰更为紧密经济关系协定》（简称 CER）生效，澳大利亚和新西兰实际上已经连结为一个市场，因此，在自贸区谈判中，澳大利亚和新西兰实际上是作为一个整体同东盟进行谈判。

澳大利亚一直对东南亚有着重要影响，是东盟的重要援助来源之一。1999 年东帝汶产生暴乱，派驻的联合国部队就以澳大利亚部队为主。

2009 年 3 月 2 日，东盟、澳大利亚和新西兰于泰国巴蜀府华欣县签订了《综合自由贸易协议》（ASEAN-Australia New Zealand Free Trade Area 简称 AANZ-FTA）。协议规定在 12 年内陆续降低或取消许多商品的关税。到 2020 年，东盟将逐渐解除澳大利亚和新西兰 96% 货物的关税，剩下 4% 的敏感性产品则仅会调降至 5% 或被排除在协定外。

⑤印度－东盟自贸区

1991 年，印度政府正式提出了所谓的“东向”外交政策，即全方位加强与东盟国家的合作关系，谋求分享东亚经济成果，扩大地缘政治影响。1995 年，印度正式成为东盟地区论坛的全面对话国和亚太安全合作委员会的联系国，但后续合作进程却十分缓慢。到瓦杰帕伊政府执政后期，双方合作才陆续迈出一系列实质性步伐。自辛格政府执政以来，印度进一步加快了这一政策的实施。2003 年，东盟和印度在印尼巴厘岛签署了《印度－东盟全面经济伙伴框架协议》。

2008 年 8 月，在文莱举行的第 39 届东盟经济高官会上，东盟与印度在建立自由贸易区上达成一致。2009 年 8 月 13 日，双方签署了《印度－东盟全面经济伙伴框架下的货物贸易协定》，包括钢铁、服装、蔗糖、烟草等在内的 4000 余种商品将在 8 年内逐步减免关税。

印度经济在发展中国家中具有特殊性，服务业占到印度国民生产总值的 55% 以上，服务外包是印度最重要的出口领域。因此在签署了货物贸易协定后，印度积极推进服务贸易的自由化。双方于 2010 年 1 月起开始进行自贸区服务贸易谈判。

目前，东盟作为一个整体总共进行了 5 个自贸区的建设。其基本模式大致相同，即与经贸关系紧密的国家首先签署经济合作的框架协议，随后在框架协议下签订货物贸易协定、服务贸易协定、投资协定及争端解决机制协定。协定的内容大致均为在规定的年限内减免关税，同时消除非关税贸易壁垒，减少投资障碍等。东盟作为外向性很强的经济体，需要加强对外经济合作，因此在未来，相关的经济合作应该还会继续发展。

(2) "东盟 +1" 贸易自由化措施执行情况

为了实现与全球经济接轨，东盟实行了一系列措施，包括与对话伙伴国建立自由贸易区的安排（见表 5 -6）。

表 5 -6 "东盟 +1" 自由贸易协定状态（截至 2011 年底）

东盟成员国	ACFTA			AKFTA			AJCEP	AANZFTA	AIFTA
	TIG	TIS	IA	TIG	TIS	IA			TIG
文　莱	√	√	√	√	√	√	√	√	√
柬埔寨	√	√	√	√	√	√	√	√	√
印度尼西亚	√	√	√	√	√	√	√	√	√
老　挝	√	√	√	√	√	√	√	√	√
马来西亚	√	√	√	√	√	√	√	√	√
缅　甸	√	√	√	√	√	√	√	√	√
菲律宾	√	√	√	√	√	√	√	√	√
新加坡	√	√	√	√	√	√	√	√	√
泰　国	√	√	√	√	√	√	√	√	√
越　南	√	√	√	√	√	√	√	√	√

注：TIG——货物贸易；TIS——服务贸易；IA——投资贸易；√表示已经完成。
资料来源：*Asean Economic Community Scorecard*。

截至 2011 年 12 月，东盟已经批准了与中国、日本、韩国、澳大利亚和新西兰，以及印度的自由贸易协定，完成了全部已经签署的措施的 85.7%。

针对支柱四的措施（见表 5 -7），即与全球经济接轨，截至 2011 年 12 月。

表 5-7 实现与全球经济接轨的措施指行情况（截至 2011 年底）

关键领域	第一阶段(2008～2009年)		第二阶段(2010～2011年)		全部措施	
	完全完成	非完全完成	完全完成	非完全完成	完全完成	非完全完成
对外经济关系	5	0	7	2	12	2
措施数量	5	0	7	2	12	2
完成比例(%)	100		77.8		85.7	

资料来源：*Asean Economic Community Scorecard*。

- 第一阶段（2008～2009 年）共 5 项措施，完全完成 5 项，完成 100.0%；
- 第二阶段（2010～2011 年）共 9 项措施，完全完成 7 项，非完全完成 2 项，完成 77.8%；
- 全部措施（第一阶段和第二阶段）共 14 项，完全完成 12 项，非完全完成 2 项，完成 85.7%。

第三节 东盟贸易发展现状及趋势

在区域经济一体化也在加速发展的背景下，拥有 10 个成员国的东盟成为世界经济最具活力的地区之一。多数东盟国家的外向型经济占很大比重，对出口的依赖性较大，对外贸易的依存度很高。

1. 东盟贸易总额

近 10 年来，得益于东盟内部和东盟与外部贸易的增长，东盟对外贸易迅速发展，2000 年的贸易总额只有 7591 亿美元，到 2010 年，贸易总额增长到 20457 亿美元。10 年间，东盟贸易总额增长了近 170%，其中 2010 年较 2009 年增长 33.1%，基本扭转了 2008 年全球金融危机的影响。

东盟内部贸易约占其贸易总额的 1/4，而东盟与区外贸易则占 3/4。2000 年，东盟内部贸易只有 1668 亿美元，与区外贸易也只有 5922 亿美元。

然而到2010年，东盟内部贸易达到5198亿美元，增长了3530亿美元，与区外贸易达到15259亿美元，增长了近10000亿美元（见表5-8）。

表5-8　东盟贸易概况

项　目		2000年	2003年	2008年	2009年	2010年
贸易总额	数量(百万美元)	759101	824539	1897127	1536878	2045731
	增长(%)	21.8	15.5	17.8	-19.0	33.1
东盟内部贸易	数量(百万美元)	166846	206732	470112	376177	519805
	增长(%)	25.8	29.3	17.0	-20.0	38.2
	占比(%)	22.0	25.1	24.8	24.5	25.4
东盟外部贸易	数量(百万美元)	592255	617807	1427015	1160700	1525926
	增长(%)	20.7	11.5	18.0	-18.7	31.5
	占比(%)	78.0	74.9	75.2	75.5	74.6
占GDP比重	贸易占GDP比例(%)	126.5	114.2	125.4	102.2	110.1
	出口占GDP比例(%)	68.3	62.7	64.6	53.9	57.6
	进口占GDP比例(%)	58.1	51.5	60.8	48.3	52.4
贸易平衡	数量(百万美元)	61180	80575	57946	84068	96152
	占出口比例(%)	14.9	17.8	5.9	10.4	9.0

资料来源：*ASEAN Community in Figures* 2011。

从贸易平衡上看，东盟整体上基本维持贸易顺差，2010年东盟贸易顺差达960亿美元。然而从东盟与贸易伙伴的双边贸易上看，过去的10多年里，东盟对中国、日本、韩国和俄罗斯的贸易存在着逆差，而对美国、欧盟、澳大利亚、印度、加拿大、新西兰和巴基斯坦则存在着顺差（见表5-9）。

表5-9　东盟与区外贸易伙伴的贸易平衡状况

单位：百万美元

贸易伙伴	2000年	2003年	2008年	2009年	2010年
韩　国	-727	335	-5145	-6152	-8668
中　国	-3958	-1517	-21694	-15005	-6014
日　本	-15071	-7005	-2626	-4716	-856
俄罗斯	-722	-588	-4322	-3444	-3884
美　国	25322	21463	20091	14818	14245
欧盟27国	24176	18940	24093	14243	21488
澳大利亚	198	4727	16256	14229	15075

续表

贸易伙伴	2000 年	2003 年	2008 年	2009 年	2010 年
印　度	3237	4393	12990	13929	16614
加拿大	581	890	349	1961	536
新西兰	179	320	1220	901	1159
巴基斯坦	2907	1421	4002	3364	3971

资料来源：*ASEAN Community in Figures* 2011。

2010 年，东盟贸易逆差的最大来源伙伴依次是韩国（87 亿美元）、中国（60 亿美元）、俄罗斯（39 亿美元）和日本（9 亿美元）；而 2010 年东盟贸易顺差的最大来源伙伴则依次为欧盟 27 国（215 亿美元）、印度（166 亿美元）、澳大利亚（151 亿美元）、美国（142 亿美元）。来源于其他贸易伙伴的顺差较小，如巴基斯坦近 40 亿美元，新西兰近 12 亿美元，加拿大 5 亿多美元。

在东盟成员国中，各国的对外贸易总额从几十亿美元到几千亿美元不等（见表 5－10）。以 2010 年贸易数据计，其中达到千亿美元的国家有新加坡（6993 亿美元）、泰国（3850 亿美元）、马来西亚（3635 亿美元）、印度尼西亚（2934 亿美元）、越南（1570 亿美元）和菲律宾（1097 亿美元），达到百亿美元的国家有缅甸（118 亿）、文莱（110 亿美元）和柬埔寨（105 亿美元）；只有几十亿美元的国家是老挝（45 亿美元）。

表 5－10　东盟成员国贸易发展概况

单位：百万美元

东盟成员	项　目	2000 年	2003 年	2008 年	2009 年	2010 年
文　莱	贸易总额	3237	4563	12775	9602	10999
	出口额	2169	3211	10268	7152	8615
	进口额	1068	1352	2507	2451	2384
	贸易平衡	1102	1859	7761	4701	6232
柬埔寨	贸易总额	2772	5022	8776	8887	10480
	出口额	1368	2116	4359	4986	5584
	进口额	1405	2906	4417	3901	4897
	贸易平衡	－37	－791	－58	1085	687

续表

东盟成员	项目	2000年	2003年	2008年	2009年	2010年
印度尼西亚	贸易总额	95639	93609	266218	213339	293442
	出口额	62124	61058	137020	116510	157779
	进口额	33515	32551	129197	96829	135663
	贸易平衡	28609	28508	7823	19681	22116
老挝	贸易总额	—	482	2631	2962	4509
	出口额	—	144	828	1237	2433
	进口额	—	338	1803	1725	2076
	贸易平衡	—	-194	-976	-488	356
马来西亚	贸易总额	177802	188502	338795	280221	363534
	出口额	98154	104983	194496	156891	198801
	进口额	79647	83519	144299	123330	164733
	贸易平衡	18507	21464	50197	33560	34067
缅甸	贸易总额	3413	6307	10415	10191	11798
	出口额	1194	4464	6621	6341	7600
	进口额	2219	1843	3795	3850	4199
	贸易平衡	-1026	2621	2826	2492	3401
菲律宾	贸易总额	72569	73728	105671	83869	109660
	出口额	38078	36231	49025	38335	51432
	进口额	34491	37497	56646	45534	58229
	贸易平衡	3587	-1265	-7620	-7199	-6797
新加坡	贸易总额	273033	296116	657956	515617	699273
	出口额	138352	159900	338176	269832	371194
	进口额	134680	136216	319780	245785	328079
	贸易平衡	3672	23684	18396	24048	43115
泰国	贸易总额	130636	156210	352534	286267	385041
	出口额	68701	80450	174967	152497	195312
	进口额	61935	75759	177568	133770	189728
	贸易平衡	6766	4691	-2601	18728	5584
越南	贸易总额	—	—	141357	125922	156993
	出口额	—	—	61778	56691	72192
	进口额	—	—	79579	69231	84801
	贸易平衡	—	—	-17801	-12540	-12609

注：—为数据缺失。

资料来源：ASEAN Community in Figures 2011。

在东盟成员国中，经常性保持贸易顺差的国家包括文莱、印度尼西亚、马来西亚、缅甸、新加坡、泰国；而经常性处于贸易逆差地位的国家包括菲律宾和越南；柬埔寨在2008年以前是逆差，2009年以后保持了一定的顺差；老挝也于2010年扭转了逆差。

2. 东盟贸易依存度

从2010年与东盟的贸易额上看，东盟成员国之间的贸易约占东盟全部对外贸易的1/4；与区外国家的中国、欧盟、日本和美国等三个国家和一个地区的贸易达到千亿美元规模，与韩国、印度和澳大利亚的贸易达到百亿美元规模，与加拿大、俄罗斯、新西兰和巴基斯坦贸易规模则维持在数十亿美元范围（见表5－11）。

表5－11 东盟贸易依存情况

单位：百万美元，%

贸易伙伴	项 目	2000年	2003年	2008年	2009年	2010年
东盟成员间贸易	贸易额	166846	206732	470112	376177	519805
	占比	22.0	25.1	24.8	24.5	25.4
中 国	贸易额	32316	59637	196884	178190	232013
	占比	4.3	7.2	10.4	11.6	11.3
欧盟27国	贸易额	102767	101683	208291	171732	208585
	占比	13.5	12.3	11.0	11.2	10.2
日 本	贸易额	116191	113401	214400	160893	206637
	占比	15.3	13.8	11.3	10.5	10.1
美 国	贸易额	122218	117886	186243	149582	186685
	占比	16.1	14.3	9.8	9.7	9.1
韩 国	贸易额	29635	33548	78251	74746	98628
	占比	3.9	4.1	4.1	4.9	4.8
印 度	贸易额	9656	12512	48803	39119	55443
	占比	1.3	1.5	2.6	2.5	2.7
澳大利亚	贸易额	17589	19197	52593	43854	55426
	占比	2.3	2.3	2.8	2.9	2.7
加拿大	贸易额	4833	4612	10737	9040	9870
	占比	0.6	0.6	0.6	0.6	0.5

续表

贸易伙伴	项 目	2000 年	2003 年	2008 年	2009 年	2010 年
俄罗斯	贸易额	1375	2397	9794	6765	9064
	占比	0.2	0.3	0.5	0.4	0.4
新西兰	贸易额	2248	2621	7837	5378	7335
	占比	0.3	0.3	0.4	0.3	0.4
巴基斯坦	贸易额	3493	1902	4922	4303	6256
	占比	0.5	0.2	0.3	0.3	0.3
其他国家	贸易额	149934	148411	408260	317097	449983
	占比	19.8	18.0	21.5	20.6	22.0

资料来源：ASEAN Community in Figures 2011。

在东盟的贸易伙伴中，东盟与欧盟、日本和美国贸易所占的比例呈逐年下降趋势，从 1998 年的 48.7% 下降到 2010 年的 29.4%；东盟与中国和印度的贸易呈逐年上升态势，从 2000 年的 5.6% 上升为 2010 年的 14.0%；东盟与韩国、澳大利亚、加拿大、俄罗斯、新西兰、巴基斯坦的贸易占全部贸易的比例变化的幅度有限；中国于 2009 年超过日本与欧盟，成为东盟的第一大贸易伙伴，双边贸易额在 2010 年达到 2320 亿美元，较 1998 年 204 亿美元增长了 10 倍以上。

东盟成员国中，印度尼西亚、马来西亚、泰国和新加坡四国的出口和进口约占东盟对“10 + 3”全部出口和全部进口的 85% 和 81.5%（见表 5 - 12），其中新加坡对东盟内部、中国和韩国的出口贸易和进口贸易所占的份额最大，出口分别达到 41.52%、32.25% 和 31.98%（见表 5 - 13），进口则分别达到 78.7%、33.7% 和 18.1%（见表 5 - 14）。

东盟成员国之间的出口贸易中，各成员国出口占全部东盟出口额的比例超过 10% 的有新加坡（41.52%）、马来西亚（18.84%）、泰国（16.54%）和印度尼西亚（12.44%），而介于 1% ~ 10% 的有菲律宾（4.31%）、越南（3.86%）和缅甸（1.40%），其余国家所占比例则低于 1%（见表 5 - 13）。

东盟成员国之间的进口贸易中，各成员国进口占全部东盟进口额的比例超过 10% 的有新加坡（31.26%）、印度尼西亚（18.71%）、马来西亚

(17.78%）和泰国（16.79%）；而介于1%～10%的有越南（6.49%）和菲律宾（6.46%）；其余国家所占比例则低于1%（见表5－14）。

表5－12　2010年东盟成员国与“10＋3”贸易情况

单位：十亿美元，%

东盟成员	项　目	东盟成员间	中国	日本	韩国	10＋3
文　莱	贸易额	2.3	0.7	4.0	1.5	8.5
	占东盟比例	0.44	0.32	1.93	1.51	0.80
柬埔寨	贸易额	2.4	1.2	0.2	0.3	4.2
	占东盟比例	0.46	0.54	0.12	0.28	0.39
印度尼西亚	贸易额	80.5	32.6	41.6	20.0	174.7
	占东盟比例	15.48	14.07	20.11	20.30	16.53
老　挝	贸易额	2.6	0.6	0.1	0.0	3.3
	占东盟比例	0.50	0.24	0.03	0.05	0.31
马来西亚	贸易额	95.3	45.7	41.3	16.4	198.8
	占东盟比例	18.33	19.70	20.01	16.67	18.80
缅　甸	贸易额	5.7	1.6	0.4	0.4	8.2
	占东盟比例	1.10	0.71	0.21	0.39	0.77
菲律宾	贸易额	27.8	10.6	15.1	6.3	59.9
	占东盟比例	5.35	4.58	7.32	6.35	5.66
新加坡	贸易额	190.0	70.2	41.0	32.4	333.5
	占东盟比例	36.55	30.25	19.82	32.89	31.55
泰　国	贸易额	86.6	41.4	46.2	8.6	182.9
	占东盟比例	16.66	17.86	22.37	8.72	17.30
越　南	贸易额	26.7	27.2	16.7	12.7	83.3
	占东盟比例	5.13	11.73	8.08	12.86	7.88
东盟合计	贸易额	519.8	232.0	206.6	98.6	1057.1
	占东盟比例	100.0	100.0	100.0	100.0	100.0

注：由于统计单位为10亿，贸易数据为0.0并不代表没有贸易额。

资料来源：ASEAN Community in Figures 2011。

根据2010年东盟与除中日韩外的其他贸易伙伴的贸易统计（见表5－15），可以看出：

- 欧盟与美国是东盟除中日韩外的最大贸易伙伴，双边贸易分别达到2086亿美元和1867亿美元；

表 5-13　2010 年东盟成员国与“10+3”出口贸易情况

单位：十亿美元，%

东盟成员	项　目	东盟成员间	中国	日本	韩国	10+3
文　莱	出口额	1.1	0.6	3.7	1.4	6.8
	占东盟全部出口比	0.40	0.50	3.63	3.19	1.29
柬埔寨	出口额	0.7	0.1	0.1	0.0	0.9
	占东盟全部出口比	0.26	0.06	0.09	0.05	0.17
印度尼西亚	出口额	33.3	15.7	25.8	12.6	87.4
	占东盟全部出口比	12.44	13.89	25.06	27.96	16.53
老　挝	出口额	1.2	0.2	0.0	0.0	1.4
	占东盟全部出口比	0.43	0.20	0.03	0.00	0.27
马来西亚	出口额	50.5	25.0	20.6	7.5	103.7
	占东盟全部出口比	18.84	22.17	20.05	16.70	19.60
缅　甸	出口额	3.7	0.5	0.2	0.1	4.6
	占东盟全部出口比	1.40	0.45	0.21	0.28	0.87
菲律宾	出口额	11.6	5.7	7.8	2.2	27.3
	占东盟全部出口比	4.31	5.05	7.61	4.95	5.16
新加坡	出口额	111.3	36.4	16.4	14.4	178.5
	占东盟全部出口比	41.52	32.25	15.98	31.98	33.76
泰　国	出口额	44.3	21.5	20.4	3.6	89.8
	占东盟全部出口比	16.54	19.00	19.84	8.03	16.99
越　南	出口额	10.3	7.3	7.7	3.1	28.4
	占东盟全部出口比	3.86	6.44	7.51	6.86	5.37

注：由于统计单位为十亿，贸易数据为 0.0 并不代表没有贸易额。

资料来源：ASEAN Community in Figures 2011。

表 5-14　2010 年东盟成员国与“10+3”进口贸易情况

单位：十亿美元，%

东盟成员	项　目	东盟成员间	中国	日本	韩国	“10+3”
文　莱	进口额	1.2	0.2	0.2	0.1	1.7
	占东盟全部进口比	0.48	0.14	0.24	0.10	0.32
柬埔寨	进口额	1.7	1.2	0.2	0.2	3.3
	占东盟全部进口比	0.67	1.00	0.15	0.46	0.62
印度尼西亚	进口额	47.1	16.9	15.8	7.4	87.3
	占东盟全部进口比	18.71	14.24	15.20	13.88	16.53
老　挝	进口额	1.4	0.3	0.0	0.0	1.9
	占东盟全部进口比	0.57	0.28	0.04	0.09	0.35

续表

东盟成员	项　目	东盟成员间	中国	日本	韩国	“10+3”
马来西亚	进口额	44.8	20.7	20.7	8.9	95.1
	占东盟全部进口比	17.78	17.37	19.97	16.64	18.00
缅　甸	进口额	2.0	1.1	0.2	0.3	3.6
	占东盟全部进口比	0.79	0.95	0.21	0.47	0.68
菲律宾	进口额	16.3	4.9	7.3	4.0	32.5
	占东盟全部进口比	6.46	4.15	7.04	7.52	6.16
新加坡	进口额	78.7	33.7	24.5	18.1	155.0
	占东盟全部进口比	31.26	28.34	23.62	33.65	29.34
泰　国	进口额	42.3	20.0	25.8	5.0	93.1
	占东盟全部进口比	16.79	16.78	24.88	9.30	17.62
越　南	进口额	16.3	19.9	9.0	9.6	54.9
	占东盟全部进口比	6.49	16.76	8.65	17.88	10.38

注：由于统计单位为十亿美元，贸易数据为0.0并不代表没有贸易额。
资料来源：ASEAN Community in Figures 2011。

- 与澳大利亚和印度的贸易规模也超过了500亿美元；
- 在对欧盟27国和美国的贸易中，新加坡、泰国和马来西亚三个国家的份额位列前三名，其中对欧盟贸易份额分别达到了35.13%、19.49%和18.32%；对美国贸易份额则分别达到了30.93%、19.24%和19.53%。

表5－15　2010年东盟与部分贸易伙伴的贸易情况

单位：十亿美元，%

东盟成员	项　目	澳大利亚	加拿大	欧盟－27	印度	新西兰	巴基斯坦	俄罗斯	美国
文　莱	贸易额	0.95	0.01	0.27	0.51	0.38	0.00	0.00	0.25
	占比	1.71	0.09	0.13	0.92	5.16	0.01	0.00	0.14
柬埔寨	贸易额	0.04	0.28	1.08	0.06	0.00	0.02	0.03	2.03
	占比	0.07	2.82	0.52	0.11	0.07	0.28	0.29	1.09
印度尼西亚	贸易额	8.28	1.78	25.54	13.02	1.13	0.79	1.41	22.12
	占比	14.93	18.03	12.24	23.48	15.43	12.67	15.56	11.85
老　挝	贸易额	0.35	0.01	0.20	0.01	0.00	0.00	0.00	0.57
	占比	0.64	0.05	0.09	0.01	0.00	0.00	0.01	0.31

续表

东盟成员	项　目	澳大利亚	加拿大	欧盟－27	印度	新西兰	巴基斯坦	俄罗斯	美国
马来西亚	贸易额	10.65	1.86	38.22	9.00	1.54	2.49	1.09	36.47
	占比	19.22	18.89	18.32	16.24	21.00	39.77	12.06	19.53
缅　甸	贸易额	0.08	0.00	0.17	1.13	0.01	0.03	0.01	0.03
	占比	0.14	0.04	0.08	2.03	0.16	0.46	0.08	0.02
菲律宾	贸易额	1.25	0.79	11.66	0.98	0.46	0.23	0.50	13.84
	占比	2.26	8.03	5.59	1.76	6.26	3.73	5.53	7.42
新加坡	贸易额	16.07	2.51	73.27	22.59	2.30	1.27	3.84	57.73
	占比	28.99	25.45	35.13	40.74	31.30	20.27	42.33	30.93
泰　国	贸易额	17.76	2.63	40.66	8.15	1.51	1.43	2.19	35.92
	占比	32.04	26.60	19.49	14.71	20.62	22.81	24.14	19.24
越　南	贸易额	0.00	0.00	17.52	0.00	0.00	0.00	0.00	17.72
	占比	0.00	0.00	8.40	0.00	0.00	0.00	0.00	9.49
东盟合计	贸易额	55.43	9.87	208.58	55.44	7.34	6.26	9.06	186.68

在除中日韩三国外的贸易伙伴中，根据2010年统计数据（见表5－16），其中：

- 新加坡对澳大利亚、加拿大、欧盟27国、印度、新西兰和美国的出口份额在东盟成员中最高，从28%～40%不等；
- 马来西亚对巴基斯坦的出口份额最高，约占46%；
- 泰国对俄罗斯的出口份额最高，约为30%。

表5－16　2010年东盟与部分贸易伙伴的出口贸易情况

单位：十亿美元，%

东盟成员	项　目	澳大利亚	加拿大	欧盟－27	印度	新西兰	巴基斯坦	俄罗斯	美国
文　莱	出口额	0.90	0.00	0.02	0.49	0.37	0.00	0.00	0.01
	占比	2.55	0.02	0.02	1.35	8.61	0.00	0.00	0.01
柬埔寨	出口额	0.02	0.27	0.93	0.01	0.00	0.00	0.01	1.90
	占比	0.06	5.27	0.81	0.02	0.05	0.00	0.57	1.89

续表

东盟成员	项 目	澳大利亚	加拿大	欧盟 – 27	印度	新西兰	巴基斯坦	俄罗斯	美国
印度尼西亚	出口额	4. 24	0. 73	17. 13	9. 92	0. 40	0. 69	0. 61	14. 27
	占比	12. 04	14. 07	14. 89	27. 52	9. 33	13. 46	23. 53	14. 20
老 挝	出口额	0. 28	0. 00	0. 15	0. 00	0. 00	0. 00	0. 00	0. 56
	占比	0. 79	0. 08	0. 13	0. 00	0. 00	0. 00	0. 02	0. 56
马来西亚	出口额	7. 47	0. 97	21. 36	6. 52	0. 93	2. 34	0. 68	18. 95
	占比	21. 18	18. 70	18. 57	18. 10	21. 88	45. 81	26. 39	18. 86
缅 甸	出口额	0. 01	0. 00	0. 09	0. 96	0. 00	0. 02	0. 01	0. 00
	占比	0. 02	0. 00	0. 08	2. 66	0. 01	0. 38	0. 25	0. 00
菲律宾	出口额	0. 35	0. 33	7. 39	0. 41	0. 03	0. 05	0. 03	7. 56
	占比	0. 99	6. 41	6. 43	1. 14	0. 77	0. 99	1. 33	7. 52
新加坡	出口额	12. 61	1. 46	34. 77	13. 34	1. 72	1. 18	0. 47	22. 78
	占比	35. 78	28. 01	30. 23	37. 01	40. 52	23. 01	18. 13	22. 68
泰 国	出口额	9. 37	1. 43	21. 81	4. 39	0. 80	0. 84	0. 77	20. 20
	占比	26. 58	27. 45	18. 96	12. 19	18. 83	16. 34	29. 78	20. 11
越 南	出口额	0. 00	0. 00	11. 37	0. 00	0. 00	0. 00	0. 00	14. 23
	占比	0. 00	0. 00	9. 89	0. 00	0. 00	0. 00	0. 00	14. 16
东盟合计	出口额	35. 25	5. 20	115. 04	36. 03	4. 25	5. 11	2. 59	100. 46

据东盟从部分贸易伙伴的进口贸易统计（见表 5 – 17），其中：

- 泰国进口贸易的主要对象是澳大利亚、加拿大和巴基斯坦；
- 新加坡进口贸易的对象国主要是欧盟 27 国、印度、俄罗斯和美国；
- 印度尼西亚的主要进口国是新西兰；
- 从欧盟和美国进口份额最多的前三个东盟成员国分别是新加坡、泰国和马来西亚；
- 从印度进口份额按多少依次为新加坡、泰国、印度尼西亚和马来西亚。

据 2010 年东盟成员国与全部贸易伙伴的贸易统计（见表 5 – 18），其中：

- 除东盟成员国之间的贸易外，东盟前三大贸易伙伴国分别是中国、欧盟和日本；

表 5-17　2010 年东盟与部分贸易伙伴的进口贸易情况

单位：十亿美元，%

东盟成员	项　目	澳大利亚	加拿大	欧盟-27	印度	新西兰	巴基斯坦	俄罗斯	美国
文　莱	进口额	0.05	0.01	0.25	0.02	0.01	0.00	0.00	0.24
	占比	0.24	0.18	0.27	0.11	0.40	0.05	0.00	0.28
柬埔寨	进口额	0.02	0.00	0.15	0.05	0.00	0.02	0.01	0.13
	占比	0.08	0.09	0.16	0.27	0.09	1.51	0.18	0.15
印度尼西亚	进口额	4.03	1.05	8.41	3.10	0.74	0.10	0.80	7.85
	占比	19.99	22.44	8.99	15.98	23.81	9.14	12.37	9.11
老　挝	进口额	0.07	0.00	0.04	0.01	0.00	0.00	0.00	0.01
	占比	0.36	0.02	0.05	0.04	0.01	0.00	0.01	0.01
马来西亚	进口额	3.19	0.89	16.86	2.48	0.61	0.15	0.41	17.52
	占比	15.79	19.10	18.02	12.79	19.79	12.73	6.33	20.32
缅　甸	进口额	0.07	0.00	0.08	0.17	0.01	0.01	0.00	0.03
	占比	0.35	0.09	0.08	0.86	0.38	0.79	0.02	0.03
菲律宾	进口额	0.90	0.46	4.27	0.57	0.43	0.18	0.47	6.29
	占比	4.47	9.84	4.56	2.91	13.81	15.98	7.21	7.29
新加坡	进口额	3.46	1.05	38.49	9.25	0.58	0.09	3.37	34.95
	占比	17.13	22.59	41.15	47.67	18.63	8.03	52.02	40.54
泰　国	进口额	8.39	1.20	18.85	3.76	0.71	0.59	1.42	15.72
	占比	41.59	25.66	20.15	19.36	23.08	51.76	21.88	18.23
越　南	进口额	0.00	0.00	6.15	0.00	0.00	0.00	0.00	3.49
	占比	0.00	0.00	6.57	0.00	0.00	0.00	0.00	4.04
东盟合计	进口额	20.18	4.67	93.55	19.41	3.09	1.14	6.47	86.22

资料来源：ASEAN Trade Statistics Database。

- 文莱的最大贸易伙伴是日本，第二是东盟其他成员，第三是韩国；
- 柬埔寨的最大贸易伙伴是东盟其他成员国，第二是美国，第三是中国；
- 印度尼西亚最大的贸易伙伴是东盟其他国家，第二是日本，第三是中国；
- 老挝的最大贸易伙伴是东盟其他国家，超过其对外贸易的一半以上，第二是美国，第三为中国；
- 马来西亚最大的贸易伙伴是东盟其他国家，第二是中国，第三为日本；
- 缅甸的最大贸易伙伴是东盟其他国家，约占其对外贸易的一半，第二是中国，第三是印度；

- 菲律宾最大的贸易伙伴是东盟国家，第二是日本，第三是美国；
- 新加坡最大的贸易伙伴是东盟国家，第二是欧盟，第三是中国；
- 泰国的最大贸易伙伴是东盟国家，第二是中国，第三是欧盟；
- 越南最大的贸易伙伴是中国，第二是东盟其他国家，第三是美国。

表 5－18　2010 年东盟成员国与贸易伙伴的贸易

单位：%

东盟国家	东盟	中国	日本	韩国	澳大利亚	加拿大	欧盟－27
文　莱	20.62	6.70	36.19	13.55	8.61	0.08	2.46
柬埔寨	22.75	11.93	2.35	2.60	0.36	2.66	10.27
印度尼西亚	27.42	11.12	14.16	6.82	2.82	0.61	8.70
老　挝	57.14	12.38	1.60	1.04	7.82	0.11	4.37
马来西亚	26.21	12.58	11.37	4.52	2.93	0.51	10.51
缅　甸	48.59	13.88	3.72	3.23	0.66	0.04	1.45
菲律宾	25.38	9.70	13.80	5.71	1.14	0.72	10.64
新加坡	27.17	10.04	5.86	4.64	2.30	0.36	10.48
泰　国	22.49	10.76	12.01	2.23	4.61	0.68	10.56
越　南	16.99	17.34	10.63	8.08	0.00	0.00	11.16
东盟合计	25.41	11.34	10.10	4.82	2.71	0.48	10.20

东盟国家	印度	新西兰	巴基斯坦	俄罗斯	美国	其他国家	合计
文　莱	4.64	3.44	0.01	0.00	2.30	1.41	100.0
柬埔寨	0.58	0.05	0.17	0.25	19.40	26.65	100.0
印度尼西亚	4.44	0.39	0.27	0.48	7.54	15.23	100.0
老　挝	0.17	0.00	0.00	0.02	12.71	2.65	100.0
马来西亚	2.48	0.42	0.68	0.30	10.03	17.45	100.0
缅　甸	9.54	0.10	0.24	0.06	0.25	18.24	100.0
菲律宾	0.89	0.42	0.21	0.46	12.62	18.31	100.0
新加坡	3.23	0.33	0.18	0.55	8.26	26.62	100.0
泰　国	2.12	0.39	0.37	0.57	9.33	23.87	100.0
越　南	0.00	0.00	0.00	0.00	11.28	24.51	100.0
东盟合计	2.71	0.36	0.31	0.44	9.13	22.00	100.0

资料来源：ASEAN Trade Statistics Database。

据 2010 年东盟成员国对贸易伙伴出口贸易统计（见表 5－19），其中：

- 除东盟内部相互出口贸易外，欧盟、中国、日本和美国是东盟前四大出口市场；

• 文莱的最大出口市场是日本，第二是韩国，第三是东盟其他国家，第四是澳大利亚；

• 柬埔寨的最大出口市场是美国，第二是欧盟，第三是东盟；

• 印度尼西亚最大的出口市场在东盟国家，第二是日本，第三是欧盟，第四为中国；

• 老挝的最大出口市场在东盟国家，第二澳大利亚，第三是中国，第四是欧盟；

表 5－19　2010 年东盟成员国的出口贸易

单位：%

东盟国家	东盟	中国	日本	韩国	澳大利亚	加拿大	欧盟－27
文　莱	12. 32	6. 62	43. 36	16. 66	10. 43	0. 01	0. 21
柬埔寨	12. 58	1. 16	1. 60	0. 44	0. 39	4. 91	16. 68
印度尼西亚	21. 14	9. 95	16. 34	7. 97	2. 69	0. 46	10. 86
老　挝	47. 30	9. 17	1. 11	0. 03	11. 47	0. 18	6. 27
马来西亚	25. 39	12. 60	10. 38	3. 78	3. 76	0. 49	10. 74
缅　甸	49. 21	6. 68	2. 87	1. 68	0. 09	0. 00	1. 21
菲律宾	22. 47	11. 09	15. 22	4. 33	0. 68	0. 65	14. 38
新加坡	29. 98	9. 82	4. 43	3. 88	3. 40	0. 39	9. 37
泰　国	22. 70	10. 99	10. 45	1. 85	4. 80	0. 73	11. 17
越　南	14. 31	10. 08	10. 70	4. 27	0. 00	0. 00	15. 75
东盟合计	25. 02	10. 55	9. 61	4. 20	3. 29	0. 49	10. 74

东盟国家	印度	新西兰	巴基斯坦	俄罗斯	美国	其他国家	合计
文　莱	5. 67	4. 24	0. 00	0. 00	0. 15	0. 32	100. 0
柬埔寨	0. 14	0. 04	0. 00	0. 27	34. 09	27. 70	100. 0
印度尼西亚	6. 28	0. 25	0. 44	0. 39	9. 04	14. 20	100. 0
老　挝	0. 00	0. 00	0. 00	0. 02	23. 14	1. 32	100. 0
马来西亚	3. 28	0. 47	1. 18	0. 34	9. 53	18. 06	100. 0
缅　甸	12. 62	0. 01	0. 26	0. 09	0. 03	25. 27	100. 0
菲律宾	0. 80	0. 06	0. 10	0. 07	14. 69	15. 47	100. 0
新加坡	3. 59	0. 46	0. 32	0. 13	6. 14	28. 10	100. 0
泰　国	2. 25	0. 41	0. 43	0. 39	10. 34	23. 48	100. 0
越　南	0. 00	0. 00	0. 00	0. 00	19. 71	25. 17	100. 0
东盟合计	3. 36	0. 40	0. 48	0. 24	9. 38	22. 24	100. 0

资料来源：ASEAN Trade Statistics Database。

• 马来西亚最大的出口市场为东盟国家，第二是中国，第三是欧盟，第四在日本；

• 缅甸的最大出口市场在东盟国家，第二是印度，第三是中国；

• 菲律宾的最大出口市场为东盟国家，第二是日本，第三是美国，第四为欧盟；

• 新加坡的最大出口市场为东盟国家，第二是中国，第三是欧盟；

• 泰国的最大出口市场为东盟国家，第二是欧盟，第三是中国，第四为日本；

• 越南的最大出口市场为美国，第二是欧盟，第三是东盟国家，第四为日本。

据 2010 年东盟成员国进口贸易统计（见表 5 – 20），其中：

• 除东盟内部贸易外，东盟的进口主要来源于中国，第二是日本，第三是欧盟，第四是美国；

• 文莱的进口主要来源于东盟其他国家，第二是欧盟，第三是日本，第四是美国；

• 柬埔寨的进口主要来源于东盟其他国家，第二是中国，第三是韩国；

• 印度尼西亚的进口主要来源于东盟其他国家，第二是中国，第三是日本；

• 老挝的进口主要来源于东盟，第二是中国，第三是澳大利亚；

• 马来西亚的进口主要来源于东盟其他国家，第二是日本，第三是中国，第四为欧盟；

• 缅甸的进口主要来源于东盟，第二是中国，第三是韩国；

• 菲律宾的进口主要来源于东盟，第二是日本，第三是美国，第四为中国；

• 新加坡的进口主要来源于东盟，第二是欧盟，第三为美国，中国位列第四；

• 泰国的进口主要来源于东盟，第二是日本，第三为中国，第四为欧盟；

• 越南的进口主要来源于中国，第二是东盟，第三为韩国和日本。

表 5－20　2010 年东盟成员国的进口贸易

单位：%

东盟国家	东盟	中国	日本	韩国	澳大利亚	加拿大	欧盟－27
文　莱	50.60	7.01	10.27	2.28	2.01	0.35	10.60
柬埔寨	34.35	24.20	3.20	5.06	0.32	0.08	2.96
印度尼西亚	34.74	12.49	11.62	5.49	2.97	0.77	6.20
老　挝	68.68	16.14	2.17	2.22	3.54	0.04	2.14
马来西亚	27.19	12.55	12.58	5.42	1.93	0.54	10.23
缅　甸	47.47	26.92	5.25	6.02	1.70	0.10	1.88
菲律宾	27.94	8.47	12.54	6.93	1.55	0.79	7.33
新加坡	23.99	10.28	7.47	5.50	1.05	0.32	11.73
泰　国	22.28	10.53	13.61	2.63	4.42	0.63	9.93
越　南	19.27	23.52	10.58	11.31	0.00	0.00	7.25
东盟合计	25.83	12.21	10.64	5.50	2.07	0.48	9.60

东盟国家	印度	新西兰	巴基斯坦	俄罗斯	美国	其他国家	合计
文　莱	0.93	0.52	0.02	0.00	10.05	5.37	100.0
柬埔寨	1.07	0.06	0.35	0.24	2.65	25.46	100.0
印度尼西亚	2.29	0.54	0.08	0.59	5.79	16.43	100.0
老　挝	0.36	0.01	0.00	0.02	0.49	4.20	100.0
马来西亚	1.51	0.37	0.09	0.25	10.64	16.71	100.0
缅　甸	3.97	0.28	0.22	0.02	0.65	5.53	100.0
菲律宾	0.97	0.73	0.31	0.80	10.79	20.83	100.0
新加坡	2.82	0.18	0.03	1.03	10.65	24.94	100.0
泰　国	1.98	0.38	0.31	0.75	8.28	24.27	100.0
越　南	0.00	0.00	0.00	0.00	4.11	23.95	100.0
东盟合计	1.99	0.32	0.12	0.66	8.84	21.73	100.0

资料来源：ASEAN Trade Statistics Database。

在东盟2010年出口的主要20类商品中（见表5－21），其中：

- 东盟出口的主要20类商品占总出口的43.3%，意味着东盟的出口商品趋于多样化；
- 东盟出口最多的商品是集成电路及微电子组件，约占总出口额的9.1%；
- 成品油、自动数据处理设备及其部件和石油气类商品的出口位列第二至第四位，其出口份额分别达到5.8%、3.8%和3.2%。

表 5-21 2010 年东盟出口的主要 20 类商品

HS 代码	商品	出口额(百万美元)	占总出口额的比例(%)
8542	集成电路及微电子组件	97644	9.1
2710	成品油	61945	5.8
8471	自动数据处理设备及其部件	40779	3.8
2711	石油气	34107	3.2
2709	原油	28699	2.7
8473	计算机及其他办公用机器、零附件	26646	2.5
1511	棕榈油及其分离品	26057	2.4
4001	天然橡胶	20512	1.9
2701	煤炭	19852	1.9
8541	二极管、晶体管及半导体器件	17109	1.6
8443	印刷机及辅助机器	12926	1.2
7108	黄金	11468	1.1
8708	机动车辆零配件	10140	0.9
8517	有线电话设备	9854	0.9
8528	电视接收装置	8613	0.8
8703	载人的机动车辆	8606	0.8
2603	铜矿沙及其精矿	7658	0.7
1006	稻米	7351	0.7
8523	录音用空白媒体	6679	0.6
8536	电磁开关、继电器、插头插座	6593	0.6
主要 20 类商品合计		463240	43.3
其他类商品		607701	56.7
合计		1070941	100.0

资料来源：ASEAN Trade Statistics Database。

在 2010 年东盟进口的主要 20 类商品中（见表 5-22），其中：

- 东盟进口的主要 20 类商品，不足其全部进口的 40%，说明东盟的进口也显现出多样化趋势；
- 东盟进口最多的是集成电路及微电子组件，约占全部进口的 9.5%；
- 成品油、原油和自动数据处理设备及其部件的进口位列第二、第三和第四，所占份额分别为 8.5%、3.3% 和 2.1%。

表 5 – 22　2010 年东盟进口的主要 20 类商品

HS 代码	商　　品	出口额（百万美元）	占总进口额的比例%
8542	集成电路及微电子组件	92766	9.5
2710	成品油	82656	8.5
2709	原油	31731	3.3
8471	自动数据处理设备及其部件	20605	2.1
8473	计算机及其他办公用机器、零附件	20548	2.1
8517	有线电话设备	17747	1.8
7108	黄金	12694	1.3
8703	载人的机动车辆	12202	1.3
8708	机动车辆零配件	11058	1.1
8541	二极管、晶体管及半导体器件	10188	1.0
8443	印刷机及辅助机器	8043	0.8
8529	主要用于电视设备的零附件	7664	0.8
8704	货运机车	7601	0.8
4001	天然橡胶	7403	0.8
8802	航天器及运载工具	7105	0.7
8431	机械部件	6929	0.7
8536	电磁开关、继电器、插头插座	6858	0.7
1006	稻米	6344	0.7
8411	涡轮喷气发动机、涡轮螺桨发动机及其他燃气轮机	6198	0.6
8479	其他具有独立功能的机器及机械器具	5477	0.6
进口的主要 20 类商品		381817	39.2
其他进口商品		592973	60.8
进口商品合计		974790	100.0

资料来源：ASEAN Trade Statistics Database。

第六章 东盟的投资环境、政策及发展趋势

第一节 东盟的投资环境和政策

1. 文莱的投资环境和政策①

（1）投资环境

①投资吸引力

文莱投资环境的竞争优势包括：政治稳定；市场化程度高；地理位置优越，辐射东盟东部地区，包括马来西亚、印度尼西亚、菲律宾等；政策透明度较高，贸易和投资风险较低。

世界经济论坛（WEF）2011 年 9 月发布的《2011 ~ 2012 年全球竞争力报告》显示，文莱在全球最具竞争力的 142 个国家和地区中，排第 28 位②。近年来，文莱金融环境不断改善，外汇管制宽松，为外国投资营造了良好的环境。

---

① 参见商务部国际贸易经济合作研究院、商务部投资促进事务局和中国驻文莱大使馆经济商务参赞处《对外投资合作国别（地区）指南：文莱（2011 年版）》，http：//fec. mofcom. gov. cn/gbzn/upload/wenlai. pdf。

② 参见 http：//www3. weforum. org/docs/WEF _ GCR _ CompetitivenessIndexRanking _ 2011 - 12. pdf。

②发展规划

为摆脱对石油资源的严重依赖，文莱自1984年起开始启动多元化发展战略，调整单一经济结构，减少油气产业比重，实现“进口替代”。该战略最初（20世纪80年代中期至90年代初）的重点是发展工业和农牧业，90年代中期转向资本再生开发、进行海外投资、推动国内中小企业发展等。近年来，政府又采取了以下鼓励发展经济多元化措施：（a）加大吸引外资的力度，鼓励国内外商人在文莱投资、经商，促进中小型私人企业、商业部门的发展；（b）努力将文莱建成地区国际金融中心；（c）加速发展石油、天然气的下游产业及能源工业；（d）大力发展旅游业；（e）加大对农、林、渔业的投入；（f）推行私有化。

文莱政府制定的《文莱达鲁萨兰国长期发展计划（2035年远景展望）》提出，到2035年，拥有最高国际标准衡量的受过良好教育和技术熟练的劳动力；人民生活质量进入全球前十；充满活力的可持续发展经济，人均收入进入世界前十。同时提出，在2007～2012年发展计划中，要加大执行发展项目的能力，提升相关机构效率，保证5%的GDP年平均增长率。

③基础设施

公路。截至2010年，公路总长3029.1公里，其中沥青路面2425.4公里，贯穿文莱2/3的陆地。文莱2010年新登记的车辆15069辆，其中私车约13983辆，是世界上拥有私车比例最高的国家之一。

航空。首都国际机场于1974年建成，国家航空公司“文莱皇家航空公司”（RBA）创建于1974年，现有6架波音767、2架空中客车A320和2架空中客车A319。每周有多个航班直达东盟、澳大利亚、中东、欧洲、日本、中国（香港和上海）等国家的21个城市。此外，还与其他国家的航空公司开通了代码共享的航线。2008年，文莱国际机场接送进出港乘客155万人次，年货运吞吐量1.96万吨。2010年3月，首都国际机场改扩建项目国际招标已经正式开始。

水运。文莱的海港包括：（a）摩拉深水海港，占地24公顷，码头长861米，泊位8个，吃水深12.5米，另有一个87米长的集料码头。港区有装卸设备、集装箱场地、冷冻设备和水泥密封库。此港停靠货船经常来往于东盟各国、中国香港等国家和地区。2005年集装箱吞吐量超过10万个，同比增加 32%。(b) 斯里巴加湾市有 93 米长的商业码头，141 米长的海军和政府船舶使用的泊位和 40 米长的旅客码头。(c) 马来奕港可停靠 2 条船，有 744 平方米的货仓，1837 平方米的露天存货场。(d) 诗里亚和卢穆特两港口主要供石油与天然气出口使用。文莱境内还有几条内河，发挥一定的货运与客运作用。文莱水运是重要的交通渠道。2008 年共有各类注册船只 334 艘，各港口共装卸货物 94.64 万吨。

通信。文莱已基本完成对全国固定电话网络的改造，全面使用由中国华为公司提供的"下一代网络 (NGN)"服务，可与 160 多个国家直通电话和数据交换服务。截至 2010 年，共拥有电话交换线 8.02 万条，平均每百人 19.4 条，累计开通手机 435104 部，共有互联网用户 48714 户，邮局 24 个。

电力。截至 2010 年，文莱电力装机容量为 888 兆瓦，共发电 3792.2 千兆瓦时，消费 3327.6 千兆瓦时，电力供应覆盖率达 99.7%，电力供应充足。为节省天然气资源，文莱政府计划进口马来西亚沙捞越州的水力发电，替代部分本国天然气发电，配套输变电设施正在建设中。

(2) 投资政策

①投资主管部门

文莱主管国内投资和外国投资的政府部门为工业与初级资源部和经济发展理事会。

②投资行业的规定

禁止的行业：包括武器、毒品及与伊斯兰教义相悖的行业等。

限制的行业：林业不对外资开放。

鼓励的行业：包括化工、制药、制铝、建筑材料及金融业等行业。

《2001 投资促进法》将部分产业纳入先锋行业，投资享受税收优惠，以吸引外来投资。

③投资方式的规定

为保护民族资本，法律规定，外资与本地公司或商人合资的企业，文方须占 51% 以上股份。不涉及国家食品安全且产品全部出口的工业，外国人可占 100% 所有权。

1999 年文莱政府放宽外国投资者在渔业领域的投资，基本政策是：合资经营，文方股权不少于30%；只能在文莱渔业局批准权限和海域范围内捕鱼；准予使用挂文莱国旗的渔船捕捞的鱼必须在文莱上岸；养殖活动只限于文莱渔业局所限制的品种。

④文莱对外国投资的优惠政策

文莱政府于1975年颁布《投资促进法》，2001年在该法基础上颁布新的投资促进法令，延长了对部分鼓励投资产业的税收优惠期。

根据《投资促进法》，先锋产业和先锋服务领域投资享受税收优惠政策。

先锋产业应达到以下要求：符合公众的利益；该产业在文莱未达到饱和程度；具有良好的发展前景，产品应具有该产业的领先性，可以获得先锋产业资格证书。

先锋产品包括：航空食品、搅拌混凝土、制药、铝材板、轧钢设备、化工、造船、纸巾、纺织品，听装、瓶装和其他包装食品，家具、玻璃、陶瓷、胶合板、塑料及合成材料、肥料和杀虫剂、玩具、工业用气体、金属板材、工业电气设备，供水设备，宰杀、加工清真食品，废品处理工业、非金属矿产品的制造。

先锋服务公司包括：涉及实验、顾问和研发的工程技术服务；计算机信息服务和其他相关服务；工业设计的开发和生产；休闲和娱乐的服务；出版；教育产业；医疗服务；有关农业技术的服务；有关提供仓储设备的服务；组织展览和会议的服务；金融服务；商业顾问、管理和职业服务；风险资本基金业务；物流运作和管理；运作管理私人博物馆；部长指定的其他服务和业务，可享受免所得税以及可结转亏损和补贴待遇。免税期8年，可延长，但不超过11年。

⑤地区优惠政策

文莱政府在国内共划出10个工业区以吸引外国投资。其中：Serasa工业区面积83公顷，主要用于制造业及服务业；Kampong Salar工业区面积40公顷，主要用于家具、仓储及冷藏；Lambak Kanan（East）工业区面积74公顷，主要用于高科技产业；Lambak Kanan（West）工业区面积45公顷，主要用于食品加工；Beribi I&II工业区面积47公顷，主要用于制造业及服务业；Serambangun工业区面积40顷，主要用于制造业及服务业；Sungai

Liang 工业区面积 283 公顷，主要用于石油下游产业和高科技产业；Sungai Bera 工业区面积 50 公顷，主要用于制造业及服务业；Pekan Belait 工业区面积 38 公顷，主要用于制造业及服务业；Batu Apoi 工业区面积 5 公顷，主要用于制造业及服务业。①

（3）投资政策的新变化

①与投资直接相关的新措施

2011 年 1 月 1 日。文莱开始执行新修订后的《公司法》，建立公司实体的注册要求进一步放宽。目前该法要求，公司实体的 2 名董事中的 1 人，或多位董事中的至少 2 人，要经常性居住在文莱。

②与投资相关的新措施

2011 年 1 月 1 成立了文莱货币管理局（AMBD）。AMBD 作为国家的中央银行，负责制定和实施国家的货币政策，监管金融机构，管理货币。AMBD 的成立将对改善该国的整体投资环境发挥重要作用。

企业所得税率进一步下调。2007 年为 30%，2008 年降到 27.5%，2010 年降为 23.5%，2011 年进一步下调至 22%。

2009 年 7 月 9 日，文莱实施修订后的《土地法》〔Land Code（Strata）Act〕，土地财产的所有权进一步放宽。目前，当地人、常住居民，以及外国人，购买的有土地租赁权的特定建筑的期限从以前的 60 年延长到 99 年。

2. 柬埔寨的投资环境和政策②

（1）投资环境

①投资吸引力

实行开放的自由市场经济政策，经济活动高度自由化。据美国传统基金

① 参见文莱工业与初级资源部。

② 参见商务部国际贸易经济合作研究院、商务部投资促进事务局和中国驻柬埔寨大使馆经济商务参赞处《对外投资合作国别（地区）指南：柬埔寨（2011 年版）》，http：//fec.mofcom.gov.cn/gbzn/upload/jianpuzhai.pdf。

会“2012年度经济自由度指数”排名[①]，柬埔寨综合得分57.6，位于“较不自由”（Mostly Unfree）之列，居世界第102位，亚太地区第17位。东盟成员国中，柬埔寨排在新加坡、马来西亚和泰国之后，地区排名第四。其中，“投资自由”柬埔寨得分60.0，金融自由得分50.0。[②]

美、欧、日等28个国家给予柬普惠制待遇（GSP）；对于自柬进口纺织服装产品，美国给予较宽松的配额和减免征收进口关税，欧盟不设限，加拿大给予免征进口关税等优惠。

世界七大奇观之一的吴哥古迹等旅游风景区，每年吸引数百万的外国游客，同时也吸引着具有国际管理经验的外商投资其酒店等旅游产业。

世界经济论坛（WEF）发布的《2011～2012年全球竞争力报告》显示，柬埔寨在全球最具竞争力的142个国家和地区中，排第97位。[③]

②发展规划

2008年9月，人民党主导的柬第四届国会和政府成立。未来5年中，新政府将继续推行上届政府的国家发展“四角战略”（“四角”指农业、基础设施、私营企业和人力资源开发），并提出对未来经济优先发展的十大领域，即农业、水利、交通基础设施、电力、人才培养、工业及工业品出口加工、旅游业、石油天然气及矿产开采、通信信息业、贸易。

③基础设施

2004年以来，柬政府把对基础设施的建设和改善列为“四角战略”的重要任务之一，加快恢复和重建的步伐。目前，以公路和内河运输为主的交通网络已取得很大进步。

公路：公路运输是柬埔寨最主要的运输方式，占客运运输总量的65%，货运运输总量的69%。柬埔寨路网总长度约为4.5万公里，包括国道5492

---

① 参见《2011年经济自由度指数》（2011 Index of Economic Freedom）。经济自由度指数，是由《华尔街日报》和美国传统基金会发布的年度报告，涵盖全球155个国家和地区，是全球权威的经济自由度评价指标之一。一个指标上分数越高，政府对经济的干涉水平越高，因此经济自由度越低。各个指标累加后的平均值可以计算出总体系数。

② 参见美国传统基金会网站，http://www.heritage.org/index/country/cambodia。

③ 参见 http://www3.weforum.org/docs/WEF_GCR_CompetitivenessIndexRanking_2011-12.pdf。

公里，省级公路 6471 公里，农村公路约 3.3 万公里，无高速公路。

铁路：柬埔寨全国只有 2 条铁路，即北线（338 公里）和南线（264 公里），始发站均为金边。均为单线米轨，无客运列车，平均时速仅 20 公里。目前，柬政府利用亚洲发展银行和外国政府援助和贷款，修复现有两条铁路，并新建 1 条 48 公里的铁路，总耗资 1.4 亿美元，预计 2013 年完工。

空运：柬埔寨空运主要为客运，货运不发达。有 11 个机场，包括金边和暹粒两个国际机场。柬政府执行航空开放政策，已经开通了柬埔寨航线的航空公司数量稳步增长。金边机场现运营至马来西亚、新加坡、泰国、越南、韩国、中国内地及香港和台湾 8 条航线。

水运：柬埔寨水运分为海运与河运。其中，西哈努克港是柬埔寨唯一的深水海港，有 2 个泊位，该港海运线路可抵达美国、欧盟、中国内地与香港、印度尼西亚、日本、马来西亚、菲律宾、新加坡、韩国、泰国、越南等国家和地区（多通过新加坡中转）。柬埔寨内陆水系主要包括湄公河、洞底萨河和巴萨河，雨季总长度约为 1750 公里，旱季缩减为 580 公里。全国有 7 个主要河运港口，包括金边港、磅湛码头、桔井码头、上汀码头、奈良码头、磅清扬码头和重涅码头。

电信：柬埔寨全国共有固网电话服务运营商 3 家，国际通信服务运营商 3 家，移动服务运营商 9 家。截至 2010 年底，全国固定电话用户 36 万，移动电话用户 1054 万，是世界第一个移动电话用户远超过固网用户的国家。柬正在加快落实和实施光缆发展计划，该项目完成后，光缆及相应配套设施将覆盖全国，届时将大幅改善通信条件和质量，降低通信成本。互联网服务于 1997 年引入柬埔寨，由邮电通信部下设的 CamNet 公司负责提供互联网接入服务。现有 20 家互联网服务提供商，2010 年互联网用户 19.4 万人，仅占全国人口的 1.38%。

电力：柬埔寨目前电力供应无法满足基本电力需求，依赖从邻国泰国和越南进口。2010 年，柬发电量为 22.09 亿度（占总用电量的 58%），进口电约 16 亿度（占总用电量的 42%）。在大部分城市和农村地区，电力供应不稳定，无法保证 24 小时供电，并且供电价格远高于国际标准。柬埔寨政府正在制定电力中期规划，计划开发所有具备潜力的水电站，并通过建设大型火电及天然气厂实现能源供应多元化。

（2）投资政策

①投资主管部门

柬埔寨发展理事会是唯一负责重建、发展和投资监管事务的一站式服务机构，由柬埔寨重建和发展委员会和柬埔寨投资委员会组成。该机构负责对全部重建、发展工作和投资项目活动进行评估和决策，批准投资人注册申请的合格投资项目，并颁发最终注册证书。

对于下列条件的投资项目，需提交内阁办公厅批准：（a）投资额超过5000万美元；（b）涉及政治敏感问题；（c）矿产及自然资源的勘探与开发；（d）可能对环境产生不利影响；（e）基础设施项目，包括BOT，BOOT，BOO和BLT项目；（f）长期开发战略。

②投资行业的规定

柬埔寨无专门的外商投资法，对外资与内资基本给予同等待遇，其政策主要体现在《投资法》及其《修正法》等相关法律规定中。

鼓励投资的领域：《投资法》规定，柬政府鼓励投资的重点领域包括创新和高科技产业，创造就业机会，出口导向型，旅游业，农工业及加工业，基础设施及能源，各省及农村发展，环境保护，在依法设立的特别开发区投资。其中投资优惠政策包括免征全部或部分关税和赋税。

限制投资的领域：《投资法修正法实施细则》列出了禁止柬埔寨和外籍实体从事的投资活动，包括：神经及麻醉物质生产及加工；使用国际规则或世界卫生组织禁止使用、影响公众健康及环境的化学物质生产有毒化学品、农药、杀虫剂及其他产品；使用外国进口废料加工发电；森林法禁止的森林开发业务；法律禁止的其他投资活动。该细则还列出了“不享受投资优惠的投资活动”和“可享受免缴关税、但不享受免缴利润税的特定投资活动”。

对外国公民的限制：《投资法》对土地所有权和使用作出规定。（a）用于投资活动的土地，其所有权须由柬埔寨籍自然人或直接持有51%以上股份的法人所有；（b）允许投资人以特许、无限期长期租赁和可续期短期租赁等方式使用土地。投资人有权拥有地上不动产和私人财产，并以之作为抵押品。

③投资方式的规定

外国直接投资：在柬进行投资活动比较宽松，不受国籍限制（《土地法》有关土地产权的规定除外）。除禁止或限制外国人介入的领域外，外国投资人可以个人、合伙、公司等商业组织形式在商业部注册并取得相关营业许可，即可自由实施投资项目。但拟享受投资优惠的项目，需向柬埔寨发展理事会申请投资注册并获得最终注册证书后方可实施。获投资许可的投资项目称为“合格投资项目”。

合资企业：合格投资项目可以合资企业形式设立。合资企业可由柬埔寨实体、柬埔寨及外籍实体或外籍实体组成。王国政府机构亦可作为合资方股东国籍或持股比例不受限制，但合资企业拥有或拟拥有柬埔寨王国土地或土地权益的除外。在此情况下，非柬埔寨籍实体的自然人或法人合计最高持股比例不得超过 49% 。

合格投资项目合并：两个或以上投资人，或投资人与其他自然人或法人约定合并组成新实体，且新实体拟实施投资人合格投资项目，并享受合格投资项目最终注册证书规定投资优惠及投资保障的，新实体需向投资委员会书面申请注册为投资人，并申请将合格投资项目最终注册证书转让新实体。

收购合格投资项目：投资人或其他自然人或法人收购合格投资项目所有权，且拟享受合格投资项目最终注册证书规定投资优惠及投资保障的，应向投资委员会提出收购申请，将合格投资项目最终注册证书转让新实体。收购人为未注册自然人或法人的，需先申请注册为投资人。投资人股份转让造成受让方取得投资人控制权的，投资人须向投资委员会提出转让申请，并提供受让人名称和地址。

④对外国投资的优惠政策

柬埔寨政府给予外资与内资基本同等的待遇，《投资法》及其修正法为外国投资提供了保障和相对优惠的税收、土地租赁政策。此外，外国投资同样可享受美、欧、日等 28 个国家/地区给予柬的普惠制待遇（GSP）。

投资保障：柬政府对投资者提供的投资保障包括以下几方面。（a）对外资与内资基本给予同等待遇，所有的投资者，不分国籍和种族，在法律面前一律平等；（b）柬政府不实行损害投资者财产的国有化政策；（c）已获批准的投资项目，柬政府不对其产品价格和服务价格进行管制；（d）不实行外汇管制，允许投资者从银行系统购买外汇转往国外，用以清算其与投资活动有关的财政债务。

投资优惠：经柬埔寨发展理事会批准的合格投资项目可取得的投资优惠包括以下方面。（a）免征投资生产企业的生产设备、建筑材料、零配件和原材料等的进口关税；（b）企业投资后可享受3～8年的免税期（经济特区最长可达9年），免税期后按税法交纳税率为9%的利润税；（c）利润用于再投资，免征利润税；分配红利不征税；（d）产品出口，免征出口税。

⑤行业鼓励政策

柬埔寨行业鼓励政策主要体现在农业和旅游业两个方面。

农业：在吸引外商投资农业产业上，柬埔寨政府依据《投资法》对下列项目均给予支持和优惠待遇开发种植1000公顷以上的稻谷、500公顷以上的经济作物、50公顷以上的蔬菜种植项目；畜牧业存栏在1000头以上、饲养100头以上的乳牛项目、饲养家禽10000只以上项目；占地5公顷以上的淡水养殖、占地10公顷以上的海水养殖项目。主要鼓励措施是：（a）项目在实施后，从第一次获得赢利的年份算起，可免征赢利税的时间最长为8年。如连续亏损则被准许免征税。如果投资者将其赢利用于再投资，可免征其赢利税。（b）政府只征收纯赢利税，税率为9%。（c）分配投资赢利，不管是转移到国外，还是在柬国内分配，均不征税。（d）对投资项目需进口的建筑材料、生产资料、各种物资、半成品、原材料及所需零配件，均可获得100%免征其关税及他赋税，但该项目必须是产品的80%供出口的投资项目。

旅游业：柬埔寨政府提出优先发展旅游业的战略，旅游业得到充分重视。目前，旅游业成为柬国民经济的主要增长点和支柱产业，绝大多数城市将旅游产业定位于“优先发展行业”“支柱产业”“特色产业”。据统计，2004～2007年柬国内外私人投资资金中用于旅游业建设的资金就达11.069亿美元，用于基础设施建设的资金达14.44亿美元；2006～2010年国际援助资金中，用于旅游业的为3000万美元，用于基础设施建设的为88000万美元。在 2008 ~ 2010 年公共投资计划资金中，旅游业投资 3247 万美元。

⑥地区优惠政策

柬埔寨于 2005 年 12 月开始实施《关于特别经济区设立和管理的 148 号次法令》，至 2008 年底，斯登豪、曼哈顿、柴柴、欧宁、金边和西哈努克 6 个特别经济区已获政府正式批准，另有 5 家也已取得特别经济区委员会许可。

特别经济区次法令规定特别经济区委员会应向全部特别经济区提供优惠政策；《投资法修正法》规定，位于特别经济区的合格投资项目有权享受与其他合格投资项目相同的法定优惠政策和待遇。经济区开发商和区内投资企业可享受的优惠投资政策包括以下内容。

经济区开发商：第一，利润税免税期最长可达 9 年；第二，经济区内基础设施建设使用设备和建材进口免征进口税和其他赋税；第三，经济区开发商可根据《土地法》取得国家土地特许，在边境地区或独立区域设立特别经济区，并将土地租赁给投资企业。

区内投资企业：第一，与其他合格投资项目同等享受关税和税收优惠；第二，产品出口国外市场的，免征增值税。产品进入国内市场的，应根据数量缴纳相应增值税。

（3）投资政策的新变化

①与投资直接相关的新措施

2011 年 4 月 4 日，柬埔寨发布第 365 号指导通告，对延长、暂停或停止公司投资活动的申请程序作出具体规定。

2011 年 3 月 4 日，柬埔寨颁布了关于经营工厂和手工业程序的第 242 号条例。条例旨在规范现有法律和程序的要求，推动工厂和手工业的发展，确保工厂和手工业的效率。

②与投资相关的新措施

按照《东盟货物贸易协定》的要求，柬埔寨于 2011 年 3 月 31 日颁布了关于税收减免的第 288 号条例。

2011 年 4 月 22 日，柬埔寨颁布了《关于证券交易税激励的第 70 号附属法令》。法令规定了以下税收优惠政策：证券公司利润税收按 10% 征收；公众投资者利息和股息收入税收减半。

3. 印度尼西亚的投资环境和政策[①]

(1) 投资环境

①投资吸引力

印尼的投资环境优势主要表现在以下方面：(a) 政治稳定；(b) 自然资源丰富；(c) 经济增长前景看好，市场潜力大；(d) 地理位置重要，控制着关键的国际海洋交通线；(e) 人口众多，有丰富、廉价的劳动力；(f) 市场化程度较高，金融市场充分开放。

世界经济论坛（WEF）发布的《2011～2012 年全球竞争力报告》显示，印度尼西亚在全球最具竞争力的 142 个国家和地区中，排第 46 位[②]。

据美国传统基金会“2012 年度经济自由度指数”排名，印度尼西亚综合得分 56.4，位于“较不自由”之列，居世界第 115 位。印度尼西亚的“投资自由”仅得分 35.0，金融自由得分 40.0[③]。

②发展规划

印尼政府公布的《国民经济 15 年中期建设规划（2011～2025）》中，其主要目标为：大力招商引资，为中期建设规划募集巨额资金，2011～2014 年投资总额高达 4000 万亿印尼盾（约 4700 亿美元）；重点发展农业、加工业、矿业、海洋渔业、旅游业、电信业、能源产业和拓展国家战略地区 8 个领域的 18 项主要产业，其中包括钢铁、餐饮、纺织和成衣、交通、造船、镍矿、铜矿、铝矾土、棕榈油、橡胶、可可、渔业、旅游、电信、煤炭、石油天然气等行业产业，以及雅加达和周边城镇的大都市经济圈、巽达海峡大桥及周边经济枢纽建设等；未来 15 年的年均经济增长率为 7%～8%。

---

① 参见商务部国际贸易经济合作研究院、商务部投资促进事务局和中国驻印度尼西亚大使馆经济商务参赞处《对外投资合作国别（地区）指南：印度尼西亚（2011 年版）》，http://fec.mofcom.gov.cn/gbzn/upload/yindunixiya.pdf。

② 参见 http://www3.weforum.org/docs/WEF_GCR_CompetitivenessIndexRanking_2011-12.pdf。

③ 参见美国传统基金会网站，http://www.heritage.org/index/country/indonesia。

③基础设施

印尼基础设施建设发展相对滞后，是制约印尼经济增长和投资环境改善的一个主要瓶颈。

公路：印尼全国公路网在 1989～1993 年间已经形成，公路全长 34 万公里，但公路质量不高，高速公路建设停滞不前。截至 2009 年底，高速公路总里程约 1000 公里。印尼陆路运输比较发达的地区是爪哇、苏门答腊、苏拉威西、巴厘岛等。

铁路：至 2008 年底，印尼全国铁路总长 6458 公里，窄轨铁路长 5961 公里，其中爪哇和苏门答腊铁路运输比较发达，爪哇岛铁路线长 4684 公里，占全国铁路总长的 73.6%。

空运：印尼各省、市及偏远的地区均通航，全国有 179 个航空港，其中达到国际标准的有 23 个，开有国际航班、国内航班、朝勤航班、先锋航班等。

水运：印尼水路运输较发达，水运系统包括岛际运输、传统运输、远洋运输、先锋船运、特别船运。印尼全国有水运航道 21579 公里，其中苏门答腊 5471 公里，爪哇/马都拉 820 公里，加里曼丹 10460 公里。印尼有各类港口约 670 个，其中主要港口 25 个。雅加达丹绒不碌港是全国最大的国际港，泗水的丹戎佩拉港为第二大港。

通信：印尼电信业发展迅速，是世界通信行业增长最快的市场之一。截至 2008 年，手机用户超过 1.3 亿，已经成为亚太地区紧随中国和印度之后的第三大电信新兴市场。印尼政府自 2000 年起就逐步开放其电信领域。印尼目前大部分地区都通互联网，但印尼的带宽较小，网速较慢。

电力：印尼用电普及率不到 60%，电力需求年均增长 10%～15%。首都雅加达偶尔也会因缺电实施轮流停电。为满足国内日益增长的电力需求，印尼政府决定从 2006 年到 2015 年投资 413.7 亿美元进行电站和电网建设。

（2）投资政策

①投资主管部门

印尼主管国内投资和外国投资的政府部门分别是：投资协调委员会、财政部、能矿部。它们的职责分工是：印尼投资协调委员会负责促进外商投资，管理工业及服务部门的投资活动，但不包括金融服务部门；财政部负责管理包括银行和保险部门在内的金融服务投资活动；能矿部负责批准能源项目，而与矿业有关的项目则由能矿部的下属机构负责。

②投资行业的规定

根据2007年第25号《投资法》，国内外投资者可自由投资任何营业部门，除非已为法令所限制与禁止。

法令限制与禁止投资的部门包括：生产武器、火药、爆炸工具与战争设备的部门。另外，根据该法规定，基于健康、道德、文化、环境、国家安全和其他国家利益的标准，政府可依据总统令对国内与国外投资者规定禁止行业。相关禁止行业或有条件开放行业的标准及必要条件，均由总统令确定。

2007年7月4日，印尼颁布第25号《投资法》的衍生规定，即《2007年关于有条件的封闭式和开放式投资行业的标准与条件的第76号总统决定》和《2007年关于有条件的封闭式和开放式行业名单的第77号总统决定》。根据这两个决定，25个行业被宣布为禁止投资行业，仅能由政府从事经营，禁止外商投资的行业主要包括无线电广播与电视广播、公路设备、经营机动车辆定期检验、含酒精饮料工业、糖精工业和黑锡金属工业等。

有43个行业鼓励中小型企业投资，36个行业为有条件开放的投资行业。

2007年7月5日，印尼出台新的《电信投资法案》，该法案规定外资对手机公司的所有权从95%下降到65%，对固线电话公司的控股比例降为49%，外资对印尼航空公司的所有权比例上限为49%。为了限制外资对战略性行业的控股比例，外资对机场和海港的所有权上限为49%。该法案不影响现有的合资项目。该法案从2007年7月4日起生效，有效期为3年。

2009年调整的外资政策：2009年初，印尼颁布新的《矿产和煤炭法》。根据该法，外国公司不再被禁止申请和持有矿业许可权，但新法规定，已在印尼获得矿产经营准字（IUP）和矿产经营协议（PUP）的已生产的企业，需建设矿产冶炼加工厂，而按照原有工作合同生产的企业，最迟在新法实施后5年内建立。上述冶炼厂按照新法规定，企业面临采矿期被缩短，采矿面积也被缩小的局面。在企业缴纳正常的所得税和矿产税之外，新法还增加了一项税率为10%的附加税，中央和地方政府分别得到4%和6%。印尼能矿部颁布的相关实施细则规定，对优先使用本土公司提供的矿业服务、外资公司向当地政府或企业转让股权等问题作出具体规定。

2009年以来，印尼的外资政策调整还包括：根据2009年通过的《新电力法》，印尼向私营企业开放电力投资领域。政府拟修改《非鼓励投资目录》，放宽医疗、教育、物流、电信等行业的外资准入。与此同时，印尼对外资进入某些领域作出了限制，具体包括：（a）限制外企对基建工程投资。印尼国家计委称，将限制外国企业在政府基础设施工程的投资，以保护国内企业市场份额。外资企业只被允许参加基础设施部门建筑价值在1000亿盾以上，其他部门采购和服务价值在200亿盾以上的投标。此外，外资企业只被允许参加合同价值在100亿盾以上的服务咨询投标。（b）限制外国投资者拥有农用地股权。印尼农业部表示，将限制外国投资者对与食品有关的土地如稻田的所有权，其拥有的股份比例不得超过49%。

③投资方式的规定

合资企业：根据2007年第25号《投资法》及相关规定，在规定范围内，外国投资者可与印尼的个人、公司成立合资企业。

独资企业：依照印尼《投资法》的规定，外国直接投资可以设立独资企业，但须参照《非鼓励投资目录》规定，属于没有被该目录禁止或限制外资持股比例的行业。

股票收购：外国投资者可以通过公开市场操作，购买上市公司的股票，但受到投资法律关于对外资开放行业相关规定的限制。

④对外国投资的优惠政策

东盟旅游部长会议（东盟旅游论坛）于1999年1月在新加坡举行，各国一致同意对外资投资旅游业提供以下优惠措施：兴建观光旅馆、休闲中心、高尔夫球场可免税，外资可持有100%股权；旅游设施进口手续简化并免征关税。印尼考虑将旅游土地使用年限延长为70年（目前为30年），使旅游业成为吸引外资的火车头。印尼投资部考虑像泰国一样成立投资单一窗口，帮助外商办理各项繁杂事务；投资部还将授权印尼驻外使领馆办理外商投资申请前的协调、咨询事务，以使外商能在入境10天内完成所有行政手续。

1998年12月，东盟各国首脑峰会在越南河内召开，这次会议发表了包括《河内宣言》《河内行动计划》《东南亚自由贸易区》及《共同优惠税率计划》在内的《大胆措施方案》。在该方案中，印尼对外商的优惠措施有：所有制造业均允许外资拥有100%股权（包括经审核的批发零售业）。外商可拥有已登记注册的新银行的100%股权。1亿美元以下的投资案，审核时间将在10天内完成。

1999年1月，印尼政府第七号总统令，公布了恢复鼓励投资的“免税期”政策，对纺织、化工、钢铁、机床、汽车零件等22个行业的新设企业给予3到5年的所得税免征。如投资项目雇用工人超过2000人，或有合作社20%以上的股份，或投资额不少于2亿美元，则增加1年优惠。对于已超过30%的规模进行扩大再生产的项目，减免其资本货物以及2年生产所需材料的进口关税。对于某些行业或一些被视为国家优先出口项目和有利于边远地区开发的项目，政府将提供一些税收优惠。上述行业及项目将由总统令具体决定。对出口加工企业减免其进口原料的关税和增值税及奢侈品销售税。对位于保税区的工业企业，政府还有其他的鼓励措施。

⑤行业优惠政策

自2007年1月1日起，印尼政府对6种战略物资豁免增值税，即原装或拆散属机器和工厂工具的资本物资（不包括零部件），禽畜鱼饲料或制造饲料的原材料，农产品，农业、林业、畜牧业和渔业的苗或种子，通过水管疏导的饮用水，以及电力（供家庭用户6600瓦以上者例外）。

2007年2月，为吸引外商进入印尼，与当地企业合作从事鱼类加工业，印尼政府准备采取多项税收措施，具体包括免除国内加工鱼产品的出口税，减轻渔业加工机械进口税，减免收入税及增值税，在综合经济开发区和东部地区投资的企业还可获得土地建设税减免优惠。2009年，印尼政府进一步明确对工业发展用机器、货物和原料免征进口税。

根据2007年印尼《有关所规定的企业或所规定的地区之投资方面所得税优惠的第1号政府条例》，印尼政府对有限公司和合作社形式的新投资或扩充投资提供所得税优惠。

2007年8月，印尼中央与地方政府实行投资审批一站式服务。实行一站式服务之后，每个部门都派代表到投资统筹机构办事处，以便加快办理审批手续。依据2007年第25号《投资法》第30条第7款，需要中央政府审批的投资领域包括对环保有高破坏风险的天然资源投资、跨省级地区的投资、与国防战略和国家安全有关的投资。

⑥地区优惠政策

2009 年，印尼通过了经济特区新法律。根据该法，印尼在 2010 年成立 2~3 个特别经济区。在特别经济区开展业务的公司，可以享受税收（包括增值税、销售税及进口税等）、土地使用等方面的优惠政策，同时政府将简化投资人申请设立公司或申办其他事项的手续。

（3）投资政策的新变化

①与投资直接相关的新措施

2010 年 5 月 25 日，印度尼西亚颁布第“36/2010”号总统条例，条例规定了外国人在印度尼西亚特定行业的投资程度。条例使诸如建设服务、电影技术服务、医院和卫生保健、小规模发电厂等领域更加开放。

出台了关于矿业部门有义务在国内市场销售其生产的一定份额的规定。

2010 年 12 月 30 日，颁布了第 94/2010 号政府条例（PP），条例对本年度非纳税所得与收入税支付的计算做出规定。PP 赋予财政部部长对在某些行业和地点的新投资者提供免税奖励的权力。

②与投资相关的新措施

2011 年 6 月，印尼央行推出新措施，以减缓短期资本流动。这些措施包括：2010 年 7 月 7 日起，印尼央行债券（SBIs）的最低持有期限为一个月；对银行的净外汇头寸作出规定。

4. 老挝的投资环境和政策[①]

（1）投资环境

①投资吸引力

老挝投资吸引力在于其境内丰富的自然资源：（a）矿产资源多未开发，

---

① 参见商务部国际贸易经济合作研究院、商务部投资促进事务局和中国驻老挝大使馆经济商务参赞处《对外投资合作国别（地区）指南：老挝（2011 年版）》，http：//fec. mofcom. gov. cn/gbzn/upload/laowo. pdf。

主要矿藏有金、银、铜铁、钾盐、铝土、铅及锌等。（b）水电资源丰富，是东南亚地区水能蕴藏量最丰富的国家之一。湄公河水能蕴藏量60%以上在老挝境内，全国200公里以上河流20余条，有60多个水能丰富的水电站建站点。（c）农业资源条件良好，土地资源丰富，人口密度为每平方公里25人，属热带季风气候，农业开发条件较好。

据美国传统基金会“2012年度经济自由度指数”排名，老挝综合得分50.0，位于“较不自由”之列，居世界第150位，亚太地区41国中位居33位。老挝的“投资自由”仅得分25.0，金融自由得分20.0。[①]

②发展规划

1996年老挝党“六大”提出到2020年摆脱最不发达国家状态，2001年老挝党“七大”确定了老挝国家长期发展规划有三个特别目标，2006年老挝党“八大”提出经济增长保持在7.5%～8%左右，明确了11个工作计划111个项目。2011年老挝党“九大”提出经济增长8%以上，2015年人均GDP达1700美元，基本解决贫困问题。

③基础设施

老挝是内陆国，基础设施比较落后。

公路：老挝全国公路里程37768公里，其中柏油路5428公里，碎石路13193公里，土路19326公里，全国没有高速公路，公路运输占全国运输总量的80%。

铁路：老挝有从首都万象的塔那凉车站通往老泰边境的友谊大桥铁路，共3.5公里，2009年3月正式通车。

空运：老挝全国有11个机场，北部有8个小型机场，有8条国际航线，分别是万象－昆明、万象－曼谷、万象－清迈、万象－河内、万象－胡志明市、万象－金边、万象－暹粒、万象－吉隆坡，客运量为41万人次/年，货运量为7万吨/年。

电力：老挝水电资源丰富，除自用外还可出口，但少部分村、县尚未通电。2010年全国发电装机容量175万千瓦，年发电量34亿度，其中出口

① 参见美国传统基金会网站，http：//www.heritage.org/index/country/laos。

2.3 亿度，部分边境地区进口电量 8.2 亿度。

（2）投资政策

①投资主管部门

老挝计划投资部负责对老挝投资的审批工作（下设省/直辖市计划投资厅）。

②投资行业的规定

除危及国家稳定，严重影响环境、人民身体健康和民族文化的行业和领域外，老挝政府鼓励外国公司及个人对各行业各领域投资。

③投资方式的规定

外国投资者可以按照“协议联合经营”、与老挝投资者成立“混合企业”和“外国独资企业”等 3 种方式到老挝投资。

“协议联合经营”是指老挝投资法人与外方在不成立新法人的基础上联合经营。

“混合企业”是指由外国投资者和老挝投资者依照老挝法律成立、注册并共同经营、共同拥有所有权的企业。外国投资者所持股份不得低于注册资金的 30%。

“外国独资企业”是指由外国投资者独立在老挝成立的企业，形式可以是新法人或者分公司。

④对外国投资的优惠政策

老挝对外国投资给予税收、制度、措施、提供信息服务及便利方面的优惠政策。

⑤行业优惠政策

老挝鼓励外国投资的行业有：（a）出口商品生产；（b）农林、农林加工和手工业；（c）加工、使用先进工艺和技术、研究科学和发展、生态环境和生物保护；（d）人力资源开发、劳动者素质提高、医疗保健；（e）基础设施建设；（f）重要工业用原料及设备生产；（g）旅游及过境服务。

⑥地区优惠政策

老挝政府根据不同地区的实际情况给予投资优惠政策：（a）一类地区，指没有经济基础设施的山区、高原和平原。免征 7 年利润税，7 年后按 10% 征收利润税。（b）二类地区，指有部分经济基础设施的山区、高原和平原。

免征5年利润税，之后3年按7.5%征收利润税，再之后按15%征收利润税。(c) 三类地区，指有经济基础设施的山区、高原和平原。免征2年利润税，之后2年按10%征收利润税，再之后按20%征收利润税。免征利润税时间按企业开始投资经营之日起算；如果是林木种植项目，从企业获得利润之日起算。

企业还可以获得如下4项优惠：(a) 在免征或减征利润税期间，企业还可以获得免征最低税的优惠；(b) 利润用于拓展获批业务者，将获得免征年度利润税；(c) 对直接用于生产车辆配件、设备，老挝国内没有或不足的原材料，用于加工出口的半成品等进口可免征进口关税和赋税；(d) 出口产品免征关税。

对用来进口替代的加工或组装的进口原料及半成品可以获得减征关税和赋税的优惠；经济特区、工业区、边境贸易区以及某些特殊经济区等按照各区的专门法律法规执行。

(3) 投资政策的新变化

2011年3月1日，老挝通过了关于利润税、企业营业税和个人所得税新税率的主席令，对2005年5月25日颁布的第“46/OP”税法进行修订。新税法的变化包括：商业营业税（BTT）率为10%；外国和国内投资企业的利润税税率从35%降至28%，从事烟草制品的生产企业的税率为30%，其中的2%交给烟草控制基金；新的个人所得税税率实行累进税率，从0%到28%，适用于在老挝有收入的老挝人、外国人、侨民和移居国外的老挝人。

5. 马来西亚的投资环境和政策①

(1) 投资环境

①投资吸引力

马来西亚投资环境的竞争优势体现在五个方面：地理位置优越，位于东

① 参见商务部国际贸易经济合作研究院、商务部投资促进事务局和中国驻马来西亚大使馆经济商务参赞处《对外投资合作国别（地区）指南：马来西亚》（2011年版），http://fec.mofcom.gov.cn/gbzn/upload/malxiy.pdf。

南亚核心地带，可成为进入东盟市场和前往中东澳新的桥梁；经济基础稳固，经济增长前景较好；原材料产品资源丰富，人力资源素质较高；工资成本较低，除了西马半岛的私人保安职业之外，其他行业目前尚未出台最低工资限制；民族关系比较融洽，三大种族和谐相处，政治动荡风险较低。

据美国传统基金会“2012 年度经济自由度指数”排名，马来西亚综合得分 66.4，位于“适度自由”（Moderately Free）之列，居世界第 53 位，亚太地区第 9 位。马来西亚的“投资自由”得分 45.0，金融自由得分 50.0。①

世界经济论坛（WEF）发布的《2011 ~ 2012 年全球竞争力报告》显示，马来西亚在全球最具竞争力的 142 个国家和地区中，排第 21 位。②

②发展规划

马来西亚政府于 1991 年提出“2020 宏愿”国家发展计划，希望到 2020 年把马来西亚建设成发达的工业化国家，人均国民收入达到 1.2 万美元。2010 年 3 月，马来西亚政府提出“新经济模式”，着重在创建高收入、包容性与持续性发展这三方面，提出未来 10 年推动马来西亚发展成为发达国家的三大指导方针：高收入国家，可持续发展与包容性发展。2011 年，政府开始执行第 10 个五年计划（2011 ~ 2015 年），主题是“经济繁荣与社会公正”，已公布的具体措施包括第一阶段推出的总值 1380 亿美元的 131 项“切入点计划”（EPP），预计到 2020 年将创造 330 万个新的就业机会；第二阶段措施也已公布，共推出 19 个切入点计划，总值 670 亿马币。

③基础设施

马来西亚的基础设施比较完善，政府向来重视对高速公路、港口、机场、通信网络和电力等基础设施的投资和建设。马来西亚现有的基础设施能较好地为各类投资者服务，同时政府未来的基础建设计划也为外国投资基础建设和开展工程承包提供了契机。

公路：马来西亚高速公路网络比较发达，主要城市中心、港口和重要工业区都有高速公路连接沟通。截至 2009 年，马来西亚公路总长约为 12.5 万

---

① 参见美国传统基金会网站，http：//www.heritage.org/index/country/malaysia。

② 参见 http：//www3.weforum.org/docs/WEF_GCR_CompetitivenessIndexRanking_2011 - 12.pdf。

公里。

铁路：马来西亚铁路主干线有两条，分为西海岸线和东海岸线。东西海岸线上各有一些支线，比如吉隆坡—丁生港支线。

空运：马来西亚是东南亚重要的空中枢纽之一，共有6个国际机场，即吉隆坡国际机场、槟城国际机场、兰卡威国际机场、亚庇国际机场、古晋国际机场以及瓜拉登嘉楼国际机场，这些机场与其他国内航线机场构成了马来西亚空运的主干网络。2010年空运旅客5360万人次，货物96.5万吨。

水运：马来西亚95%的贸易通过海运完成，全国主要国际港口包括巴生港、槟城港、柔佛港、丹绒柏勒巴斯港、关丹港、甘马挽港以及民都鲁港7个港口。2010年水运货物量为4.246亿吨。其中的巴生港濒临马六甲海峡，是马来西亚最大的港口，集装箱年处理能力约500万标准箱。

通信：截至2009年底，马来西亚固定电话用户数为273.4万户，固定电话普及率为44%，马来西亚移动电话网络覆盖全国大部分地区，2010年上半年移动电话用户数达到3146万户。截至2010年上半年，马来西亚共有宽带互联网用户323万。

电力：马来西亚的电力由国家能源公司和独立的私人发电厂提供，发电量约2.4万MW。

（2）投资政策

①投资主管部门

马来西亚主管工业领域投资的政府部门是贸工部下属的马来西亚工业发展局，2009年更名为投资发展局。其主要职责是制定工业发展规划；促进制造业和服务业领域的国内外投资；审批工业执照、外籍员工职位以及企业税务优惠；协助企业落实和执行投资项目。

马来西亚其他行业投资由马来西亚首相府经济计划署（EPU）及有关政府部门负责，EPU负责审批涉及外资与土著（Bumiputra）持股比例变化的投资申请，而政府部门则负责其业务有关事宜的审批。

②投资行业的规定

限制的行业：外商投资下述行业会在股权方面受到严格限制，包括金融、保险、法律服务、电信、直销及分销等。一般外资持股比例不能超过

50%或30%。2009年4月，马来西亚政府为了进一步吸引外资，刺激本国经济发展，开放了八个服务业领域的27个分支行业，允许外商独资，不设股权限制，包括：（a）计算机相关服务领域；（b）医疗社会服务领域；（c）旅游服务领域；（d）运输服务领域；（e）体育娱乐服务领域；（f）商业服务领域；（g）租赁服务；（h）辅助后勤服务领域。

鼓励的行业：马来西亚政府鼓励外国投资进入其出口导向型的生产企业和高科技领域。马来西亚比较适合外国投资的产业包括农业生产、农产品加工、林业、橡胶制品、棕油产品、石油化工、医药、木材、纸浆制品、纺织、非金属矿物制品、钢铁业、有色金属、机械设备及零部件、交通设备及部件、电子电器、专业医学、利学测量仪器制造、相机及光学产品、塑料制品、酒店与旅游业、影视制作以及一些制造业相关的服务业等。

③投资方式的规定

直接投资：外商可直接在马来西亚投资设立各类企业，开展业务。直接投资包括现金投入、设备入股、技术合作以及特许权等。

跨国并购：马来西亚允许外资收购本地注册企业股份，并购当地企业。一般而言，在制造业、采矿业、多媒体超级走廊地位公司、伊斯兰银行等领域或鼓励外商投资的五大经济发展走廊，外资可获得100%股份；马来西亚政府还先后撤销了27个服务业分支领域和上市公司30%的股权配额限制，进一步开放了服务业和金融业。

股权收购：马来西亚股票市场向外国投资者开放，允许外国企业或投资者收购本地企业上市，2009年，马来西亚首相纳吉布宣布取消外资公司在马来西亚上市必须分配30%土著（Bumiputera）股权的限制，变为规定的25%公众认购的股份中，要求有50%分配给土著，即强制分配给土著的股份实际只有12.5%；此外，拥有多媒体超级走廊地位、生物科技公司地位以及主要在海外运营的公司可不受土著股权需占公众股份50%的限制。纳吉布同时废除外资委员会（FIC）的审批权，拟在马来西亚上市的外资公司可直接将申请递交给马来西亚证券委员会。

④对外国投资的优惠政策

外国投资在马来西亚享受最惠国待遇，政府主管部门通过个案核准形式批准其享有的优惠政策，这些政策一般以直接或间接的减税形式体现。

新兴工业地位：获得新兴工业地位称号的公司可获准部分减免所得税，即可仅就其法定所得的30%缴纳所得税。免税期为5年。

投资税赋抵减：获得投资税赋抵减奖励的公司，自符合规定的第一笔资本支出起5年内，所发生符合规定资本支出的60%可享受投资税赋抵减。

⑤行业优惠政策

清真食品加工及认证：包括凡生产清真食品的公司，自符合规定的第一笔资本支出之日起5年内所发生符合规定资本支出的100%可享受投资税赋抵减。

多媒体超级走廊公司：马来西亚政府于1996年创建了信息与通信技术计划，即多媒体超级走廊。所有取得多媒体超级走廊地位的公司都可享受马来西亚政府提供的一系列财税、金融鼓励政策及保障举措，主要包括提供世界级的硬件及资讯基础设施、无限制地聘请国内外知识型雇员、公司所有权自由化、长达10年的税收豁免政策或5年的财税津贴等。

鼓励发展生物科技：马来西亚2007年财政预算报告宣布了一系列新举措，鼓励在生物科技领域的投资，推动生物科技的发展。投资鼓励政策包括：第一，生物科技公司从首年盈利开始，免交10年所得税；第二，从第11年开始缴纳20%的所得税，优惠期仍为10年；第三，在生物科技领域进行投资的个人和公司，将减去与其原始资本投资相等的税收，并获得前期的融资支持；第四，生物科技公司在进行兼并或收购时，可免征印花税，并免交5年的不动产收益税；第五，用于生物科技研究的建筑物可获得有关的工业建筑物津贴。

⑥地区优惠政策

马来西亚政府推出五大经济发展走廊，并根据具体区域实际情况，制定了不同的鼓励投资重点。

第一，伊斯干达开发区（IRDA）。将服务业作为经济发展的关键动力，鼓励投资领域包括旅游服务业、教育服务、医疗保健、物流运输、创意产业、金融咨询服务。

第二，北部经济走廊（NCER）。重点鼓励投资行业包括农业、制造业、旅游及保健、教育及人力资本和社会发展等。

第三，东海岸经济区（ECER）。重点鼓励投资行业包括旅游业、油、气及石化产品、制造业、农业和教育等。

第四，沙巴发展走廊（SDC）。重点鼓励投资行业包括旅游业、物流业、农业和制造业等。

第五，沙捞越再生能源走廊（SCORE）。沙捞越拥有丰富的能源资源，重点鼓励投资行业包括油气产品、铝业、玻璃、旅游业、棕榈油、木材、家禽畜牧业、水产养殖、船舶工程和钢铁业等。

（3）投资政策的新变化

①与投资直接相关的新措施

2009 年 4 月 22 日，为了吸引更多的外国投资、带来更多的专业人才和技术，以及加强部门的竞争力，马来西亚政府进一步开放了服务业。认识到服务业的增长潜力，马来西亚政府决定立即无条件开放 27 个服务子行业，这些子行业包括健康和社会服务领域、旅游服务、运输服务、商业服务和电脑及相关的服务等。

②与投资相关的新措施

马来西亚贸易商标局对 1997 年的贸易商标条例作出了多项修订，并于 2011 年 2 月 15 日生效。新的修订引进了加急处理程序，加快了商标审查程序。

6. 缅甸的投资环境和政策①

（1）投资环境

①投资吸引力

缅甸的投资环境竞争优势有以下 4 个方面：丰富的自然资源、人力资源和文化遗产；很大的市场潜力，是连接东南亚和南亚两大市场的重要通道

---

① 参见商务部国际贸易经济合作研究院、商务部投资促进事务局和中国驻缅甸大使馆经济商务参赞处《对外投资合作国别（地区）指南：缅甸（2011 年版）》，http://fec.mofcom.gov.cn/gbzn/upload/miandian.pdf。

之一；政治上虽然存在不确定性，但目前国内政局相对稳定；政府的政策欢迎外国企业到缅甸来投资，大力支持以资源为基础的外资投资项目、出口项目，以及以出口为导向的劳动密集型项目，其允许投资的范围广泛，包括农业、畜牧水产业、林业、矿业、能源、制造业、建筑业、交通运输业和贸易等。

据美国传统基金会“2012年度经济自由度指数”排名，缅甸综合得分38.7，位于“受到抑制”（repressed）之列，居世界第173位，亚太地区第40位。缅甸的“投资自由”得分为零，金融自由也仅为10.0分（满分100分）①。

②发展规划

政府制定了经济发展的短期五年发展规划，把从2011～2012财年开始的未来5个财政年度年均经济增长率设定为7.7%。到五年计划的最后一年，人均国内生产总值（GDP）要比基础年增长1.7倍。新的国家发展五年计划目标是要实现农业产值在国内生产总值中的比重从基础年的36.4%降低到29.2%，工业产值从26%提升到32.1%，服务业产值从37.6%提升到38.7%。贸易和投资是国家经济发展的主要引擎。在投资方面，需要政府和国内私营方面投资，也需要外国资本和援助。《外国投资法》和《缅甸经济特区法》即将提交联邦议会审议。根据改革需要和国家目前情况，政府确定了4项经济发展原则，其中包括在加强农业发展的同时努力发展工业、省邦平衡发展、提高人民生活水平等。

③基础设施

公路：缅甸公路和主要道路总里程约12万公里。

铁路：铁路总长4034英里。

空运：全国有大小机场73个，主要机场有仰光机场、曼德勒机场、内比都机场、黑河机场、蒲甘机场、丹兑机场等。其中仰光机场及曼德勒机场为国际机场。航空公司主要有缅甸国际航空公司、仰光航空公司、曼德勒航空公司和蒲甘航空公司。截至2008年底，缅甸已与13个国家和地区

① 参见美国传统基金会网站，http：//www.heritage.org/index/country/burma。

建立了直达航线，主要国际航线可达曼谷、清迈、北京、新加坡、香港、吉隆坡、达卡、暹粒等城市。国内航线共 17 条，大城市和主要旅游景点均已通航。

水运：全国内河航道约 9219 英里，可供远洋货轮停靠的港口主要有仰光港、勃生港和毛淡棉港，其中仰光港是缅甸最大的海港。

通信：截至 2011 年 3 月，缅甸全国共有邮局 1379 个、电报局 515 个和电话交换台 922 个，移动电话 1435250 部。缅甸开通了国际卫星电话，可以通过亚欧海底光缆 2 万条线路与 33 个国家直接连通，并能通过这些国家与世界其他国家进行通话。

电力：2010 年 10 月底，缅甸已建有 15 个水电站，1 个火电厂和 15 个天然气发电厂，总装机容量 245. 3 万千瓦，年发电量 150. 37 亿千瓦时。

（2）投资政策

①投资主管部门

缅甸投资委是主管投资的部门。其主要职能是根据《缅甸联邦外国投资法》《缅甸联邦公民投资法》的规定，对申报项目的资信情况、项目核算、工业技术等进行审批、核准并颁发项目许可证，在项目实施过程中提供必要帮助、监督和指导，同时也受理许可证协定时限的延长、缩短或变更的申请等。

②投资行业的规定

缅甸政府欢迎外国企业到缅甸投资，其允许投资的范围广泛，包括农业、畜牧水产业、林业、矿业、能源、电力、制造业、建筑业、交通运输业和贸易等。

农业：缅甸是农业大国，闲置土地和农村劳动力众多，政府欢迎外国公司来缅甸进行农业资源开发投资及农产品种植、加工。农业投资没有控股的任何限制，外国公司可以通过合资、独资形式与缅甸开展合作，作为合资公司外资最低要占到 35% 的份额。投资时间不分长短，土地租赁期限可长达 30 年，期满后根据要求还可以续租 5 ~ 10 年。

畜牧水产业：缅甸渔业的发展潜力巨大，缅甸渔业部从 1989/90 年开始批准渔业合作捕捞项目以及合资公司的建设。

林业：缅甸有丰富的林业资源，鼓励外国公司来缅建立林产品加工厂，但是要与缅甸国家木材公司合作。自1993年开始，缅甸政府规定木材须经林业部下属的国家木材公司通过招标方式才能出口，并限制原木出口。《缅甸联邦外国投资法》规定，外资可独资或与缅甸国营和私营木材公司合资进行林业开发合作。合作公司中，外资占股份49%，缅方占51%，外资以机械设备和技术入股，利润按股比分成。独资公司中，缅甸政府以土地、原材料入股，享有25%的利润股。

矿业：缅甸政府规定外资企业有意向与缅甸开展矿业合作，需按程序直接与缅甸矿业部接洽，提出申请并取得相关许可证后才能视为合法。缅甸对外资开发矿产的程序是：提出项目建议——勘探——实验——提交可行性研究报告——提交项目建议书——缅方安排与有关矿业公司合作。合同期限根据不同的矿种，由双方谈判确定；每个项目都有具体的地域划分。此外，缅甸珠宝矿不允许外国公司实验、开采，只允许加工。

石油和天然气：《缅甸联邦外国投资法》颁布后，缅甸能源部邀请了许多外国石油公司来缅甸与缅甸石油天然气公司合作，以产品分成合同方式（PSC）开采原油和天然气。

电力：缅甸在水力发电方面的潜力巨大，全国对电力的需求不断增加，缅甸政府鼓励外国投资者在缅甸投资水电项目。

制造业：《缅甸联邦外国投资法》和《公民投资法》鼓励发展劳动密集型产业，如纺织厂、制鞋厂、电子零件厂等。

③投资方式的规定

根据《缅甸联邦外国投资法》规定，外商投资活动可以通过外商独资的形式来实现，也可以与缅甸的个人、私有企业、合作社或者国有企业组成合资公司来完成。在所有的合资公司里，外商至少要占到本公司35%以上的股份。酒店以及房地产项目可以采取BOT（建造、运营和转让体系）方式，而自然资源的开发和开采则可以采用PSC（产品分成合同）方式。

缅甸投资委公布的外商投资的最低金额是：生产制造业为50万美金，服务业为30万美金，投资可以是货物也可以是现金的形式。目前，由投资委根据投资数额来决定投资时间的长短。此外，根据现行的《缅甸土地法》，任何外国的个人和公司不得拥有土地，但可以长期租用土地用于其投资活动。

④对外国投资的优惠政策

为引进更多外资，《外国投资法》提供了很多激励和担保措施。《外国投资法》批准的企业将享受3年免税期，其中包括企业开始商业运营的当年。如果企业申请，而且投资委认为项目符合国家利益，也可将免税期延长。此外，投资委也可能批准以下一项或几项减免措施：（a）任何生产性或服务性的企业，从开业的第1年起，连续3年免征所得税。如果对国家有贡献，根据投资项目的效益，还可继续适当地减免税收。（b）企业将所得利润在1年内进行再投资，对其所得的经营利润，给予减免税收。（c）为加强所得税的管理，委员会可按原值比例，从利润中扣除机械、设备、建筑场地及企业设施折旧费后进行征收。（d）凡是商品生产企业，其产品远销国外所得利润的50%减征所得税。（e）投资者有义务向国家支付来自国外受聘于企业的外国人的所得税，此项税收可从应征税收中扣除。（f）上述外国人的收入按照国内公民支付所得税的税率征收。（g）如属国内确需的有关科研项目和开发性项目的费用支出，允许从应征的税收中扣除。（h）每个企业在享受上述第一款减免所得税后，连续两年内确实出现亏损，从亏损的当年起，连续3年予以结转和抵消。（i）企业在开办期间，确因需要而进口的机器、设备、仪器、机器零部件、备件和用于业务的材料，可减免关税或其他国内税，或两种税收同时减免。（j）企业建成前3年，用于生产而进口的原材料，可减免关税或其他国内税，或两种税收同时减免。

（3）投资政策的新变化

2011年1月27日，缅甸国家和平与发展委员会颁布了《特别经济区法》，旨在吸引更多的外国投资，以提高该国的经济。缅甸还在全国规划了24个开发区，以开展重大项目。《特别经济区法》作为一个法律基础，涵盖了投资者的特殊权限、土地使用、银行及财务管理、保险业务以及劳动力的检疫检查和分娩等事项。

7. 菲律宾的投资环境和政策[①]

(1) 投资环境

①投资吸引力

菲律宾最大的优势是拥有数量众多、廉价、受过教育、懂英语的劳动力。菲律宾居民识字率达到94.6%，在亚洲地区名列前茅。加之菲律宾劳动成本大大低于发达国家的水平，因而吸引了大量西方公司把业务转移到菲律宾。

然而菲律宾政局较为动荡、基础设施有待改善、法制改革进展缓慢。严重滞后的基础设施，特别是电力系统，成为潜在的外国投资者关注的主要问题。世界经济论坛《2010～2011年全球竞争力报告》显示，菲律宾的竞争力在全球139个经济体中排第85位。

据美国传统基金会“2012年度经济自由度指数”排名，菲律宾综合得分57.1，位于“较不自由”之列，居世界第107位，亚太地区第19位。菲律宾的“投资自由”得分为40.0，金融自由得分50.0[②]。

世界经济论坛发布的《2011～2012年全球竞争力报告》显示，菲律宾在全球最具竞争力的142个国家和地区中，排第75位[③]。

②发展规划

《菲律宾经济发展规划（2011～2016年）》重点包括：（a）提高工业竞争力，创造就业机会，实施更开放的贸易政策；（b）推动融资便利化；（c）大力发展基础设施，推动公私合作（PPP）项目；（d）建立透明、负责任的行政体系，防治腐败，充分发挥地方政府的作用；（e）加大对社会公益事业

---

① 参见商务部国际贸易经济合作研究院、商务部投资促进事务局和中国驻菲律宾大使馆经济商务参赞处《对外投资合作国别（地区）指南：菲律宾（2011年版）》，http://fec.mofcom.gov.cn/gbzn/upload/feilvbin.pdf。

② 参见美国传统基金会网站，http://www.heritage.org/index/country/phillippines。

③ 参见 http://www3.weforum.org/docs/WEF_GCR_CompetitivenessIndexRanking_2011-12.pdf。

的投入，改善民生；（f）促进经济社会协调发展，在实现低通胀高增长的同时，减少经济发展对自然环境的破坏；（g）遏制武力冲突，维护和平稳定。

③基础设施

与老东盟成员相比，菲律宾的基础设施比较落后。但菲律宾政府吸引许多国内外企业参与公共工程投资、兴建及运营，基础设施正处在建设和完善的过程中。

公路：菲律宾公路通行里程约20万公里，国家级占15%，省级占13%，市镇级占11%，其余61%为乡村土路。高速公路总长200多公里。

铁路：铁路总长1200公里，主要集中于吕宋岛，其中可运营的铁路400多公里，其余均需改造升级。

空运：菲律宾共有203个机场，其中8个为国际机场，85个为国营机场，118个为私营机场，但很多机场设施落后，许多省会机场还是土石跑道的简易机场。

水运：菲律宾有414个主要港口，但大多数港口需要扩建和升级。马尼拉国际集装箱码头是亚洲效率最高的五大码头之一。

通信：菲律宾的通信基础设施发展良好，近年来一直在扩建。国内网络质量高成本低，共有6个可用平台：固定线路、移动电话、有线电视、无线电视与广播以及VSAT系统。

电力：2009年，菲律宾全国发电总装机容量为1600万千瓦。据菲律宾能源部估计，今后20年，菲需要新增电力近1700万千瓦，平均年增4.6%，才能确保电力供应。菲律宾的电力成本高昂，在亚洲国家中电价仅次于日本。

（2）投资政策

①投资主管部门

贸工部是负责投资政策实施和协调、促进投资便利化的主要职能部门。贸工部下设的投资署（BOI）、经济特区管理委员会（PEZA）负责投资政策包括外资政策的实施和管理。此外，菲律宾在苏比克、克拉克等地设立了自由港区或经济特区，并成立了相应的政府机构进行管理。

②投资行业的规定

菲律宾政府将所有投资领域分为三类，即优先投资领域、限制投资领域和禁止投资领域。对于优先投资领域，菲律宾政府每年制定一个《投资优先计划》，列出政府鼓励投资的领域和可以享受的优惠条件，引导内外资向国家指定行业投资。优惠条件包括减免所得税、免除进口设备及零部件的进口关税、免除进口码头税、免除出口税费等财政优惠，以及无限制使用托运设备、简化进出口通关程序等非财政优惠。

目前的“投资优先计划”中鼓励投资的领域包括：出口产业、农业、农业综合企业、渔业、基础设施、工程产品、商业流程外包、创意产业、战略性投资活动、绿色产业、防灾减灾产品、灾后重建项目与研发活动等。

菲律宾政府每两年更新一次限制外资项目清单。部分领域外国人权益不得超过 25%，绝大多数领域外国人权益不得超过 40%。

③投资方式的规定

对于绝大多数公司，菲律宾公民须拥有至少 60% 的股份以及表决权，不少于 60% 的董事会成员是菲律宾公民。如果公司不能满足上述关于菲律宾公民所占比例的要求，则必须满足以下条件：①经投资署批准，属于先进项目，菲律宾公民无法承担，且至少 70% 的产品用于出口。②从注册之日起 30 年内，必须成为菲律宾本国企业，但是产品 100% 出口的公司无须满足该要求。③公司涉及的先进项目领域不属于宪法或其他法律规定应由菲律宾公民所有或控制的领域。

④对外国投资的优惠政策

包括财政优惠政策和非财政优惠措施两个方面。

财政优惠政策包括：（a）免所得税；（b）可征税收入中减去人工费用；（c）减免用于制造、加工或生产出口商品的原材料的赋税；（d）可征税收入中减去必要和主要的基建费用；（e）进口设备的相关材料和零部件减免关税；（f）减免码头费用以及出口关税；（g）自投资署注册起免除 4～6 年地方营业税。

非财政优惠措施包括：（a）简化海关手续；（b）托运设备的非限制使用：托运到菲的设备贴上可出口的标签；（c）进入保税工厂系统；（d）雇用外国公民：外国公民可在注册企业从事管理、技术和咨询岗位 5 年时间，经投资署批准，期限还可延长。总裁、总经理、财务主管或者与之相当的职位可居留更长时间。

⑤行业优惠政策

菲律宾投资署每年制定一部“投资优先计划”，规定政府优先发展的项目领域，该计划经总统批准后发布。

(3) 投资政策的新变化

①与投资直接相关的新措施

2011 年 3 月 14 日，菲律宾政府颁布第 29 号行政令（EO），执行“开放天空政策”，其追求更积极的国际民用航空自由化政策。根据新的行政令，菲国内航空公司可以向外国航空公司提供二级机场运营的第三、第四和第五自由航权（即目的地下客权、目的地上客权和中间点权或延远权），不受频率、载客量和飞机类型的限制。但繁忙的马尼拉的尼诺·阿基诺国际机场除外。

②与投资相关的新措施

为了提升国家的商业环境，菲律宾政府出台了多项改革措施，包括改善许可证的申请、登记、发放程序，降低程序成本等。同时，通过实施网上企业名称登记系统（BNRS），企业名称登记的过程也得到简化。

通过提高透明度、促进电子商务、IT 支持的自动化，以及鼓励私营部门的参与等，国家的商业竞争力进一步增强。

8. 新加坡的投资环境和政策①

(1) 投资环境

①投资吸引力

新加坡投资环境的吸引力主要体现在七个方面：地理位置优越、基础设施完善、政治社会稳定、商业网络广泛、融资渠道多样、法律体系健全、政

① 参见商务部国际贸易经济合作研究院、商务部投资促进事务局和中国驻新加坡大使馆经济商务参赞处《对外投资合作国别（地区）指南：新加坡（2011 年版）》，http://fec.mofcom.gov.cn/gbzn/upload/xinjiapo.pdf。

策透明度高。

世界经济论坛2011年9月发布的《2011~2012年全球竞争力报告》显示，新加坡在全球最具竞争力的142个国家和地区中，排名第2位。[①]

据美国传统基金会“2012年度经济自由度指数”排名，新加坡综合得分87.5，位于“最自由”（Freest）国家之列，居世界第2位，仅次于中国香港地区的得分。其中新加坡的“投资自由”得分75.0，金融自由得分70.0。[②]

②发展规划

新加坡属于外贸驱动型经济，以电子、石油化工、金融、航运、服务业为主，高度依赖美、日、欧和周边市场。新加坡贸易与工业部负责从宏观角度促进经济发展、创造更多就业、指导国家经济发展方向。新加坡政府制定的“21世纪新加坡经济发展战略”，目标是要将新加坡建设成为一个富有活力与稳定的知识性产业枢纽，确保新加坡在21世纪的制造业、制造服务业与贸易性服务业等产业仍占有优势地位。发展蓝图规划以知识为主导的制造业及贸易性服务业将占GDP的25%和15%。制造业每年创造1.5万个就业机会；知识与技术员工占2/3以上；服务业每年创造5000~10000个就业机会；知识与技术员工占3/4以上。为此，新加坡制定了一系列经济发展战略。未来几年的主要发展目标是：保持GDP持续稳定增长、增加就业岗位、控制通货膨胀、构建富有活力与稳定的知识性产业枢纽、增强企业竞争力和创新能力。

③基础设施

新加坡基础设施完善，拥有全球最繁忙集装箱码头、服务最优质机场、亚洲最广泛宽频互联网体系和通信网络。

公路：新加坡形成了以8条快速公路为主线，众多普通道路为支线的公路网络。2008年新加坡公路里程达到3325公里，其中高速路和主干路782公里，普通道路2543公里。

铁路：新加坡本岛内地铁和轻轨线路有138公里和97个站点。

---

① 参见http://www3.weforum.org/docs/WEF_GCR_Competitiveness Index Ranking_2011-12.pdf。

② 参见美国传统基金会网站，http://www.heritage.org/index/country/singapore。

空运：新加坡是亚洲地区重要的航空运输枢纽。新加坡樟宜机场占地1300公顷，已经形成了以新加坡为中心往返60个国家的200个城市、每周5200班次的航空网络，年总载客能力达7300万人次。2010年樟宜机场客运量突破4000万人次，货运量突破170万吨。

水运：新加坡是世界上最繁忙的港口和亚洲主要转口枢纽之一，还是世界最大燃油供应港口。以新加坡为中心的海运网络由200多条航线组成，连接123个国家的600个港口。新加坡港有4个集装箱处理码头，集装箱船泊位54个，年集装箱处理能力3500万个标准箱，为全球仅次于中国上海的集装箱港口。2010年港口处理货运总量5.03亿吨，集装箱总吞吐量2843.1万箱。

通信：截至2010年底，新加坡固定电话用户数为198.3万户，固定电话普及率为39.1%。移动电话用户数728.8万户，移动电话普及率为143.5%；宽带用户数776.7万户。根据“智慧国2015”计划，到2015年，新加坡将采用光纤到户技术，将全岛宽带网速提升到1Gbps，比现有最高网速快10倍，宽带网普及率从目前的52%提升到90%。

电力：新加坡电力资源供应充足，可满足本国经济和社会发展需要。全国电力装机容量约为10680兆瓦，88%的用户为居民，用电量占20%；2%为制造业用户，用电量占40%，其他商业用户用电量占40%。

（2）投资政策

①投资主管部门

新加坡负责投资的主管部门是经济发展局（EDB，简称经发局），成立于1961年，是隶属新加坡贸工部的法定机构，也是专门负责吸引外资的机构，具体制订和实施各种吸引外资的优惠政策并提供高效的行政服务。其远景目标是将新加坡打造成为具有强烈吸引力的全球商业与投资枢纽。

②投资行业的规定

新加坡对外资准入政策宽松，除国防相关行业及个别特殊行业外，对外资的运作基本没有限制。此外，新加坡政府还制定了特许国际贸易计划、区域总部奖励、跨国营业总部奖励、金融与资金管理中心奖励等多项计划以鼓励外资进入。同时，经发局还推出了一些优惠政策和发展计划来推动企业拓展业务，如创新发展计划、企业研究奖励计划、新技能资助计划等。

根据新加坡政府公布的2010年长期战略发展计划，电子、石油化工、生命科学、工程、物流等9个部门被列为奖励投资领域。

③投资方式的规定

外资进入新加坡无方式限制。除金融、保险、证券等特殊领域需向主管部门报备外，绝大多数产业领域对外资的股权比例等无限制性措施。

④对外国投资的优惠政策

新加坡优惠政策的主要依据是《公司所得税法案》和《经济扩展法案》以及每年政府财政预算案中涉及的一些优惠政策。

新加坡采取的优惠政策主要是为了鼓励投资、出口、增加就业机会，鼓励研发和高新技术产品的生产以及使整个经济更具有活力的生产经营活动。如对涉及特殊产业和服务（如高技术、高附加值企业）、大型跨国公司、研发机构、区域总部、国际船运以及出口企业等给予一定期限的减、免税优惠或资金扶持等。

⑤行业优惠政策

先锋企业奖励：享有先锋企业（包括制造业和服务业）称号的公司，自生产之日起，其从事先锋活动取得的所得可享受免征5~10年所得税的优惠待遇。先锋企业由新加坡政府部门界定。通常情况下，从事新加坡目前还未大规模开展而且是经济发展需要的生产或服务的企业，或从事具有良好发展前景的生产或服务的企业可以申请“先锋企业”资格。

发展和扩展奖励：从政府规定之日起，一定基数以上的公司所得可享受最低为5%的公司所得税率，为期10年，最长可延长到20年。此项政策主要是为鼓励企业不断增加在高新技术和高附加值领域的投资，并提升设备和营运水平。曾享受过先锋企业奖励的企业以及其他符合条件的企业均可申请享受此项优惠。

服务出口企业奖励：从政府规定之日起，向非新加坡居民或在新加坡没有常设机构的公司或个人提供与海外项目有关的符合条件的服务的公司，其符合条件的服务收入的90%可享受10年的免征所得税待遇，最长可延长到20年。

区域/国际总部计划：将区域总部（RHQ）或国际总部（IHQ）设在新

加坡的跨国公司，可适用较低的企业所得税税率。区域总部为15%，期限为3~5年；国际总部为10%或更低，期限为5~20年。此项政策主要是为鼓励跨国公司将区域或国际总部设立在新加坡。具体优惠企业可与新加坡企业发展局（EBD）进行商谈，企业发展局可根据公司规模和对新加坡的贡献为企业量身定制优惠配套。

国际船运企业优惠：拥有或运营新加坡船只或外国船只的国际航运公司，可以申请10年免征企业所得税的优惠，最长期限可延长到30年。申请企业应具备以下条件：是新加坡居民公司；拥有并运营一定规模的船队；在新加坡的运营成本每年超过400万新加坡元；至少10%的船队（或最少一只船）在新加坡注册。此类优惠项目由新加坡海运管理局（MPA）负责评估。

金融和财务中心奖励：此项政策是为鼓励跨国企业在新加坡设立金融和财务中心（FTC），从事财务、融资和其他金融服务业务。金融和财务中心从事符合条件的活动取得的收入可申请享受10%的企业所得税优惠税率，为期10年，最长可延长到20年。

研发业务优惠：为鼓励企业加大研发力度，新加坡政府规定，自2009估税年度起，企业在新加坡发生的研发费用可享受150%的扣除，并对从事研发业务的企业每年给予一定金额的研发资金补助。

国际贸易商优惠：为鼓励全球贸易商在新加坡开展国际贸易业务，对政府批准的“全球贸易商”给予5~10年的企业所得税优惠，税率减低为5%或10%。此项优惠项目由新加坡国际企业发展局（IES）负责评估。

此外，新加坡还对部分金融业务、海外保险业务、风险投资、海事企业等行业给予一定的所得税优惠或资金扶持。

（3）投资政策的新变化

2010年7月1日，新加坡重新制定了“电子交易法“（ETA），以解决电子商务中的数据电文和电子签名的使用、承认与认证，网络服务提供商的责任，电子合同，计算机数据的保密与使用等方面的问题。新的ETA适应了国际发展趋势，提升了政府的电子商务效率。

新加坡财政部准备出台关于伊斯兰教财务的新所得税条例。

9. 泰国的投资环境和政策[①]

（1）投资环境

①投资吸引力

泰国投资环境的竞争优势有六方面：社会总体较稳定；经济增长前景良好；市场潜力较大；地理位置优越，位处东南亚地理中心；人力成本低于发达国家；政策透明度较高，贸易自由化程度较高。

世界经济论坛2011年9月发布的《2011～2012年全球竞争力报告》显示，泰国在全球最具竞争力的142个国家和地区中排第39位[②]。

据美国传统基金会“2012年度经济自由度指数”排名，泰国综合得分64.9，位于“适度自由”国家之列，居世界第60位。其中泰国的“投资自由”得分40.0，金融自由得分70.0[③]。

②发展规划

泰国第11个国家经济与社会发展五年规划（2012～2016年）重点关注6个方面，即稳定农业粮食生产；实现经济稳定增长；推动与邻国的良好关系及贸易往来；改善环境和保持可持续发展；推动社会公平；建立公民长期教育制度。预计2012～2016年的经济增长率将达到4%～5%，通货膨胀率继续维持在3%～4%。

③基础设施

公路：全国公路运输网络共16万公里，包括高速公路网以及连接各地区、各府的公路系统。地区间与各府间公路存量63773公里，曼谷市内高速公路近100公里，环城高速公路165公里，城际高速公路超过200公里，规

① 参见商务部国际贸易经济合作研究院、商务部投资促进事务局和中国驻泰国大使馆经济商务参赞处《对外投资合作国别（地区）指南：泰国（2011年版）》，http://fec.mofcom.gov.cn/gbzn/upload/taiguo.pdf。

② 参见http://www3.weforum.org/docs/WEF_GCR_Competitiveness Index Ranking_2011－12.pdf。

③ 参见美国传统基金会网站，http://www.heritage.org/index/country/thailand。

划中城际高速公路总长达 4150 公里，乡村公路 10 万公里。

铁路：泰国铁路系统相对较落后，铁路网里程共 4451 公里，均为窄轨。

空运：泰国共有 37 个大小机场，其中国际机场 8 个。曼谷是东南亚地区重要的航空枢纽，曼谷素瓦那蓬机场年客流量达 4500 万人次，年货运量达 300 万吨，现有 53 个国家 80 家航空公司设有固定航线，89 条国际航线可达欧、美、亚及大洋洲 40 多个城市，国内航线遍布全国 21 个大中城市。

水运：全国共有 122 个港口码头，包括 8 个国际深水港，分别位于曼谷、东海岸的廉差邦、马达普及南海岸的宋卡、沙墩、陶公、普吉、拉农等府。

通信：泰国电信业比较发达，目前各种形式的电信网络已覆盖全国各地，包括固定电话、移动电话、ADSL 宽带互联网、卫星调制解调器及拨号入网服务等。2010 年，泰国固定电话普及率 69%，移动电话普及率 100%。全国家庭互联网普及率 8%，其中城市普及率为 17%，农村普及率 3%，企业互联网使用率为 12%。

电力：泰国自身发电能力基本能满足国内需求，但电力供需矛盾日益突出，现泰国正与老挝、缅甸等周边国家积极开展合作，以期满足本国日益上涨的电力需求。2009 年泰国国内供电总量为 28572 兆瓦，外购电量 640 兆瓦，国内需求 22045 兆瓦。

（2）投资政策

①投资主管部门

泰国主管投资促进的部门是投资促进委员会（BOI），负责根据 1977 年颁布的《投资促进法》及 1991 年第二次修正和 2001 年第三次修正的版本制定投资政策。投资促进委员会办公厅是隶属于泰国工业部的国家厅级单位，负责审核和批准享受泰国投资优惠政策的项目、提供投资咨询和服务等。

②投资行业的规定

根据《外商经营企业法》（1999）有关规定，泰国限制外国人投资的行业有以下三类。

A. 因特殊理由禁止外国人投资的业务：报业、广播电台、电视台；种稻、旱地种植、果园种植；牧业；林业、原木加工；在泰领海、泰经济特区的捕鱼；泰药材炮制；涉及泰国古董或具有历史价值之文物的经营和拍卖；佛像、钵盂制作或铸造；土地交易等。

B. 涉及国家安全稳定或对艺术文化、风俗习惯、民间手工业、自然资源、生态环境造成不良影响的投资业务，须经商业部长根据内阁的决定批准后，外国投资者方可从事的行业，包括：(a) 涉及国家安全稳定的投资业务;(b) 对艺术文化、风俗习惯、民间手工业、自然资料、生态环境造成不良影响的投资业务；(c) 对自然资源、生态环境造成不良影响的投资业务。

C. 本国人对外国人未具竞争能力的投资业务，须经商业部商业注册厅长根据外籍人经商营业委员会决定批准后可以从事的行业，包括碾米业、米粉和其他植物粉加工；水产养殖业；营造林木的开发与经营；胶合板、饰面板、刨木板、硬木板制造；石灰生产；会计、法律、建筑、工程服务业；工程建设等。

外国人除需经商业部长根据内阁决议批准外，还需满足以下两个条件方可从事上述第二类规定的行业：一是泰籍人或按照本法规定的非外国法人所持的股份不少于外国法人公司资本的 40%；二是泰国人所占的董事职位不少于 2/5。

对上述属于《外商经营企业法》所规定的需得到允许方可进行投资的二、三类行业，外国人在泰国开始商业经营的最低投资额不得少于 300 万泰株，其他行业最低不少于 200 万泰株。

以下行业的泰籍投资者的持股比例不得低于 51%：农业、畜牧业、渔业、勘探与采矿业，以及 1999 年颁布的《外籍人经商法》附录第一类行业中的服务行业。

③投资方式的规定

股权投资：外籍人对泰开展投资经营活动的方式可分为以下两类，一是按照泰国法律在泰注册为某种法人实体，具体形式有合伙企业、有限公司和大众有限公司等；二是成立合资公司，通常指一些自然人或法人根据协议为从事某项商业活动而组建的实体。根据泰国《民商法典》，合资公司不是法人实体，但是根据《税法典》，合资公司在缴纳企业所得税时被视为单一实体。

上市：泰国法律规定，只有公众有限公司才有资格申请登记加入证券交易市场。根据1992年颁布的《公众有限公司法》的有关规定，有限公司可以转为公众有限公司，泰国没有关于外资公司在泰上市的特殊限制，在泰注册成立的大众有限公司，符合泰国证券交易委员会和股票交易所的有关规定，即可申请上市。

收购：泰国没有关于跨国并购的专门法律法规，规范收购行为的法律法规是《公众有限公司法》和1992年颁布的《证券交易法》。收购行为通常有股票收购、兼并和资产收购。收购上市公司，必须符合《证券交易法》和泰国证券交易委员会的有关规定，当收购量达到上市公司股份的25%，收购者必须正式提出股权收购。

④对外国投资的优惠政策

BOI向投资者提供两种形式的优惠政策：一是税务上的优惠权益，主要包括免缴或减免法人所得税及红利税，免缴或减免机器进口税，减免必需的原材料进口税，免缴出口产品所需要的原材料进口税等；二是非税务上的优惠权益，主要包括允许引进专家技术人员，允许获得土地所有权，允许汇出外汇以及其他保障和保护措施等。

非税务优惠适用于所有获BOI批准的项目，税务优惠则根据项目所在地和所属行业等不同情况享受相应的优惠。一般来说，位于受到特别鼓励投资区域的项目、生产出口型的项目或者属于泰国政府鼓励支持产业范畴内的项目均可以获得更大程度的优惠。

为鼓励外商投资，BOI还放宽了对外商持股比例的限制，对于工业企业投资，无论工厂设在何处，允许外商持大部分或全部股份，如果有适当理由，BOI可规定外商在某些受鼓励的行业持股比例的限额。

⑤行业优惠政策

BOI将鼓励投资的行业分为七大类，分别是：农业及农产品加工业；矿业、陶瓷及基础金属工业，轻工业，金属产品；机械设备和运输设备制造业；电子与电器工业；化工产品；造纸及塑胶；服务业及公用事业。

每个大类下还细分为许多小类，BOI对一些重点鼓励投资的行业都规定了特别的优惠条件，其中，农产品加工业、人才及科技发展业、公共事业、基础设施、环境保护等属于特别重视的项目。

⑥地区优惠政策

BOI根据全国76个府（现为77个府）的收入和基础设施等经济发展因素，将其划分为三个区域。

第一区共6个府，分别是曼谷、北榄、龙仔厝、巴吞他尼、暖武里和佛统。

第二区共12个府，分别是夜功、叻王、北碧、素攀、大城、红统、北标、坤西育、北柳、春武里、罗勇和普吉。

第三区为其他58个府，分为两组，即36个府一组和22个低收入府一组。

BOI对各区域分别给予了不同程度的鼓励投资政策。

（3）投资政策的新变化

从2010年6月1日起，外资在泰国设立地区运营总部（ROH）将免收15年法人所得税。具体规定为，来自国外的收入不需要交纳所得税（之前纳税额为10%）；至于在泰国所获得的收入，法人所得税纳税额从30%降至10%；在ROH工作的外国人，8年内个人所得税率为15%（之前只有4年），同时取消50%收入来自国外的规定。

2010年2月1日，泰国银行放宽对境外投资、汇率套期保值以及企业资金运营中心（Corporate Treasury Center）业务的外汇管制。央行放宽资金流出管制是减少对外投资限制和障碍的重要步骤，也为泰国企业增强外汇风险管理的灵活性开辟了新的渠道。

10. 越南的投资环境和政策①

（1）投资环境

①投资吸引力

越南投资环境竞争优势主要体现在：（a）政局稳定；（b）经济发展前

① 参见商务部国际贸易经济合作研究院、商务部投资促进事务局和中国驻越南大使馆经济商务参赞处《对外投资合作国别（地区）指南：越南（2011年版）》，http：//fec.mofcom.gov.cn/gbzn/upload/yuenan.pdf。

景好；（c）市场潜力大；（d）市场化程度不断提高；（e）地理位置优越，可辐射整个东盟地区；（f）工资成本低于老东盟成员国；（g）政策透明度不断提高。

世界经济论坛2011年9月发布的《2011～2012年全球竞争力报告》显示，越南在全球最具竞争力的142个国家和地区中排第65位①。

而据美国传统基金会“2012年度经济自由度指数”排名，越南综合得分51.3，位于“较不自由”国家之列，居世界第136位。其中越南的“投资自由”仅得分15.0，金融自由得分30.0②。

②发展规划

2011年1月召开的越南共产党第十一次全国代表大会审议通过了《2011～2020越南经济社会发展战略》。根据战略，越南将继续坚持以经济建设为中心，坚持五个发展理念，即坚持快速发展和可持续发展相结合，坚持经济革新与政治革新相结合，坚持以人为本，坚持发展生产力和完善生产关系相结合，坚持经济独立自主与扩大开放相结合。进一步加快经济结构调整，努力在2011～2015年间实现国内生产总值（GDP）年均增长7%～7.5%，人均GDP达到2000美元；2020年GDP争取达到2010年的2.2倍，人均GDP达到3000美元。

③基础设施

公路：总里程约22万公里，2010年共运送旅客22.572亿人次，运输货物5.336亿吨。目前，在建和拟建的高速公路40多条线，全长6313公里，分为5个路网：一是南北高速路网；二是北部高速路网；三是中部和西原地区高速路网；四是南部高速路网；五是河内和胡志明市环城高速路网。

铁路：越南铁路总里程约2600公里，以米轨为主（2160公里，占总长的83.18%），共7条干线。2010年越南铁路共运送旅客1160万人次，运输货物800万吨。

空运：越南共有17个达到一定规模的机场，已开通连接国内20个城市

① 参见 http://www3.weforum.org/docs/WEF_ GCR_ Competitiveness Index Ranking_ 2011－12.pdf。

② 参见美国传统基金会网站，http://www.heritage.org/index/country/vietnam。

和国外 26 个城市的 70 条航线，并在各国设立 28 个办事处和 1000 多个代理点；2010 年越南航空业共运送旅客 1410 万人次，运输货物 18.8 万吨。

水运：越南内河有 23 个主要的装卸码头和若干小码头，其中主要的港口位于胡志明、河内、河北、越池、宁平、和平等地区。2010 年越南内河运输游客 1.171 亿人次，货物 1.188 亿吨。越南有海港 49 个，分为六大港口群，其中一类港口 17 个，二类港口 23 个，三类港口 9 个。全国海港设计吞吐能力约 4 亿吨，2010 年实际吞吐量为 2.8 亿吨。

通信：目前，全国有电话用户 1.701 亿户。其中，固定电话用户 1640 万户，移动电话用户 1.537 亿户。

电力：2010 年，越南发电量及进口电量共计 1001 亿千瓦时，随着越经济持续较快发展，电力需求越来越大，供需较紧张。

（2）投资政策

①投资主管部门

越南主管投资的政府部门是计划投资部，设有 26 个司局和研究院，主要负责对全国“计划和投资”的管理，为制定全国经济社会发展规划和经济管理政策提供综合参考，负责管理国内外投资，负责管理工业区和出口加工区建设，牵头管理对官方发展援助的使用，负责管理部分项目的招投标等。

②投资行业的规定

禁止投资项目包括：（a）危害国防、国家安全和公共利益的项目；（b）危害越南文化历史遗迹、道德和风俗的项目；（c）危害人民身体健康、破坏资源和环境的项目；（d）处理从国外输入越南的有毒废弃物、生产有毒化学品或使用国际条约禁用毒素的项目。

限制投资项目包括：（a）对国防、国家安全、社会秩序有影响的项目；（b）财政、金融项目；（c）影响大众健康的项目；（d）文化、通信、报纸、出版等项目；（e）娱乐项目；（f）房地产项目；（g）自然资源的考察、寻找、勘探、开采及生态环境项目；（h）教育和培训项目；（i）法律规定的其他项目。

鼓励投资项目包括：（a）新材料、新能源的生产；高科技产品的生产；生物技术；信息技术；机械制造；（b）种植、养殖；农林水产品加工；制盐；培育新的植物和畜禽种子；（c）应用高科技、现代技术；保护生态环境；研究、发展、创造高技术；（d）劳动密集型；（e）基础设施项目；（f）发展教育、培训、医疗、体育和民族文化事业的项目；（g）传统手工艺项目；（h）其他需鼓励的生产和服务项目。

③投资方式的规定

根据越南《投资法》，外国投资者可选择投资领域、投资形式、融资渠道、投资地点和规模、投资伙伴及投资项目活动期限。外国投资者可登记注册经营一个或多个行业；根据法律规定成立企业；自主决定已登记注册的投资经营活动。

直接投资方式包括：外商独资企业；成立与当地投资商合资的企业；按 BCC、BOT、BTO 和 BT 合同方式进行投资；通过购买股份或融资方式参与投资活动管理；通过合并、并购当地企业的方式投资；其他直接投资方式。

间接投资方式包括：购买股份、股票、债券和其他有价证券；通过证券投资基金进行投资；通过其他中介金融机构进行投资；通过对当地企业和个人的股份、股票、债券和其他有价证券进行买卖的方式投资。间接投资的手续根据《证券法》和其他相关法律的规定办理。

外资并购：越南正在对隶属于 70 多家集团和总公司的 1600 多家国企进行改革，包括银行、航空、通信、造船、汽车、电力、水泥、交通等重要行业，鼓励外商参与，允许外商购买股份和参与管理，仅保留 554 家与国防、安全等有关的国有全资企业。外商可通过购买上市企业的股票，或购买股份制企业的股权等方式进行并购。

④对外国投资的优惠政策

2006 年 7 月 1 日，越南出台新的《投资法》，对国内和外商投资实行统一管理，取消先行实施的《外国投资法》的诸多限制，进一步开放市场。取消的限制包括：要求优先购买、使用国内商品和服务，或必须购买国内某一生产厂家的产品和服务；要求商品或服务出口必须达到一定比例；限制出口商品和服务的种类、数量和价值；要求商品进口数量和价值与商品出口数量和价值相当，或必须通过自身出口来平衡进口所需外汇；要求商品生产达到一定的国产化比例；要求研发工作达到一定水平或价值；要求在国内外某一具体地点提供商品及服务；要求总部设在某一具体地点等。

⑤行业优惠政策

越南鼓励外商直接投资发展高新技术产业，尤其是鼓励到高新技术开发区投资设立企业。越南对进入高新技术开发区的投资项目提供如下优惠政策。

A. 外商投资高新技术产业的项目可长期享受10%的企业所得税（园区外高科技项目为15%，一般性生产项目为20%～25%），并从赢利之时起，享受4年免税和随后9年减半征税的优惠政策；

B. 在高新技术企业工作的越南籍员工与外籍员工在缴纳个人所得税方面享受同等纳税标准；

C. 外国投资者和越国内投资者享受统一的租地价格；投资者可以土地使用权价值及与该土地使用面积相关联的财产作抵押，依法向在越南经营的金融机构申请贷款；对高新技术研发和高科技人才培训项目，可根据政府规定免缴土地使用租金；

D. 在出入境和居留方面，外籍员工及其家属可申请签发与其工作期限相等的多次入境签证；越政府依据有关法律规定为外籍员工在居留、租房购房等方面提供便利条件；

E. 高新技术项目：投资者根据其他投资优惠政策法规文件的规定享受最高的优惠政策待遇。

⑥地区优惠政策

越南的工业区、出口加工区对外资企业实行优惠税收政策。

工业区内的外资企业税收优惠政策如下。

进出口税：（a）生产性企业和服务性企业均免征出口税；（b）生产性企业进口构成企业固定资产的各种机械设备、专用运输车免征进口税；对用于生产出口商品的物资、原料、零配件和其他原料可暂不缴进口税，企业出口成品时，再按进出口税法补缴进口税；（c）服务性企业按进口税法缴税。

企业所得税：（a）产品出口比例达80%以上的生产性企业从赢利之年

起免税4年，其后4年按纯利润的5%缴税，以后每年按纯利润的10%缴税；(b) 出口比例达50% ~80%的生产性企业从赢利之年起免税2年，其后3年按纯利润的7.5%缴税，以后每年按纯利润的15%缴税；(c) 出口比例50%以下的生产性企业从赢利之年起免税1年，随后2年按纯利润的10%缴税，以后每年按纯利润的20%缴税；(d) 服务性企业从赢利之年起免税1年，随后2年按纯利润的10%缴税，以后每年按纯利润的20%缴税。

出口加工区的外资企业的税收优惠政策如下。

进出口税：(a) 生产性企业和服务性企业均免征出口税；(b) 生产性企业和服务性企业进口构成企业固定资产的各种机械设备、专用运输车辆和各类物资，原料免征进口税。

企业所得税：(a) 产品出口比例达80%以上的生产性企业从赢利之年起免税4年，随后4年按纯利润的5%缴税，以后每年按纯利润的10%缴税；(b) 服务性企业从赢利之年起免税2年，随后3年按纯利润的7.5缴税，以后每年按纯利润的15%缴税。

(3) 投资政策的新变化

①与投资直接相关的新措施

隶属于越南计划和投资部的外商投资局（FIA）已经建议财政部重新考虑适用于扩建项目的有关投资激励政策的不合理之处，认为有必要将高科技领域的扩建项目添加到投资奖励的企业名单中，然而并非所有扩建项目都将获得这种奖励。

越南对《自然资源税法》进行补充修改，对各类自然资源的税率做了具体规定，如金属类矿产资源（黄金和稀土除外）税率为5% ~30%，非金属矿（煤炭和宝石除外）税率为3% ~10%，宝石为10% ~30%，原油为6% ~30%，各类木材为10% ~40%等。调整适用于2010年7月1日后的新投资项目。

②与投资相关的新措施

2011年2月16日，越南政府颁布了第“14/2011/ND - CP”法令，对报关代理的登记和经营条件做出规定。

2010年底，越南全国代表大会通过了一项法律，对2006年的证券法进行了修订。修订后的《证券法》对证券业务、证券市场等一些问题做出新的规定，该修订于2011年7月1日起生效。

2011年1月1日，关于信贷机构的法规生效，对如何组织和运作这些机构，包括公司治理和股权结构等问题做出了规定。

第二节 东盟的外国直接投资（FDI）及发展趋势

计划2015年构建的东盟经济共同体（AEC），目标就是在东盟地区形成单一市场和生产基地，以使整个地区更具动力和竞争性。在这一背景下，投资的自由流动，成为东盟单一市场和生产基地的五个核心要素之一。自由和开放的投资制度安排，将是实现东盟竞争性，吸引外国直接投资（FDI）以及东盟内部相互投资的关键。而外资的持续流入也将是东盟保持发展动力的基本保障。

实际上，东盟始终致力于大力吸引区内及区外的外国投资，至今，东盟内部以及东盟与区外国家或地区组织已签订了众多的协议、行动计划和宣言，并且初步形成了在投资方面的法律构建。可以说，东盟是借助外国直接投资推动经济迅速发展的典型。外国直接投资的流入不仅弥补了东盟各国国内资本相对不足，推动了国内产业结构优化，同时，也促进了先进技术和管理经验的引进、利用和吸收。根据相关调查，东盟国家已成为金融危机后最诱人的投资地点，未来几年的投资吸引力将超越中国。越南、新加坡、印尼、马来西亚等国都被认为具有良好海外直接投资前景。

1. 东盟投资制度安排及其发展

1977年6月东盟第四次经济部长会议上，大会倡议东盟成员国之间签订投资保证和避免双重征税的双边协定，8月在吉隆坡举行的第二届东盟首脑会议上，东盟国家首脑表示应采取措施来增进技术和私人投资的流动。

10 年后的 1987 年，东盟 6 国的文莱、马来西亚、印度尼西亚、新加坡、菲律宾和泰国签署了《促进和保护投资协定》，也就是“东盟投资保证协议”（ASEAN Investment Guarantee Agreement，简称 IGA）。该协议主要规定了征收、资本及收益的汇回这两种风险的保障，及代位求偿、争端解决等问题。可以说，尽管《促进和保护投资协定》的目的是使以东盟为基地的跨国公司能够在成员国间获得公平待遇，并且实施效果有限，但 IGA 奠定了东盟区域内投资逐步走向自由化的法律基础。

进入 20 世纪 90 年代后，东盟进一步认识到加强投资合作的重要性，1995 ~ 1998 年的几年间，东盟关于投资的制度安排快速发展。1992 年在新加坡召开的第 4 届东盟首脑会议上签署的《加强东盟经济合作框架协定》，不仅提出要建立东盟自由贸易区，同时也明确提出要清除对外来投资的障碍，加强宏观经济方面的协商，制定公平竞争规则，促进风险资本投资等。1995 年 8 月，在雅加达举行了第一次投资合作与促进工作组会议。同年 11 月在曼谷举行了东盟各国投资局首脑会议。同年 12 月在曼谷举行的第五届东盟首脑会议上首次提出设立“东盟投资区”。1995 年东盟第 27 届经济部长会议审议了《增进直接投资和东盟国家间投资的行动计划和工作程序草案》（Draft Action Plan and Work Programme on Cooperation and Promotion of FDI and Intra-ASEAN Investment）。1996 年 4 月，东盟 7 国（原 6 国加上越南）经济部长签署了新的《东盟工业合作计划协议》（ASEAN Industrial Cooperation Scheme，AICO），该计划虽然基于东盟自由贸易区的《共同有效优惠关税》，但内容有利于吸引外资。同年，东盟对《促进和保护投资协定》进行了修订，以简化投资手续和审批程序，提高投资法规的透明度。

1998 年，东盟签署了《东盟投资区框架协议》（Framework Agreement on the ASEAN Investment Area，简称 AIA Agreement）。框架协议的主要目标是在 2010 年建成东盟投资区（越南的期限为 2013 年，缅甸和老挝为 2015 年），并最终形成一个较为单一的、自由的、透明的“投资区”，增加对外国资本的吸引力。框架协议对东盟投资区的适用范围、终极目标、市场准入、国民待遇、最惠国待遇、透明度、争端解决机制、例外条款、制度安排等作了原则性规定，要求成员国逐步减少和取消阻碍东盟资本流动和投资项目运行的投资管制和投资限制。作为一个整体的、超越国内法的区域整体规则，框架协议是东盟投资合作最主要的法律文件，成为东盟重要的投资指导和规则，东盟投资方面的制度性安排也因框架协议的签订而开始真正形成。

《东盟投资区框架协议》签署后，东盟国家每年举行一次东盟投资区理事会会议，不断加速东盟投资区的建设。2001 年 9 月第 4 次 AIA 会议签署了《加强〈东盟投资区框架协议〉的议定书》（The Protocol to enhance the Framework Agreement on the ASEAN Investment Area），该修订书对《东盟投资区框架协议》的适用范围做出了更加明确的界定、提前了开放暂时清单中的制造业的时间、增加了成员国加入新的投资协议时的通知义务等。

2009 年 2 月 26 日，东盟经济部长会议在泰国华欣举行，会议签署了旨在加快东盟经济一体化进程的 6 项经济合作文件，其中就包括升级与合并 AIA 和 IGA，形成了《东盟全面投资协定》（ACIA）。ACIA 包括投资自由化、投资保护、投资便利措施等，为东盟在 2015 年实现投资的自由流动奠定了基础。2012 年 3 月 29 日，ACIA 及其附属计划开始生效，同时，终止执行 AIA 和 IGA。

2. 东盟外国直接投资（FDI）发展趋势

2012 年 7 月 5 日，联合国贸易和发展组织（UNTA D）发布的《2012 年世界投资报告》（以下简称《报告》）指出：经济发展的不确定性以及主要新兴市场出现低增长率的可能性再次抬头，将有可能影响到 2012 年的 FDI；2012 年以来全球 FDI 流入量有所下降，预计全年 FDI 增长速度将放缓；当前世界经济的困难和不确定性为吸引外资和对外投资带来了挑战。但《报告》同时也指出，2011 年，尽管世界经济出现动荡，全球 FDI 流量依然超过了金融危机前的平均值，达到 1.5 万亿美元，但仍比 2007 年最高水平低约23%[①]。

从投资流向的区域来看，《报告》指出，2011年发展中经济体的FDI流入量仍然接近全球FDI流入总量的一半（45%），增长11%，达到6840亿美元，再创新的纪录。2011年，流入转型经济体的FDI占全球流入总量的6%，增长了25%[②]。

据《报告》数据，流入东亚和东南亚地区的FDI增长了14%，达到3360亿美元。该区域占全球流入总量的比例已经从全球金融危机爆发前的12%提高到22%。特别值得关注的是，东南亚的FDI发展势头日益强劲，流入东盟的FDI达到1170亿美元，增长了26%，增长速度远高于东亚的9%[③]。

（1）东盟FDI累积流入额

1980年，东盟FDI累积流入额只有184亿美元；1990年突破500亿美元，达到643亿美元；1993年达到1018亿美元；5年后的1998年实现了FDI累积流入比1993年翻一番，达到2267亿美元；2006年突破5000亿美元大关，达到5045亿美元；2011年，则突破万亿美元，达到10773亿美元。在32年的时间里，东盟FDI累积流入额从区区184亿美元增加到10773亿美元，实现了从百亿美元、千亿美元到万亿美元的三级跨越（见表6－1）。

截至2011年，东盟成员国FDI累积流入额最多的是新加坡（5186亿美元），最少的是老挝（25亿美元）；进入千亿美元规模的国家则包括印度尼西亚（1731亿美元）、泰国（1397亿美元）、马来西亚（1146亿美元）；FDI累积流入额在100亿美元以下的国家有老挝（25亿美元）、柬埔寨（69亿美元）和缅甸（91亿美元）；而文莱则达到125亿美元，越南达到728亿美元。

---

① UNCTAD, World Investment Report 2012: Towards a New Generation of Investment Policies, http://www.unctad-docs.org/UNCTAD-WIR2012-Full-en.pdf.

② UNCTAD, World Investment Report 2012: Towards a New Generation of Investment Policies, http://www.unctad-docs.org/UNCTAD-WIR2012-Full-en.pdf.

③ UNCTAD, World Investment Report 2012: Towards a New Generation of Investment Policies, http://www.unctad-docs.org/UNCTAD-WIR2012-Full-en.pdf.

表 6-1　1990~2011 年东盟成员国外国直接投资（FDI）累积流入情况

单位：百万美元

国　家	1990 年	1995 年	2000 年	2005 年	2007 年	2008 年	2009 年	2010 年	2011 年
文　莱	33.12	641.771	3867.607	9222.728	9916.924	10246.99	10618.37	11244.03	12452.33
柬埔寨	37.74642	355.927	1579.917	2470.998	3821.496	4636.676	5175.789	5958.386	6850.1
印度尼西亚	8732.45	20626.45	25060.45	41187	79927	72227	108795	154158	173064
老　挝	12.55	211.45	588.348	680.848	1191.762	1419.518	1738.136	2070.736	2520.736
马来西亚	10318	28730.6	52747.49	44459.52	75762.65	73601.33	78994.54	101510.2	114554.6
缅　甸	281.1	1209.7	3211.04	4714.87	5962.22	6937.78	7516.37	8272.693	9122.693
菲律宾	4528.19	10148.19	18156.19	14978	20463	21746	22931	26319	27581
新加坡	30468.04	65644.24	110570.3	200414.4	338749.6	353006.9	393876.1	461416.8	518625.4
泰　国	8242.25	17684.44	29915	60408.23	94112.24	93499.9	106154.1	137191.2	139734.6
越　南	1649.594	7149.95	20595.62	31069.22	40169.22	49748.22	57348.22	65348.22	72778.22
东盟合计	64303.04	152402.7	266292	409605.8	670076.1	687070.3	793147.6	973489.2	1077284

资料来源：UNCTAD，http：//unctadstat. unctad. org/TableViewer/tableView. aspx。

（2）东盟 FDI 累积流出额

尽管东盟在吸引 FDI 方面表现突出，然而在对外投资方面，东盟的表现并不尽如人意。可以说，在 2010 年以前的 15 年里，东盟在对外投资上的增长十分有限。因此，从整体上看，东盟还不是国际资本的重要来源地，对管控 FDI 流入与流出风险的能力有限，而这在 FDI 大量流向东盟地区的背景下尤为重要和突出（见表 6-2）。

1980 年，东盟 FDI 累积流出额只有约 12 亿美元；1991 年过百亿，达到 112 亿美元；1995 年达到 500 亿美元；2002 年突破千亿美元达到 1141 亿美元；2011 年，东盟 FDI 累积流出额达到 4957 亿美元。

据联合国贸易和发展会议（UNCTAD）统计，截至 2011 年，东盟成员国 FDI 累积流出额最多的是新加坡，达到 3391 亿美元；其次是马来西亚，达到 1062 亿美元；第三是泰国，为 332 亿美元。

（3）东盟 FDI 年度流入

从东盟整体上看，东盟 FDI 年流入额在 2000 年只有 235 亿美元，2006 年突破 500 亿美元达到 566 亿美元，2011 年则突破 1000 亿美元达到 1166 亿美元。

表 6－2　1990～2011 年东盟成员国外国直接投资（FDI）累积流出情况

单位：百万美元

	1990 年	1995 年	2000 年	2005 年	2007 年	2008 年	2009 年	2010 年	2011 年
文　莱	0. 139	210. 839	512. 1	640. 1	650. 1	666. 1	675. 1	681. 1	691. 1
柬埔寨	—	139. 218	193. 2003	267. 0034	283. 785	307. 973	325. 559	349. 8679	377. 1794
印度尼西亚	86	5896	6940	***	3193	2802	33	1731	9502
老　挝	1	7. 907	26. 069	26. 524	66. 59	***	***	***	5. 909
马来西亚	753. 285	5123. 16	15877. 58	22034. 92	58435. 51	66926. 39	79662. 58	96895. 55	106216. 6
缅　甸	—	—	—	—	—	—	—	—	—
菲律宾	406. 0001	1308	2044	2028	5667	5736	6095	6581	6590
新加坡	7808. 369	35049. 71	56755. 2	157302. 2	266006. 4	238235. 5	267841. 6	317926. 5	339095. 1
泰　国	417. 5722	2276. 348	2203	5068. 5	9991. 507	13364. 1	18213. 88	24168. 69	33226. 03
越　南	—	—	—	—	—	—	—	—	—
东盟合计	9472. 365	50011. 18	84551. 15	187367. 3	344293. 9	328038. 1	372846. 7	448333. 7	495703. 9

资料来源：UNCTAD，http：//unctadstat. unctad. org/TableViewer/tableView. aspx。

从 FDI 年度增长率上看，自 2000 年以来，只有 2000 年、2001 年、2002 年、2008 年和 2009 年出现了负增长，尤其是在 2008 年全球金融危机的影响下，东盟 FDI 年度流入出现了近 10 多年来最大幅度的负增长，达到－37. 8%；2009 年，得益于对东盟经济前景的乐观态度，东盟 FDI 流入呈现快速恢复的良好局面，年增长率高达 100%；进入 2011 年，东盟 FDI 流入继续保持高速增长的良好势头，年增长达 53. 9%，FDI 年度流入额仅次于 2009 年，为 2000 年以来增长速度第二的年份。

尽管 2010 年以来东盟 FDI 年度流入额保持了较高的增长速度，但相对于世界 FDI 流入相比，其所占的份额仍然较小，只有 7. 6% 左右。然而一个可喜的趋势是，东盟 FDI 占世界的份额逐年上升，已经从 2000 年的 1. 7% 上升到 2011 年的 7. 6%，增长了近 6 个百分点（见表 6－3）。

东盟 FDI 流入仍然主要集中于经济比较发达的工业化国家。2010 年，流入东盟发达经济体的 FDI 约占东盟全部 FDI 流入的 87%；2011 年，新加坡是东盟吸引 FDI 最大的市场，占 54. 91%，比 2010 年的 46. 6% 提高了 8 个百分点；尽管马来西亚 2011 年 FDI 流入占东盟整体的份额从 2010 年的 12. 0% 降到 10. 27%，但 FDI 年流入额却从 2010 年的第三位升到第二位；

表 6-3　2000~2011 年东盟 FDI 年度流入概况

单位：百万美元，%

国　家	2000 年	2001 年	2002 年	2003 年	2004 年	2005 年	2006 年	2007 年	2008 年	2009 年	2010 年	2011 年
文　莱	549	526	1035	3123	212	289	434	260	239	370	629	1208
柬埔寨	149	149	145	84	131	381	483	867	815	539	783	892
印度尼西亚	-4550	-2979	145	-596	1895	8336	4914	6928	9318	4877	13304	11906
老　挝	34	24	25	20	17	28	187	324	228	319	333	450
马来西亚	3788	554	3203	2473	4624	4064	6072	8538	7248	1381	9156	11966
缅　甸	208	192	191	291	251	236	428	715	976	579	—	850
菲律宾	2240	195	1542	491	688	1854	2921	2916	1544	1963	1713	1262
新加坡	16485	15087	6402	11941	21025	15458	29349	37033	8589	15279	35520	64003
泰　国	3350	5061	3335	5235	5862	8048	9460	11330	8539	4976	6320	9572
越　南	1289	1300	1200	1450	1610	2021	2400	6739	9579	7600	8000	7430
东盟合计	23542	20109	17223	24512	36315	40715	56648	75650	47075	37883	75758	109539
世界 FDI 流入	1387953	817574	71628	557869	710755	982593	1461863	1970940	1744101	1185030	1243671	1524422
东盟成员间	762	2548	3815	2712	2963	4060	7876	9626	9449	5222	12108	—
年变化率%												
世界 FDI	27.7	-41.1	-12.4	-22.1	27.4	38.2	48.8	34.8	-11.5	-32.1	4.9	22.6
东盟 FDI	-14.0	-14.6	-14.4	42.3	48.2	12.1	39.1	33.5	-37.8	-19.5	100.0	53.9
东盟成员间	-57.3	234.4	49.8	-28.9	9.3	37.0	94.0	22.2	-1.8	-44.7	131.8	—
东盟/世界	1.7	2.5	2.4	4.4	5.1	4.1	3.9	3.8	2.7	3.2	6.1	7.6
东盟成员间/东盟	3.2	12.7	22.2	11.1	8.2	10.0	13.9	12.7	20.1	13.8	16.0	—

资料来源：根据 ASEAN Investment Report 2011 和 UNCTAD 数据整理。

印度尼西亚则从 2010 年的第二位降到第三位，其 FDI 流入占东盟整体的份额也从 2010 年的 17.5%降至 2011 年的 10.21%。①

（4）东盟成员间 FDI 流入

东盟成员国间的 FDI 稳步提升，2000 年只有 7.62 亿美元，到 2010 年，已经超过 121 亿美元，约占东盟 FDI 的 16%（见表 6－4）。

截至 2010 年，东盟间 FDI 主要集中于印度尼西亚、新加坡和越南，三国分别达到 59 亿美元、34 亿美元和 13 亿美元。

表 6－4 东盟成员间 FDI 流入

单位：百万美元

国家	2000 年	2001 年	2002 年	2003 年	2004 年	2005 年	2006 年	2007 年	2008 年	2009 年	2010 年
文莱	11	11	21	37	20	19	10	62	1	3	90
柬埔寨	0	37	9	20	32	129	156	271	241	174	349
印度尼西亚	－233	－221	1297	383	204	883	1354	1108	3398	1380	5904
老挝	14	3	3	3	8	7	11	100	48	57	135
马来西亚	258	80	0	251	980	721	462	3780	1646	－270	526
缅甸	74	67	25	24	9	38	71	94	103	20	—
菲律宾	125	199	87	175	71	13	－43	6	140	－5	－8
新加坡	－79	420	765	657	707	983	1048	1168	660	2108	3377
泰国	389	1711	1408	1060	689	1101	4627	2489	508	1326	434
越南	202	241	200	100	243	165	182	546	2705	429	1301
东盟成员间合计	762	2548	3815	2712	2963	4060	7876	9626	9449	5222	12108
东盟全部	23541	20111	17224	24512	36315	40714	56648	75650	47076	37881	75758
东盟成员间/东盟全部（%）	3.24	12.67	22.15	11.06	8.16	9.97	13.90	12.72	20.07	13.79	15.98

资料来源：ASEAN Investment Report 2011。

① 2010 年数据来源于 ASEAN Community in Figures：ACIF 2011，p. 37。

(5) 来源于东盟对话伙伴的 FDI

2010 年，东盟共吸引 FDI 757.58 亿美元，在所有的对话伙伴中，来源于欧盟的 FDI 最多，达到 169.84 亿美元；其次为美国，85.78 亿美元；第三为日本，83.86 亿美元；中国为 27.01 亿美元，印度为 25.84 亿美元，仅次于中国（见表 6－5）。

2010 年，中日韩（+3）的 FDI 为 148.57 亿美元，其中日本第一（83.86 亿美元），韩国第二（37.69 亿美元），中国位列第三（27.01 亿美元）；在中日韩澳新印（+6）集团的 192.99 亿美元的 FDI 中，中日韩位居第一，其他三个成员国（澳大利亚、新西兰和印度）只有 44.42 亿美元。

表 6－5　东盟 FDI 来源国/地区

单位：百万美元

国家	2000 年	2001 年	2002 年	2003 年	2004 年	2005 年	2006 年	2007 年	2008 年	2009 年	2010 年
东盟	762	2548	3815	2712	2963	4060	7876	9626	9449	5222	12108
澳大利亚	-303	-118	149	155	500	212	467	1491	787	776	1765
加拿大	-398	-82	186	82	860	741	252	391	661	504	1641
中国	-133	148	-84	201	740	608	1035	1741	1874	3926	2701
欧盟	13469	7671	4145	6866	11610	11290	13387	18611	7010	9113	16984
印度	80	28	102	104	86	418	-282	1453	547	827	2584
日本	503	2353	4424	3903	5767	6645	10413	8844	4129	3763	8386
新西兰	43	15	55	83	-23	512	-209	99	-82	263	93
巴基斯坦	4	9	-1	2	5	3	10	21	6	9	31
韩国	-42	-219	149	552	835	515	1256	2714	1596	1472	3769
俄罗斯	0	0	0	0	0	0	1	31	81	157	61
美国	7293	4.653	675	1363	4548	3216	3041	8340	3518	4087	8578
澳新(CER)	-260	-103	204	238	477	724	258	1591	705	1039	1858
中日韩(+3)	327	2283	4490	4656	7342	7768	12704	13299	7599	9160	14857
中日韩澳新印(+6)	147	2208	4795	4998	7905	8909	12680	16342	8851	11025	19299
东盟+CER	502	2445	4019	2950	3440	4784	8134	11216	10154	6261	13966
东盟+3	1089	4830	8305	7368	10305	11828	20580	22924	17048	14382	26964
东盟+6	909	4756	8610	7709	10868	12969	20556	25968	18301	16248	31407
东盟合计	23541	20111	17224	24512	36315	40714	56648	75650	47076	37881	75758

资料来源：ASEAN Investment Report 2011。

（6）2000～2010 年东盟成员国吸收 FDI 的领域

①文莱

2000～2010 年 11 年间，文莱 FDI 累积流入 76.66 亿美元，其中主要集中于矿业领域，共累计流入 62.46 亿美元，占其全部 FDI 的 81.48%。尤其是在 2003 年，矿业吸收的 FDI 高达 30.55 亿美元。FDI 流入额居第二位的是服务业，达 6.04 亿美元。第三是制造业，达 4.86 亿美元（见表 6－6）。

表 6－6　2000～2010 年文莱 FDI 投资领域概况

单位：百万美元

行　业	2000年	2001年	2002年	2003年	2004年	2005年	2006年	2007年	2008年	2009年	2010年	合计
农林渔业	—	—	2	1	0	0	0	—	—	—	—	3
矿　业	530	506	415	3055	145	199	361	81	152	316	486	6246
制造业	14	14	32	36	41	64	62	77	74	45	27	486
建筑业	2	2	2	11	5	3	3	1	0	1	15	45
商　贸	2	2	8	9	13	17	6	1	0	1	88	147
金融保险业	—	—	—	2	1	0	0	100	0	0	3	106
不动产	0	0	—	8	6	2	2	1	1	5	0	25
服务业	1	2	576	0	0	4	0	0	12	0	9	604
其　他	—	—	—	0	0	0	0	0	0	0	0	0
合　计	549	526	1035	3123	212	289	434	260	239	370	629	7666

资料来源：根据《东盟 2011 年投资报告》（“ASEAN Investment Report 2011”）整理。

②柬埔寨

2000～2010 年，柬埔寨 FDI 流入额达 43.77 亿美元，其中金融保险业 11.13 亿美元，制造业 10.36 亿美元，服务业 7.45 亿美元，农林渔业 6.25 亿美元（见表 6－7）。

③印度尼西亚

2000～2010 年共吸收 FDI 415.93 亿美元，其中，制造业 118.56 亿美元，矿业 95.85 亿美元，金融保险业 67.38 亿美元，服务业 35.42 亿美元（见表 6－8）。

表 6－7　2000～2010 年柬埔寨 FDI 投资领域概况

单位：百万美元

行　业	2000年	2001年	2002年	2003年	2004年	2005年	2006年	2007年	2008年	2009年	2010年	合计
农林渔业	—	5	32	0	10	12	131	118	72	88	157	625
矿　业	—	—	—	—	—	—	—	—	117	—	3	120
制造业	—	59	32	37	78	170	141	231	—	113	175	1036
建筑业	—	—	—	—	—	—	—	—	—	—	—	—
商　贸	—	—	—	—	—	—	—	—	—	—	—	—
金融保险业	—	—	—	—	—	54	73	167	344	175	300	1113
不动产	—	—	—	—	—	—	—	—	—	—	—	—
服务业	—	46	－6	25	19	25	28	273	218	73	44	745
其　他	—	39	87	21	25	119	111	78	64	89	104	737
合　计	149*	149	145	84	131	381	483	867	815	539	783	4377

资料来源：根据《东盟 2011 年投资报告》整理。

表 6－8　2000～2010 年印度尼西亚 FDI 投资领域概况

单位：百万美元

行　业	2000年	2001年	2002年	2003年	2004年	2005年	2006年	2007年	2008年	2009年	2010年	合计
农林渔业	25	－1566	385	180	141	12	230	2412	173	－44	337	2285
矿　业	－275	76	－242	232	99	1227	322	1338	3610	1301	1897	9585
制造业	－3269	－117	－1169	－450	834	5265	1691	203	2323	1574	4971	11856
建筑业	－271	－278	39	61	－18	130	85	196	24	6	－50	－76
商　贸	－41	－212	230	－353	－214	60	382	1904	1175	74	2456	5461
金融保险业	－57	－108	1409	667	233	781	1028	305	1927	148	405	6738
不动产	－144	－369	0	0	－18	18	－14	537	－201	－25	－77	－293
服务业	－424	－311	－677	－933	228	547	591	－4	75	1853	2597	3542
其　他	－93	－95	168	2	609	301	599	37	212	－10	768	2498
合　计	－4550	－2979	145	－596	1895	8337	4914	6928	9318	4877	13304	41593

资料来源：根据《东盟 2011 年投资报告》整理。

④老挝

2000～2010 年，老挝 FDI 流入总额达 15.38 亿美元，并且主要集中于服务业、农林渔业和矿业，此三个领域的 FDI 流入分别达到 4.77 亿美元、1.19 亿美元和 1.07 亿美元。相比其他东盟成员国，老挝吸引的 FDI 总额偏小（见表 6－9）。

表 6 - 9　2000 ~ 2010 年老挝 FDI 投资领域概况

单位：百万美元

行　业	2000年	2001年	2002年	2003年	2004年	2005年	2006年	2007年	2008年	2009年	2010年	合计
农林渔业	7	1	1	0	0	7	10	74	9	6	4	119
矿　业	9	2	5	10	4	7	6	10	16	28	10	107
制造业	9	14	4	6	7	10	7	34	76	56	57	57
建筑业	0	1	1	0	0	2	0	2	0	—	—	6
商　贸	0	1	0	0	2	1	0	2	5	—	5	16
金融保险业	—	—	—	—	—	—	—	26	—	—	54	80
不动产	—	—	—	—	1	0	0	—	—	—	—	1
服务业	6	5	15	3	3	1	164	38	29	62	151	477
其　他	1	1	0	0	0	0	0	137	100	167	51	457
合　计	34	24	25	19	17	28	187	324	228	319	332	1320

资料来源：根据《东盟 2011 年投资报告》整理。

⑤马来西亚

2000 ~ 2010 年，马来西亚 FDI 流入总额达到 511.01 亿美元，其中，制造业 219.56 亿美元，约占 42.97%；金融保险业 140.77 亿美元，约占 27.55%；矿业 69.81 亿美元，约占 13.66%（见表 6 - 10）。

表 6 - 10　2000 ~ 2010 年马来西亚 FDI 投资领域概况

单位：百万美元

行　业	2000年	2001年	2002年	2003年	2004年	2005年	2006年	2007年	2008年	2009年	2010年	合计
农林渔业	0	—	—	-67	14	98	-101	2016	77	-68	28	1997
矿　业	677	911	1089	253	-597	1059	808	1244	-637	1182	992	6981
制造业	1463	424	897	1355	3508	1777	1255	3200	3698	-651	5030	21956
建筑业	—	—	—	-6	-23	23	223	-14	34	-24	-41	172
商　贸	—	—	—	155	450	436	656	810	21	699	913	4140
金融保险业	—	—	—	762	1119	481	3256	1747	3512	1156	2044	14077
不动产	11	13	—	-3	23	75	37	269	219	-18	0	626
服务业	—	—	—	20	86	60	-69	-783	90	-703	221	-1078
其　他	1636	-794	1217	4	43	55	8	49	234	-193	-29	2230
合　计	3788	554	3203	2473	4624	4064	6072	8538	7248	1381	9156	51101

资料来源：根据《东盟 2011 年投资报告》整理。

⑥缅甸

缅甸从2000~2010年FDI流入额为40.66亿美元，其中主要集中于矿业，达31.33亿美元，约占77.05%；然后是服务业，为1.27亿美元，第三是制造业，达1.22亿美元（见表6-11）。

表6-11　2000~2010年缅甸FDI投资领域概况

单位：百万美元

行　业	2000年	2001年	2002年	2003年	2004年	2005年	2006年	2007年	2008年	2009年	2010年	合计
农林渔业	6	6	1	0	1	—	—	—	1	0	—	15
矿　业	107	111	163	270	233	71	420	482	790	486	—	3133
制造业	25	25	14	9	13	1	2	13	14	6	—	122
建筑业	—	0	0	—	—	—	—	—	—	—	—	0
商　贸	22	3	11	9	3	—	6	0	1	—	—	55
金融保险业	—	—	—	1	1	—	—	—	—	—	—	2
不动产	2	44	2	0	0	—	—	—	—	—	—	48
服务业	38	1	0	1	—	—	—	—	—	87	—	127
其　他	8	3	—	—	—	163	—	220	170	—	—	564
合　计	208	192	191	291	251	235	428	715	976	579	—	4066

资料来源：根据《东盟2011年投资报告》整理。

⑦菲律宾

2000~2010年，菲律宾的FDI流入额达到180.65亿美元，其中制造业37.18亿美元，服务业21.20亿美元，矿业10.17亿美元（见表6-12）。

表6-12　2000~2010年菲律宾FDI投资领域概况

单位：百万美元

行　业	2000年	2001年	2002年	2003年	2004年	2005年	2006年	2007年	2008年	2009年	2010年	合计
农林渔业	—	—	—	—	—	0	032	4	1	0	2	39
矿　业	80	—	21	-7	0	0	409	155	155	6	278	1017
制造业	238	275	744	89	84	532	9	549	312	888	-2	3718
建筑业	16	14	21	19	-15	-3	8	50	172	79	-2	359
商　贸	31	2	6	0	19	4	-20	5	22	4	127	200
金融保险业	39	68	69	-36	7	200	120	-23	53	237	48	782
不动产	3	7	—	27	55	112	-129	138	158	89	182	642

续表

行　业	2000年	2001年	2002年	2003年	2004年	2005年	2006年	2007年	2008年	2009年	2010年	合计
服务业	360	121	316	-307	100	-22	893	58	-33	430	204	2120
其　他	566	71	428	463	501	358	1324	1014	395	-3	12	5129
小　计	1332	556	1606	249	750	1181	1324	1949	1235	1731	848	12761
再投资收益	-334	-258	235	168	141	140	485	620	53	155	291	1696
公司间贷款	1241	-103	-300	74	-203	533	1112	347	256	77	574	3608
合　计	3572	753	3146	739	1439	3035	5567	4866	2779	3693	2562	32071

资料来源：根据《东盟2011年投资报告》整理。

⑧新加坡

2000到2010年，新加坡FDI流入额累积2121.68亿美元，是东盟成员国中FDI流入最多的国家。其中，金融保险业629.10亿美元，约占29.65%；制造业504.72亿美元，约占23.79%；商贸领域356.82亿美元，约占16.82%；不动产292.70亿美元，约占13.80%；服务业273.68亿美元，约占12.90%（见表6-13）。

表6-13　2000~2010年新加坡FDI投资领域概况

单位：百万美元

行　业	2000年	2001年	2002年	2003年	2004年	2005年	2006年	2007年	2008年	2009年	2010年	合计
农林渔业	3	-2	14	0	-6	0	6	-3	3	2	3	20
矿　业	—	3	0	0	-1	0	5	16	55	246	125	449
制造业	8178	4036	2134	3039	5890	3300	4316	8389	-1010	7255	4945	50472
建筑业	-59	-65	59	-14	-93	-147	-6	87	38	262	29	91
商　贸	2237	1533	107	2706	3684	4582	7113	7136	4330	-840	3094	35682
金融保险业	4240	657	2699	3683	8841	3546	12184	8996	528	5131	12405	62910
不动产	781	878	943	660	1395	1062	2195	4538	2945	4020	9853	29270
服务业	1106	2137	445	1867	1316	3115	3536	7874	1701	-797	5068	27368
其　他	—	—	—	—	—	—	—	—	—	—	—	—
合　计	16485	15087	6402	11941	21025	15458	29349	37033	8589	15279	35520	212168

资料来源：根据《东盟2011年投资报告》整理。

⑨泰国

2000~2010年，泰国FDI流入额累积715.16亿美元，其中制造业364.45亿美元，约占50.96%；金融保险业80.16亿美元，约占11.21%；

商贸业54.90亿美元，约占7.68%（见表6-14）。

⑩越南

2000～2010年越南FDI流入总额达到431.88亿美元，其中主要集中于制造业、不动产业、服务业和矿业等四大行业，这四种行业的FDI流入额分别达到187.08亿美元、82.66亿美元、70.96亿美元和26.04亿美元，行业FDI流入所占的比例分别为43.31%、19.14%、16.43%和6.03%（见表6-15）。

表6-14　2000～2010年泰国FDI投资领域概况

单位：百万美元

行业	2000年	2001年	2002年	2003年	2004年	2005年	2006年	2007年	2008年	2009年	2010年	合计
农林渔业	1	-4	3	28	6	13	-2	3	9	7	6	70
矿业	-275	759	147	271	192	220	206	840	1	550	342	3253
制造业	1811	2960	1845	2409	3786	3044	4069	3718	5747	3686	3370	36445
建筑业	-2	5	19	43	71	31	-86	35	-37	22	-225	-124
商贸	68	1069	682	818	183	359	788	611	36	322	554	5490
金融保险业	133	-186	67	-25	222	1548	1470	2859	1309	-578	1197	8016
不动产	69	71	68	126	-344	41	263	1208	1131	722	548	3903
服务业	448	156	741	362	303	348	711	1127	23	-264	493	4448
其他	1097	231	-236	1203	1443	2444	2041	929	320	508	34	10014
合计	3350	5061	3335	5235	5862	8048	9460	11330	8539	4976	6320	71516

资料来源：根据《东盟2011年投资报告》整理。

表6-15　2000～2010年越南FDI投资领域概况

单位：百万美元

行业	2000年	2001年	2002年	2003年	2004年	2005年	2006年	2007年	2008年	2009年	2010年	合计
农林渔业	91	120	87	42	56	56	52	156	347	44	9	1060
矿业	311	299	407	432	483	260	44	121	112	135	0	2604
制造业	509	497	573	583	564	1210	1511	4205	5440	1171	2445	18708
建筑业	106	74	33	5	9	24	126	361	1520	186	805	3249
商贸	—	—	11	26	30	60	31	97	240	106	116	717
金融保险业	11	16	40	18	18	21	21	57	104	—	35	341
不动产	—	—	6	6	9	44	538	1474	1263	2586	2340	8266
服务业	262	294	21	315	403	300	31	90	68	3154	2158	7096
其他	—	—	22	24	39	46	46	178	486	218	91	1150
合计	1289	1300	1200	1450	1610	2021	2400	6739	9579	7600	8000	43188

资料来源：根据《东盟2011年投资报告》整理。

第七章 中国－东盟贸易与投资合作潜力

随着中国经济的不断发展，国际地位的不断提高，东盟对中国的认识与态度也在不断改变，由对中国的初步试探逐渐转变为全面接触。东盟各国领导人都对中国经济的快速发展做出了积极反应，并将中国的崛起看作带动本国发展的机遇。马来西亚、印尼、新加坡等国不少政治人物都曾经指出，中国的崛起是东南亚国家必须思考的问题，它将对整个区域乃至国际关系格局产生深远影响。新加坡前外长就曾经撰文指出，在新的世界格局下，东盟应搭乘中国和印度的经济顺风车，成为大国之间的缓冲区；应继续保持东盟在地区事务中的主导地位，做安全的驾驶员。他同时指出，中国经济增长给东盟带来了繁荣，而东盟也应发挥自身在资源和投资环境方面的优势，不做任何大国的潜在竞争对手，为周边带来繁荣。

可以说，以上这种“搭中国经济顺风车”的思维并不是偶然，东盟国家充分利用中国的快速崛起进行自身的发展建设。在一定程度上，中国的经济发展结构甚至影响了东盟的经济结构。东盟的旅游、农产品出口等行业都因中国巨大的市场而获益。这种发展势头与双边的中国－东盟自贸区的形成深化了双方在金融、经贸方面的互通有无，也将两个经济体更加牢固地结合在了一起。有学者认为，中国的经济发展成为了地区发展的火车头，为区域经济建设持续不断地提供动力。

2002 年以后，随着《中国－东盟全面经济合作框架协议》等一系列经济协议的签署，中国－东盟自由贸易区的建立也逐渐成型。从 2010 年 1 月

1日起，中国和东盟6国（文莱、印尼、马来西亚、菲律宾、新加坡和泰国）超过90%的产品实行零关税，与东盟4国（越南、老挝、柬埔寨和缅甸）也将在2015年实现90%零关税的目标，这标志着中国－东盟自由贸易区的全面建成。中国－东盟自由贸易区是发展中国家之间组建的最大的自贸区，惠及逾19亿人口。

中国与东盟的经贸关系随着一系列框架协议的签署，也实现了快速发展。2004年，中国与东盟双边贸易额突破1000亿美元，2007年，双方的双边贸易额突破了2000亿美元。2010年1月，中国－东盟自由贸易协定（FTA）正式生效，双方的经济一体化已经发展到了很高的程度。在2010年的中国与东盟领导人会议上，中国领导人提出了5年内双边贸易额达到5000亿美元、中国对东盟新增投资100亿美元等双方经贸合作的新目标。仅仅在该目标提出的第二年，双边贸易总额就突破了3600亿美元大关。

2011年是中国－东盟对话关系建立20周年，中国总理温家宝在印尼巴厘岛举行的第十四届中国－东盟领导人会议暨中国－东盟建立对话关系20周年纪念峰会上发表了讲话，盛赞20年来双边关系的不断加深和各层面交流的不断加强。温总理还在峰会上提出了扩大贸易和投资合作、加强互联互通、深化金融领域合作、开拓海上务实合作、深化科技和可持续发展领域合作等倡议。这个讲话内容丰富、意义深远，预示着双方的合作高度即将有新的突破。目前，中国已是东盟的第一大贸易伙伴，而东盟也成为中国的第三大贸易伙伴。特别值得提出的是，东盟对中国的贸易逆差逐渐减少，双方贸易趋近平衡，这更加有利于双方经济一体化程度的加深。可以说，由于双方独特的地缘政治和经济联系，彼此间的相互影响将愈加深远。

然而，正是因为中国巨大的影响力，东盟国家对于中国的担忧也与日俱增。东盟自“冷战”后就十分注重与各大国之间的平衡，因此在中国的影响力过大时，必然会遭遇反弹。为了抵消中国的巨大影响，东盟国家更是积极发展与日、美、印等国的关系，努力使自己在各大国的平衡与博弈中获得最大的利益。应当看到，东盟中的有些国家是中国的传统友好国家，如缅甸、老挝、柬埔寨等国。但是，随着东盟中其他国家以及美国等西方国家不断施加影响，这些与西方关系较为紧张的国家也逐渐开始了与欧美的接触，意在融入西方制定的国际规则。这使其与中国的关系产生了一些变数。例如，缅甸在西方国家及东盟其他国家的压力之下，进行了政治体制改革，推动了国内民主化的进程。这本来是一件值得庆贺的事情，但是缅甸内部的一些反对派与一些非政府组织（NGO）出于对前军政权的反感与西方的渗透，发出了疏远中国，亲近西方的呼声。当然，中国的影响是客观存在的事实，并不可能以少数人的主观意愿而转移，只要中国坚定自己的立场，秉承一贯的睦邻友好的外交政策，就一定会与东盟国家发展出更加紧密的伙伴关系。

自1991年中国开启与东盟建立对话进程开始，过去的21年中，中国与东盟关系不断深化，双边在政治、经济、文化与安全领域的合作得到不断扩展。现有的合作机制不仅成为双边合作的坚实基础，也为双边关系的未来发展提供了制度性保障。随着中国和东盟在东亚事务中扮演越来越重要的角色，双方的相互依赖将得到进一步强化。正如有学者指出，“中国－东盟战略伙伴关系犹如一座新型的地区合作大厦。战略伙伴关系是大厦之巅，大厦的几根支柱分别是以中国－东盟自贸区为基础的经济支柱，以《东南亚友好合作条约》为基础的政治支柱，以《南海各方行为宣言》《非传统安全领域合作联合宣言》等为基础的安全支柱，以及以民间交往为基础的社会文化支柱。”① 毋庸置疑，中国东盟合作收获颇丰，但也不可否认，中国与东盟关系也存在诸多现实问题，双边关系的未来发展也面临一些挑战。

1. 缺乏共同的价值观基础

中国与东盟关系的稳步发展，是基于双方追求共同利益的结果，包括政治上的共识、经济上的互补、安全上的需要，以及文化上的汇合等。“但这些共同利益不能决定中国与东盟之间形成成熟的国际社会，因为这些共同利益总是处于不断的变化之中，双方缺乏一个足以支撑整个关系的有效合作基础。中国－东盟在自然条件、民族文化、经济发展和政治制度等方面存在巨大差异。世界上没有别的地区比该地区更鲜明地说明在千差万别中求得一致

---

① 翟昆：《东盟中国形成合力 亚洲振兴获得动力》，载2008年8月8日《解放日报》。

所会遇到的各种问题。各个民族的代表性的特点、文化类型、经济政治制度纷繁复杂，其种类之多、范围之广，几乎囊括人类所见识过的全部类型。”①

东盟在政治、社会、文化等方面的多样性，不仅是东盟内部整合过程的障碍，中国与东盟之间缺乏共同的价值观基础，也成为中国与东盟关系未来发展的最大挑战之一。从政治制度上看，东盟既有资本主义国家，也有社会主义国家，还有处于转型中的国家；即便同为资本主义体制，有议会民主制国家，也有总统共和制国家，还有君主立宪制国家。从宗教信仰上看，既有文莱和马来西亚这种以伊斯兰教为国教的国家，也有老挝、柬埔寨、泰国和缅甸这样大多数居民信奉佛教的国家，还有普遍信奉天主教的菲律宾。从种族、民族与语言上看，东盟更是异彩纷呈。而中国是社会主义国家，尽管中国坚定地表明，中国尊重多样性文明，但与东盟地区的文化差异是明显的。

文化差异必然导致彼此认同焦虑。从总体上看，中国与东盟国家民众之间还缺乏必要的了解，因此也必然缺少必要的互知与互信。然而正如社会心理学家所说，“定期的参与国际机制能够有助于发展新的态度与偏好，能够创造出共同的认同或者改变自我认同。”② 中国积极参与并且建立与东盟的各种层次的对话机制，这对东盟国家民众客观上认识中国产生了积极的作用。

2. 中国实力上升产生“特鲁多综合征”

中国实力在增强，影响在上升，这是东盟社会的普遍共识。东盟视野下的中国变化主要表现在三个方面。首先是经济。中国在经济总量上于2010年第二季度超过日本成为全球仅次于美国的第二大经济体，第三季度实际国内生产总值同比增长9.6%，继续保持良好的增长势头。其次是外交，“核心利益”是2010年中国外交的关键词。2009年7月，国务委员戴秉国在中

① 李国选：《冷战后中国－东盟关系的英国学派分析》，《南洋问题研究》2007年第2期。

② Rosemary Foot, “China in the ASEAN Regional Forum: organizational Processes and Domestic Modes of Thought”, *Asian Survey* Vol. XXXVIII, No. 5, May 1998.

美战略与经济对话中概括了中国的三个核心利益：维护基本制度和国家安全；国家主权和领土完整；经济社会的持续稳定发展。2010 年 7 月，中国外交部新闻发言人再次明确宣示，主权、安全、领土完整和发展利益属于中国的核心利益。最后是军事，中国致力于实现军事现代化，2010 年军费达到 5321 亿元人民币，比前一年增加 7.5%。

面对中国经济发展导致的中国变化，一些中国周边国家和某些西方国家并不适应。大部分西方观察人士认为，中国经济规模和增长速度将确保中国重返 18 世纪失去的在亚洲的军事、科技和文化强国地位，可能导致中国在处理与其他国家的经济关系时更加自信甚至傲慢。而国际社会也有一种倾向性认知，即中国从 2008 年起变得越来越过于自信，并且在 2010 年前后达到前所未有的程度，某些战略家甚至由此判断亚洲整体的国际秩序正迅速向"中国单极时代"迈进。

2010 年我国在政治、经济、外交以及军事上的一系列举动，似乎进一步强化了西方对"强大的中国越来越自信"的判断。在经济上，中国在应对美国的人民币升值压力、制裁美对台售武企业、出台反贸易保护主义措施，以及限制稀土出口等政策或行为，似乎回应了某些分析人士做出的"腰杆硬起来的中国"将会寻求地区乃至全球经济霸权的判断。在外交上，尽管中国外交部长杨洁篪强调，不能把中国维护核心利益视为强硬，但某些周边国家和西方国家的解读并不完全相同。中国在应对"钓鱼岛撞船事件"上"有理有利有节"的外交行为，以及将南海问题升级为中国"核心利益"的报道等，国际社会似乎已经感受到中国在外交上"越来越强硬"。2010 年中国在外交上的表现更多地被解读为"果断"、"过度自信"，甚至是"侵略性"。① 在军事上，尽管我国军费支出从 2009 年两位数增长（14.9%）降为 7.5%，但国际社会对中国军事现代化持有疑虑，认为中国军队不仅具备了为传递国际公益而作出贡献的能力，同时中国也选择了使用军事力量谋取外交优势，并且以利己手段解决争端的趋势也在逐步显现。美国对中国军力的渲染加重了中国周边国家的忧虑，尤其是加重了那些与中国有历史遗留问题

---

① 2010 年 9 月 7 日钓鱼岛撞船事件发生后，对中国外交行为的评判再次成为国际社会的焦点。

国家的担心。例如，中国海军执行打击海盗的亚丁湾护航行动被解读为中国加强在印度洋的军事存在；日本新《防卫计划大纲》明确指出中国增强军备的动向为“地区和国际社会的担忧事项”，提出“动态防卫”和加强西南群岛防卫等新概念和方针，将防务战略重点从“冷战”时期的俄罗斯转向中国，牵制中国的意图明显。

国际社会在解读中国和平发展上存在疑虑，对变化的中国（抑或强大的中国）究竟是机遇、挑战还是威胁？1969 年，时任加拿大总理特鲁多曾说，与美国为邻就像睡于大象旁，不管它多么友善温驯，你都会在意它的每次抽搐和呻吟，因为你不知道它是否会翻滚到你身上。而对于邻近中国的东盟来说，毫无疑问，也面临这样的担心。

中国经济增长、外交表现以及军事现代化举措，不可避免地使东盟必须面对中国迅速而持续崛起的局面，而东盟的“特鲁多综合征”也在中国实力不断上升的背景下得到强化。那些与中国在不同领域存在紧张状态的国家，如菲律宾、越南和马来西亚等国家，心态则更为复杂。东盟前任秘书长鲁道夫·赛维里诺（Rodolfo Severino）4 年前曾指出，“中国已经成功地使东盟各成员国不再将其看成是个威胁。更积极的一点是，东盟国家日益镇定甚至是满意地把中国看成是一个崛起的亚洲大国。”① 然而 4 年后，正是中国的崛起，使部分东盟国家对中国的认知发生了逆转，中国不再是威胁的判断也发生了改变。

3. 南海问题

南海问题是影响中国与东盟关系的最现实问题。南海海域面积 80 万平方公里，由大小 230 多个岛屿、礁洲组成，是我国传统疆域的最南端，地处太平洋和印度洋海上要冲，蕴藏着丰富的油气资源，战略地位极为重要。在南海问题上，涉及的东盟国家主要包括马来西亚、文莱、越南和菲律宾。南

---

① 〔菲〕鲁道夫·赛维里诺：《中国－东盟关系：过去、现在与未来》，《当代亚太》2008 年第 3 期。

海问题是历史形成的，尤其是进入20世纪90年代后，围绕南海海洋权益的争端日益尖锐化，尤其是1992年第25届东盟外长会议签署《东盟关于南中国海问题的宣言》后，南海争议更显突出。

2002年，中国与东盟各国签署《南海各方行为宣言》（DOC），目标在于加强中国与东盟的睦邻互信伙伴关系，共同维护南海地区的和平与稳定。然而不可否认，东盟国家都把《南海各方行为宣言》作为接触中国、限制中国的有力工具，并对它寄予很高的希望。[①] 2011年以来，越南、菲律宾对南沙争端动作频频。越南不但在南海上举行了实弹演习，还连续3周举行反华示威，并拉拢美国大搞联合军演。南沙争端如得不到妥善解决，将成为中国－东盟关系的隐患。[②] 2012年5月，中国与菲律宾围绕黄岩岛展开了激烈的外交较量，双边关系剑拔弩张，大有一触即发之势。

东盟以及一些区外国家，始终试图与中国达到某种地区行为准则，以限制或约束中国的行为。在2012年4月4日举行的东盟峰会上，菲律宾总统阿基诺力推东盟内部就南海争端达成统一立场，在东盟国家拟定“南海行为准则”之后，东盟成员国再与中国会谈。然而，正如某评论家所指出的，“相信地区行为准则会真正的起作用是一个错误，它并不能改变这样的事实——由于历史、主权、资源的混合作用形成的不稳定导致了南中国海问题成了东亚地区的易燃点。从一开始，东盟与中国就清楚地理解到一个行为准则并不能成为解决领土纠纷的有效的法律工具。”[③]

南海问题，作为中国与东盟成员之间的双边关系发展的最现实障碍，短期内不会消除。而且，尽管中国与东盟建立了多渠道的沟通和对话渠道，但始终缺少有效的争端解决机制，在区外大国因素的影响下，南海问题有可能进一步复杂化。近来，美国积极介入中国与东盟国家之间的南海争端。2012年7月8日访问日本的美国国务卿希拉里在联合记者会上强调，南海航行自

---

① ASEAN Annual Report 2001－2002，www. aseansec. org.

② 骆永昆：《中国东盟：走向成熟共赢的战略伙伴》，中国网，2011－07－12。

③ Barry Wain，“At loggerhead's with Beijing”，Quoted in Ho Khai Leong，“Rituals，Risks andRivalries：China and ASEAN in the Coming Decades”，*Journal of Contemporary China*（2001），10（29），pp. 683－694.

由关乎美国国家利益，美国将在中国和东盟间斡旋，期待南海问题有新的进展。

4. 经济关系：从互补与合作到竞争并存的嬗变

东盟成员经济发展水平有差异，其内部经济具有一定的互补性。然而从中国与东盟的经济结构看，自中国－东盟自贸区启动后，中国与东盟的经济关系在全面深化的同时，也带来了一些问题，如中国与东盟国家的经济结构在许多方面很雷同，双方的合作与竞争是并存的。①

有关中国经济发展对东盟经济影响的警告，无论是在政府层面，还是在学术层面，并不鲜见。早在2002年，马来西亚总理马哈蒂尔在日本举行的一次国际会议上曾明确指出，东南亚没有理由对中国的军事力量感到担忧，但中国是东南亚面临的一个经济威胁，中国已经对吸引外国直接投资构成威胁，还会对东南亚的世界贸易构成威胁，有可能损害东南亚国家的经济。②客观地说，东盟在分享中国经济增长的红利，但部分行业也确实面临一定的压力。

东盟一方面与中国达成了自贸区，另一方面，部分东盟国家参与了美国主导的跨太平洋战略经济伙伴关系协定（TPP）谈判。TPP是美国从经济上主导亚太未来发展的一个战略谋划，有针对中国的意味，东盟国家的加入，对未来中国与东盟的经济关系将产生影响。

目前，东盟10国中的新加坡、马来西亚、越南、文莱等参加了TPP谈判。尤其是2011年以来，美国主导的跨太平洋战略经济伙伴关系协定（TPP）谈判进程开始加速，东盟各国寻求作为一个整体在TPP谈判中发挥更大的影响。然而，我们也必须看到，东盟经济一体化也正进入关键阶段，2015年建成东盟统一大市场可谓越来越紧迫。实际上，东盟努力建设统一

---

① 古小松：《中国—东盟关系》，载《东盟发展进程研究——东盟四十年回顾与展望》，香港社会科学出版社有限公司，2008年10月，第311页。

② 马哈蒂尔在东京国际会议的演讲：《中国的崛起——是东盟的挑战还是机会》，法新社东京2002年5月21日电。

大市场的意图，在于主导地区经济发展，在对内和对外两个方面发挥东盟的主体作用。然而 TPP 是以美国为主导的，在一定程度上是以限制中国的经济政治影响力为前提的，这无疑与东盟在地区经济事务中发挥领导作用的意图相矛盾。在未来，东盟如何理解 TPP、如何参与 TPP，以及如何平衡与中国的“10+1”和与美国为主导的 TPP 的关系，决定着未来东盟与中国在经济领域的合作与竞争的动态发展。

5. 部分东盟成员与美国的军事结盟与安全合作

中国与东盟关系的另一个约束因素是区外大国的影响，尤其是一些东盟成员国与美国的安全合作。在解决南海问题前景不甚明朗的背景下，与中国有争议的东盟国家，如菲律宾、越南和马来西亚等，与美国的安全合作不断深化。正如俄罗斯科学院东方学研究所东南亚研究中心主任德米特里·莫夏科夫所说，东盟处在一个既有中国因素又有美国因素的地理位置上。[①] 毫无疑问，这些国家与美国的安全合作有中国因素存在。

实际上，东盟作为整体已经与美国形成了领导人会议这一制度性安排。2009 年 11 月，首次美国－东盟领导人会议在新加坡举行，双边承诺深化贸易投资、地区安全、灾难应对、食品及能源安全、气候变化等多领域合作。2010 年 9 月，第二次美国－东盟领导人会议在美国纽约举行，双方表示要加强在贸易、经济、气候变化、安全等领域的合作。2011 年 11 月，第三次美国－东盟领导人会议在印度尼西亚巴厘岛举行，双方就有关加强伙伴关系的行动计划达成共识。

美国努力扩大与东盟之间的交流与接触，而与东盟在安全领域的合作，成为影响中国与东盟关系未来走势的重要因素。2010 年 10 月，时任美国国防部长的罗伯特·盖茨（Robert Gates）出席了首届东盟国防部长扩大会议，目标就是扩大美国与东盟的区域性军事合作。而且，美国重返

---

① 《中俄专家谈东盟：三方经贸合作潜力巨大》，参见 http://business.sohu.com/20120710/n347722196.shtml。

亚太，加强在亚太地区的军事部署，提出要将海军军力的60%部署在亚太地区。目前，美国已经与东盟多个成员国举行过联合军事演习，尤其是与菲律宾和越南举行联合军事演习已经常态化。2011 年 6 月，美国联合菲律宾、印度尼西亚、马来西亚、新加坡、泰国和文莱等六个东盟国家，在马六甲海峡、西里伯斯海和苏禄海举行联合军演。仅在 2012 年的前 7 个月，美国就与菲律宾先后举行了“肩并肩”联合军演（4 月 16 日至 27 日）和“卡拉特”（7 月 2 日至 10 日）2 次军演，与越南举行了 1 次军演（4 月 23 日）。

尽管美国与东盟国家之间的军演多集中于非传统安全领域，但在南海问题升温的背景下，东盟与美国之间的安全合作的进一步深化，针对中国的意图十分明显。近来，美国改变了“9·11”恐怖袭击事件发生之前对东盟地区采取的“温和而善意地忽略”政策，转而加强了对东盟国家的拉拢，尤其是显著改善对越南的关系。实际上，美国的意图十分明确，就是阻滞中国的发展，削弱中国对东盟地区的影响。进入 21 世纪以来，中国在综合实力不断增强的同时，积极发展与东盟的关系。中国积极参与东亚区域合作，建构“10+1”和“10+3”框架，然而这个有利于东亚国家之间合作的框架设计中没有美国的存在，美国担心东亚合作框架可能会对美国在东盟地区作用产生消极影响，削弱美国在东盟甚至亚太地区的主导地位。为此，美国试图拉拢东盟国家来弱化甚至消解东亚区域合作的构架，从而继续维持或者建构美国主导的亚太地区的国际秩序。而且，南海问题的升级，也为美国和东盟之间深化安全合作提供了现实的借口或理由。

第一节　中国-东盟贸易合作关系

自 2002 年 11 月东盟与中国双方签署《全面经济合作框架协议》开始，至 2010 年 1 月 1 日自贸区正式全面启动，中国与东盟双方自贸区建设历时 8 年多。期间，双方启动并大幅下调关税，其中，中国对东盟的平均关税降至0.1%，双边93%产品的贸易关税降为零。自2011年开始，中国－东盟自贸区建设进入第二阶段，也就是全面建成自贸区阶段，即东盟中越、老、柬、缅四国与中国贸易的绝大多数产品亦实现零关税，与此同时，双方实现更广泛深入的开放服务贸易市场和投资市场。目前，中国－东盟自由贸易区是迄今为止中国参与建设的第一个真正意义上的自由贸易区，自贸区建成后，东盟和中国的贸易占到世界贸易的13%，成为一个涵盖11个国家、19亿人口、GDP达6万亿美元的巨大经济体，它不仅是亚洲地区最大的自由贸易区，也是目前世界人口最多的自贸区，同时也是发展中国家间最大的自贸区。在自由贸易区的框架下，中国与东盟的双边贸易发展迅速。

据中国海关总署统计，目前，中国是东盟的第一大贸易伙伴，东盟也成为中国的第三大贸易对象。

中国与东盟双边贸易额在2007～2011年的五年内从2025亿美元增长到3628亿美元，增长了1603亿美元，较2007年增长了近80%，年均增长约为16%。其中，中国对东盟出口从942亿美元增长到1700亿美元，增长了近760亿美元，较2007年增长了近81%，年均增长约为16%；中国从东盟进口从1084亿美元增长到1928亿美元，增长了844亿美元，较2007年增长了近78%，年均增长15%以上。

受2008年全球金融危机的影响，2009年的中国与东盟双边贸易出现负增长，然而2010年，双边贸易逐渐走出金融危机的影响，恢复良好的发展态势，尤其是中国从东盟进口较2009年增长了44.8%。2011年，双边贸易继续保持增长态势。进入2012年以来，双边贸易发展迅速，2012年1～5月，双边贸易额达到1537亿美元，较上年同期增长9.2%，其中，中国对东盟出口达到757亿美元，较上年同期增长14.8%；中国从东盟进口达到779亿美元，较上年同期增长4.2%（见表7－1）①。

据中国海关统计（见表7－2），2011年，在中国与部分东盟成员国的双边贸易中，中国与马来西亚的双边贸易额最大，达到900亿美元；其次为

① 参见中国海关总署网站。

泰国647亿美元；第三为新加坡，达近635亿美元；第四为印度尼西亚，为605亿美元。在海关统计的6个东盟成员国中，中国对新加坡和越南的贸易存在顺差，而对其他国家则存在显著的逆差。

表7-1 2007~2011年中国与东盟双边贸易情况

项　目	2007年	2008年	2009年	2010年	2011年
贸易总额(千美元)	202548277	231116710	213010937	292776543	362853820
同比增长(%)	25.9	13.9	-7.9	37.5	23.9
中国出口额(千美元)	94178921	114142488	106297054	138206703	170083006
同比增长(%)	32.1	20.7	-7.0	30.1	23.1
中国进口额(千美元)	108369,356	116974,222	106713883	154569840	192770814
同比增长(%)	21.0	7.9	-8.8	44.8	24.6

资料来源：中国海关总署统计数据。

表7-2 2009~2011年中国与部分东盟成员国的双边贸易情况

单位：千美元

东盟成员国	2009年			2010年			2011年		
	进出口	中国出口	中国进口	进出口	中国出口	中国进口	进出口	中国出口	中国进口
印度尼西亚	28384406	14720624	13663783	42750024	21972754	20777270	60521921	29222052	31299869
马来西亚	51962630	19631939	32330691	74215410	23805517	50409893	90034756	27890014	62144743
菲律宾	20531318	8584708	11946610	27746249	11540782	16205467	32254227	14254347	17999880
新加坡	47863000	30066363	17796637	57057643	32347944	24709699	63482022	35570443	27911578
泰　国	38204040	13307098	24896942	52947384	19746999	33200385	64736910	25696634	39040276
越　南	21047654	16300914	4746740	30094139	23113703	6980437	40207330	29091817	11115513

资料来源：中国海关总署统计数据。

据东盟统计数据，2010年，东盟与中国的双边贸易额达到2320亿美元，其中，东盟对中国出口1130亿美元，占其全部出口的10.05%；东盟从中国进口1190亿美元，占其全部进口的12.21%（见表7-3）。

表 7－3　2010 年东盟成员国对中国进出口贸易情况

单位：十亿美元，%

东盟成员	对中国出口		从中国进口	
文　莱	出口额	0.6	进口额	0.2
	占本国出口比例	6.62	占本国进口比	7.01
	占东盟全部出口比	0.50	占东盟全部进口比	0.14
柬埔寨	出口额	0.1	进口额	1.2
	占本国出口的比	1.16	占本国进口比	24.20
	占东盟全部出口比	0.06	占东盟全部进口比	1.00
印度尼西亚	出口额	15.7	进口额	16.9
	占本国出口的比	9.95	占本国进口比	12.49
	占东盟全部出口比	13.89	占东盟全部进口比	14.24
老　挝	出口额	0.2	进口额	0.3
	占本国出口的比	9.17	占本国进口比	16.14
	占东盟全部出口比	0.20	占东盟全部进口比	0.28
马来西亚	出口额	25.0	进口额	20.7
	占本国出口的比	12.60	占本国进口比	12.55
	占东盟全部出口比	22.17	占东盟全部进口比	17.37
缅甸	出口额	0.5	进口额	1.1
	占本国出口的比	6.68	占本国进口比	26.92
	占东盟全部出口比	0.45	占东盟全部进口比	0.95
菲律宾	出口额	5.7	进口额	4.9
	占本国出口的比	11.09	占本国进口比	8.47
	占东盟全部出口比	5.05	占东盟全部进口比	4.15
新加坡	出口额	36.4	进口额	33.7
	占本国出口的比	9.82	占本国进口比	10.28
	占东盟全部出口比	32.25	占东盟全部进口比	28.34
泰　国	出口额	21.5	进口额	20.0
	占本国出口的比	10.99	占本国进口比	10.53
	占东盟全部出口比	19.00	占东盟全部进口比	16.78
越　南	出口额	7.3	进口额	19.9
	占本国出口的比	10.08	占本国进口比	23.52
	占东盟全部出口比	6.44	占东盟全部进口比	16.76
东盟合计	出口额	113.0	进口额	119.0
	占东盟全部出口比	10.05	占东盟全部进口比	12.21

资料来源：根据 ASEAN Community in Figures 2011 数据整理。

在东盟对中国的出口贸易中，出口贸易额位于前五位的国家包括：新加坡（出口364亿美元，占东盟出口贸易额的32.25%）、马来西亚（250亿美元，占22.17%）、泰国（215亿美元，占19.00%）、印度尼西亚（157亿美元，占13.89%）、越南（73亿美元，占6.44%）。

在东盟从中国的进口贸易中，进口贸易额位于前五位的国家包括：新加坡（进口额337亿美元，占东盟进口贸易额的28.34%）、马来西亚（207亿美元，占17.37%）、泰国（200亿美元，占16.78%）、越南（199亿美元，占16.76%）、印度尼西亚（169亿美元，占14.24%）。

第二节　中国－东盟投资合作关系

中国对东盟的投资保持快速增长，东盟已成为中国企业海外投资的重要目的地。同时，中国也成国东盟海外投资的重要市场。据中国商务部统计，截至2012年6月底，中国与东盟双向投资累计已接近930亿美元。其中，中国在东盟投资额为188亿美元，东盟对中国的直接投资达738亿美元，占中国吸引外资总额的6%。仅2012年上半年，中国对东盟投资14.88亿美元，同比增长34.3%，东盟对华投资45.5亿美元，同比增长27.5%。

1. 中国对东盟直接投资

从总体上看，2010年中国对外直接投资净额（以下简称流量）688.1亿美元，较上年增长21.7%。其中：新增股本投资206.4亿美元，占30%；当期利润再投资240.1亿美元，占34.9%；其他投资241.6亿美元，占35.1%。截至2010年底，中国13000多家境内投资者在国（境）外设立对外直接投资企业（以下简称境外企业）1.6万家，分布在全球178个国家（地区），对外直接投资累计净额（以下简称存量）3172.1亿美元，其中：股本投资597.3亿美元，占18.8%，利润再投资1207亿美元，占38.1%，其他投资1367.8亿美元，占43.1%，年末境外企业资产总额达到1.5万亿美元①。

（1）投资流量变化

2010年，中国对东盟投资的流量达到44.05亿美元，较2009年同比增长63.2%，约占中国对外投资总流量的6.4%；截至2010年末，中国对东盟投资存量达到143.50亿美元，约占中国对外投资存量总额的4.5%（见表7－4）。

表7－4　2010年中国对主要经济体投资情况

单位：亿美元

经济体	2010年流量			2010年末存量	
	金额	同比（%）	比重（%）	金额	比重（%）
中国香港	385.05	8.2	56.0	1990.56	62.8
欧　　盟	59.63	101.0	8.7	124.97	3.9
东　　盟	44.05	63.2	6.4	143.50	4.5
澳大利亚	17.02	－30.2	2.5	78.68	2.5
美　　国	13.08	44.0	1.9	48.74	1.5
俄罗斯联邦	5.68	63.0	0.8	27.88	0.9
合　　计	524.51	—	76.3	2414.33	76.1

资料来源：《2010年度中国对外直接投资统计公报》。

据统计，2010年末，中国对外直接投资前20位的国家（地区）存量累计达到2888亿美元，占中国对外直接投资存量的91.1%。在前20位国家（地区）中，东盟有三个国家，分别是新加坡、缅甸和印度尼西亚。其中新加坡累计存量为60.69亿美元，占1.9%，位列第5；缅甸累计存量为19.47亿美元，占0.6%，居第12位；印度尼西亚累计存量为11.50亿美元，占0.4%，居第20位。②

2005～2010年，中国对东盟10国的投资流量逐年增加，在5年内，从1.58亿美元增加到44.05亿美元，平均年增长幅度达到105.94%（见表7－5）。

---

① 中国商务部、中国国家统计局、国家外汇管理局：《2010年度中国对外直接投资统计公报》，第2页。

② 中国商务部、中国国家统计局、国家外汇管理局：《2010年度中国对外直接投资统计公报》，第17页。

表 7－5　2005～2010 各年中国对东盟直接投资流量情况

单位：万美元，%

国　家		2005 年	2006 年	2007 年	2008 年	2009 年	2010 年
文　莱	流量	150	—	118	182	581	1653
	年增长	—	—	—	54.24	219.23	184.51
	占比	0.95	—	0.12	0.07	0.22	0.38
缅　甸	流量	1154	1264	9231	23253	37670	87561
	年增长	—	9.53	630.30	151.90	62.00	132.44
	占比	7.32	3.76	9.54	9.36	13.96	19.88
柬埔寨	流量	515	981	6445	20464	21583	46651
	年增长	—	90.49	556.98	217.52	5.47	116.15
	占比	3.27	2.92	6.66	8.24	8.00	10.59
印度尼西亚	流量	1184	5694	9909	17398	22609	20131
	年增长	—	380.91	74.03	75.58	29.95	－10.96
	占比%	7.51	16.96	10.24	7.00	8.38	4.57
老　挝	流量	2058	4804	15435	8700	20324	31355
	年增长	—	133.43	221.29	－43.63	133.61	54.28
	占比	13.05	14.31	15.94	3.50	7.53	7.12
马来西亚	流量	5672	751	－3282	3443	5378	16354
	年增长	—	－86.76	－537.02	－204.91	56.20	204.09
	占比	35.96	2.24	－3.39	1.39	1.99	3.71
菲律宾	流量	451	930	450	3369	4024	24409
	年增长	—	106.21	－51.61	648.67	19.44	506.59
	占比	2.86	2.77	0.46	1.36	1.49	5.54
新加坡	流量	2033	13215	39773	155095	141425	111850
	年增长	—	550.02	200.97	289.95	－8.81	－20.91
	占比	12.89	39.36	41.08	62.43	52.42	25.39
泰　国	流量	477	1584	7641	4547	4977	69987
	年增长	—	232.08	382.39	－40.49	9.46	1306.21
	占比	3.02	4.72	7.89	1.83	1.84	15.89
越　南	流量	2077	4352	11088	11984	11239	30513
	年增长	—	109.53	154.78	8.08	－6.22	171.49
	占比	13.17	12.96	11.45	4.82	4.17	6.93
东盟合计	流量	15771	33575	96808	248435	269810	440464
	年增长	—	112.89	188.33	156.63	8.60	63.25

资料来源：根据《2010 年度中国对外直接投资统计公报》整理。

自2005年以来，中国对东盟各成员国FDI流量占比（中国对东盟成员国的FDI流量占中国对东盟地区FDI流量的比例）发生了重大变化。其中，占比上升的国家包括：缅甸从2005年的7.32%上升至2010年的19.88%，柬埔寨从2005年的3.27%上升至2010年的10.59%，菲律宾从2005年的2.86%上升至2010年的5.54%，新加坡从2005年的12.89%上升至2010年的25.39%，泰国从2005年的3.02%上升至2010年的15.89%；占比下降的国家包括：文莱的占比从2005年的0.95%下降至2010年的0.38%，越南从2005年的13.17%下降至2010年的6.93%，印度尼西亚从2005年的7.51%下降至2010年的4.57%，老挝从2005年的13.05%下降至2010年的7.12%，马来西亚从2005年的35.96%下降至2010年的3.71%。

截至2010年末，中国在东盟设立直接投资企业近2300家，投资领域扩大到建筑、饭店、电气、矿业和运输等行业，投资形式从直接投资发展到技术投资、BOT等多种形式。中国对东盟投资主要流向：第一是金融业，达10.79亿美元，占24.5%，主要分布在泰国、菲律宾、新加坡、马来西亚、印度尼西亚、越南等；第二是采矿业，达8.98亿美元，占20.4%；第三是电力、煤气及水的生产和供应行业，达7.91亿美元，占18%；第四为制造业，达4.86亿美元，占11%，主要分布在越南、新加坡、马来西亚、泰国、印度尼西亚等；第五是建筑业，达3.46亿美元，占7.9%，主要分布在柬埔寨、新加坡、菲律宾等；第六是批发和零售业，达1.71亿美元，占3.9%，主要分布在新加坡（见表7－6）。

（2）投资存量变化

截至2010年末，中国对东盟10国的投资存量从2005年末的12.56亿美元，增长为143.5亿美元，占亚洲地区投资存量的6.3%，占世界存量的4.5%。2006～2010年，中国对东盟投资存量以年均65.23%的速度增长，其中2007年的增长率高达到124.18%。

截至2010年末，中国对东盟的直接投资存量中，占比最高的是新加坡（60.69亿美元，占中国对东盟直接投资存量的42.29%）；第二为缅甸，达19.47亿美元，占13.57%；第三是印度尼西亚，达11.50亿美元，占

表 7－6　2010 年中国对东盟直接投资的主要行业

单位：万美元，%

行　业	流量	比重
金融业	107934	24.5
采矿业	89817	20.4
电力、煤气及水的生产和供应业	79130	18.0
制造业	48593	11.0
建筑业	34606	7.9
批发和零售业	17102	3.9
农、林、牧、渔业	16843	3.8
科学研究、技术服务和地质勘察业	16659	3.8
租赁和商务服务业	15598	3.5
交通运输、仓储和邮政业	8213	1.9
房地产业	4704	1.1
信息传输、计算机服务和软件业	104	—
居民服务和其他服务业	148	—
住宿和餐饮业	148	—
其他行业	865	0.2
合　计	440464	100.0

资料来源：《2010 年度中国对外直接投资统计公报》。

8.02%；之后依次为柬埔寨（11.30 亿美元，7.87%）、泰国（10.80 亿美元，7.53%）、越南（9.87 亿美元，6.88%）、老挝（8.46 亿美元，5.89%）、马来西亚（7.09 亿美元，4.94%）、菲律宾（3.87 亿美元，2.70%）和文莱（0.46 亿美元，0.32%）（见表 7－7）。

2005～2010 年中国对东盟 FDI 存量一方面呈现快速增长态势，另一方面，中国对东盟各成员国的 FDI 存量也呈现高速增长的趋势。然而从东盟成员国吸收中国 FDI 的比例上看，各成员国的表现不尽相同。其中，存量占比（中国对东盟成员国的 FDI 存量/中国对东盟 FDI 的总存量）上升的东盟成员国包括文莱（从 2005 年的 0.15%，上升到 2010 年末的 0.32%）、缅甸（1.88%，13.57%）、柬埔寨（6.12%，7.87%）、老挝（2.62%，5.89%）、菲律宾（1.54%，2.70%）、新加坡（25.91%，42.29%），存量占比下降的东盟成员国包括印度尼西亚（11.22%，8.02%）、马来西亚（14.87%、4.94%）、泰国（17.45%，7.53%）和越南（18.24%，6.88%）（见表 7－7）。

表 7－7　2005～2010 各年末中国对东盟直接投资存量情况

单位：万美元，%

国　家		2005 年	2006 年	2007 年	2008 年	2009 年	2010 年
文　莱	存量	190	190	438	651	1737	4566
	年增长	—	0.00	130.53	48.63	166.82	162.87
	占比	0.15	0.11	0.11	0.10	0.18	0.32
缅　甸	存量	2359	16312	26177	49971	92988	194675
	年增长	—	591.48	60.48	90.90	86.08	109.35
	占比	1.88	9.25	6.62	7.70	9.72	13.57
柬埔寨	存量	7684	10366	16811	39066	63326	112977
	年增长	—	34.90	62.17	132.38	62.10	78.41
	占比	6.12	5.88	4.25	6.02	6.62	7.87
印度尼西亚	存量	14093	22551	67948	54333	79906	115044
	年增长	—	60.02	201.31	－20.04	47.07	43.97
	占比	11.22	12.79	17.19	8.38	8.35	8.02
老　挝	存量	3287	9607	30222	30519	53567	84575
	年增长	—	192.27	214.58	0.98	75.52	57.89
	占比	2.62	5.45	7.65	4.70	5.60	5.89
马来西亚	存量	18683	19696	27463	36120	47989	70880
	年增长	—	5.42	39.43	31.52	32.86	47.70
	占比	14.87	11.17	6.95	5.57	5.01	4.94
菲律宾	存量	1935	2185	4304	8673	14259	38734
	年增长	—	12.92	96.98	101.51	64.41	171.65
	占比	1.54	1.24	1.09	1.34	1.49	2.70
新加坡	存量	32548	46801	144393	333477	485732	606910
	年增长	—	43.79	208.53	130.95	45.66	24.95
	占比	25.91	26.54	36.53	51.41	50.75	42.29
泰　国	存量	21918	23267	37862	43716	44788	108000
	年增长	—	6.15	62.73	15.46	2.45	141.14
	占比	17.45	13.19	9.58	6.74	4.68	7.53
越　南	存量	22918	25363	39699	52173	72850	98660
	年增长	—	10.67	56.52	31.42	39.63	35.43
	占比	18.24	14.38	10.04	8.04	7.61	6.88
东盟合计	存量	125615	176338	395317	648699	957142	1435021
	年增长	—	40.38	124.18	64.10	47.55	49.93

资料来源：根据《2010 年度中国对外直接投资统计公报》整理。

从2010年中国对东盟投资存量的行业分布情况看，电力、煤气及水的生产供应业为27.77亿美元，占19.3%，主要分布在新加坡、缅甸、柬埔寨、印度尼西亚等；批发和零售业18.75亿美元，占13.1%，主要分布在新加坡、越南、马来西亚、泰国等国家；采矿业占12.8%；金融业占12.3%，主要分布在泰国、新加坡、马来西亚、印度尼西亚、菲律宾等；租赁和商务服务业占8.2%，主要分布在新加坡、越南、老挝等；建筑业占8.1%，主要分布在柬埔寨、泰国、缅甸、新加坡等国家；交通运输、仓储业占5.9%，主要分布在新加坡；农、林、牧、渔业占3.7%，主要分布在老挝、越南、印度尼西亚、缅甸、柬埔寨、泰国、菲律宾等国家；科学研究、技术服务业和地质勘察业占2.1%；房地产业占0.8%（见表7－8）。

表7－8 2010年末中国对东盟直接投资（存量）的主要行业

单位：万美元，%

行业	存量	比重
电力、煤气及水的生产和供应业	277668	19.3
制造业	190176	13.3
批发和零售业	187545	13.1
采矿业	184306	12.8
金融业	176183	12.3
租赁和商务服务业	117337	8.2
建筑业	116028	8.1
交通运输、仓储和邮政业	84190	5.9
农、林、牧、渔业	52838	3.7
科学研究、技术服务和地质勘察业	29542	2.1
房地产业	12017	0.8
信息传输、计算机服务和软件业	1764	0.1
居民服务和其他服务业	1730	0.1
住宿和餐饮业	1733	0.1
其他行业	1964	0.1
合计	1435021	100.0

资料来源：《2010年度中国对外直接投资统计公报》。

2. 东盟对中国的直接投资

（1）中国利用外资概况

外商直接投资，是指外国企业和经济组织或个人（包括华侨、港澳台胞以及我国在境外注册的企业）按我国有关政策、法规，用现汇、实物、技术等在我国境内开办外商独资企业、与我国境内的企业或经济组织共同举办中外合资经营企业、合作经营企业或合作开发资源的投资（包括外商投资收益的再投资），以及经政府有关部门批准的项目投资总额内企业从境外借入的资金。

据中国商务部统计，2011 年，全国新批设立外商投资企业 27712 家，同比增长 1.12%；实际使用外资金额 1160.11 亿美元，同比增长 9.72%（见表 7－9）。其中，亚洲十国/地区（中国香港、澳门、台湾和日本、菲律宾、泰国、马来西亚、新加坡、印尼、韩国）对华投资新设立企业 22302 家，同比增长 1.11%，实际投入金额 1005.17 亿美元，同比增长 13.99%。在对华投资前十位国家/地区（以实际投入外资金额计）中，东盟的新加坡位列第四，实际投入外资达 63.28 亿美元。2012 年上半年，亚洲十国/地区对华投资新设立企业 9169 家，同比下降 15.49%，实际投入外资金额 510.67 亿美元，同比下降 2.79%。其中，新加坡在对华投资前十位国家/地区（以实际投入外资金额计）中位列第二，实际投入外资仅次于中国香港，达到 41.88 亿美元。

表 7－9　中国利用外商直接投资分年度简表

项　　目	2007 年	2008 年	2009 年	2010 年	2011 年	2012 年 1～6 月
新设外资企业（家）	37888	27514	23435	27406	27712	11705
同比增长（%）	－8.69	－27.35	－14.83	16.94	1.12	－13.05
实际使用外资（亿美元）	826.58	923.95	900.33	1057.35	1160.11	590.89
同比增长（%）	13.80	23.58	－2.56	17.44	9.72	－2.96

资料来源：根据中国商务部网站资料整理。

中国吸收的外商直接投资分布的领域，从近 3 年的统计看，主要集中于制造业和房地产业（见表 7－10 至表 7－12）。

表 7－10 2011 年外商直接投资领域

领　域	企业数(家)	比上年增长(%)	实际使用金额(亿美元)	比上年增长(%)
总计	27712	1.1	1160.0	9.7
其中:农、林、牧、渔业	865	－6.9	20.1	5.1
制造业	11114	0.6	521.0	5.1
电力、燃气及水的生产和供应业	214	1.9	21.2	－0.3
交通运输、仓储和邮政业	413	4.3	31.9	42.2
信息传输、计算机服务和软件业	993	－5.1	27.0	8.5
批发和零售业	7259	7.0	84.2	27.7
房地产业	466	－32.4	268.8	12.1
租赁和商务服务业	3518	2.9	83.8	17.6
居民服务和其他服务业	212	－2.3	18.8	－8.2

资料来源：国家统计局。http：//www.stats.gov.cn/tjgb/ndtjgb/qgndtjgb/t20120222_ 402786440.htm。

表 7－11 2010 年外商直接投资领域

领　域	企业数(家)	比上年增长(%)	实际使用金额(亿美元)	比上年增长(%)
总计	27406	16.9	1057.4	17.4
其中:制造业	11047	13.1	495.9	6.0
电力、燃气及水的生产和供应业	210	－11.8	21.2	0.6
交通运输、仓储和邮政业	396	0.3	22.4	－11.2
信息传输、计算机服务和软件业	1046	－3.2	24.9	10.7
批发和零售业	6786	33.1	66.0	22.4
房地产业	689	21.1	239.9	42.8
租赁和商务服务业	3418	19.3	71.3	17.3
居民服务和其他服务业	217	4.8	20.5	29.4

资料来源：国家统计局。http：//www.stats.gov.cn/tjgb/ndtjgb/qgndtjgb/t20120222_ 402786440.htm。

表 7－12　2009 年外商直接投资领域

领　域	企业数(家)	比上年增长(%)	实际使用金额(亿美元)	比上年增长(%)
总计	23435	－14.8	900.3	－2.6
其中:农、林、牧、渔业	896	－2.3	14.3	20.0
制造业	9767	－15.6	467.7	－6.3
电力、燃气及水的生产和供应业	238	－25.6	21.1	24.5
交通运输、仓储和邮政业	395	－24.5	25.3	－11.4
信息传输、计算机服务和软件业	1081	－15.9	22.5	－19.0
批发和零售业	5100	－12.9	53.9	21.6
房地产业	569	25.9	168.0	－9.7
租赁和商务服务业	2864	－8.7	60.8	20.2
居民服务和其他服务业	207	1.0	15.9	178.3

资料来源：国家统计局。http：//www. stats. gov. cn/tjgb/ndtjgb/qgndtjgb/t20120222_ 402786440. htm。

（2）东盟对中国直接投资

2006～2010 年，东盟对中国的 FDI 流量从 33.51 亿美元增加到 63.23 亿美元，年平均增长达 16.83%。2010 年，东盟成员国中对中国投资前四位的国家分别是：新加坡（54.28 亿美元），占东盟的 85.84%；文莱（3.09 亿美元），占 4.90%；马来西亚（2.94 亿美元），占 4.65%；菲律宾（1.38 亿美元），占 2.18%（见表 7－13）；

表 7－13　东盟对中国直接投资（流量）分国别简表

单位：万美元，%

国　家		2006 年	2007 年	2008 年	2009 年	2010 年
文　莱	流量	29421	37688	34042	34812	30956
	比上年增长	83.43	28.10	－9.67	2.26	－11.08
	占东盟流量比	8.78	8.58	6.23	7.44	4.90
柬埔寨	流量	212	634	292	1337	1035
	比上年增长	－23.19	199.06	－53.94	357.88	－22.59
	占东盟流量比	0.06	0.14	0.05	0.29	0.16
印度尼西亚	流量	10068	13441	16725	11172	7684
	比上年增长	16.04	33.50	24.43	－33.20	－31.22
	占东盟流量比	3.00	3.06	3.06	2.39	1.22

续表

国家		2006年	2007年	2008年	2009年	2010年
老挝	流量	—	300	670	243	945
	比上年增长	—	—	123.33	-63.73	288.89
	占东盟流量比	—	0.07	0.12	0.05	0.15
马来西亚	流量	39348	39725	24696	42874	29433
	比上年增长	8.88	0.96	-37.83	73.61	-31.35
	占东盟流量比	11.74	9.05	4.52	9.16	4.65
缅甸	流量	736	326	330	339	352
	比上年增长	96.79	-55.71	1.23	2.73	3.83
	占东盟流量比	0.22	0.07	0.06	0.07	0.06
菲律宾	流量	13434	19532	12687	11101	13806
	比上年增长	-28.88	45.39	-35.05	-12.50	24.37
	占东盟流量比	4.01	4.45	2.32	2.37	2.18
新加坡	流量	226046	318457	443529	360484	542820
	比上年增长	2.55	40.88	39.27	-18.72	50.58
	占东盟流量比	67.45	72.52	81.22	77.06	85.84
泰国	流量	14482	8948	12921	4866	5134
	比上年增长	51.01	-38.21	44.40	-62.34	5.51
	占东盟流量比	4.32	2.04	2.37	1.04	0.81
越南	流量	1366	73	207	592	203
	比上年增长	975.59	-94.66	183.56	185.99	-65.71
	占东盟流量比	0.41	0.02	0.04	0.13	0.03
东盟合计	流量	335113	439124	546099	467820	632368
	比上年增长%	7.91	31.04	24.36	-14.33	35.17

资料来源：根据2007~2011年中华人民共和国国家统计局年度统计公报整理。

第三节 中国-东盟贸易与投资风险分析

中国与东盟之间贸易与投资关系迅速发展，双方经济合作的战略意义越来越重要。从总体上看，双边经贸关系超越了国家间安排，中国与东盟在经贸领域合作和协调的机构建设、争端仲裁机制，为双边经济合作奠定了基础。然而不可否认，尽管中国与东盟之间在贸易与投资领域的制度化建设不断完善，但风险仍然存在。

1. 中国与东盟关于贸易与投资的保护政策

中国与东盟以及与东盟成员国之间签署的一系列关于贸易与投资的协议和备忘录，是保护双边经贸合作、规避贸易与投资风险的重要措施（见表7－14、表7－15）。

（1）《全面经济合作框架协议投资协议》

2008年8月15日，中国与东盟在2002年11月签订的《中华人民共和国政府与东南亚国家联盟成员国政府全面经济合作框架协议》的基础上，完成了中国与东盟自贸区投资协议的谈判，在泰国曼谷签订了《中华人民共和国政府与东南亚国家联盟成员国政府全面经济合作框架协议投资协议》。

按照投资协议，缔约方应合作采取以下措施：

- 增加中国－东盟地区投资；
- 组织投资促进活动；
- 促进商贸配对活动；
- 组织并支持机构举行形式多样的关于投资机遇和投资法律、法规和政策的发布会和研讨会；
- 就与投资促进和便利化相关的互相关心的其他问题开展信息交流。

在投资便利化方面，缔约方应按照其法律法规，在中国和东盟间开展以下投资便利化合作：

- 为各类投资创造必要环境；
- 简化投资适用和批准的手续；
- 促进包括投资规则、法规、政策和程序的投资信息的发布；
- 在各个东道方建立一站式投资中心，为商界提供包括便利营业执照和许可发放的支持与咨询服务。

（2）中国与东盟成员国的双边保护政策

①文莱与中国

2000年11月，两国签订《鼓励和相互保护投资协定》。协定涵盖概念定义、促进投资、保护和待遇、征收、损害与损失补偿、投资收益汇回、争议的磋商与解决，以及临时措施等条款。

2004 年 9 月，两国签署《所得避免双重征税和防止偷漏税的协定》和《促进贸易、投资和经济合作谅解备忘录》。根据协定第二十八条的规定，协定自 2006 年 12 月 29 日起生效，自 2007 年 1 月 1 日起执行。

2009 年 5 月，两国签署《农业合作谅解备忘录》。

中文两国还签署其他协定，包括《民用航空运输协定》（1993 年）、《卫生合作谅解备忘录》（1996 年）、《文化合作谅解备忘录》（1999 年）、《中国公民自费赴文旅游实施方案的谅解备忘录》（2000 年）、《高等教育合作谅解备忘录》（2004 年）、《旅游合作谅解备忘录》（2006 年）。两国于 2002 年和 2004 年分别签署了《中华人民共和国最高人民检察院和文莱达鲁萨兰国总检察署合作协议》和《最高法院合作谅解备忘录》。

②柬埔寨与中国

1996 年 7 月，中柬签署了《中柬贸易协定》和《中柬关于促进和保护投资协定》；

1999 年 2 月，签署了《中柬旅游合作协定》；

2000 年 11 月，签署了《中柬关于成立经济贸易合作委员会协定》和《中柬农业合作谅解备忘录》；

2004 年 4 月，签署了《中柬关于旅游规划合作的谅解备忘录》；

2006 年 4 月，签署了《中柬关于大湄公河次区域信息高速公路项目柬埔寨段建设的谅解备忘录》。

③印度尼西亚与中国

1994 年 11 月，中国与印尼签署了《促进和保护投资协定》；

2001 年 11 月，两国签署了《关于对所得避免双重征税和防止偷漏税的协定》；

此外，两国还签署了关于农业、林业、渔业、矿业、交通、财政、金融等领域合作的谅解备忘录。

④老挝与中国

1988 年 12 月，两国签署《中老贸易协定》和《中老边境贸易的换文》；

1993 年 1 月，签署了《中老关于鼓励和相互保护投资协定》；

1997 年 5 月，签署了《中老关于成立两国经贸技术合作委员会协定》；

1999 年 1 月，签署了《中老避免双重征税协定》；

2010 年 6 月，签署了《中老两国政府关于发展交通基础设施领域合作的协定》。

此外，两国还签署了多个谅解备忘录，如《中老民航谅解备忘录》（1991 年 4 月）；《中老旅游合作协定》（1996 年 10 月）；《中国农业部和老挝农林部关于农业合作的谅解备忘录》（2000 年 11 月）；《中国人民银行与老挝人民民主共和国银行双边合作协议》（2002 年 2 月）；《中华人民共和国卫生部与老挝人民民主共和国卫生部卫生合作谅解备忘录》（2006 年 11 月）；《中国和老挝农业合作谅解备忘录》（2010 年 3 月）。

⑤马来西亚与中国

1985 年 11 月，中国与马来西亚签订了《避免双重征税协定》；

1988 年 11 月，两国签订了《投资保护协定》；

此外，两国还签订了《贸易协定》《海运协定》《民用航空运输协定》等多项经贸合作协议。

⑥缅甸与中国

1971 年，中缅签署贸易协定，双方给予最惠国待遇；

1994 年，签署《关于边境贸易的谅解备忘录》；

1995 年 6 月，签署《中华人民共和国政府和缅甸联邦政府关于农业合作的协定》；

1997 年 5 月，签署《中华人民共和国政府和缅甸联邦政府关于成立经济贸易和技术合作联合工作委员会的协定》；

2000 年 2 月，签署《中华人民共和国政府和缅甸联邦政府农业合作谅解备忘录》；

2001 年 7 月，签署《中缅两国关于开展地质矿产合作的谅解备忘录》；

2001 年 12 月 12 日，签订《投资促进和保护协定》，以及《中华人民共和国政府和缅甸联邦政府渔业合作协定》；

2004 年 3 月，签署《中华人民共和国政府和缅甸联邦政府关于促进贸易、投资和经济合作的谅解备忘录》；

2004 年 7 月，签署《关于信息通讯领域合作的谅解备忘录》；

2006 年 2 月，签署《中缅航空运输协议》。

⑦菲律宾与中国

1992 年 7 月，中菲两国签署了《中华人民共和国政府和菲律宾共和国政府关于鼓励和相互保护投资协定》；

1999 年 11 月，两国签署了《中华人民共和国政府和菲律宾共和国政府关于对所得避免双重征税和防止偷漏税的协定》，并于 2002 年 1 月 1 日生效；

2007 年 1 月，两国签署了《中华人民共和国政府和菲律宾共和国政府关于扩大和深化双边经济贸易合作的框架协定》。

此外，两国还签署了《关于加强农业及有关领域合作协定》（1999 年）、《渔业合作谅解备忘录》（2004 年）以及《关于扩大深化农渔业合作的协议备忘录》（2007 年）。

⑧新加坡与中国

1999 年 10 月，中国与新加坡签署《经济合作和促进贸易与投资的谅解备忘录》；

2008 年 10 月 23 日，中国与新加坡签署了《中华人民共和国政府和新加坡共和国政府自由贸易协定》和《中华人民共和国政府和新加坡共和国政府关于双边劳务合作的谅解备忘录》；

此外，双方还签署了《促进和保护投资协定》《避免双重征税和防止漏税协定》《海运协定》《邮电和电信合作协议》《成立中新双方投资促进委员会协议》等多项经济合作协议。

⑨泰国与中国

1985 年 3 月，两国签署《中华人民共和国政府和泰王国关于促进和保护投资的协定》；

1986 年 10 月，签署《关于避免双重征税和防止偷漏税的协定》；

1994 年 3 月，签署《关于民商事司法协助和仲裁合作的协定》；

2000 年 3 月，签署《中华人民共和国政府和泰王国关于中国加入世界贸易组织的双边协议》。

2009年6月，两国签署《扩大和深化双边经贸合作的协议》；

此外，两国还签订了《贸易经济和技术合作谅解备忘录》（1997年）和《双边货币互换协议》（2001）。

⑩越南与中国

1991年11月，中国与越南签署《贸易协定》；

1992年2月，签署《经济合作协定》；

1992年12月，签署《关于鼓励和相互保护投资协定》；

1995年5月，签署《关于对所得避免双重征税和防止偷漏税的协定》；

1998年10月，签署《边贸协定》；

2000年12月，签署《北部湾渔业合作协定》；

2006年11月，签署《关于扩大和深化双边经贸合作的协定》；

此外，中国与越南还签署了《中国人民银行与越南国家银行关于结算与合作协定》（1993年5月）、《关于货物过境的协定》（1994年4月）、《关于保证进出口商品质量和相互认证的合作协定》（1994年11月）、《关于成立经济贸易合作委员会的协定》（1995年11月）等多项经贸合作协定。

表7－14 中国与东盟成员国签订避免双重征税协定概况

国 家	签订日期	生效日期	执行日期
马来西亚	1985.11.23	1986.09.14	1987.01.01
泰 国	1986.10.27	1986.12.29	1987.01.01
越 南	1995.05.17	1996.10.18	1997.01.01
老 挝	1999.01.25	1999.06.22	2000.01.01
菲律宾	1999.11.18	2001.03.23	2002.01.01
印度尼西亚	2001.11.07	2003.08.25	2004.01.01
文 莱	2004.09.21	2006.12.29	2007.01.01
新加坡	2007.07.11	2007.09.18	2008.01.01
柬埔寨	—	—	—
缅 甸	—	—	—

注：截至2011年5月底，我国已对外正式签署96个避免双重征税协定，其中93个协定已生效，和香港、澳门两个特别行政区签署了税收安排。其中，与东盟的8个成员国签订了避免双重征税协定。

资料来源：中国国家税务总局网站。

表 7－15　中国与东盟成员国签订的双边投资协定一览表

国　家	签订日期	生效日期	备注
泰　国	1985 年 03 月 12 日	1985 年 12 月 13 日	
新加坡	1985 年 11 月 21 日	1986 年 02 月 07 日	
马来西亚	1988 年 11 月 21 日	1990 年 03 月 31 日	
菲律宾	1992 年 07 月 20 日	1995 年 09 月 08 日	
越　南	1992 年 12 月 02 日	1993 年 09 月 01 日	
老　挝	1993 年 01 月 31 日	1993 年 06 月 01 日	
印度尼西亚	1994 年 11 月 18 日	1995 年 04 月 01 日	
柬埔寨	1996 年 07 月 19 日	2000 年 02 月 01 日	
缅　甸	2001 年 12 月 12 日	2002 年 05 月 21 日	
文　莱	—	—	

资料来源：中国商务部法律司，参见 http：//tfs. mofcom. gov. cn/column/2010. shtml。

2. 贸易与投资风险

随着我国对外贸易和对外投资的快速增长，国际贸易与投资风险事故日益增多，与对外经贸合作领域相关的风险问题，已经成为困扰中国企业“走出去”的一大难题。在我国加入 WTO 实现经济与国际市场全面接轨的背景下，中国企业一方面可以更大程度地参与国际经济活动和国际竞争；另一方面，也要面对甚至承担贸易与投资带来的风险。

2008 年以来，受全球金融危机蔓延、欧债危机以及世界经济下行等因素影响，我国对外经贸和投资的风险明显上升。据 2010 年 4 月 22 日国际商会发布的《2010 贸易融资反思》调查报告，当前的全球金融危机已持续影响世界各金融机构和市场，全球范围内的贸易融资所面临的环境仍处于恶化之中。“由于东盟各国在政治体制、经济发展、社会文化等方面的巨大差异，使中国对东盟直接投资面临政治风险、经济风险、经营风险等，给跨国企业的生产经营带来了诸多不确定因素。”①

① 顾丽姝、王凯庆：《中国对东盟直接投资的风险防范》，《云南社会科学》2009 年第 5 期。

（1）政治风险

政治风险是指由于东道国政治、社会、法律等因素发生重大变化而导致的投资环境恶化，进而给外国投资者的投资活动造成损失的可能性。政治风险包括战争或内乱风险、国有化与征用风险和汇兑限制风险等。

①战争或内乱风险

中国－东盟贸易与投资中存在的战争或内乱风险主要体现在两个方面：一是东盟成员国内部政局不稳造成的风险；二是由于领土主权争端和区域主导权的争端带来的风险。

东盟10国政治体制各不相同，既有民主体制比较成熟的资本主义国家，也有社会主义国家，还有军人政府等集权特征明显的国家。从总体上看，这些国家都处于政治体制向适应新形势下经济、社会发展需求的方向调整或过渡的阶段，但各国的进度不一。近来，受全球政治经济因素的影响，部分东盟国家的政治风险明显上升。而且，东盟许多国家由于党派林立、纷争不断、内阁变换频繁，政局并不十分稳定。东盟有些国家的反政府武装及恐怖组织活动频繁，给该区域的贸易与投资带来了巨大的不稳定因素①。在美国国务院2002年公布的恐怖组织名单中，东南亚地区就包括伊斯兰祈祷团、柬埔寨的“自由战士”以及“马来西亚圣战组织”等。另据美国学者统计，在东南亚活动的恐怖主义组织一共有30个，其中柬埔寨3个，印尼7个，马来西亚8个，菲律宾10个，新加坡1个，越南1个②。近年来，印尼的自由亚齐运动、自由巴布亚运动，泰国的北大年联合解放组织（PULO），菲律宾的摩洛伊斯兰解放阵线等，都活动频繁。在东盟地区的恐怖主义组织中，发源于印尼、成立于马来西亚的伊斯兰祈祷团最具野心，其试图建立一个包括印尼、马来西亚、菲律宾南部、新加坡和文莱在内的大“伊斯兰教国”。

东盟成员国内部的领土和领海争端加大了该区域经济发展的不稳定性，也给该区域跨国投资增加了不确定因素。众所周知，东盟国家间普遍存在着

① 韦铁、黄岚：《中国－东盟自由贸易区内跨国投资风险及防范》，《国际贸易》2006年第24期。

② 顾丽姝、王凯庆：《中国对东盟直接投资的风险防范》，《云南社会科学》2009年第5期，第112页。

领土与边界纷争，东盟国家间围绕领海、岛屿和大陆架划界的纠纷，对东盟国家间的和平、稳定以及双边关系的稳定发展造成了消极影响。近年来，中国与部分东盟国家间关于南海问题的争议也越来越白热化，菲律宾、越南与中国的关系趋于紧张就是最好的证明。

东盟国家的国内法一般未对战争或内乱风险做出明确规定，但在中国与东盟国家的双边投资协定中，对战争或内乱风险发生的条件都做了较为具体的列举，虽然提法不一样，但共同的关键词都为“政治暴力”（Political Violence）。对因战争或内乱风险而遭受损失的外国投资者进行赔偿，各国双边协定都规定实行最惠国待遇，但对所采取的具体措施的提法则不尽相同[①]。

②国有化与征用风险

国有化与征用风险是指东道国基于国家利益和社会公共利益的需要，对外资企业实行国有化或征收措施，致使外国投资者的投资财产遭受部分或全部损失的可能性。国有化不仅包括直接剥夺财产所有权，还包括对所有权人“使用、占有和处置财产的无理干涉”，从而使所有权人不能有效地使用、占有和处置该财产，即所谓的“间接征收”或“变相征收”。

中国对东盟国家的直接投资需要防范间接国有化风险。1998 年东盟国家共同签署的《东盟投资区框架协议》表明了它们对国有化和征收问题的共同立场：只有为了公共利益，经过正当的程序，在不予歧视并给予充分补偿的基础上，方可实行征收、国有化或其他类似措施。关于补偿标准，该《协议》规定，补偿应是充分的，用可以自由兑换的货币补偿，其金额应为财产被征收前的市场价格，并且没有不合理的延迟支付。中国与东盟各国签订的双边投资协定对国有化和征用问题也作出了明确规定，但这些协定都没有使用“充分补偿”这一提法，而只用了“适当”、“合理”或“有效”等概念[②]。

③汇兑限制风险

汇兑限制风险是指东道国由于种种原因发生国际收支困难，因而实行外

---

① 聂名华、颜晓晖：《中国对东盟直接投资的政治风险及其法律防范》，《当代亚太》2007 年第 1 期。

② 聂名华、颜晓晖：《中国对东盟直接投资的政治风险及其法律防范》，《当代亚太》2007 年第 1 期。

汇管制，限制甚至禁止外国投资者将其投资本金、收益或其他合法收入转移到东道国境外（资本输出母国或第三国），具体又可以分为禁兑险和转移险两种。前者指投资者不能将投资本金、收益或其他合法收入的货币财产从当地货币转换成母国货币或其他种类货币的风险；后者指投资者不能将投资本金、收益或其他合法收入的货币财产转移出东道国的风险。

东盟老六国一般不实行外汇管制政策，但新东盟四国（VMLC）则采取了一定范围的外汇管制政策①。

（2）外汇风险与信用风险

外汇风险是指一个金融的公司、企业组织、经济实体、国家或个人在一定时期内的对外经济、贸易、金融、外汇储备的管理与营运等活动中，以外币表示的资产（债权、权益）与负债（债务、义务）因未预料的外汇汇率的变动而引起的价值的增加或减少的可能性。一个国际企业组织在其经营活动过程、结果、预期经营收益中，都存在着由于外汇汇率变化而引起的外汇风险。

由于中国与东盟的贸易与投资涉及 11 个不同国家的货币，这些不同国家货币在使用及兑换时不可避免地存在着外汇风险。企业跨国投资取得效益或遭受损失的多少，除了东道国的市场与竞争因素外，货币与汇率的变化也会产生较大的影响。

信用风险又称违约风险，是指交易对手未能履行约定契约中的义务而造成经济损失的风险，即受信人不能履行还本付息的责任而使授信人的预期收益与实际收益发生偏离的可能性，它是金融风险的主要类型。在中国与东盟的贸易与投资活动中，诸多中国投资企业对东盟成员国的合作对象缺乏了解，尤其在存在文化差异的背景下，信用风险程度被进一步放大。

（3）社会文化风险

由于跨国投资会涉及许多截然不同的文化背景，不同背景下生活的人群所形成的价值观念、思想行为方式、民族特性、宗教信仰、风俗习惯等也不

---

① 聂名华、颜晓晖：《中国对东盟直接投资的政治风险及其法律防范》，《当代亚太》2007 年第 1 期。

尽相同，这些差异产生的冲突往往会给跨国投资造成不利的影响，这就是跨国投资中的社会文化风险[①]。

2012 年 5 月，英国广播公司（BBC）发布了新一年度的“全球最受欢迎国家调查”，结果显示，中国成为全球第五大最受欢迎国家。调查显示，对中国持有积极看法的比例从 46% 上升到 50%，是所有受调查国家中上升幅度最大的。分析人士认为，中国的经济高速发展，使中国具备更强的影响力。2012 年，在 21 个受调查国家中，50% 的受访者对中国的国际影响持积极态度，31% 的受访者则持否定观点。值得关注的是，西方国家对中国的欢迎程度显著提高，在澳大利亚、加拿大、德国、英国和美国，民众对于中国的支持率达到了自 2005 年调查以来的最高值。对中国持负面态度的则多半来自于同中国比邻的国家，这也包括东盟国家，例如在印度尼西亚，对中国的积极态度下降了 12 个百分点达到 51%，反对率上升了 8 个百分点达到 26%。[②]

《欧洲货币杂志》每年都会定期对全球 186 个国家的风险水平进行评估，评估的指标包括政治、经济、结构性、债务指标、信用评级以及金融资本市场等因素。据 2012 年 7 月发布的数据显示，东盟国家中的综合得分最好的是新加坡（88.03 分），其国家风险较低，其后依次为马来西亚（62.33 分）、泰国（57.46 分）、文莱（55.00 分）、印度尼西亚（52.74 分）、菲律宾（49.6 分）、越南（40.48 分）、缅甸（21.37 分）、柬埔寨（19.41 分）、老挝（6.02 分）（见表 7－16）。

从 2010 年 9 月至 2012 年 7 月，受国内、地区以及全球政治和经济形势的影响，东盟成员国的综合风险水平发生了一定的变化，主要表现在以下三个方面：第一，新加坡、缅甸和柬埔寨的国家风险水平基本上比较稳定；第二，风险水平上升的国家包括泰国、菲律宾、印度尼西亚、越南、老挝；第三，风险水平下降的国家包括马来西亚和文莱。

---

① 韦铁、黄岚：《中国－东盟自由贸易区内跨国投资风险及防范》，《国际贸易》2006 年第 24 期。

② BBC World Service Poll, “Views of Europe Slide Sharply in Global Poll, While Views of China Improve”, May 10, 2012, p. 10.

表 7 - 16　东盟成员国的国家风险概况

国　家	时间	排名	综合得分(满分 100)
新加坡	2010 年 9 月	11	85. 40
	2011 年 6 月	6	87. 65
	2012 年 7 月		88. 03
泰　国	2010 年 9 月	45	66. 53
	2011 年 6 月	42	62. 40
	2012 年 7 月		57. 46
菲律宾	2010 年 9 月	58	60. 11
	2011 年 6 月	62	53. 93
	2012 年 7 月		49. 6
马来西亚	2010 年 9 月	60	58. 83
	2011 年 6 月	36	66. 91
	2012 年 7 月		62. 33
印度尼西亚	2010 年 9 月	61	58. 75
	2011 年 6 月	57	56. 72
	2012 年 7 月		52. 74
越　南	2010 年 9 月	75	52. 26
	2011 年 6 月	76	48. 16
	2012 年 7 月		40. 48
文　莱	2010 年 9 月	88	46. 38
	2011 年 6 月	65	52. 39
	2012 年 7 月		55
缅　甸	2010 年 9 月	149	22. 97
	2011 年 6 月	158	21. 38
	2012 年 7 月		21. 37
柬埔寨	2010 年 9 月	152	20. 60
	2011 年 6 月	149	26. 39
	2012 年 7 月		19. 41
老　挝	2010 年 9 月	161	16. 09
	2011 年 6 月	177	9. 52
	2012 年 7 月		6. 02
中　国	2010 年 9 月	36	72. 60
	2011 年 6 月	40	63. 03
	2012 年 7 月		61. 69

资料来源：Euromoney Country Risk 2010，2011，2012。

参考文献

[1] 曹云华、唐翀:《新中国－东盟关系论》，世界知识出版社，2005。

[2] 曹云华、唐翀等:《东南亚国家联盟：结构、运作与对外关系》，中国经济出版社，2010。

[3] 曹云华:《东南亚的区域合作》，华南理工大学出版社，1995。

[4] 东盟2011年投资报告。

[5]《东盟第四次环境报告2009》（Fourth ASEAN State of the Environment Report 2009）。

[6]《东盟一体化面临人口增长压力》，国际在线2011年10月31日. http://gb.cri.cn/27824/2011/10/31/5311s3419616.htm。

[7]《东盟已成为中国企业海外投资的首选目的地》，http://www.cafta.org.cn/show.php？contentid=63630。

[8]《对外投资合作国别（地区）指南：菲律宾》（2011年版），商务部国际贸易经济合作研究院、商务部投资促进事务局和中国驻菲律宾大使馆经济商务参赞处 http://fec.mofcom.gov.cn/gbzn/upload/feilvbin.pdf。

[9]《对外投资合作国别（地区）指南：柬埔寨》（2011年版），商务部国际贸易经济合作研究院、商务部投资促进事务局和中国驻柬埔寨大使馆经济商务参赞处 http://fec.mofcom.gov.cn/gbzn/upload/jianpuzhai.pdf。

[10]《对外投资合作国别（地区）指南：老挝》（2011年版），商务部国际贸易经济合作研究院、商务部投资促进事务局和中国驻老挝大使馆经济商务参赞处 http://fec.mofcom.gov.cn/gbzn/upload/laowo.pdf。

[11]《对外投资合作国别（地区）指南：马来西亚》（2011年版），商务部国际贸易经济合作研究院、商务部投资促进事务局和中国驻马来西亚大使馆经济商务参赞处 http://fec.mofcom.gov.cn/gbzn/upload/malxiy.pdf。

[12]《对外投资合作国别（地区）指南：缅甸》（2011年版），商务部国际贸易经济合作研究院、商务部投资促进事务局和中国驻缅甸大使馆经济商务参赞处 http://fec.mofcom.gov.cn/gbzn/upload/miandian.pdf。

[15]《对外投资合作国别（地区）指南：泰国》（2011年版），商务部国际贸易经济合作研究院、商务部投资促进事务局和中国驻泰国大使馆经济商务参赞处 http://fec.mofcom.gov.cn/gbzn/upload/taiguo.pdf。

[16]《对外投资合作国别（地区）指南：文莱》（2011年版），商务部国际贸易经济合作研究院、商务部投资促进事务局和中国驻文莱大使馆经济商务参赞处 http://fec.mofcom.gov.cn/gbzn/upload/wenlai.pdf。

[17]《对外投资合作国别（地区）指南：新加坡》（2011年版），商务部国际贸易经济合作研究院、商务部投资促进事务局和中国驻新加坡大使馆经济商务参赞处 http://fec.mofcom.gov.cn/gbzn/upload/xinjiapo.pdf。

[18]《对外投资合作国别（地区）指南：印度尼西亚》（2011年版），商务部国际贸易经济合作研究院、商务部投资促进事务局和中国驻印度尼西亚大使馆经济商务参赞处 http://fec.mofcom.gov.cn/gbznupload/yindunixiya.pdf。

[19]《对外投资合作国别（地区）指南：越南》（2011年版），商务部国际贸易经济合作研究院、商务部投资促进事务局和中国驻越南大使馆经济商务参赞处 http://fec.mofcom.gov.cn/gbzn/upload/yuenan.pdf。

[20] 古小松：《中国－东盟关系，东盟发展进程研究——东盟四十年回顾与展望》，香港社会科学出版社有限公司，2008。

[21] 顾丽姝、王凯庆：《中国对东盟直接投资的风险防范》，《云南社会科学》2009年第5期。

[22] 国际金融十大新闻2007年、2008年、2009年、2010年。

[23]《国际金融研究》2008年第1期、2009年第1期、2010年第1期、

2011 年第 1 期。

[24] 国家一览表（Country at a glance）世界银行。

[25] 何军明：《全球化背景下的欧盟－东盟 FTA 研究》，《东南亚研究》2008 年第 5 期。

[26] 李曹原著《东盟的增长三角区》，魏兴耘译，《南洋资料译丛》1993 年第 3 期。

[27] 李国选：《冷战后中国－东盟关系的英国学派分析》，《南洋问题研究》2007 年第 2 期，总第 130 期。

[28] 李皖南：《东盟东增长区的发展与引资成效》，《东南亚研究》2007 年第 3 期。

[29] 李永明：《老挝加大革新力度，积极筹备加入东盟》，《东南亚南亚信息》1996 年第 16 期。

[30] 李正亭、孔令琼：《东南亚“南强北弱”格局对东盟经济区域整合的影响析评》，《东南亚纵横》2008 年 7 月。

[31] ［菲］鲁道夫·赛维里诺：《中国－东盟关系：过去、现在与未来》，《当代亚太》2008 年第 3 期。

[32] 骆永昆：《中国东盟：走向成熟共赢的战略伙伴》，中国网，2011－07－12。

[33] 马哈蒂尔：《东京国际会议的演讲：中国的崛起——是东盟的挑战还是机会》，法新社东京 2002 年 5 月 21 日电。

[34] 马嬰：《东盟安全战略的演变与前景》，《国际问题研究》2008 年第 2 期。

[35] 聂名华、颜晓晖：《中国对东盟直接投资的政治风险及其法律防范》，《当代亚太》2007 年第 1 期。

[36] 邵建平：《缅甸和泰国领土争端的由来及解决前景》，《东南亚南亚研究》2011 年第 4 期。

[37] 沈钰：《方兴未艾的东南亚增长三角区》，《国际展望》1991 年第 7 期。

[38] 舒霖：《东盟抗拒压力接纳缅甸入盟》，《世界知识》1997 年第 12 期。

[39] 唐纳德·E. 韦瑟比：《文莱与东盟的关系》，谢志鹏译，《东南亚研究》1984 年第 3 期。

[40] 唐小松、刘江韵：《论东盟对中美的对冲外交困境及其原因》，《南洋问题研究》，2008 年第 135 期。

[41] 汪亚光：《东南亚国家应对气候变化合作现状》，《东南亚纵横》2010 年第 5 期。

[42] 王方国：《东南亚矿产资源及其勘查开发环境》，《地质与勘探》1993 年第 11 期。

[43] 王继祖：《东南亚国家金融危机后的经济改革与前瞻》，《南开经济研究》2002 年第 2 期。

[44] 王勤：《2011 ~2012 年东南亚经济回顾与展望》，《东南亚纵横》2012 年第 2 期。

[45] 王勤：《后危机时期的东盟国家经济》，《南洋问题研究》2012 年第 1 期。

[46] 王勤：《中国 - 东盟经济关系 20 年：回顾与展望》，《南洋问题研究》2010 年第 4 期。

[47] 王子昌、郭又新：《国家利益还是地区利益——东盟合作的政治经济学》，世界知识出版社，2005。

[48] 王子昌：《东盟的地理整体与利益整体意识》，《东南亚研究》2003 年第 5 期。

[49] 王子昌：《东盟外交共同体：主体及表现》，时事出版社，2011。

[50] 韦红：《东盟地区主义的发展与中国》，华中师范大学政治学研究院，2006。

[51] 韦铁、黄岚：《中国 - 东盟自由贸易区内跨国投资风险及防范》，《国际贸易》2006 年第 24 期。

[52] 吴崇伯：《全球金融危机与东盟国家税收政策调整》，《亚太经济》2010 年第 2 期。

[53] 谢忠考、林建冲：《中国东盟石油合作新领域及前景分析》，《世界地理研究》2010 年 9 月，第 19 卷第 3 期。

[54] 徐滇庆等：《Crisis Management In Asian Countries. Global Economic Review》1998 年第 3 期。

[55] 许梅：《日本东南亚政策调整演变中的大国因素》，《东南亚研究》2005 年第 6 期。

[56] 杨刚勇：《次区域经济合作的实践范本》，《特区实践与理论》2010 年第 3 期。

[57] 杨荣文：《东盟为适应新格局而重新定位》，（新加坡）《海峡时报》2005 年 9 月 18 日。

[58] ［印度尼西亚］尤素夫·瓦南迪：《中国与东盟：加强未来关系》，《东南亚纵横》2009 年第 11 期。

[59] 翟昆：《东盟中国形成合力亚洲振兴获得动力》，2008 年 8 月 8 日《解放日报》。

[60] 张伯伟、温祁平：《东盟地位的历史变迁：区域经济一体化视角的考察》，《东南亚纵横》2010 年第 5 期。

[61] 张锡镇：《〈东南亚国家联盟宪章〉解读》，《亚非纵横》2008 年第 1 期。

[62] 郑勇：《新－马－印尼增长三角经济发展构想》，《亚太经济》1991 年第 5 期。

[63]《中俄专家谈东盟：三方经贸合作潜力巨大》，http://business. sohu. com/20120710/n347722196. shtml。

[64]《中国－东盟双边贸易年超 3629 亿美元》，http://www. yn. xinhuanet. com/asean/2012－04/25/c_ 131550765. htm。

[65] 中华人民共和国外交部网站，http://www. fmprc. gov. cn/chn/pds/gjhdq/gjhdqzz/dyfheas/。

[66] 中华人民共和国外交部网站，http://www. fmprc. gov. cn/chn/pds/gjhdq/gjhdqzz/lhg_ 2/。

[67] 周士新：《中国和东盟在大湄公河次区域的合作》，《东南亚纵横》2011 年第 1 期。

[68] 周伟、于臻：《试析入盟以前的越南与东盟关系》，《南洋问题研究》

2011 年第 1 期。

[69] 朱振明:《东南亚金融危机的原因、后果及教训》,《东南亚》1997 年第 4 期。

[70]《2010 年度中国对外直接投资统计公报》中国商务部、中国国家统计局、国家外汇管理局。

[71] 2011 年经济自由度指数(2011 Index of Economic Freedom),《华尔街日报》和美国传统基金会。

[72] ADB, "Energy Efficiency and Climate Change Considerations for on – Road Transport in Asia", 2005. http: //www. adb. org/Documents/Reports/Energy – Efficiency – Transport/default. asp.

[73] ASEAN Community in Figures: ACIF 2011.

[74] ASEAN Economic Community Scorecard.

[75] ASEAN Secretariat, *ASEAN Statistical Yearbook* 2010, 2010.

[76] ASEAN Secretariat, *Association of Southeast Asian Nations: An Overview. Jakarta*, 1995.

[77] ASEAN, " Roadmap for an ASEAN Community 2009 – 2015", April 2009.

[78] ASEAN, "Second ASEAN State of the Environment Report 2000".

[79] ASEAN, " The ASEAN Charter ", See http: //www. aseansec. org/publications/ASEAN – Charter. pdf.

[80] ASEAN, "The ASEAN Declaration (Bangkok Declaration)", 8 August, 1967, http: //www. aseansec. org/1212. htm.

[81] ASEAN, " Fourth ASEAN State of the Environment Report 2009".

[82] ASEAN, " Regional Trends in Ecnomincs Integration, Export Competitiveness, and Inbound Investment for Selected Industries", U. S. International Trade Commission Washington. DC. 20436, Investigation No. 332 – 511, August 2010.

[83] Barry Wain. "At loggerhead's with Beijing", Quoted in Ho Khai Leong, " Rituals, Risks and Rivalries: China and ASEAN in the Coming Decades", *Journal of Contemporary China* (2001), 10 (29).

[84] D. Y. Coulter, " South China Sea Fisheries: Countdown to Calamity

Contemporary", *Southeast Asian*. 1996. 14 (4): 371 -388.

[85] "Economy and Output, National Accounts. Asian Development Bank (ADB), Key Indicators for Asia and the Pacific 2011", www. adb. org/ statistics.

[86] Ernest Z. Bower. A., " U. S. Strategy for ASEAN ", http: //csis. org/ publication/us - strategy - asean.

[87] Evan S. Medeiros, Taylor Fravel, *Asian Wall Street Journal*. 2003 - 10 - 25.

[88] Giancarlo Corsetti/Paolo Pesenti/Nouriel Roubini, " What Caused the Asian Currency and Financial Crisis?", Giancarlo. *Japan and the World Economy*, 1999 - 11.

[89] Gillian Goh, "The 'ASEAN Way', Non-intervention and ASEAN's Role in Conflict Management", *Stanford Journal of East Asian Affairs*. 2003 (1): 113 -118.

[90] Indonesia State of Environment Report 2007.

[91] IPCC, "Climate Change 2007: Synthesis Report", http://www. ipcc. ch/ pdf/assessment - report/ar4/syr/ar4_ syr. pdf.

[92] John B. Taylor, "The Financial Crisis And The Policy Responses", NBER Working Paper Series, Working Paper 14631.

[93] Millennium Ecosystem Assessment, " Ecosystems and Human Well - being: Biodiversity Synthesis", Washington, D. C. : World Resources Institute, 2005.

[94] Philippines-Australia Community Assistance Programme-Focused Community Assistance Scheme. 2008.

[95] Rosemary Foo. " China in the ASEAN Regional Forum: Organizational Processes and Domestic Modes of Thought", *Asian Survey* Vol. XXXVIII, No. 5. May 1998.

[96] Stijn Claessens/Simeon Djankov/Daniela Klingebiel, "Financial Restructuringin East Asia: Halfway There?", Financial Sector Discussion Paper No. 3, 世界

银行，1999 年 9 月.

[97] "The Economics of Climate Change in Southeast Asia: A Regional Review", Asian Development Bank. April 2009.

[98] The Philippines' National Air Quality Status Report 2006 - 2007.

[99] United Nations MDG online database, See http: //www. un. org/ millenniumgoals.

[100] Viet Nam State of Environment Report 2006.

[101] Views of Europe Slide Sharply in Global Poll, While Views of China Improve. BBC World Service Poll. May 10, 2012.

[102] "World Investment Report 2012: Towards a New Generation of Investment Policies UNCTAD", http: //www. unctad - docs. org/UNCTAD - WIR 2012 - Full - en. pdf.

图书在版编目（CIP）数据

东盟的资源环境状况及合作潜力/彭宾等编著．—北京：社会科学文献出版社，2013.4

ISBN 978－7－5097－4333－1

Ⅰ．①东… Ⅱ．①彭… Ⅲ．①国际合作－经济合作－研究－中国、东南亚国家联盟 Ⅳ．①F125.533

中国版本图书馆 CIP 数据核字（2013）第 035577 号

东盟的资源环境状况及合作潜力

编　　著／彭　宾　刘小雪　杨镇钟 等

出 版 人／谢寿光
出 版 者／社会科学文献出版社
地　　址／北京市西城区北三环中路甲 29 号院 3 号楼华龙大厦
邮政编码／100029

责任部门／经济与管理出版中心（010）59367226
责任编辑／蔡莎莎　恽　薇
电子信箱／caijingbu@ssap.cn
责任校对／丁爱兵　白桂芹
项目统筹／恽　薇
责任印制／岳　阳
经　　销／社会科学文献出版社市场营销中心（010）59367081　59367089
读者服务／读者服务中心（010）59367028

印　　装／北京季蜂印刷有限公司
开　　本／787mm×1092mm　1/16
印　　张／27.25
版　　次／2013 年 4 月第 1 版
字　　数／430 千字
印　　次／2013 年 4 月第 1 次印刷
书　　号／ISBN 978－7－5097－4333－1
定　　价／85.00 元